LES INTELLECTUELS EN FRANCE

D0937182

collection tempus

PASCAL ORY
JEAN-FRANÇOIS SIRINELLI

LES INTELLECTUELS EN FRANCE

De l'affaire Dreyfus à nos jours

Perrin
www.editions-perrin.fr

NÉ D'UNE CONCEPTION COMMUNE, ce livre a été élaboré par les deux auteurs quant à son plan et à son orientation générale.

Cependant chacun d'eux a rédigé seul les chapitres qui lui étaient attribués. Ainsi, l'introduction, les chapitres 1, 5, 6, 8, 10 et 11 sont dus à Pascal Ory ; les chapitres 2, 3, 4, 7, 9, 12 et la conclusion à Jean-François Sirinelli.

© Armand Colin, 1987, 1992, 2002
et Éditions Perrin, 2004, pour la présente édition
ISBN : 2-262-02235-6

tempus est une collection des éditions Perrin.

Introduction

L'INTELLECTUEL : UNE DÉFINITION

L'entrée dans l'usage commun, sinon courant, du terme *intellectuel* sous sa forme substantivée, peut être située exactement dans l'espace — la culture française — et dans le temps — l'affaire Dreyfus. Mais à la condition de redresser, au passage, quelques erreurs fréquemment répandues.

Le baptême de l'intellectuel

C'est dans le numéro 87 du jeudi 13 janvier 1898 que l'écrivain Émile Zola publie, en première page du nouveau quotidien *L'Aurore littéraire, artistique, sociale*, une « Lettre à Monsieur Félix Faure président de la République », à laquelle le rédacteur en chef (et non directeur) du journal, Georges Clemenceau, a donné le surtitre provocant : « J'accuse ». Visant à percer le mur du silence qu'opposent les pouvoirs publics à la campagne des partisans de l'innocence du capitaine Alfred Dreyfus, cette mise en accusation de personnalités civiles et militaires haut placées, que Zola considère comme complices, à des degrés divers, de la perpétuation d'un déni de justice, est la réponse des « dreyfusards » à l'acquittement de celui qu'ils jugent le vrai coupable, le commandant Walsin Esterházy. L'auteur de la lettre ouverte, et son éditeur,

savent à quels risques judiciaires ils s'exposent. « Ma protestation enflammée n'est que le cri de mon âme. Qu'on
ose donc me traduire en cour d'assises et que l'enquête
ait lieu au grand jour ! J'attends. » Il s'agit donc bien pour
eux d'ouvrir une polémique publique, et d'empêcher un
étouffement définitif de la vérité.

Dès le lendemain, et pendant une vingtaine de numéros, paraissent dans les colonnes de *L'Aurore* deux
courtes « protestations » (et non un « manifeste »), ras-
semblant petit à petit sous elles plusieurs centaines de
signatures qui en approuvent les termes. Le principal
texte affirme que « les soussignés, protestant contre la
violation des formes juridiques au procès de 1894 et
contre les mystères qui ont entouré l'affaire Esterházy,
persistent à demander la révision ».

À aucun moment le mot « intellectuel » n'est utilisé. En
revanche, la composition des listes privilégie les universitaires et, plus largement, les diplômés. Les noms sans qualification sont généralement ceux d'artistes, de l'écrivain
Anatole France au musicien Albéric Magnard, en passant
par de jeunes inclassables comme Marcel Proust (dès la
première liste) ou André Gide, mais ils sont nettement
minoritaires. À côté de quelques membres des professions
libérales (architectes, avocats, internes des hôpitaux...), les
listes sont pour l'essentiel constituées d'enseignants ou
d'étudiants. La présentation matérielle flanque leur nom de
leurs titres universitaires. Parmi ceux-ci les plus fréquents
sont ceux de « licencié ès lettres » (exemple : Charles
Péguy), de « licencié ès sciences » (exemple : Jean Perrin)
et d'« agrégé de l'Université » (exemple : le géographe
Emmanuel de Martonne).

Le premier à regrouper sous le vocable qui nous
importe ici la société bien définie des pétitionnaires, issue
au départ de campagnes de signatures organisées dans les
milieux de la *Revue Blanche*, des grandes écoles et de la
Sorbonne, est Clemenceau lui-même. Le 23 janvier, au

moment où il se rallie définitivement à l'hypothèse de l'innocence de Dreyfus, il finit par écrire, en assortissant le terme de caractères italiques qui marquent clairement la rareté de l'usage : « N'est-ce pas un signe, tous ces *intellectuels* venus de tous les coins de l'horizon, qui se groupent sur une idée ? » Mais le mot n'est pas popularisé pour autant. Il faut attendre encore une semaine pour qu'il soit repris au bond par l'écrivain le plus admiré de la jeune génération — il n'a lui-même pas encore trente-cinq ans — et, avec Zola, le plus discuté : Maurice Barrès.

C'est lui qui, le 1er février, dans *Le Journal*, quotidien à gros tirage beaucoup plus lu que *L'Aurore*, consacre une chronique à « La protestation des intellectuels ! », point d'exclamation inclus. Il s'y gausse de la criminelle fatuité de ceux que la presse dreyfusarde continue à seulement appeler « les protestataires » et conclut : « En résumé, les juifs et les protestants mis à part, la liste dite des intellectuels est faite d'une majorité de nigauds et puis d'étrangers — et enfin de quelques bons Français. » Désormais la formule est lancée et, selon un processus classique en histoire culturelle, le qualificatif, supposé péjoratif, repris avec fierté par les intéressés. Quelques jours plus tard, dans la *Revue Blanche*, le bibliothécaire de l'École normale supérieure de la rue d'Ulm, Lucien Herr, considéré comme l'un des principaux animateurs de la campagne dreyfusiste, relève le mot dans une lettre ouverte « À M. Maurice Barrès », qui signe solennellement la cassure idéologique de l'avant-garde esthétique.

L'avant-garde, justement. Le substantif en question était dans l'air du temps en cette fin de siècle. Il était déjà entré, par une petite porte, dans la langue philosophique, avec un sens à peine distinct de celui d'« intellect » ; chez Renouvier, par exemple, dès 1864, et c'est sans doute qu'il faut l'entendre dans son occurrence nous semble-t-il la plus ancienne, un texte des *Cahiers de jeunesse* d'Er-

nest Renan daté de 1845-1846, mais publié en 1906 seulement. Dans son acception actuelle, il a commencé à
s'acclimater au début de la décennie 1890, dans le milieu
très repérable des écrivains, artistes et militants en révolte
contre la société établie, qui à l'époque se réfèrent à
l'anarchisme. Dès juillet 1892, il figure dans la *Revue
Blanche*, — fait, semble-t-il, passé jusqu'ici inaperçu —,
sous la plume d'un jeune littérateur anarchiste nommé
Léon Blum. L'écrivain-phare de ces milieux « déca-
dents » ? Maurice Barrès.

Celui-ci présentait en 1892 sa première trilogie, *Le
Culte du moi*, comme la monographie des années d'apprentissage « d'un jeune Français intellectuel » ; cinq ans
plus tard, dans *Les Déracinés*, premier ouvrage de sa trilogie nationaliste, il fera définir par son porte-parole, Stu-
rel, « le véritable héros » sous les traits « d'un intellectuel
avide de toutes les saveurs de la vie ». Entre-temps, c'est
bien autour de ce qu'il dénomme déjà « La question des
intellectuels » (20 septembre 1894) que Barrès, au lendemain du procès des anarchistes, dit procès des Trente, où
le terme a été plusieurs fois prononcé, en particulier dans
les colonnes du *Journal*, développe sa réflexion politique.
À cette époque, il ne s'agit pas pour lui de se gausser de
la formule, mais au contraire de créer, avec son quotidien
La Cocarde, un pôle d'opposition au régime « où se
regroupent socialistes et intellectuels » (5 septembre
1894). Ainsi ne peut-on pas exclure que dans la vivacité
de la dénonciation barrésienne de 1898 soient entrés
quelque chose d'un règlement de comptes de l'écrivain
avec une certaine image et une certaine logique de lui-
même, désormais dépassée, et quelque chose de la colère
d'une rupture intime.

Deuxième point significatif : la rapidité et l'étendue du
mot. Elles se mesurent à l'ampleur de sa reprise par les
porte-parole de la droite nationaliste, qui finiront par se
présenter (pétition parue dans *Le Figaro* du 19 juillet

1919) comme le « parti de l'intelligence », l'année où Barrès lui-même laisse échapper, dans *L'Appel du Rhin*, « Nous les intellectuels ». Dans l'entre-deux, double signe irrécusable de son succès, la notion aura commencé à faire l'objet d'études universitaires, comme à diviser le milieu qui lui avait donné le jour. Augustin Cartault, qui propose en 1914 de *L'Intellectuel* une *étude psychologique et morale*, dresse de la qualification une phénoménologie qui ne dépayserait pas nos contemporains : « Quand on l'applique à autrui, on le fait parfois avec une certaine ironie : pourtant on éprouve quelque humiliation à se la voir refuser à soi-même et, si on ne s'en pare point trop ouvertement, c'est crainte d'être accusé de vanité. » Mais c'est dès les premières années du siècle que, se plaçant dans une perspective révolutionnaire originale, un Édouard Berth, un Daniel Halévy, un Charles Péguy, un Georges Sorel se servent du terme et de son objet comme synonymes de trahison bourgeoise et de conformisme idéologique.

Cette évolution confirme un troisième trait originel, destiné à marquer l'histoire ultérieure de la notion : celle-ci naît tout armée. Qu'on situe cette naissance en 1898 ou un peu avant, le milieu natal est celui d'une polémique. S'il est des concepts qui sont intrinsèquement liés à l'image de l'intellectuel, ce sont bien ceux de débat et de valeurs, le pour et le contre se traduisant souvent dans les deux camps par Vérité/Erreur, Bien/Mal.

L'important, à ce stade, est que de ces circonstances spécifiques soient nées les deux acceptions extrêmes de l'intellectuel. La première est large, sociale et, plus précisément, professionnelle. Elle renvoie à la forme même de la pétition de *L'Aurore*. La seconde est restreinte, idéologique et, plus précisément, critique. Elle renvoie aux commentaires qui ont accompagné ladite pétition. Dans le premier cas, l'intellectuel appartient à une profession ; dans le second, il répond à une vocation. N'acceptant ici aucune de ces deux définitions, nous en proposerons une troisième, intermédiaire entre elles quoiqu'un peu plus proche de la seconde.

La catégorie

La première acception est souvent celle du sociologue, qui aime à raisonner en termes de « catégories socioprofessionnelles », posant alors à l'intellectuel des questions touchant à sa formation, à ses processus légitimants, à ses schémas de carrière, à ses hiérarchies, etc. Elle est partagée par bon nombre de théoriciens et de militants du syndicalisme et/ou du socialisme marxiste. On la retrouve aussi bien dans l'arsenal conceptuel des sciences sociales anglo-saxonnes (Seymour M. Lipset) ou de penseurs libéraux (Raymond Aron) que dans le très officiel préambule (alinéa 4) de la Constitution soviétique.

Dans la mesure où toute définition plus étroite aura à s'affirmer par rapport à celle-ci, il convient de préciser de quelles activités sociales il s'agit. Celles-ci ne se limitent pas aux seules activités de création, que la taxinomie classique partage entre « arts », « lettres » et « sciences ». Elles concernent aussi la médiation, domaine plus vaste encore par les effectifs qu'il embrasse, où se distinguent deux grands secteurs, celui de l'information au sens strict et celui de l'éducation.

Le principal problème posé par la définition large tient moins, en fait, à ces questions de structuration interne qu'à son caractère nécessairement extensif. De cercles en cercles, on atteindrait les statistiques soviétiques (*intelligent :* diplômé, en russe), selon lesquelles ces activités, étendues à toute la technostructure, sont pratiquées par près d'un tiers de la population. À l'évidence, le risque d'arbitraire et le danger d'incohérence, donc d'insignifiance, augmentent en proportion. Très vaste, un tel regroupement ne le serait jamais assez, si l'on devait tenir compte de l'autoclassification de tant de groupes professionnels, soucieux de se mettre en valeur. À l'inverse, il n'est pas rare de voir certaines individualités, appartenant en général au noyau central de la création — des artistes, principalement — récuser le qualificatif, soit pour se rattacher au travail manuel, soit, plus souvent, pour affirmer une autonomie radicale.

Des circonstances fondatrices de l'Affaire peut pourtant aisément se déduire un premier critère rigoureux, qui réoriente singulièrement la perspective : l'intellectuel ne se définit plus alors par ce qu'il est, une fonction, un statut, mais par ce qu'il fait, son intervention sur le terrain du politique, compris au sens de débat sur la « cité ». D'où deux séries de caractères distinctifs, touchant à la nature de cette intervention comme à la nature de ce terrain.

L'intervention de l'intellectuel se devra d'être, d'emblée, manifeste. Il ne sera pas l'homme « qui pense » (ou il ne le sera plus, diront certains polémistes), mais l'homme qui communique une pensée : influence interpersonnelle, pétitionnement, tribune, essai, traité... Et dans son contenu la manifestation intellectuelle sera conceptuelle, en ce sens qu'elle supposera le maniement de notions abstraites. Nulle nécessité, là non plus, de produire les concepts en question. L'usage en suffira.

Le terrain se trouve donc nettement délimité. Il est nécessairement contemporain ; et il porte nécessairement sur des valeurs. Sur le fond, il suppose une conviction partagée par le locuteur et tout ou partie de la société à laquelle il prétend s'adresser : celle de son autorité, généralisation du privilège dont dispose le « magister » face à l'élève. Cette conviction est elle-même sous-tendue par une conception de l'histoire à la fois idéaliste et sociale : les idées mènent le monde, leur force d'entraînement est liée à l'intensité de la conviction et à la qualité de ceux qui l'expriment ; mais, d'autre part, il n'est pas mauvais de faire nombre, et de faire appel au plus grand nombre encore, celui de la nation, éclairée par ses maîtres spirituels.

Au bout de cette logique gît une définition restrictive, celle de l'intellectuel comme une sorte de missionnaire et, au besoin, de confesseur ou de martyr des grands principes au milieu des Barbares. Exposée dès 1898, dans *Le Temps*, par le dreyfusard Jean Psichari, reprise pour l'essentiel par Augustin Cartault, elle connaîtra son expression la plus rigoureuse dans *La Trahison des clercs* (1927) de Julien Benda : le clerc selon son cœur se reconnaîtrait à son « attachement aux vues abstraites », à son « dédain de l'immédiat », à un équilibre souverain entre l'intransigeance sur les principes et l'absence de passion conjoncturelle.

Une version radicale de ce portrait fait de l'intellectuel l'incarnation de l'esprit critique, l'empêcheur de penser en rond, dressé face à tous les conformismes, voire celui qui, par fonction, ne peut que penser contre (la Société, l'Ordre établi et, dira Jean-Paul Sartre, d'abord lui-même) sans jamais transiger et, par là, juge son temps.

Sans doute cette assimilation du combat de l'intellectuel à la lutte éternelle des grandes valeurs « humanistes » contre tout ce qui les opprime est-elle facilitée par les circonstances qui entourèrent l'apparition du mot. On ne doit pas perdre de vue en effet, que, contrairement à la plupart des événements politiques, l'Affaire comportait en soi sa propre vérification : le capitaine Dreyfus était-il coupable ou innocent du crime précis dont on l'accusait ? Le glissement du combat pour la vérité judiciaire au combat pour la Justice et la Vérité en devenait sans doute inévitable.

Mais on devine, par là même, la pierre de touche sur laquelle se brise cette acception : aucun consensus ne peut se faire sur la nature des valeurs à défendre, ni même sur la traduction concrète à en donner. Pour notre part, nous nous refusons d'autant plus à assimiler intelligentsia à intelligence critique, *a fortiori* contestante, que l'histoire pourrait fournir des arguments tout aussi nombreux en faveur de la thèse réductrice inverse, celle qui, mettant en avant le scribe égyptien ou le mandarin chinois, n'entendrait voir dans la « tradition du clerc » que celle du conformisme.

Dans notre ouvrage, l'intellectuel sera donc *un homme du culturel, créateur ou médiateur, mis en situation d'homme du politique, producteur ou consommateur d'idéologie.* Ni une simple catégorie socioprofessionnelle, ni un simple personnage, irréductible. Il s'agira d'un *statut*, comme dans la définition sociologique, mais transcendé par une *volonté* individuelle, comme dans la définition éthique, et tourné vers un *usage* collectif.

Il s'ensuit que l'ensemble des individus entrant dans cette définition ne peut être traité comme un tout organique, un « pouvoir intellectuel » solidaire, voire (en termes polémiques) complice en profondeur, par-delà toutes les divisions idéologiques apparentes, car la part de détermination individuelle que nous y mettons exclut une pareille homogénéité. Admettre cette dernière serait, en fait, attribuer aux affrontements intellectuels une superficialité, une « hypocrisie », même, dont aucune preuve ne peut être apportée. En revanche, selon l'acception que nous proposons, il existe bien une « société intellectuelle », qui élabore ses propres outils, ses propres réseaux, et dont l'analyse formelle sera l'un de nos objectifs. Il s'agira donc ici non d'histoire des idées, mais d'histoire des sociétés.

Enfin, de ce rejet symétrique des interprétations extrêmes découlera le refus de prendre en considération les autoproclamations, et notamment les récusations du qualificatif. Ainsi, pour s'être gaussé du terme d'intellectuel, Charles Péguy ne nous paraît pas devoir être exclu d'une catégorie au sein de laquelle il n'entendait faire figurer qu'un Ernest Lavisse ou un Gustave Lanson. Bien au contraire. Ainsi le plus rigoureux dénonciateur de l'influence pervertissante des intellectuels dans la classe ouvrière n'est-il autre que le polytechnicien Georges Sorel, passé sur le tard à la théorie et à la polémique politiques, figure achevée de ce type de « situation ».

L'espace et le temps

Notre choix excluant, on le voit, tout nominalisme, la limitation de l'étude qui suit à l'histoire du xxe siècle et à l'espace culturel français demande à être justifiée.

Notons d'emblée que rien ne s'oppose en histoire à l'usage de termes « anachroniques », pour peu qu'ils puissent être rapportés à une ou plusieurs notions dont l'époque considérée reconnaissait la cohérence, l'accent étant alors mis sur la continuité intellectuelle de l'objet. Ainsi un historien a-t-il pu consacrer une étude aux *Ingénieurs de la Renaissance*. À l'inverse, ce n'est faire subir aucune violence à la pensée du Tocqueville de *L'Ancien Régime et la Révolution* que de reconnaître dans ses « hommes de lettres » les traits distinctifs d'une catégorie à la fois humaine et linguistique qui ne sera conceptualisée que quarante ans plus tard.

À cet égard, un pas décisif a été franchi quand Jacques Le Goff osa intituler une synthèse sur la cléricature médiévale *Les Intellectuels au Moyen Âge* (1957). Dans une préface à une réédition récente de l'ouvrage, l'auteur notait avec satisfaction que son audace avait été suivie et citait, à côté de plusieurs études italiennes sur le Moyen Âge, un colloque génois sur les *Intellettuali* de l'Antiquité.

Il n'est pas sans importance que ces derniers exemples aient été pris dans l'historiographie italienne. Ils conduisent à s'interroger sur la validité d'une thèse fréquemment soutenue, selon laquelle le concept d'intellectuel serait exclusivement français, voire à ce point intraduisible, intransposable dans toute autre culture, qu'on aurait affaire ici à l'un des attributs les moins récusables de la francité.

La réalité linguistique est plus complexe. À l'heure actuelle le concept d'intellectuel, quelle qu'en soit la définition, est d'un usage assez répandu dans les sciences sociales de tous les pays pour qu'il soit possible de lui accorder une valeur opératoire universelle, serait-elle ambiguë. Ainsi la bibliographie du sujet s'est-elle, depuis un quart de siècle, enrichie d'études sur l'« intellectuel » américain, latino-américain, arabe, indien ou japonais.

Rien de ce qui précède ne conduit pour autant à retirer à la France de la fin du XIXᵉ siècle le rôle fondateur que l'étymologie lui reconnaît. Vérifications faites, c'est bien de ce pays, en effet, qu'est partie la fortune internationale du mot, dans les civilisations anglo-saxonnes en particulier, et ce malgré la richesse de la tradition russe, berceau de l'*intelligentsia*, mot lui-même d'origine française via les Lumières.

Et nous rattacherons le rôle émetteur de la culture française en la matière aux deux grands traits culturels de ce pays, poussés pendant cette période à leurs extrêmes conséquences : son centralisme politique et culturel, avec pour corollaire les liens étroits entretenus par le pouvoir central avec la cléricature légitimatrice ; la richesse et la radicalité de son expérience politique à partir de 1789, qui la constituent, en particulier, en démocratie modèle (ou repoussoir) de l'Europe, autrement dit du monde. Le tout à l'heure où s'installe à travers l'Occident la « culture de masse » moderne, qui amplifie quantitativement toute expression savante aussi bien que populaire, de la presse à cinq sous jusqu'à la scolarisation élémentaire généralisée.

C'est dans cette perspective que doit être replacée la société intellectuelle française des années 1890. On ne doit pas s'étonner outre mesure de ce que l'intellectuel soit inventé — au sens étymologique — au sein :

— *d'une politique* où la justification du pouvoir par le

clerc a été particulièrement précoce et fut toujours stratégiquement décisive ; des études récentes ont, par exemple, mis en lumière le rôle central joué déjà par les moines
de l'abbaye de Saint-Denis dans la constitution de la
mythologie royale française ;

— *d'une société* où, du fait du triomphe de la logique
libérale, d'une part, s'est constituée et développée au long
d'un siècle de politiques du savoir une nouvelle communauté scolaire (l'instituteur) et universitaire (le professeur) ; de l'autre se sont trouvés exaltés l'artiste et le
savant, désormais affranchis du mécénat, comme prêtres
des temps modernes : parmi d'autres mutations, le second
XIXe siècle est bien ce temps où l'« instruction » remplace
insensiblement le baptême comme signe d'entrée en
humanité ;

— *enfin d'une époque* où le débat démocratique paraît
définitivement assuré de ses conditions d'expression,
grâce aux libertés républicaines.

À la Russie de l'intelligentsia manque pour le moins
le troisième terme, au Royaume-Uni ou à l'Allemagne,
principales puissances intellectuelles du temps, manque
une histoire politique du même type, et peut-être faut-il
trouver ici l'une des explications de l'influence limitée
que la société de ces deux pays reconnaît à ses intellectuels. Tout ce qui suit sera donc l'histoire, presque le
roman, unanimiste mais polémique, d'une aventure française.

Chapitre I

LA SOCIÉTÉ INTELLECTUELLE FRANÇAISE
ET L'AFFAIRE DREYFUS

L'affaire Dreyfus n'est pas seulement le moment où se baptise la notion. Elle est aussi, en elle-même, un exemple achevé de controverse entre intellectuels, et une analyse quelque peu détaillée de son déroulement en apprend beaucoup sur le fonctionnement de la société intellectuelle. Aussi nous attarderons-nous sur ces années fondatrices.

Une affaire d'intellectuels ?

Le déroulement en question réside tout entier dans le glissement d'une affaire judiciaire en apparence vite réglée, à l'*Affaire* par excellence qui, sans avoir, comme on l'a souvent dit, « coupé la France en deux », a profondément gauchi l'évolution politique, et même culturelle, de ce pays.

Deux récits de l'Affaire

Une lecture strictement événementielle distinguerait sans doute trois temps, dans le détail desquels nous n'entrerons pas ici. De l'automne 1894 à l'automne 1897 environ court discrètement une histoire d'espionnage, jugée à huis clos après quelques semaines d'instruction. Contre l'interprétation officielle qui en est donnée ne se dressent que des individus isolés, la famille du condamné d'abord, puis un officier placé à la tête du service de renseignements français, le commandant Picquart, qui fut dans cette histoire la première personne à se déterminer sur des considérations exclusivement éthiques — l'intime conviction, argumentée, d'une innocence, qu'il ne se croit pas autorisé à taire —, mais qu'on ne saurait classer selon notre définition parmi les intellectuels ; enfin quelques journalistes et hommes politiques convaincus à leur tour.

La question surgit au grand jour dès la révélation de l'identité d'un autre coupable possible, le commandant Esterházy. La demande de révision du procès Dreyfus constitue désormais un élément important du débat politique. Les deux années 1898 et 1899 sont non seulement celles où s'édifient progressivement les camps respectifs des dreyfusards et des antidreyfusards, mais elles voient aussi parmi ceux-ci des éléments extrémistes reprendre sur ce terrain nouveau la polémique nationaliste et autoritaire du boulangisme d'il y a dix ans, et doubler leur refus de la demande de révision, déclarée recevable par la Cour de cassation en octobre 1898, de véritables tentatives de subversion. De ce fait le 22 juin suivant, moins de deux mois avant la réouverture du procès, cette fois devant le conseil de guerre de Rennes, la polémique débouche sur un changement politique notable, avec la constitution d'un ministère de Défense républicaine présidé par Pierre Waldeck-Rousseau.

Un troisième temps serait celui du règlement, progressif et ambigu, de l'Affaire : la nouvelle condamnation, non sans d'insolites circonstances atténuantes, d'Alfred Dreyfus, le 9 septembre 1899, la grâce présidentielle, quelques jours plus tard et, au bout de sept années encore, l'aboutissement d'une troisième procédure, avec cassation sans renvoi. À la date de juillet 1906, lorsque le capitaine Dreyfus est réintégré dans l'armée et décoré de la Légion d'honneur, le ministre de l'Intérieur n'est autre que Georges Clemenceau. Dans quelques mois, il sera président du Conseil, et prendra comme ministre de la Guerre Picquart lui-même ; l'un des deux avocats de Dreyfus, Fernand Labori, vient d'être élu député ; dans quelques mois, Émile Zola, mort mystérieusement en 1902, sera solennellement panthéonisé. Vainqueur sur le plan politique, la coalition à tendance dreyfusiste de 1899, qui était aussi un Bloc des gauches, a commencé, entre-temps, de se disloquer.

Cette reconstitution des faits, communément acceptée, laisse de côté une dimension essentielle de l'événement : il s'est d'abord agi d'une affaire d'opinion publique, et il est possible de proposer une chronologie entièrement fondée sur celle-ci. À l'époque où elle n'était encore qu'une affaire d'espionnage, c'est à la presse, et à la presse seule, qu'on avait dû la mise en jugement de Dreyfus, contre lequel le dossier réuni paraissait trop fragile. C'est, en particulier, le quotidien antisémite *La Libre Parole* et son directeur Édouard Drumont qui avaient, à partir du 29 octobre, attaché le grelot et contraint l'état-major, suivi par le gouvernement, à mener l'entreprise jusqu'au procès. De la même façon, l'entrée dans la seconde période est-elle marquée par l'accusation portée dans les colonnes du *Figaro*, le 15 novembre 1897, par Mathieu Dreyfus, frère du condamné, contre Esterházy.

Désormais les principaux organes de presse se verront obligés soit de prendre parti, soit de justifier leur mise en retrait. Autant que *J'accuse*, qui reste, quoi qu'il en soit, une grande date dans l'histoire du journalisme, la livraison au public, à partir du 7 juillet 1898, par le nouveau ministre de la Guerre — notons qu'il s'agit pour la première fois depuis 1894 d'un civil, Godefroy Cavaignac — des pièces sur lesquelles il fondait sa conviction de la culpabilité de Dreyfus, est un signe irrécusable du transfert du débat sur la place publique, dans un grand mouvement de démocratie argumentaire où le journaliste, le parlementaire et, au-delà, le citoyen sont désormais « faits juges ». On sait, du reste, que l'intérêt non négligeable de cet épisode tient au fait que la publication permettra de découvrir la première forgerie manifeste d'un dossier qui n'en manquait pas. Quant au procès de Rennes, cristallisation d'une ampleur sans doute sans précédent autour d'un prétoire, il frappe plus encore aujourd'hui par l'abondance et la variété des commentaires qui en rendirent compte, voire par ses dimensions mondaines, que par son verdict.

C'est à la lumière de ces données culturelles que l'affaire Dreyfus doit être réexaminée : comme une vaste entreprise de mobilisation intellectuelle à pans symétriques sur une recomposition du champ politique, et non l'inverse.

La mobilisation intellectuelle en faveur de Dreyfus

Chronologiquement la première mobilisation ne pouvait manquer d'être celle des partisans de Dreyfus, puisque c'était à eux de contredire le discours officiel, soutenu lors du premier jugement par le consensus de tous les médiateurs.

Une typologie grossière des interventions des dreyfusards permet aisément de discerner à tous les stades du débat un « acte intellectuel » caractérisé. Le plus simple, le plus courant, le moins aisément perceptible est la campagne par conviction personnelle. Les *Souvenirs sur l'Affaire* de Léon Blum, écrits en 1935, à la mort de Dreyfus, sont sans doute ceux qui décrivent le mieux de l'intérieur le rôle joué à ce stade par deux ou trois personnalités disposant assurément d'une éloquence propre, mise au service de la cause d'un « martyr », mais surtout d'un rayonnement intellectuel qui les fait reconnaître par tout ou partie d'une génération d'étudiants, d'enseignants, de savants ou d'artistes. Ainsi le bibliothécaire de l'École normale supérieure, Lucien Herr (1864-1926), dispose-t-il à la fois d'une position stratégique dans le système universitaire français de l'époque et d'une influence s'exerçant aussi bien sur les normaliens de sa génération que sur ceux des générations suivantes. C'est lui qui emporte, preuves en main, la conviction de Blum. Ce dernier (1872-1950), alors jeune membre du Conseil d'État, est aussi partie prenante des milieux littéraires de l'« avant-garde » de l'époque. Il ne cachera pas dans ses *Souvenirs* la déception qu'il ressentit à ne pas réussir à son tour à rallier à son point de vue Maurice Barrès, en qui tant d'hommes de sa génération s'étaient jusque-là reconnus. Il témoigne ainsi, par la même occasion, de l'étendue du magistère intellectuel dont pouvait disposer un écrivain de renom, pourvu qu'il fût doublé d'un jour-naliste et d'un ancien militant politique, en d'autres termes un artiste « engagé », même sans aucune recon-naissance universitaire.

Reste que la forme la plus commune de l'action de l'intellectuel dreyfusard est bien du domaine de la publi-cation, et c'est en effet un acte public de solidarité qu'on attend ici, en fin de compte, des uns et des autres. Encore faut-il distinguer trois types de prise de parole. Les exem-ples cités précédemment privilégient les articles de presse, et principalement ceux qui marquent d'autant plus l'opinion qu'ils paraissent dans un quotidien, soit que celui-ci touche un large public (*Le Journal* tire à 4 à 500 000 exemplaires), soit qu'il s'agisse d'un titre moins lu mais au moins aussi entendu, pour des raisons de pres-tige social (*Le Figaro*, environ 60 000 exemplaires) ou de militantisme politique (*L'Aurore*).

Qualifié par le socialiste marxiste Jules Guesde, par ailleurs plus que réservé sur la campagne, qui lui paraît mystificatrice pour la classe ouvrière, de « plus grand acte révolutionnaire du siècle », la *Lettre ouverte* de Zola est bien entendu ici le modèle de référence. Mais elle ne doit pas faire oublier l'action médiatique, moins tonitruante mais, par fonction, plus régulière, de journalistes comme Clemenceau, ou la campagne, du 10 août au 20 septembre 1898, dans *La Petite République* (100 000 exemplaires environ), d'un Jean Jaurès (1859-1914), ramené depuis quelques mois — comme le sont Clemenceau ou Barrès depuis plusieurs années — au rôle d'agitateur d'idées et de militant par une défaite électorale en partie due à ses prises de position dreyfusardes.

C'est là, d'ailleurs, que la frontière entre l'article et le livre, *a fortiori* la brochure, se révèle extrêmement ténue, *Les Preuves* de Jaurès ayant été dès octobre colligées en un ouvrage et abondamment diffusées sous cette forme. Il existe cependant aussi dans l'Affaire des brochures, libelles ou pamphlets au sens strict. Le premier texte dreyfusard entre dans cette catégorie. Composé dès l'été 1895 mais publié seulement le 6 novembre 1896, il a pour titre explicite *Une erreur judiciaire : la vérité sur l'affaire Dreyfus*. Le tout, tant l'audace est grande, est imprimé en Belgique. Son auteur n'est ni un avocat ni un homme politique, mais le type achevé de l'« homme de lettres », Bernard Lazare (1865-1903), connu jusque-là dans les petites revues d'avant-garde comme « l'un des plus brillants critiques de la nouvelle génération littéraire » (Blum). Ce texte, diffusé à 3 500 exemplaires, connaîtra deux nouvelles versions, éditées à Paris par Stock, en 1897 et 1898, enrichies d'arguments nouveaux. De même, à la veille de *J'accuse*, Zola avait recouru à la diffusion par brochure pour lancer dans le public deux autres *Lettres ouvertes à la jeunesse* (14 décembre 1897) et *à la France* (6 janvier 1898, qu'avait refusées *Le Figaro*, dont le dreyfusisme faiblit à la considération de la courbe des ventes).

Avec le temps la littérature dreyfusiste ne manquera

pas de s'enrichir de formes d'intervention plus élaborées : l'essai, qui entend généraliser le débat localisé par le libelle, mais aussi le roman, voire le poème ou l'« œuvre d'art ». Ainsi quand le peintre Édouard Debat-Ponsan expose au Salon une *Vérité* sortant du puits pour triompher des suppôts de l'obscurantisme, son allusion est clairement perçue par ses contemporains, et là aussi au détriment de ses commandes mondaines. Reste que les cas les plus fréquents appartiennent plutôt au genre mixte du roman à thèse.

Monsieur Bergeret à Paris, dernier des quatre tomes de l'*Histoire contemporaine* d'Anatole France (1844-1924), est de tous le plus clairement politique, et tout entier centré sur l'Affaire. Les conditions de sa rédaction l'expliquent fort bien : il est paru, par fragments espacés irrégulièrement, dans les colonnes du *Figaro* — l'auteur ayant rompu avec *L'Écho de Paris*, qui a choisi l'autre camp — entre juillet 1899 et juillet 1900. Court texte devenu fameux, *Crainquebille*, qui raconte une erreur judiciaire, faisait d'ailleurs initialement partie de la série du *Figaro*, où il parut sous le titre d'*Affaire Crainquebille*. Quant au troisième et dernier volume achevé des *Quatre Évangiles* de Zola, *Vérité* écrit en 1901 et 1902 et publié en 1903, il adopte sur le même thème et pour le même combat un parti résolument symbolique, puisque l'intrigue en est centrée autour d'un jeune enseignant libre penseur, en lutte dans un village de France pour la réhabilitation d'un juif victime d'une erreur judiciaire : sa victoire finale préfigure l'alliance de la nouvelle intelligentsia avec le peuple désabusé. « La Nation se trouvait constituée, du jour où, par l'instruction intégrale de tous les citoyens, elle était devenue capable de vérité et de justice » est la dernière phrase du livre.

Sortis vainqueurs de la confrontation, les dreyfusards auront, plus que leurs adversaires, la tentation de revenir sur cette époque pour l'exemplariser. Le fils d'un des principaux hommes politiques de cette tendance, Gabriel Trarieux (1870-1940), écrivain du second rayon, centrera sur l'Affaire son roman le plus connu, *Élie Greuze* (1907), et France y reviendra à la même époque par le moyen du conte philosophique, avec son *Ile des pingouins* de 1908. Enfin le dreyfusisme n'est pas pour peu dans la vocation littéraire d'un Edmond Fleg et d'un Jean-Richard Bloch, voire d'un Roger Martin du Gard. Mais l'écrivain le plus « révolutionnaire », en termes esthétiques, du groupe, Marcel Proust, échouera à transcrire son expérience au travers de la fiction, comme si son extériorité s'imposait avec trop de violence à son univers intérieur. L'affaire Dreyfus occupe d'ailleurs une position importante, mais nullement centrale, au sein de *Jean Santeuil*, roman ébauché dès 1895, gauchi par la conjoncture et, vers 1900, abandonné. Dans le nouveau projet, celui de *La Recherche*, elle n'exerce plus aucune détermination sur les personnages.

Un combat prototypique

Cette variété des formes d'action verbales renvoie elle-même à la vaste panoplie d'expression publique qu'offre désormais, en cette fin du XIXe siècle, toute société démocratique moderne : à la liberté de réunion correspond l'organisation de conférences de propagande dreyfusiste (à lui seul, Jean Jaurès assure par exemple une dizaine de réunions pendant l'automne 1898), comme à la liberté d'association la création d'une Ligue pour la défense des droits de l'homme et du citoyen. Au total, si la faiblesse initiale des dreyfusards venait de la nécessité pour eux d'émouvoir une opinion partagée entre la méfiance hostile et l'indifférence, leur force tint au fait que cette situation les contraignait à faire feu de tout bois et à poser les premiers les termes philosophiques du débat.

Cette antériorité, ainsi que le succès final de cette tendance, allait durablement marquer l'image de l'intellectuel, aussi bien chez les adversaires de ce modèle que chez ceux qui s'en réclameraient. Prototypique dans le fond comme dans la forme, l'argumentaire dreyfusiste oppose les valeurs de vérité et de justice à celles d'autorité et d'ordre. Signifiant à Barrès la rupture de la *Revue Blanche*, Lucien Herr lui fait clairement l'éloge des « déracinés, ou, si vous le voulez bien, des désintéressés, la plupart des hommes qui savent faire passer le droit et un idéal de justice avant leurs personnes, leurs instincts de nature et leurs égoïsmes de groupe ». Porté par ses intellectuels obstinés, le discours dreyfusiste extrapole de la dénonciation des chefs militaires à ne pas reconnaître leurs erreurs, voire leurs crimes, à la mise en cause du danger césarien, voire du militarisme en général, ou encore de la constatation d'un ralliement majoritaire du clergé au point de vue antidreyfusard à une analyse de l'Affaire en termes de menace cléricale sur la République (dans *Vérité* le juif innocent est accablé par des jésuites et des capucins). L'aile socialiste ou socialisante de l'intelligentsia dreyfusarde entend poser à partir de ce cas en quelque sorte métaphorique le problème général de l'injustice sociale et de la nécessaire action illuminatoire des consciences confiée aux avant-gardes de la démocratie. Les anarchistes, très présents dans l'Affaire par le biais de propagandistes zélés comme Sébastien Faure, s'attachent, quant à eux, à en déduire une critique antimilitariste radicale, qu'on retrouve aussi chez l'inclassable Urbain Gohier (*L'Armée contre la nation*, 1899).

Un mot résume bien cette acception dreyfusiste de l'intellectuel : celui d'esprit critique, y compris dans la synecdoque qui fait d'« esprit » une « personne douée d'une certaine faculté de compréhension ». La conception de l'intellectuel comme anticonformiste en est directement issue. Il ne faudra que peu d'années pour qu'elle divise les dreyfusards eux-mêmes. En se déchaînant alors contre le « parti intellectuel », installé désormais selon lui au pouvoir, en développant la thèse de la corruption irréversible de la mystique en politique, Charles Péguy, au-delà d'une crise qui lui est personnelle, retournera contre ses anciens camarades les armes qu'ils avaient forgées en commun.

La mobilisation adverse

Face à cette offensive d'une minorité agissante, le camp opposé ne peut que se mobiliser avec un temps de retard qui, au bout du compte, lui sera fatal. À ses yeux, il n'y a rien à discuter d'une question jugée, et bien jugée, par les seules autorités compétentes ; il n'y a rien à remettre en cause de l'Armée, arche sacrée de la Nation face à la menace étrangère, d'où qu'elle vienne (et en 1898-1899, à l'heure de Fachoda, la tension la plus vive est avec le Royaume-Uni). Peut-être aussi l'hétérogénéité idéologique de l'antidreyfusisme, au moins à ses origines, est-elle plus grande que celle de ses adversaires. Sans doute parmi ceux-ci le socialiste hégélien Lucien Herr côtoie-t-il le libéral Ludovic Trarieux, mais l'écart est encore plus grand entre les monarchistes du *Gaulois*, les catholiques de *La Croix*, les anciens boulangistes de stricte observance de *L'Intransigeant* et les républicains de gouvernement de *La Presse*. L'essentiel du handicap antidreyfusard est cependant ailleurs, et se mesure en termes strictement culturels. Il tient dans le trouble profond, dans lequel les conditions de la mobilisation en faveur de Dreyfus plongent les intellectuels adverses, partagés entre la récusation globale de la formule et sa récupération à leur profit.

Le critique et historien de la littérature Ferdinand Brunetière (1849-1906) orchestre leur thématique dans un article paru dans *La Revue des Deux Mondes* du 15 mars 1898, et bientôt repris en brochure (*Après le procès*). L'argumentation initiale de Barrès y est nourrie de considérations plus précises, et aussi plus fondamentales, visant à humilier l'orgueil de ces « pauvre(s) homme(s) qui ne font que déraisonner avec autorité sur des choses de leur incompétence », de ces scientistes à la science douteuse, enfin de ces individualistes complices, consciemment ou non, des forces de destruction du tissu national, en un mot de l'anarchie. Comme l'article de Barrès avait suscité l'exceptionnelle mise au point du peu prolixe Lucien Herr, de même celui de Brunetière lui attira plusieurs exposés récusatoires, dont les deux plus importants furent l'œuvre de personnalités assez représentatives des deux dernières générations de la philosophie universitaire, Alphonse Darlu, dans la *Revue de métaphysique et de morale* de mai (texte repris en brochure chez Armand Colin), et Émile Durkheim (1858-1917), qui fonde au même moment *L'Année sociologique*, dans la *Revue bleue* de juillet.

Aussi quand, un an plus tard, René Doumic (1860-1937), autre critique littéraire antidreyfusard, qui sera plus tard l'un des successeurs de Brunetière à la tête de la *Revue des Deux Mondes*, entreprit de répondre à la question : *Où sont les intellectuels ?*, ce fut, tout en reprenant la plupart des arguments de Brunetière, pour lancer un appel à certains d'entre eux, égarés à n'en pas douter, pour qu'ils se ressaisissent, et affirmer implicitement qu'il existait une intelligentsia saine.

Ce retard culturel se retrouve sur le terrain idéologique, car le temps apporte un nombre croissant de présomptions ou de preuves de l'innocence de Dreyfus. De l'autorité de la chose jugée l'intellectuel antidreyfusard se doit donc de passer à la défense des traditions nationales puis de l'ordre social, menacés par quelques trublions. Très vite l'éditorialiste de *La Croix* pouvait postuler : « On ne se demande plus : Dreyfus est-il innocent ou coupable ? On se demande qui l'emportera des ennemis de l'armée ou de ses amis. » Barrès, qui donne de l'intellectuel la définition : « Individu qui se persuade que la société doit se fonder sur la logique et qui méconnaît qu'elle repose en fait sur des nécessités antérieures et peut-être étrangères à la raison individuelle », énoncera à plusieurs reprises que le débat est bien désormais métaphysique : « Il n'y a de justice qu'à l'intérieur d'une même espèce, [or Dreyfus est] le représentant d'une espèce différente (*Scènes et doctrines du nationalisme*). » Maître Labori ne dit pas autre chose quand, ulcéré par le recours en grâce demandé — et obtenu — par son client, il affirme, dans un article du 1er novembre 1901 de *La Grande Revue*, que Dreyfus a agi ainsi « comme un pur individu, et non comme un homme épris d'humanité et conscient de la beauté du devoir social ». Ainsi l'affaire Dreyfus s'achève-t-elle, de notre point de vue, moins quand il n'y a plus d'affaire (en 1906) que quand, pour les deux camps, il n'y a plus de Dreyfus, c'est-à-dire bien avant, quand le combat autour des « grands principes » signe sans conteste l'intellectualisation de la polémique.

Les moyens de l'intelligentsia

L'analyse qui précède, considérée comme une étude de cas, met en valeur un certain nombre de traits touchant au fonctionnement apparent des intelligentsias et, au-delà, à leur constitution, qu'il convient d'examiner.

Formes de l'engagement

Dans ce climat de large mobilisation, l'intellectuel manifeste sa présence par trois types de manifestation séculière : par définition il s'engage, souvent il s'associe, parfois il milite.

La pétition est bien le degré zéro de l'engagement intellectuel. Son lien avec l'émergence du suffrage universel n'est pas niable, en un temps où désormais le peuple est l'instance suprême de consécration des pouvoirs publics — or qu'est-ce qu'un intellectuel sinon un pouvoir public ? Les grandes pétitions prototypiques du XIXe siècle sont celles du mouvement chartiste anglais, et leur variante intellectuelle a déjà en France une longue histoire. On rappellera seulement ici un précédent oublié : le 24 décembre 1889 *Le Figaro* avait ouvert ses colonnes à la protestation de cinquante et un écrivains prenant la défense de Lucien Descaves, traîné en cour d'assises pour avoir écrit *Les Sous-offs ;* parmi les signataires : Maurice Barrès et Émile Zola. Sans doute serait-il exagéré de ne repérer dans les âges antérieurs que des figures de strict individualisme : depuis *L'Encyclopédie*, pour le moins, on sait que l'intellectuel ne répugne pas aux entreprises collectives. Mais il est certain qu'il s'agit aussi désormais, et plus crûment, de « se compter ». Contemporaine de l'installation de la démocratie dans les mœurs politiques nationales, la pétition d'intellectuels adopte d'emblée, il est vrai, une figure originale, voire ambiguë : reconnaissance de la loi du nombre, elle l'applique à une élite.

L'année qui s'écoule après la publication de *J'accuse* est fertile en pétitions significatives. Celle du soutien à Zola aurait déjà recueilli fin janvier 1898 plus de trois mille noms. Celle du soutien à Picquart, après sa mise en jugement, le 24 novembre de la même année, est de nouveau assumée par *L'Aurore*, qui maîtrise désormais la technique, avec l'aide de la Ligue des droits de l'homme. Quatorze listes paraissent du 26 novembre au 9 décembre, qui rassemblent plus de quinze mille noms, donnant une acception de « la France intellectuelle » élargie à « la France libre » (*L'Aurore* du 26). Quelques jours plus tard, c'est au tour de *La Libre Parole* de lancer dans l'autre camp une souscription, variante pécuniaire de la pétition, « pour la veuve et l'orphelin du colonel Henry » en procès « contre le Juif Reinach ». Environ vingt-cinq mille oboles auraient été recueillies, certaines anonymes.

Pierre Quillard, de la Ligue des droits de l'homme, mettra à profit ses compétences de journaliste pour publier, dès 1899, sous le titre de *Monument Henry*, la « liste des souscripteurs classés méthodiquement et selon l'ordre alphabétique ». Comme la moitié de ceux-ci mentionnent leur profession, il est aisé de repérer là aussi une nette surreprésentation de trois catégories sociales ou professionnelles à caractère intellectuel, les étudiants (secondaire et supérieur, 8,6 %, contre 0,6 % de la population totale au recensement de 1893), les professions libérales (8,25 %, contre 2,6) et le clergé (3,1, contre 0,2), même si la tonalité générale des commentaires, quand il y en a, est fortement teintée d'anti-intellectualisme : mais rien n'est plus révélateur qu'à côté de tel anonyme anti-intellectuel figurent les professions (de métier et de foi) suivantes : « L.F. (docteur) que dégoûtent ces eunuques d'intellectuels », « un étudiant trop intelligent pour être intellectuel », « un pédagogue non intellectuel » ou, tout simplement, « un universitaire, victime des intellectuels ».

À ce stade du témoignage, qui n'est pas sans quelque parenté avec celui du « confesseur » chrétien, succède ainsi, insensiblement, celui de l'argumentation, du « docteur » de la foi. La lettre ouverte, publiée en bonne place dans une revue ou, mieux, un journal, en est l'expression achevée à partir de *J'accuse*, mais des personnalités accoutumées à des prises de position plus discrètes finissent par s'y résoudre, poussées par une forte détermination morale. Ainsi l'historien Gabriel Monod, fondateur de la *Revue historique*, fait-il paraître dans *Le Temps* une lettre dans laquelle il explique son cheminement intellectuel jusqu'à « la conviction que le capitaine Dreyfus avait été victime d'une erreur judiciaire ». Un an plus tard, il publiera, sous le pseudonyme de Pierre Molé, un *Exposé impartial de l'affaire Dreyfus*, au titre significatif, qui va dans le même sens.

Au moment du procès Zola une centaine de personnalités réunirent leurs déclarations, lettres et articles en sa faveur dans un *Livre d'hommage des lettres françaises à Zola*. L'année suivante vit paraître un *Hommage des artistes à Picquart*, composé de douze lithographies et préfacé par Octave Mirbeau.

Les tempéraments qui ne répugnent pas au contact physique avec le public, c'est-à-dire souvent les adversaires, passent à l'étape suivante de la conférence ou du meeting. Anatole France, jusque-là orateur de salon, paye de sa personne dès novembre et décembre 1898, dans deux réunions de soutien à Picquart, où il ne mâche pas ses mots. De fil en aiguille, il sera devenu au début du siècle l'un des porte-parole prestigieux du Bloc des gauches.

La république des ligues

De telles manifestations dépassent de beaucoup l'acte personnel, même coordonné. L'engagement intellectuel débouche ainsi fréquemment sur l'association. Parfois cette formule est en fait la seule qui permette à un groupe spécifique de s'exprimer dans son originalité. Ainsi en est-il de la petite phalange des catholiques dreyfusards, réunis dans un « Comité catholique pour la défense du droit », fondé par l'historien du droit Paul Viollet (une centaine de membres).

Mais, plus souvent, l'association est un lieu de convergence, de soutien mutuel et d'extrapolation politique. Structurellement, elle crée entre esprits proches des liens nouveaux et d'une autre nature que ceux de la solidarité scolaire ou professionnelle. Elle favorise la « sortie » du laboratoire, du cabinet, de la classe pour l'« entrée » dans le débat civique. Par là, elle s'autorise une certaine hétérogénéité, sociale aussi bien qu'idéologique, comme le montrent bien les conditions de la naissance en février 1898, au moment du procès Zola, de la Ligue pour la défense des droits de l'homme et du citoyen, due à un

homme politique modéré, Ludovic Trarieux, et au premier Comité central de laquelle, en juin, siègent cinq séna-
teurs. Mais la logique de la Ligue est tout intellectuelle.
Trarieux, ancien ministre de la Justice, était, dira Victor
Basch, de la « nature morale » d'un « magistrat plutôt que
d'un avocat » et le Comité central (trente-deux membres)
est dominé par les universitaires (Émile Duclaux, Arthur
Giry, Herr, Paul Meyer, Charles Seignobos), au nombre
d'une quinzaine.

Dans son fonctionnement la Ligue cherche à être exemplaire (transparence des cotisations, importance accordée
aux sections locales) et, surtout, très vite, elle vise à généraliser et à pérenniser sa fonction de « conscience vivante
et agissante du pays ». Tout en organisant campagnes de
pétition, meetings et publications en faveur de la Révision, elle pose en principe qu'« à partir de ce jour toute
personne dont la liberté serait menacée ou dont le droit
serait violé est assurée de trouver près d'elle aide et assis-
tance ». Dès 1898, elle prend position contre certaines
formes de la répression antiouvrière. Devenue en effet la
« conscience » sinon du pays du moins du Bloc, la Ligue
n'allait plus jamais quitter sa position, complexe, tout à la
fois d'avocat des innocents et d'association explicitement
« de gauche ». L'ambiguïté de cette figure se mesure
à l'évolution du chiffre des adhésions, qui ne progresse
que lentement pendant l'Affaire proprement dite
(8 000 membres après un an d'existence), pour faire un
bond à près de 60 000 en 1904. L'investissement prioritaire dans les questions de contentieux judiciaire assurera
cependant sa survie sur le long terme, par-delà les aléas
politiques.

C'est ce recentrage qui manqua à l'association symétrique des antidreyfusards, plus populeuse mais éphémère, la Ligue de la patrie française. Créée le 25 octobre
1898, elle subit le léger handicap d'avoir tous les traits
d'une réponse à la ligue dreyfusarde — « Il n'y a plus

personne qui puisse croire que tous les "intellectuels" sont partisans de Dreyfus », dira nettement Barrès à son propos —, mais son succès initial est fulgurant. Onze listes d'adhésions parues en janvier et février 1899 lui assurent d'emblée plus de 20 000 membres, qui seraient 300 si ce n'est 500 000 l'année suivante. C'est assez dire qu'il s'agit là, par sa structure, de l'ébauche d'un vrai parti, nationaliste et populiste, aux ambitions électorales affichées pour les législatives de 1902. Mais ses origines, sa direction et finalement son destin sont ceux d'une association d'intellectuels.

C'est à Barrès, qui souhaite la voir fournir « une discipline aux intelligences », qu'elle doit son nom et son « lancement », par un article publié en janvier 1899, toujours dans *Le Journal*. C'est à lui, au populaire poète François Coppée (1842-1908) et au critique littéraire Jules Lemaître (1853-1914) qu'elle confie les fonctions de direction apparentes (président d'honneur, président et délégué), et ce sont trois professeurs agrégés, Louis Dausset, Gabriel Syveton (1864-1904) et Henri Vaugeois (1864-1916), qui posent les bases de son organisation (secrétaire général, trésorier, secrétaire adjoint), notamment avec la diffusion d'une circulaire de propagande dans les lycées. L'analyse de la composition professionnelle des onze premières listes confirme la prédominance des étudiants (16 %), enseignants et assimilés (11,3) et des professions littéraires et artistiques (16,6). Le prestige culturel se superpose ici à la quantité, avec pas moins de vingt-six académiciens français, des dizaines de membres de l'Institut et du Collège de France, des musiciens établis comme Vincent d'Indy, des écrivains populaires comme Frédéric Mistral. C'est à propos de ces « intellectuels d'Académie » que Jean Jaurès parlera « d'album de la défense sociale ».

L'échec final, et relativement rapide, de la Ligue tient d'ailleurs à cette incertitude qui se maintient quant à sa nature. Elle aussi souhaite dépasser l'affaire Dreyfus et durer plus qu'elle, être « une force morale, une force d'opinion » (Jules Lemaître), mais la radicalisation politique que cette évolution entraîne dès 1899, dans une atmosphère nettement factieuse, amène les républicains modérés, comme, à l'époque, Ferdinand Brunetière, à la quitter. Le soupçon d'« électoralisme » détache bientôt d'elle les plus activistes et/ou les plus théoriciens, dont Barrès. Et comme les élections de 1902 sont un succès pour la gauche, la Ligue s'étiole rapidement.

Le choix militant

C'est sans doute pour ses membres une médiocre consolation que de constater qu'à la même époque décline aussi l'association la plus originale à laquelle aient été associés les intellectuels dreyfusards, car elle signifiait un essai de conciliation entre leur statut social et leur vocation spirituelle : le mouvement des Universités populaires. Sa formule n'est d'ailleurs pas strictement dreyfusarde. Ses premières manifestations remontent à 1896 et se situent plutôt dans la tradition de l'histoire de l'anarcho-syndicalisme : il s'agit déjà, par une série de causeries aussi bien que de fêtes éducatives, d'« aller vers le peuple » et de contribuer à son émancipation au moyen du levier culturel.

Il n'en reste pas moins vrai que l'essor, presque l'explosion, de cette association, est à mettre en corrélation directe avec l'histoire du dreyfusisme, comme aussi son déclin. C'est même souvent par le biais de l'Université populaire locale que certains intellectuels entrent décidément en politique, comme en témoignera plus tard le jeune philosophe Émile Chartier, dit Alain (1868-1951), qui est alors professeur au lycée de Lorient et dont l'engagement radical remonte à l'Université populaire qu'il contribue à créer dans cette ville, avec l'aide d'une feuille dreyfusiste, *La Dépêche de Lorient* (1900-1902), où paraissent ses premières chroniques, ébauches des *Propos* qui le rendront célèbre un peu plus tard.

L'échec, assez rapide — les premiers signes de crise apparaissent dès 1902 —, est dû aussi bien aux contradictions politiques de la coalition dreyfusarde qu'à la propension de ces universitaires populaires, pour la plupart des universitaires classiques, à reproduire les formes, strictement « magistrales », de leur pédagogie. Sans doute la découverte des divergences idéologiques séparant les plus « socialistes » des plus « républicains » et les pressions administratives auxquelles certains des seconds soumettaient certains des premiers entraînaient-elles une série de tensions insupportables. Quand au sommet le Bloc sera entré en agonie, à partir de 1905, la plupart des Universités populaires seront déjà dans le même état, même si quelques-unes ont réussi à survivre jusqu'à nos jours, au gré des aléas de l'union des gauches.

Ce n'est pourtant pas que l'intellectuel répugne toujours à militer au sein d'organisations politiques affichées. Les débuts de l'Action française sont directement liés à l'effervescence bipolaire de la fin du siècle. Henri Vaugeois, de la Ligue de la patrie française, est surtout connu comme l'un des fondateurs du Comité d'action française, en 1898. Or il est, comme son camarade Maurice Pujo (1872-1955), un ancien membre d'une association humaniste en train de passer sur des positions dreyfusardes, l'*Union pour l'action morale*, fondée en 1892 par Paul Desjardins (1859-1940), le futur animateur des Décades de Pontigny. Cette première rupture annonce celle qui fera dans quelques mois de ces républicains conservateurs des monarchistes conscients et organisés. En termes de structure, le *Bulletin* puis *Revue d'Action française*, en 1899, se présente clairement comme « ce contraire de la *Revue Blanche*, dont vous formiez le rêve », ainsi que le dira Charles Maurras à Maurice Barrès qui, de son côté, la salue comme un « laboratoire » intellectuel. À l'inverse de la Patrie française, et sans doute après un examen critique de celle-ci, la constitution de l'Action française en ligue n'interviendra, plusieurs années plus tard, que comme le parachèvement d'un édifice théorique préalable.

À gauche, l'activisme dreyfusard est à l'origine de l'entrée en politique de jeunes enseignants, « savants », hommes de lettres, appelés parfois à de brillantes carrières. Il ne s'agit pas toujours d'une adhésion au socialisme, comme pourrait le faire croire toute une historiographie. Le grand radical de l'entre-deux-guerres, Édouard Herriot (1872-1957), fait son choix politique, on le verra, lors de l'affaire Dreyfus. Mais il reste vrai qu'on peut aisément repérer une génération de « socialistes dreyfusiens », soit que leur adhésion formelle date en effet de cette époque, soit que les circonstances aient, à tout le moins, profondément marqué un choix antérieur. L'évolution de Francis de Pressensé (1853-1914) fournit un exemple extrême du premier type de cheminement. Fils d'un théologien protestant connu, doublé d'un sénateur inamovible, il a d'abord démissionné de la Carrière pour entrer dans le journalisme et, à la fin de l'Affaire, il quittera *Le Temps* pour participer à la fondation de *L'Humanité*. Entre-temps, ce chrétien exigeant sera devenu un député socialiste et, après Trarieux, le président de la Ligue des droits de l'homme. Plus discret et, au bout du compte, moins extrême dans ses prises de position, « Jules Renard fut parmi les écrivains de sa génération l'un de ceux que le dreyfusisme orienta vers le socialisme », dira Léon Blum dans ses *Souvenirs*. Lui-même appartient à cette catégorie. Tenté comme la plupart des collaborateurs de la *Revue Blanche* par l'anarchisme, séduit par les prémisses égotistes de la pensée de Barrès, Blum rallie définitivement le camp du socialisme sous l'égide de Lucien Herr, lui-même adhérent du petit parti ouvrier socialiste révolutionnaire de Jean Allemane. En décembre 1899, on retrouve les deux hommes, en compagnie de jeunes normaliens agrégés de philosophie de la génération de Blum (1872), comme l'ethnologue Marcel Mauss (1873-1950) et l'économiste François Simiand (1873-1935), au sein de la première, et éphémère, école de formation socialiste, conçue comme une Université populaire au contenu doctrinal explicite.

Né lui aussi en 1873, Charles Péguy appartient pourtant à la seconde famille. Son choix socialiste, auquel Lucien Herr n'est pas étranger, est antérieur à l'Affaire (1895). Son histoire relève d'une autre généalogie, qui commence en 1891, avec la création des premiers groupes d'étudiants socialistes. La décision du jeune élève de l'École normale supérieure de se vouer à l'édition, au journalisme et à la littérature plutôt qu'à l'enseignement est indépendante de l'Affaire. Le Cercle d'études et de propagande socialiste qu'il fonda rue d'Ulm remonte à 1897. Mais il n'en est que plus évident que la plus grande part de son action et de son œuvre à partir de 1898 et jusqu'aux derniers grands textes de 1913 (*L'Argent, suite*) sera pour lui comme raisonnée à la lumière du dreyfusisme.

L'histoire de la Société nouvelle de librairie et d'édition est la meilleure illustration de la convergence entre les deux démarches. La Librairie créée par Péguy le 1er mai 1898 sous le nom de son ami Georges Bellais connaissant de grosses difficultés financières, c'est sous la forme d'une société anonyme qu'elle se reconstitue le 2 août 1899. Si Péguy conserve la maîtrise éditoriale, (deux cents actions, plus cinquante à Bellais), les vingt-neuf autres actionnaires, pour ne pas dire les donateurs, sont tout un groupe dont l'unité est constituée par le socialisme dreyfusien, un socialisme dont le discours est plus moral qu'économique et tenu principalement par des intellectuels, souvent passés par la rue d'Ulm. On y retrouve Herr (soixante-huit actions), Blum (cinquante) ou Simiand, aux côtés du germaniste Charles Andler

(1866-1933) ou des physiciens Paul Langevin (1872-1946) et Jean Perrin (1870-1942) : autant de noms qui illustreront l'histoire de l'intelligentsia socialiste ou socialisante française jusqu'au cœur de l'entre-deux-guerres. L'entreprise de la Société nouvelle se veut à tout point de vue exemplaire. Dans ses structures mêmes, que Péguy présente en 1900 comme celles de « la première et seule coopérative de production et de consommation qui travaille à l'industrie et au commerce du livre », et, bien entendu, dans son programme, défini par le catalogue de novembre 1899 en une énumération significative : « sciences sociales, économiques, politiques et juridiques, histoire contemporaine, socialisme ».

Les trois principales revues socialistes françaises indépendantes des partis à l'orée du siècle sont de même marquées au sceau du combat dreyfusiste : *Le Mouvement socialiste*, fondé en 1899, *Les Cahiers de la quinzaine* de Péguy, qui avait d'abord pensé à un bulletin critique des ouvrages de la Société nouvelle, à partir de 1900, les *Pages libres*, de Charles Guieysse, ancien officier, démissionnaire après le procès de Zola, à partir de 1901.

Nul doute, enfin, que l'autorité morale que Jean Jaurès était en train d'acquérir au sein du mouvement socialiste organisé — mais encore divisé — n'ait été pour une bonne part soutenue par l'image qui s'imposa de lui à partir de cette époque : le principal dirigeant socialiste qui, après un moment d'hésitation, eût pris fait et cause pour Dreyfus et, plus que tous les autres, s'y fût voué, à contre-courant de l'attitude réservée des guesdistes.

Une telle convergence est en elle-même grosse d'ambiguïtés et de contradictions, qui éclateront bientôt au grand jour. Jaurès, lui-même docteur en philosophie et même, jusqu'en 1898, critique littéraire, est en effet l'un des seuls parmi ces responsables politiques à être partisan d'un accord profond entre les intellectuels et le prolétariat, dont « l'idéalisme instinctif fait la vraie classe intellectuelle », comme il l'argumente dans un article de *La Petite République* de janvier 1899. Sur le moyen terme, le socialisme dreyfusien recevra les coups tout à la fois des marxistes orthodoxes, des syndicalistes révolutionnaires — et de dreyfusistes déçus, soutenus par Péguy. À plus long terme, les facteurs de continuité ne sont cependant pas négligeables : l'histoire intellectuelle du Front populaire serait, pour les plus âgés de ses membres, incompréhensible sans la considération des solidarités forgées trente-cinq ans plus tôt.

Structure d'une intelligentsia

Mais ce moment exceptionnel de la vie intellectuelle ne nous en apprend pas seulement sur l'apparence des comportements. Il permet de mettre en lumière la structure profonde de toute société intellectuelle moderne, à travers trois repères : les lieux privilégiés de recrutement, les réseaux idéologiques qui les relient, le rôle spécifique joué par la conjoncture.

Le vivier universitaire

En termes socioprofessionnels, trois groupes prédominent visiblement, comme autant de « viviers » à intelligentsia : l'Université, la presse, le monde artistique. Peut-être, paradoxalement, est-ce le premier de ces groupes — le plus remarqué des contemporains, Albert Thibaudet, dira que l'Affaire avait « posé le professeur en rival, ou en concurrent, de l'avocat » — dont il faut le plus exactement préciser la composition. Sans doute conçoit-on aisément qu'au monde universitaire considéré ici se rattachent aussi bien les hommes du laboratoire que ceux du cabinet, réunis encore à cette époque dans la communauté de la chaire : malgré l'existence et le prestige de l'Institut Pasteur — dont le directeur, Émile Duclaux, sera d'ailleurs un dreyfusard ardent — la notion, comme la réalité sociale, du « chercheur », est encore étrangère à la société française qui ne connaît guère que celle de l'inventeur, solitaire, inspiré, irréductible, beaucoup plus proche de l'artiste que du professeur. Mais il faut leur adjoindre au moins trois catégories, qu'on pourrait qualifier de para-universitaires, et dont le rôle semble avoir été crucial en cette occasion : à la périphérie les experts, en deçà les étudiants, au-delà les ex-universitaires.

Ce dernier sous-groupe est le plus flou, mais on y trouve plusieurs personnalités particulièrement actives au sein des organisations politiques, où leur légitimité universitaire assoit leur réputation. C'est le cas d'un Jules Lemaître, ancien normalien de la rue d'Ulm et docteur ès lettres, converti au journalisme et que la Ligue de la patrie française érige en porte-parole principal, au grand dam de Barrès, qui met en doute ses capacités de théoricien. C'est aussi celui de Jaurès, dont les périodes d'absence du Parlement sont celles où il retrouve les habitudes intellectuelles de l'agrégé de philosophie. La période ouverte par l'échec électoral de 1898 est ainsi pour lui celle qui lui permet de mettre en chantier l'écrasante *Histoire socialiste collective de la Révolution française* en treize volumes.

Rien n'est plus révélateur de la position stratégique qui peut être celle de ce type d'esprit que les figures contrastées mais parallèles, d'un Charles Péguy et d'un Gabriel Syveton, le premier normalien d'Ulm passé corps et âme à une sorte de vocation prophétique du témoignage intellectuel, le second agrégé d'histoire mis en congé sur sa demande — puis en demeure en juillet 1899 par le Conseil académique de Paris de choisir entre l'enseignement et le militantisme, et qui opte pour le second. Quand on constate que Dausset et Vaugeois ont pour leur part en commun un échec au concours d'entrée à la rue d'Ulm, on ne peut pas exclure dans leur engagement une solidarité d'exclus. L'affaire du Conseil académique est d'ailleurs pour l'un et l'autre l'occasion d'un violent règlement de comptes avec l'Alma Mater (*cf. L'Université et la Nation* de Syveton, et la *Défense* de Vaugeois).

On ne saurait non plus oublier que Ferdinand Brunetière est à l'époque en train de prendre le chemin de Lemaître. Titulaire en théorie d'une chaire à l'École normale supérieure, il s'y fait, en fait, suppléer depuis 1894 et son influence y sera désormais quasiment nulle. Vérification par l'absurde de cet état de fait : la victoire des dreyfusards permettra en 1903 une réforme de l'École au sein de laquelle Brunetière disparaîtra du corps enseignant ; on lui aura fait, selon le mot de Péguy, « le coup de la création discontinue ».

Plus exigu, le milieu des experts rassemble principalement des archivistes-paléographes, directement interpellés par la dimension graphologique de l'Affaire qui est d'abord, au fond, une sorte de grand « commentaire de texte ». Ceux-là mêmes qui entendent se limiter à un rôle technique finissent par évoluer en fonction de leur environnement idéologique. Chef du service anthropologique de la préfecture de police, Alphonse Bertillon (1853-1914) devient l'une des cautions scientifiques des antidreyfusards, alors que le principal spécialiste français des autographes, Étienne Charavay (1848-1899), par ailleurs érudit du républicanisme, va évoluer de ce camp à l'autre sous l'influence de son ami intime Anatole France.

L'École des chartes elle-même, d'ordinaire si réservée et plutôt classée à droite par les contemporains, se divise profondément et mobilise pour ou contre Dreyfus à peu près toute sa communauté universitaire, à vrai dire peu nombreuse (sept professeurs et une quarantaine de chartistes). Professeur d'archéologie médiévale, mais aussi parlementaire, le comte Robert de Lasteyrie (1849-1921) prend ainsi la tête d'une pétition d'archivistes-paléographes antidreyfusards (*L'Éclair* du 18 février 1898), destinée à faire pièce à l'expertise dreyfusarde de trois de ses collègues, Auguste Molinier, Arthur Giry et le directeur de l'École, Paul Meyer2. Comme le dira ce dernier, dans une lettre à Jules Lemaître publiée dans *Le Siècle* le 22 janvier 1899 et diffusée à trois cents exemplaires dans le milieu bien spécifique de l'Institut : « Le bordereau et le faux Henry sont des documents sur lesquels la critique peut opérer tout aussi bien que sur une charte. » Précisons que Paul Viollet était, lui aussi, professeur à l'École des chartes.

On retrouve les mêmes divisions, amplifiées par le nombre, chez les étudiants. Leur constitution en corps autonome, hors des grandes écoles, s'est accélérée depuis quelques années, du fait tout à la fois de leur accroissement numérique et, comme on le verra, de leur reconnaissance officielle par la République. Il s'y affiche, à la lecture des pétitions et souscriptions adverses, un contraste vraiment saisissant entre les deux anciennes facultés (droit et médecine), nettement antidreyfusardes (à l'exception de la médecine sociale), et les deux nouvelles (lettres et sciences qui sont apparues depuis moins de vingt ans), où le dreyfusisme l'emporte, surtout en histoire et en philosophie.

Le plus fort taux de partisans de la Révision est sans doute atteint, mais là aussi il s'agit de petits nombres, à l'École normale supérieure. En 1898, la moitié des élèves pétitionnent, et tous pour Dreyfus. L'année suivante, sur les vingt-trois actionnaires de la Société nouvelle de Péguy, dix-huit sont des normaliens, présents ou passés. Les promotions des années 1890 suivent l'exemple de ces autorités stratégiques que sont, en plus de Herr l'incontournable, le directeur, Georges Perrot, le surveillant général, Paul Dupuy, auteur de deux ouvrages sur l'Affaire, le chef de la section des sciences, Jules Tannery, ou le maître de conférences Gabriel Monod, par ailleurs président d'une École pratique des hautes études qui recrute souvent en milieu normalien.

Ces derniers noms introduisent au noyau central de la population universitaire engagée dans l'Affaire, composé, de part et d'autre, d'un fort contingent d'enseignants du supérieur, auxquels leur statut permet une grande liberté de ton et sert de caution à l'approbation, plus discrète, des instituteurs (plutôt dreyfusards, quand ils s'expriment) et des professeurs du secondaire (plutôt antidreyfusards), davantage soumis au contrôle de la société locale et à l'obligation de réserve des fonctionnaires, comme l'ont prouvé *a contrario* les mésaventures de certains membres de ces deux ordres militants des Universités populaires. La partition entre droit/médecine et lettres/sciences se retrouve ici au stade professoral, la faculté de médecine de Paris étant seule à comporter une légère majorité de dreyfusards repérables. Un classement par discipline place nettement l'histoire et la philosophie, la physique et les sciences naturelles du côté de la Révision, à l'inverse de matières plus traditionalistes comme le droit civil ou la littérature latine. Il demande d'ailleurs à être corrélé avec le pourcentage d'engagement des populations considérées, très variable d'une discipline à l'autre (les mathématiques se mobilisent fort peu) et d'une région à l'autre (les universités les plus mobilisatrices sont généralement celles qui se situent dans une zone d'intense lutte politique locale, par exemple face à des facultés catholiques).

Les « médias », déjà

Mais si ce premier milieu est plus immédiatement visible, mieux structuré et, surtout, plus prestigieux, le rôle décisif joué dans l'affaire initiale par un journal comme *L'Aurore* et un journaliste comme Clemenceau en dit assez sur l'importance, et la fonction, de la presse dans la constitution des groupes affrontés. Il permet, en particulier, de nuancer toutes les historiographies de la société intellectuelle qui concluent à une amplification du phénomène de médiatisation de l'intellectuel. Pour Régis

Debray, par exemple (*Le Pouvoir intellectuel en France*, 1979), on serait passé du cycle universitaire (1880-1920), au cycle éditorial (1920-1960), puis au cycle des médias (1968- ?). C'est, à nos yeux, faire trop peu de cas du processus qui, dans le détail, assure dès cette époque le passage du clerc dans les débats de la cité, et l'on vient de voir qu'on n'imagine pas les chartistes dreyfusards sans *Le Siècle*, Jaurès sans *La Petite République*, Herr sans la *Revue Blanche*, autrement dit sans le petit noyau d'intermédiaires intellectuels — directeurs, rédacteurs en chef, secrétaires de rédaction —, dont le fait qu'il soit exigu et aujourd'hui encore mal connu ne justifie aucunement qu'on l'ignore. C'est oublier aussi l'importance des journalistes professionnels dès qu'au-delà d'une manifestation isolée, c'est toute une « campagne » qu'il faut en effet mener, sur une longue durée et avec des moyens, techniques ou culturels qui, même à l'état embryonnaire, sont déjà ceux de la propagande moderne. Rien d'étonnant à cela, si l'on veut bien considérer que les années 1880 et 1890 sont celles au cours desquelles s'institue réellement la profession de « journaliste », terme désormais préféré à celui de « publiciste », à partir de la loi libérale de 1881, et autour des premières grandes associations professionnelles : le *Dictionnaire des professions* de Jules Chantron qui, dans son édition de 1858, à l'article « journaliste » renvoyait à « homme de lettres », lui consacre une notice spécifique dans son édition de 1880.

Le dépouillement des premières listes d'adhésion à la Ligue de la patrie française fait, avec 699 noms sur 9 921 dont la profession soit connue, du groupe des journalistes le second en nombre après les étudiants, autrement dit le premier qu'on puisse définir en termes professionnels, devant des catégories sociales pourtant beaucoup plus populeuses dans l'ensemble de la société française : 678 enseignants du secondaire ou 540 commerçants, par exemple.

Ce cas précis illustre le rapport des forces au sein de la presse, nettement défavorable au dreyfusisme, qui ressort d'une analyse des articles et éditoriaux des principaux quotidiens de Paris et de province : à considérer le nombre théorique de lecteurs touchés, soit dix millions pour une cinquantaine de titres analysés à l'occasion de deux sondages, l'un en février 1898, l'autre en août 1899, l'hostilité à Dreyfus reste la règle écrasante : de 96 % du lectorat touché au lendemain de *J'accuse* — dont on discerne ainsi mieux le caractère provocateur — à 85 % au moment du procès de Rennes. Sans doute faut-il équilibrer ces chiffres sans équivoque par les considérations du fort pourcentage des rédactions prudentes, incertaines ou éclectiques : tout au long, l'Affaire restera principalement un enjeu de citadins — des grandes villes, de surcroît — et de classes moyennes. Mais ils permettent aussi de tenir compte, dans l'analyse des évolutions de l'opinion, de l'efficacité de ces meneurs capables de mobiliser leurs lecteurs sur des problèmes peu à peu transmués en questions de principe.

À ce stade, il n'est pas certain que se puissent distinguer la figure, et le rôle, de l'éditorialiste (Clemenceau) et du chroniqueur plus ou moins régulier (Barrès), si ce n'est que le second possède généralement une légitimité antérieure ou extérieure au journal. Mais, surtout, c'est la distinction, classique en histoire de la presse, entre « journaux populaires » et « journaux d'opinion » qui paraît caduque. L'affaire Dreyfus est ainsi le moment où, sous la conduite rédactionnelle d'un ancien normalien de la rue d'Ulm passé au journalisme, Ernest Judet, *Le Petit Journal* (1 000 000 d'exemplaires en 1898) rallie clairement le camp antidreyfusard, puis nationaliste, avec des considérants particulièrement violents. Et l'on a vu que ce fut de la tribune du *Journal* que Barrès lança ses grandes offensives. Il est impossible enfin de classer autrement que comme journaux d'opinion des titres comme *La*

Croix, de la congrégation des assomptionnistes, ou *La Libre Parole*, dont le sommaire et le style s'apparentent pourtant à la « petite presse », même si leurs tirages ne sont respectivement que d'environ 150 000 (+ 410 000 *Croix* de province) et 90 000.

Toujours est-il qu'avec de tels chiffres, avec le caractère sériel ou périodique de leurs exposés, il ne fait pas de doute que les intellectuels les plus entendus, en cette occasion, sont des hommes de presse. Ils s'appellent du côté antidreyfusard Édouard Drumont (1844-1917), ou Henri de Rochefort (1831-1913), « qui est incontestablement le premier des journalistes français », dira en 1900 de lui *La Grande Encyclopédie*, pourtant de sympathies opposées, et du côté dreyfusard Arthur Ranc (1831-1908), reconnu comme « l'Éminence grise du parti radical, le conseiller des gouvernements, le conseiller de l'opinion » (Joseph Reinach, à ses obsèques), ou Séverine (Caroline Rémy, dite) (1855-1929), saluée après sa mort par Bernard Lecache, fondateur de la Ligue internationale contre l'antisémitisme (LICA), comme « la bonne ouvrière de l'Affaire ».

On peut rapprocher du schéma du journal et de son directeur celui de la maison d'édition et de son éditeur. Ce que tenta d'être Péguy avec ses deux entreprises successives ; ce que réussit pleinement Pierre-Victor Stock, qui a raconté dans la troisième série de son *Mémorandum d'un éditeur* son combat dreyfusard obstiné, et la publication, sur trois années, de dizaines de titres sur la question (une trentaine déjà vers le milieu de 1898).

En revanche, on peut noter qu'une véritable frontière sépare de ce point de vue le journal de la revue. Avec, dans l'entre-deux, la quasi-absence d'un support intellectuel qui ne fera son apparition que pendant l'entre-deux-guerres : l'hebdomadaire. Alors que parmi les journaux le titre le plus confidentiel exige la présence d'au moins un porte-parole — certaines feuilles, à cette époque,

n'existent même que pour servir de tribune à telle personnalité ou tel petit groupe —, la revue peut et souvent doit
faire appel pour définir sa « ligne » à des autorités déjà
légitimées.

Ainsi la *Revue de Paris*, qui garde longtemps sur les
questions débattues un silence prudent et quelque peu
désapprobateur, est-elle en fait, sous l'égide de l'historien
Ernest Lavisse (1842-1922), grand notable de l'Université
républicaine s'il en fut, le lieu où tentent de s'exprimer
les universitaires modérés, plus effrayés par l'antirépubli-
canisme de certains antidreyfusards que solidaires du
combat dreyfusiste. Ainsi la *Revue des Deux Mondes*, qui
est d'abord l'organe dont Jules Lemaître est l'un des
chroniqueurs attitrés et Ferdinand Brunetière le directeur-
gérant. Organe « académique » par excellence, austère et
modéré, elle s'ouvre à la polémique quand son directeur
décide de descendre dans l'arène : c'est chose faite à dater
du 15 mars 1898 quand il part, comme on l'a vu, en
guerre contre les intellectuels. Un mois plus tard l'interfé-
rence est complète, avec une critique littéraire du même
Brunetière qui n'est qu'un long éreintement du dernier
ouvrage paru de Zola, *Paris*, où l'auteur, quelques années
plus tôt, d'une étude sur *Le Roman naturaliste* fait servir
son magistère à la polémique politique. Ainsi la *Revue
Blanche*, devenue en 1898 la vraie centrale dreyfusiste,
qui est d'abord la table ouverte où, depuis 1891, deux
mécènes, les frères Alexandre, Louis-Alfred et Thadée
Natanson — ce dernier figurera parmi les fondateurs de
la Ligue des droits de l'homme — accueillent la jeune
littérature d'avant-garde.

L'artiste, prince ou serviteur ?

Avec ce dernier exemple vient en plein lumière le troisième groupe d'intellectuels, sans doute aujourd'hui le
plus connu parce que le plus assuré de voir certains de ses
membres passer à la postérité, mais dont on peut avancer

l'hypothèse qu'il fut, en même temps que le moins nombreux, celui qui pesa le moins lourd dans la bataille : les
créateurs ou, pour user des termes d'époque, les « artistes » et les « hommes de lettres ».

L'appréciation peut paraître paradoxale, après tant d'allusions aux interventions décisives d'un Zola ou d'un
Barrès. Il ne s'agit pas de nier le rôle de « metteurs en
forme » de ces deux personnalités. L'un et l'autre donnent
corps à une argumentation avec la véhémence qu'ils ont
pu déployer précédemment dans d'autres combats. Mais,
et c'est encore plus net pour Anatole France, le troisième
grand nom de la littérature contemporaine engagé dans la
polémique, ce qui compte pour le public est autant le
prestige de leur nom que l'œuvre qui naît de leur engagement, et certainement plus le contenant que le contenu.

La production littéraire directement issue de l'Affaire
est d'ailleurs secondaire dans la bibliographie de leurs
auteurs. *Vérité* appartient au cycle le plus méconnu, le
plus vite oublié, de la production d'Émile Zola. Barrès
n'écrira jamais le pendant antidreyfusard de sa trilogie
« boulangiste », *Le Roman de l'énergie nationale*. Même
chez un écrivain populaire comme Gyp (comtesse Sibylle
Martel de Janville) les textes antisémites suscités par
l'Affaire demeurent relativement en marge. Seul France
tire son épingle du jeu, mais le quatrième volume d'*Histoire contemporaine* se ressent de proposer une suite de
commentaires, plutôt qu'une intrigue. Chez Barrès, la
production littéraire équivalente n'est plus qu'un recueil
arborescent d'essais, autrement dit d'articles et de reportages, à peine remis en forme pour l'édition en livre :
Scènes et doctrines du socialisme (1902), dont le titre dit
à la fois l'ampleur et les limites, et dont la première
phrase est sans équivoque : « Je n'aurais jamais soup-
çonné qu'aucun travail de lettres me donnerait la répugnance que j'ai dû surmonter pour rassembler les feuillets
de ce livre. » Le même Barrès vient d'écrire au rédacteur

en chef de *L'Action française* : « Je retourne à mon vrai terrain, qui est d'aider à maintenir le niveau de la pensée française. Comment ? En faisant de bons livres si je le puis. »

En tant que contribution directe, par les moyens de leur art, à l'action civique, l'œuvre de caricaturistes comme Caran d'Ache (1859-1909) ou Forain (1852-1931) — tous deux antidreyfusards — ou, dans le camp opposé, Henri Gabriel Ibels (1867-1936) ou Félix Vallotton (1865-1925), qui constitue une sorte de journalisme en images, avait eu, à tout prendre, plus d'impact sur l'esprit public (Les uns et les autres créeront du reste au lendemain de *J'accuse* deux périodiques illustrés, le *Psst...*, antidreyfusard, et *Le Sifflet*, dreyfusard).

Mais le créateur fournit surtout une force d'appoint prestigieuse, soit que son nom soit déjà établi dans l'opinion, soit, à un moindre degré, qu'il soit déjà reconnu dans un petit cercle bien défini. Si le créateur en question, encore obscur et parfois destiné à le rester, n'apporte même pas cette aura, on n'a plus guère affaire qu'à une manifestation d'appartenance à un groupe. Chez les antidreyfusards un François Coppée, un Édouard Detaille, un Frédéric Mistral, un Vincent d'Indy sont déjà des personnalités reconnues et l'une des infériorités des dreyfusards est de ne pouvoir leur opposer, dans ces mêmes fonctions illustratives, que quelques célébrités encore fragiles des dernières écoles comme Octave Mirbeau ou Jules Renard, flanqués de quelques « amuseurs » encore peu considérés : Tristan Bernard, Alfred Capus, Flers et Caillavet... Quant aux grands noms de l'art du xxe siècle dont les historiens ont coutume de relever les actes, plus ou moins réitérés, de militance à cette occasion, on prendra soin de rappeler qu'ils ne sont signes de reconnaissance que pour les *happy few* : Pierre Bonnard, André Gide, Marcel Proust, Paul Signac ou Édouard Vuillard chez les révisionnistes, Paul Valéry ou le jeune poète Charles Maurras chez leurs adversaires.

En fait, de telles énumérations, de telles divisions, de tels regroupements conduisent plutôt à se poser la question des réseaux de solidarité extérieurs à l'appartenance professionnelle qui sont à l'œuvre dans le travail quotidien du témoignage intellectuel.

Sociétés

Pour comprendre l'engagement d'un intellectuel, il faut en effet prendre en compte l'ensemble des liens d'accoutumance sentimentale, de complicité spirituelle, parfois de service pratique qu'il a entretenus avec une société (il s'agit ici d'un phénomène de génération) ou des sociétés (il s'agit ici des lieux de sociabilité). Sans doute n'est-il pas question de postuler ici un étroit déterminisme par le milieu. La surprise des deux camps devant l'évolution d'un Barrès ou d'un France, leurs deux principales illustrations, montre assez bien qu'à la veille de la grande bipolarisation les jeux étaient loin d'être faits, même si, *a posteriori*, il est toujours loisible au biographe de restituer la cohérence intime de n'importe quel itinéraire.

Loin d'avoir périclité par rapport au siècle des Lumières, les salons continuent alors à occuper une place stratégique dans l'orientation des itinéraires mondains. Chacun des camps a les siens : les antidreyfusards ceux de Mme Adam, dominés par Paul Bourget, ou de la comtesse de Loynes, cette dernière notoirement liée à Jules Lemaître, leurs adversaires ceux de Mme de Caillavet, maîtresse d'Anatole France, de Mme Straus ou de la marquise Arconati-Visconti. Sorte de grand salon que certains historiens, et certains hommes d'État, ont à tort considéré comme un corps officiel, l'Académie française pèse d'un poids considérable dans le sens de l'antirévisionnisme. Une nette majorité de ses membres, on l'a vu, accepte de cautionner la Ligue de la patrie française, même si sa politisation accrue en effraye plus d'un. Anatole France y est une exception qui confirme la règle ;

aussi bien a-t-il été élu en 1896. Trois ans plus tard, l'échec quai Conti du dramaturge Paul Hervieu est attribué à son dreyfusisme ; à l'inverse, Barrès aura droit en 1906 à une élection de maréchal, contemporaine de son succès aux législatives.

Il faut, évidemment, préciser le rôle de ces lieux de reconnaissance sociale. En rappelant d'abord que leur coloration politique est parfois tardive, ou fragile. Toute la force de conviction d'Anatole France n'est pas de trop pour rallier Mme de Caillavet, qui craint surtout que les officiels ne lui battent froid. À l'inverse l'Académie retourne à plus de circonspection après le gros de la tourmente — et l'échec politique des nationalistes. La détermination sociale semble faible : le salon de la comtesse Greffulhe, aristocrate du faubourg Saint-Germain, est dreyfusard, quand celui de Mme de Loynes — une « parvenue » —, sis avenue des Champs-Élysées, est antidreyfusard.

Au bout du compte la structuration des réseaux semble surtout dépendre des origines culturelles des hôtesses et/ou de celui qui, à côté d'elles, tient le rôle d'hôte privilégié : Mmes de Caillavet ou Straus sont d'origine juive, la marquise Arconati-Visconti est d'abord la fille d'un « républicain de l'Empire », Alphonse Peyrat, journaliste et parlementaire gambettiste. Disposant d'un riche héritage italien, elle semble avoir joué un rôle discret mais crucial tout au long de l'histoire de l'intelligentsia républicaine-radicale de la fin du siècle. Elle ne se contente pas d'accueillir à ses jeudis la fine fleur de la politique et de l'Université dreyfusistes — jusqu'à convaincre, vers 1900, Alfred Dreyfus lui-même de figurer parmi les jeudistes en question. Elle multiplie les libéralités en direction du monde universitaire, au profit de personnalités «.de gauche » comme Gustave Lanson (création d'une chaire à la Sorbonne, en 1904) ou Gabriel Monod (une chaire au Collège de France en 1905), comme il lui arrive de subventionner *L'Aurore* ou *L'Humanité*. L'héritage de la comtesse de Loynes, quant à lui, finance les débuts de *L'Action française*. Pas plus à cette époque qu'au XVIIIᵉ siècle ne s'échangent dans un salon les seuls signes de pouvoir mondain, mais aussi des outils de pouvoir intellectuel.

La description vaut, bien entendu, tout autant pour les sociétés de pensée organisées, fussent-elles secrètes, comme la franc-maçonnerie. Ainsi le Grand Orient de France, dans son convent du 19 septembre 1895, tout en excipant de l'honneur de l'armée, appelle-t-il les frères à lutter contre la collusion des cléricaux et des césariens, et commence-t-il à procéder à l'épuration des loges des francs-maçons les plus notoirement antisémites.

Le cas des solidarités religieuses, qui s'y apparente, est plus complexe. Il conduit à faire entrer en ligne de compte un facteur spécifique : celui de la position de minorité. La constatation est d'évidence pour les intellectuels d'origine juive, de Michel Bréal (1832-1915), professeur de grammaire comparée au Collège de France depuis 1864, patriarche du dreyfusisme, qui avait été l'un des inspirateurs des réformes scolaires des années 1880, jusqu'au jeune et obscur « oisif » Marcel Proust. Et leurs adversaires ont suffisamment souligné combien ce petit groupe fragile avait bénéficié du soutien d'une minorité intellectuelle autrement plus puissante dans les premiers âges de la république, celle des protestants — à l'École normale supérieure de la rue d'Ulm, c'est un point commun non négligeable entre Perrot, Dupuy et Monod.

Mais l'argument vaut tout autant pour les catholiques. Entendons par là non les intellectuels baptisés, majoritaires dans les deux camps, mais les intellectuels faisant profession de foi catholique au sein même de leur activité artistique ou scientifique : catholiques « maintenus » aussi bien qu'anciens sceptiques ou rationalistes convertis. À cette dernière catégorie appartiennent des leaders de l'antidreyfusisme comme Coppée ou Brunetière. Compte tenu de l'hégémonie intellectuelle laïciste à la fin du siècle, en particulier des choix philosophiques effectués par les grands responsables de l'Instruction publique (ministère, grands établissements, revues et sociétés péda-gogiques...), s'affirmer notoirement catholique, c'est donc, pour un écrivain, un artiste ou un universitaire, se situer dans une minorité agissante.

On n'aura garde, enfin, d'oublier l'importance, dans cette circonstance précise, d'une solidarité spirituelle qui n'est point de nature religieuse : l'appartenance à la communauté des Alsaciens « optants » (c'est-à-dire les membres des familles ayant opté pour la France en 1871), sensibles à l'injustice faite à l'un des leurs, le capitaine Dreyfus. Comptant en leur sein une forte proportion de protestants et de juifs, ils ont établi entre eux des liens de nature intellectuelle, qui s'expriment notamment par la création de l'École alsacienne ; on les trouve aussi en grand nombre dans la petite phalange des premiers socio-logues de l'école durkheimienne (outre Durkheim lui-même, son neveu Marcel Mauss ou Maurice Halbwachs). Mais il est évident, et il l'a dit lui-même, que l'engage-ment d'un érudit comme Paul Meyer, catholique alsacien, rejoint ici la logique du protestant Scheurer-Kestner, pre-mier homme politique à s'être convaincu de l'innocence de Dreyfus et à s'en être fait le propagandiste, voire celle de Lucien Herr, de la même origine que Meyer.

Dominants/dominés

Il convient donc, selon nous, de nuancer le constat selon lequel intelligentsias dreyfusarde et antidreyfusarde seraient respectivement celle des dominés et celle des dominants, compris ici dans leur manifestation culturelle. D'abord parce que la superposition des deux grilles fonc-tionne moins bien pour le monde universitaire que pour celui des artistes et écrivains, où subsistent de surcroît beaucoup de cas aberrants. Ensuite parce que les intellectuels qui se font face ont en commun d'être « de leur temps », même si c'est chacun à leur façon, et qu'il faut toujours prendre garde à la tentation téléologique qui juge de la contemporanéité d'un personnage en fonction de sa modernité, notion rétrospective par définition.

Ainsi, il ne fait pas de doute que les avant-gardes symbolistes, littéraire et picturale, sont dans leur majorité dreyfusiennes, comme en témoigne l'évolution politique de la *Revue Blanche.* L'observation vaut aussi pour des hauts lieux de la recherche théâtrale, tel le Théâtre de l'Œuvre, ouvert en 1893 sous la direction de Lugné-Poë, qui leur est d'ailleurs lié. *A contrario,* les poètes antidreyfusards sont souvent des illustrations du Parnasse établi (Coppée) — quoique les positions d'un Sully Prudhomme aient été « centristes » — ou de la néoclassique école romane (Charles Maurras), tandis que les critiques ou les dramaturges de cette tendance sont souvent des tenants du réalisme psychologique à mi-distance des « audaces » naturalistes ou symbolistes (Émile Faguet, Henri Lavedan, Jules Lemaître, Édouard Pailleron, Francisque Sarcey...).

Mais les exceptions sont légion. Liés l'un et l'autre aux milieux symbolistes, Pierre Louÿs est antidreyfusard, Alfred Jarry est sans position connue, mais son antisémitisme final est avéré. Tous les nabis sont loin d'être aussi nettement engagés que Vallotton, et, dans la génération précédente, Cézanne, Degas et Renoir sont, sans ostentation, du côté des antirévisionnistes. Chez les musiciens, si Albéric Magnard, grand solitaire, s'engage d'emblée jusque dans son œuvre (opéra *Guercœur, Hymne à la Justice*), Debussy, qui a l'âge de Barrès (1862), est, comme Ravel beaucoup plus jeune, remarquablement muet. Et de même que la modernité esthétique n'implique pas nécessairement l'engagement « progressiste », de même le dreyfusisme ne vaut pas brevet d'avant-garde : romancier de demi-genre d'un érotisme léger, Marcel Prévost est dreyfusard quand Paul Valéry cotise pour le monument Henry et même, « pousse les gens à souscrire », selon ses propres mots — Louÿs est de ceux qu'il recrute.

De cette relativité rend bien compte la situation esthétique des trois principaux écrivains contemporains que l'Affaire a mis en avant. Barrès est un « moderne », ni France ni Zola ne sont des « dominés ». Si l'interprétation fondée sur les rapports de force culturels continue à se vérifier pour le monde littéraire, c'est à condition d'inclure dans cette domination un facteur plus idéologique encore qu'esthétique. La position d'un Zola ou d'un Renard n'est dominée que si l'on considère la hiérarchie littéraire du point de vue de l'Académie française. De celui non seulement de l'académie Goncourt, il est vrai encore à ses débuts, mais aussi du théâtre des boulevards, voire de la Comédie-Française, les rapports de force sont renversés, en tous les cas perturbés.

La prise en considération de la culture établie ou de l'innovation doit être encore plus nuancée dès que l'on sort du monde de la création artistique pour entrer dans celui du commentaire et de l'étude. Il n'y a rien de surprenant à ce que les défenseurs d'un certain conservatisme critique, en histoire littéraire ou en histoire générale, par exemple, se rangent aux côtés de l'état-major et de la chose jugée. Ainsi dans le monde des historiens, les « académiques », liés souvent à l'École libre des sciences politiques et à *La Revue des Deux Mondes*, sont-ils tous antidreyfusards (Albert Sorel, Paul Thureau-Dangin, Albert Vandal...), alors que la *Revue historique* penche de l'autre côté : Gabriel Monod n'hésite pas à y publier dès septembre-octobre 1898 un compte rendu élogieux, qui prend des allures de manifeste, des *Preuves* de Jaurès. La publication dreyfusiste qu'il avait préfacée en mai 1898, intitulée *Les Faits acquis à l'histoire*, participe, comme *L'Exposé impartial* de l'année suivante, de la même démarche. Mais, cette fois, il s'agit plus d'une partition classiques/modernes que dominants/dominés, car la *Revue*, près d'un quart de siècle après sa création et au lendemain de la publication de l'*Introduction aux études historiques* de Charles V. Langlois et Charles Seignobos, est bien installée dans les structures universitaires, qui élaborent un autre « établissement » de légitimité républicaine là où l'établissement académique relèverait plutôt d'une généalogie orléaniste.

Au sein de cette Université sympathisante des, et sympathique aux pouvoirs publics, si la plupart des aînés, « républicains de gouvernement » (Octave Gréard, Ernest Lavisse, Louis Liard...), demeurent prudents, les cadets peuvent s'autoriser de leur *nihil obstat* pour aller plus loin. À cet égard un dreyfusisme modéré, respectueux des hiérarchies internes, ne messied pas à qui veut faire carrière. Gustave Lanson (1857-1934) en administre la plus belle preuve. Son originalité scientifique commence à s'affirmer au sein de l'histoire littéraire dans les dernières années 1890, mais il ne fait pas de doute que c'est son choix dreyfusien qui permet à celui qui jusque-là était le suppléant de Brunetière à la rue d'Ulm de brûler les étapes d'une promotion encore un peu lente : au sein d'une discipline scientifique particulièrement politisée dans la circonstance il est le seul, à son niveau, qui se déclare aussi nettement pour Dreyfus et pour le Bloc. Dès 1900, il est maître de conférences à l'École, quatre ans plus tard, professeur à la Sorbonne. Il succédera à Lavisse à la direction de la rue d'Ulm — et sera l'exécuteur testamentaire des libéralités de la marquise Arconati-Visconti.

Conjonctures culturelles

En même temps, le « lansonisme » marque aussi l'introduction en histoire littéraire de méthodes inspirées d'une conception environnementaliste de la création artistique : le choix politique et social de l'auteur de l'*Histoire*

de la littérature française (1894), de l'animateur de la
Revue d'histoire littéraire (1900) et de la Société d'histoire littéraire de la France n'est pas sans cohérence avec
son choix scientifique. L'affaire Dreyfus n'est pas, en
effet, qu'un moment important de l'histoire, en quelque
sorte structurelle, des intelligentsias. Elle est en harmonie
avec l'histoire culturelle dans son ensemble, c'est-à-dire
non seulement l'histoire de ses rapports avec les facteurs
externes déjà évoqués en introduction — état des techniques de la communication, conjonctures économique et
politique —, mais aussi celle des rapports entre tel ou
tel choix politique et l'état contemporain des valeurs :
sensibilités esthétiques, tendances intellectuelles, idéologies politiques.

Vue sous cet angle, l'option antidreyfusarde se rattache
clairement au grand mouvement de réaction antirationa-
liste de la fin du siècle. En témoigne la conversion d'un
Brunetière, qui suit les traces d'un Paul Bourget et
annonce le raisonnement maurrassien : autant de pensées
formées dans une philosophie déterministe, mais qui la
font désormais servir à la défense et illustration de traditions multiséculaires. Ce ratio-traditionalisme puise en
fait de plus en plus ouvertement dans le refus, par une
partie de la société, de l'hégémonie des valeurs démocratiques. Le catholicisme ultramontain comme réponse à la
question métaphysique, le nationalisme comme réponse à
la question politique, l'antisémitisme comme réponse à la
question sociale en sont les principales composantes,
étant bien entendu que chaque intellectuel en reprend les
éléments selon des proportions variées : ainsi sympa-
thiques au catholicisme, ils ne s'y convertissent pas tous.
La force intellectuelle du système barrésien, et le prestige
de son auteur, tiennent à ce que, représentatif en cela de
plusieurs esprits de sa génération — ceux qui ont accédé
à l'âge adulte quand triomphait déjà la république des
républicains —, il a en quelque sorte inversé le processus,

en tentant une mise en règle *a posteriori* de principes tout émotifs : « La Terre et les Morts, L'Énergie nationale ». « Le nationalisme, finit-il par dire au début de ses *Scènes et doctrines*, c'est l'acceptation d'un déterminisme. »

Le camp dreyfusiste présente, de manière symétrique, un fort noyau scientiste, renouvelé au contact de la « question sociale ». C'est cette synthèse qui définit le lansonisme ou l'œuvre de Seignobos, historien attentif aux faits de société ; c'est elle, plus encore, qui constitue *Les Règles de la méthode sociologique*, pour reprendre le titre de l'ouvrage fondateur qu'Émile Durkheim fait paraître en 1895 — la même année que l'*Histoire* de Lanson. Or l'un des facteurs distinctifs du groupe qui se rassemble peu à peu autour de *L'Année sociologique* est son clair choix dreyfusien. *La Pratique de la méthode scientifique* sert de base à la réponse de Durkheim à Brunetière, et la théorie communautaire des sociologues n'a aucune peine à rendre compte aussi bien de l'esprit de caste des officiers supérieurs que des déterminations sociales du nationalisme et de l'antisémitisme.

En revanche, la solidarité de valeurs existant entre les groupes esthétiques « naturalistes » et « symbolistes » et le combat dreyfusien se situe à un niveau moins explicite. Si l'on discerne assez aisément le lien qui a pu être établi entre la critique sociale d'un Zola ou d'un Lucien Descaves et la remise en cause du sabre bientôt allié au goupillon, le rapport au symbolisme est moins clair. Il se situe pourtant sur le même terrain : l'hermétisme ou la bouffonnerie sont aussi des manières de rejeter la société « bourgeoise » établie, mercantile et philistine. En effet le dreyfusisme de la plupart des symbolistes est d'abord à inscrire dans la ligne du choix politique des avant-gardes littéraire et picturale quelques années plus tôt : l'anarchisme (Félix Fénéon, Camille Pissarro, Paul Signac, Félix Vallotton...).

On le voit par ce dernier exemple — le Barrès du *Culte*

du moi avait été le Chateaubriand de cette génération —, toutes ces oppositions ne font pas nécessairement des incompatibilités. Les extrêmes des deux camps se rejoignent au moins dans un même rejet du désordre établi, auquel chacun désigne un groupe bien circonscrit de responsables : pour les uns l'étranger, le juif, le cosmopolite, l'internationaliste, pour les autres, le réactionnaire, le calotin, la culotte de peau, le grand bourgeois. On tient sans doute aussi là un dernier trait distinctif des intelligentsias : leur peu de goût pour les positions centristes.

L'affaire Dreyfus en administre du reste la preuve, avec l'échec de la tentative de constitution d'un tiers parti intellectuel. L'appel à l'union, publié dans le sérieux *Temps* en janvier 1899 (les listes de pétition y parurent du 24 janvier au 9 février), était pourtant signé de personnalités aussi installées qu'Ernest Lavisse ou le dramaturge Victorien Sardou. Mais arrivés trop tard dans l'arène, avec des armes d'emprunt, ces modérés furent, parfois avec respect mais toujours avec fermeté, récusés par les deux camps. Quant à la victoire finale des dreyfusards, elle est déjà tout entière dans la « récupération » par eux, l'année précédente, d'une œuvre écrite dans une perspective tiers parti, *Les Loups*, de Romain Rolland, pièce où l'auteur entendait montrer l'absurdité des querelles fratricides : à l'incitation de Lucien Herr, elle fut éditée par la Librairie Bellais, dont ce fut même la première publication.

Ainsi se trouvèrent posées dès 1899 les règles principales d'un jeu de société appelé à ne plus connaître désormais que des variantes diversement colorées, au gré des hégémonies idéologiques. Il n'est pas sûr, en revanche, que la société intellectuelle française ait jamais retrouvé depuis lors l'intensité émotive de cette confrontation initiale qui, malgré tous les efforts des uns et des autres, ne put jamais faire complètement oublier son tenant et son aboutissant : l'honneur et la vie d'une personne humaine.

Chapitre II

DEUX CAMPS INTELLECTUELS EN PRÉSENCE ?

1898-1914

Maurice Barrès, évoquant dans *Le Journal* du 1er février 1898 la « protestation des intellectuels », y voit l'initiative de « pauvres esprits empoisonnés », « déchet fatal dans l'effort tenté par la société pour créer une élite ». Il ne s'agissait pas seulement, sous la plume de l'écrivain nationaliste, d'invectives liées à la radicalisation du débat au moment de l'affaire Dreyfus. L'intellectuel « républicain » lui apparaissait bien comme un ferment de perversion sociale et de dissolution nationale et, dans *Le Roman de l'énergie nationale*, publié en trois tomes de 1897 à 1902, il en brossera un portrait caustique à travers le personnage de Paul Bouteiller, professeur de philosophie, puis parlementaire opportuniste éclaboussé par les scandales des années 1890. Cet universitaire fait le malheur de ses élèves, qu'il transplante — le titre du premier tome, *Les Déracinés*, étant à cet égard éloquent — de leur terreau social et géographique, en leur donnant pour seul viatique la morale kantienne, et celui de sa patrie. L'intellectuel universaliste, dépositaire et défenseur des valeurs républicaines d'un côté, l'intellectuel nationaliste, gardien et paladin de la nation de l'autre, le champ clos de l'affrontement des clercs est défini pour de longues années !

Ce serait, en effet, une erreur de perspective historique que de placer la cléricature du début du siècle sous le signe de la seule « révolution dreyfusienne ». Certes, l'Affaire s'était apparemment terminée par une victoire — à retardement — des intellectuels dreyfusards. Il reste qu'en face, la droite intellectuelle est loin d'avoir désarmé. Bien au contraire, elle réussit même à demeurer statistiquement majoritaire et idéologiquement dominante.

Protohistoire de la République des professeurs

Au premier degré déjà, le portrait chargé de Paul Bouteiller constituait une attaque significative et dessinait indirectement une géographie des camps en présence. Il se trouve, en outre, qu'il s'agissait d'un personnage à clef, synthèse des deux professeurs de philosophie successifs qu'eut, au lycée de Nancy, le jeune Maurice Barrès durant l'année scolaire 1879-1880, Auguste Burdeau et Jules Lagneau.

Des boursiers conquérants

L'auteur du *Roman de l'énergie nationale* a emprunté des traits à l'un et à l'autre — surtout au premier — pour composer le portrait de Bouteiller. Or Burdeau et Lagneau ont été, chacun à sa manière, un prototype de l'intellectuel républicain. Burdeau (1851-1894), né dans un milieu lyonnais pauvre, passé par l'École normale supérieure, deviendra président de la Chambre des députés. Il annonce l'espèce, honnie par Barrès, de l'agrégé entré en politique et acteur de premier plan de la « République des professeurs ». Lagneau (1851-1894) également), resté au contraire toute sa vie enseignant de lycée, est le maître méconnu du philosophe Alain et le discret inspirateur de la *Charte de l'Union pour l'Action morale.* Il créait, ou presque, le rôle du professeur-intellectuel moraliste, apparemment en marge mais à l'action souterraine profonde, et incarnait plutôt, de ce fait, le clerc défenseur des valeurs universelles et conscience morale du régime républicain, catégorie pour laquelle Barrès n'éprouvait pas non plus d'affection. Ce dernier, à travers le seul Bouteiller, décrit donc et condamne deux types d'intellectuels en gestation, « deux ordres (au sens architectural) d'une République des professeurs » (Albert Thibaudet), l'un et l'autre piliers du panthéon intellectuel républicain, que les clercs nationalistes tenteront d'abattre, au nom des intérêts nationaux menacés.

Plus jeune que Burdeau et Lagneau, Édouard Herriot (1872-1957) appartient à la deuxième génération des boursiers conquérants, et son cas mérite qu'on s'y arrête plus longuement, tant il est éclairant. Arrière-petit-fils d'un manœuvre, petit-fils d'un caporal et d'une lingère, fils d'un officier sorti du rang, il a raconté soixante ans après, dans *Jadis*, sa rencontre en 1887 avec le destin, en la personne de l'inspecteur général Glachant. À cette époque, le futur dirigeant est en classe de rhétorique au lycée de La Roche-sur-Yon et son père souhaite le voir préparer Saint-Cyr. Il est désigné par son professeur pour expliquer un passage du *Pro Milone*. À partir de là, tout s'enchaîne : « L'explication terminée, M. Glachant m'offrit une bourse au collège Sainte-Barbe pour me préparer à l'École normale supérieure... Mon père me conduisait au Cercle des officiers, consultait avec moi le dictionnaire Larousse (*pour se renseigner sur l'ENS*)... renonçait à ses projets militaires, songeait que la carrière du professorat permettrait mieux à son fils aîné d'aider la famille au cas où ses blessures de guerre abrégeraient sa vie. » Probablement embelli, l'épisode n'en demeure pas moins significatif. Le récit apparaît bien comme une défense et illustration du système scolaire de la IIIe République, dont Herriot se considère comme un pur produit, à la fois intellectuel et social. Et, de fait, une fois « monté » à Paris, le jeune boursier avait collectionné les prix, s'était illustré au Concours général et avait été admis à l'École normale supérieure en 1891.

Reçu premier à l'agrégation de lettres trois ans plus tard, il semble amorcer une brillante carrière universitaire : dès sa deuxième année d'enseignement, on lui confie une classe de rhétorique au lycée Ampère de Lyon. Et quand une khâgne est créée dans cette ville en 1901, elle lui revient tout naturellement. Il y aura notamment pour élève un jeune khâgneux, fils de boulanger, nommé... Édouard Daladier. En février 1905, il soutient en Sorbonne une thèse sur *Madame Récamier et ses amis* et, deux ans plus tard, il est nommé maître de conférences à la faculté des lettres de Lyon. Il a alors trente-cinq ans et l'avenir universitaire est devant lui.

Mais, entre-temps, la politique l'a saisi et le futur maître de conférences est devenu, en novembre 1905, maire de Lyon. Dans ce domaine politique également, ses premiers pas avaient été à l'image de ceux d'une partie de sa génération intellectuelle. Lui qui était né l'année même où Léon Gambetta avait annoncé, dans un discours prononcé à Grenoble, le 26 septembre 1872, « la venue et la présence dans la politique d'une couche sociale nouvelle » pour « expérimenter la forme républicaine », s'était, en effet, éveillé au débat civique à la fin du XIXe siècle, au temps des grands combats de consolidation de la République. Certes, la « couche nouvelle » gambettiste dépassait le seul milieu enseignant, mais celui-ci lui a fourni une partie de son armature et son ciment idéologique. Selon le mot d'Albert Thibaudet, professeurs et instituteurs constituaient un « personnel de clercs républicains ». Auguste Burdeau incarne une première génération fondatrice qui lutta pour asseoir le régime. Édouard Herriot appartient à la deuxième génération, dont l'enfance eut pour toile de fond ces luttes et dont l'entrée en politique prit place alors que le régime, installé, avait à affronter de nouveaux soubresauts, et notamment l'affaire Dreyfus.

En 1896, le jeune professeur s'était déjà inscrit au comité radical du 6e arrondissement de Lyon. Mais c'est deux ans plus tard, et notamment après le suicide du colonel Henry, qu'il s'engagea complètement et commença à militer. Adhérent de la première heure à la section locale de la Ligue des droits de l'homme, conférencier à l'Université populaire de la Croix-Rousse, orateur remarqué de la gauche lyonnaise, il sera élu conseiller municipal de sa ville en mai 1904 et, l'année suivante, en deviendra le maire. Assurément, seul un concours de circonstances l'avait porté, aussi jeune, à la tête de la deuxième ville française. Mais, par-delà cette rapidité à parvenir au premier plan régional et, après la guerre, sur le devant de la scène nationale, Édouard Herriot incarne bien — et précisément au début de sa vie militante, où rien ne le distingue encore vraiment de nombre de jeunes agrégés entrés en politique — la République des boursiers conquérants.

Les « cadres » de la République

Socialement, on l'a dit, il est représentatif de cette promotion des classes moyennes par l'école, qui dépasse le seul milieu intellectuel, mais le concerne au premier chef pour la raison même que cette ascension se fait par le diplôme. Politiquement, il s'ébroue par l'adhésion à ce « cadre » — entendu au sens collectif du terme — essentiel de la République des républicains de progrès qu'est le « comité » radical. Mais c'est moins l'appartenance radicale qui est décisive ici que l'attachement à un fonds à la fois culturel et politique, nourri du kantisme et de ses valeurs universelles, imprégné d'une vision historique qui fait de la IIIe République l'héritière de la Révolution française. Son radicalisme, somme toute, est moins une doctrine politique qu'« une sorte de consensus qui s'établit entre les républicains, laïques, à sensibilité de gauche » (Serge Berstein). D'une certaine façon, l'opportuniste Burdeau annonçait, une génération plus tôt, le radical Herriot et, à travers lui, les futurs dirigeants de la République des professeurs. L'un et l'autre appartiennent aux deux ères successives de la protohistoire de cette République. Leur était commun, outre un profil de boursiers conquérants, l'attachement à des valeurs morales identifiées à la République : justice, égalité politique, souci des « petits » mais sans les prolongements que lui donnent à la même époque les socialistes. Dès lors, devient pleinement intelligible l'itinéraire du futur maire de Lyon : l'adhésion à un comité radical en 1896 est moins important que le catalyseur dreyfusien de 1898 qui, affrontement des valeurs antagonistes de deux camps à qui « l'Affaire » sert de réactif, est un événement fondateur pour Herriot et les jeunes intellectuels républicains de son âge, par cette raison même que le combat dans lequel ils s'engagent est un combat d'identité.

Et, de même que le rapprochement entre opportunistes de la génération de Burdeau et radicaux de la génération d'Herriot n'est pas, sur ce plan-là au moins, totalement artificiel, il est possible, en ce qui concerne cette seconde génération, de relever une certaine proximité, horizontale cette fois, par-delà leur diversité doctrinale, entre professeurs membres ou proches du parti radical, apparu en 1901, et nombre de ceux qui se trouvaient dans la mouvance socialiste. Les uns et les autres, entre l'affaire Dreyfus et le premier conflit mondial, et malgré la rupture de 1906, seront le ciment d'une gauche républicaine ayant la Révolution française — « un bloc » ! — comme point de repère et Hugo et Michelet comme prophètes. Sur ce plan, Jaurès n'est pas si loin d'Herriot, et Léon Blum, « républicain » plus que socialiste marxiste, aura lui aussi, somme toute, bien des traits communs avec ce dernier. À cet égard, le Cartel des gauches en 1924 ne sera pas seulement l'alliance de deux partis de gauche, profondément différents dans leur doctrine et leur soubassement social. Il puise aussi, vingt-cinq ans plus tôt, à la source des républicains de progrès. Si l'orateur qui, au congrès des Universités populaires de mai 1904, constatait que radicaux, radicaux-socialistes ou socialistes ne sont que « des prénoms : le nom de famille est républicain », formulait assurément une analyse exagérément optimiste, son propos n'en reflétait pas moins une certaine réalité, le sentiment assez largement répandu d'être dépositaire de valeurs communes.

Trente mille clercs ?

Cette gauche républicaine du tournant du siècle était pourtant fort diverse, sociologiquement et politiquement. Ces intellectuels républicains n'appartiennent, en effet, que pour certains d'entre eux, au monde des professeurs. Ceux-ci ne sont, du reste, à cette époque, que quelques milliers — l'enseignement secondaire masculin est composé de 6 036 professeurs en 1898 et ce nombre reste étale dans les années qui suivent dans un milieu intellectuel estimé à « quelque trente mille personnes » (Madeleine Rebérioux) en 1901, instituteurs non décomptés. Même si ces maîtres des enseignements secondaire et supérieur — ce dernier comptant alors moins d'un millier de membres — et leurs collègues du primaire vulgarisateurs du « catéchisme républicain » (Jacques Ozouf) ont constitué ce « personnel de clercs républicains » évoqué plus haut, hommes de lettres et artistes, membres de certaines professions libérales et publicistes ont fourni également leur contingent à la gauche intellectuelle. Et cela à tous les degrés de l'échelle de la notoriété et de la pyramide des âges, des jeunes poètes de la *Revue Blanche* à Anatole France. Ce dernier, second signataire de la pétition dans *L'Aurore* du 14 janvier 1898, est alors un notable du monde des lettres, membre de l'Académie française. Jusqu'à la guerre, son engagement sera désormais socialiste : de façon symbolique, il est, au reste, du premier numéro de *L'Humanité*, en avril 1904, avec le début de *Sur la pierre blanche*. Puis, quelques années durant, il sera proche du communisme.

La branche radicale et le rameau socialiste

Diversité sociologique, donc, de ces intellectuels « républicains », pour lesquels les travaux de Christophe Charle, sous-tendus par l'appareil conceptuel forgé par Pierre Bourdieu, ont proposé une grille d'interprétation des chemins de l'engagement politique, en fonction précisément de la position dans leurs secteurs respectifs. De fait, par-delà les possibles débats d'interprétation liés à cette analyse, une réalité demeure indéniable : cette mouvance intellectuelle « républicaine » est difficilement réductible à une seule catégorie sociale de clercs.

Du reste, ces clercs venus du tronc dreyfusard ne sont pas politiquement monochromes. Deux ramifications, notamment, apparaissent : la branche radicale et le rameau socialiste ou socialisant. Et, contrairement à ce qu'une étude trop superficielle pourrait suggérer, ce sont les intellectuels d'obédience radicale qui ont été probablement les plus nombreux. Si l'on étudie, par exemple, l'itinéraire politique des normaliens de la rue d'Ulm des promotions 1890 à 1904, la postérité normalienne du courant dreyfusard est plus à l'image d'un Édouard Herriot que d'un Léon Blum : la majorité de ces anciens élèves devint, en effet, « politiquement modérée — centre gauche — donnant ses voix au parti radical » (Robert J. Smith). Ces mêmes normaliens auront entre cinquante et cinquante-cinq ans au moment de la victoire du Cartel des gauches et soutiendront les gouvernants radicaux. D'autant que ce sont justement leurs contemporains qui arrivent alors aux affaires.

L'engagement du sociologue Célestin Bouglé est typique de cette génération radicale. Agrégé de philosophie en 1893, son éveil à la politique se fera quelques années plus tard, à travers l'affaire Dreyfus. Jeune professeur au lycée de Saint-Brieuc, il adhéra dès sa fondation à la Ligue des droits de l'homme, dont il deviendra par la suite le vice-président. Après 1898, il participa à l'aventure des Universités populaires et sera à plusieurs reprises candidat radical aux élections législatives, à Toulouse, puis à Paris. Collaborateur régulier de *La Dépêche*, à laquelle il donne environ deux articles par mois de 1910 à 1940, Célestin Bouglé demeure sa vie durant dans la mouvance radicale. Et en 1924 précisément, il participera à la rédaction de l'ouvrage *La Politique républicaine* où plusieurs grandes signatures de l'Université favorables au Cartel, Albert Demangeon, Lucien Lévy-Bruhl, Charles Rist, Charles Seignobos et les juristes Gaston Jèze et Georges Scelle, côtoient celles de notables du parti radical, entre autres Aimé Berthod, Édouard Daladier et Édouard Herriot.

Est-ce à dire que cette branche radicale ait étouffé, dans le milieu intellectuel, toute postérité socialiste de l'affaire Dreyfus ? Certes non, même s'il est difficile de considérer que ce socialisme ait été profondément implanté au sein de la cléricature tout au long de la décennie que vient clore cette affaire. Le milieu étudiant, par exemple, ne s'était pas montré initialement très perméable : les membres des groupes d'obédience socialiste, apparus entre 1891 et 1893, n'ont été au début qu'« une poignée » (Yolande Cohen). Il en allait de même pour le milieu littéraire qui, au tournant des deux siècles, n'était, en termes statistiques, guère pénétré par le socialisme.

Assurément, l'Affaire, une fois passés les malentendus et les attitudes ambiguës du début, draina nombre de jeunes intellectuels vers ce socialisme, qui fit donc son chemin chez les clercs. Mais, outre que le radicalisme devint pour la même génération un pôle concurrent et probablement dominant, cette progression socialiste ne se fit pas sans déperdition. Une fois la mystique dreyfusarde dégradée, selon la formule de Péguy, en politique, le courant du socialisme intellectuel connut une quadruple hémorragie. Certains universitaires, tout en restant souvent fidèles à leurs convictions politiques, retournèrent à leurs études, irriguant parfois de nouveaux champs de recherches, telle la sociologie. D'une certaine manière, la reconversion d'artistes vers les avant-gardes participe du même processus de repli vers la création intellectuelle, au détriment de l'engagement politique. Quant à ceux qui entendirent continuer à mener un tel engagement, ils opérèrent parfois une manière de transfert sur les milieux ouvriers, entretenant dès lors des rapports compliqués avec un syndicalisme révolutionnaire largement teinté d'anti-intellectualisme.

Repli, transfert : faut-il conclure qu'il y eut alors reflux du socialisme des intellectuels ? Assurément pas, et la décennie et demie qui précède la guerre est au contraire une période de progression. Les pages de *L'Humanité* témoigneront de cet attrait sur les clercs. Aux côtés de Jean Jaurès apparaissent aussi bien les signatures d'Albert Thomas et Marcel Mauss — dans les rubriques « mouvement syndical » et « coopératives » — que celles de Léon Blum, Tristan Bernard, Anatole France, Octave Mirbeau et Jules Renard pour les articles littéraires. Il reste que cette progression fut moins rapide que n'auraient pu le laisser prévoir les effets induits par l'affaire Dreyfus. D'autant que — quatrième hémorragie — certaines conversions socialistes ont été éphémères — ainsi Péguy, sur lequel on reviendra — ou n'ont pas, en tout cas, survécu à la montée des périls. Charles Andler (1866-1933), par exemple, professeur d'allemand à la Sorbonne, puis au Collège de France après la guerre, dénonça en 1912 « le socialisme impérialiste dans l'Allemagne contemporaine » et s'opposa à Jaurès. Si, dans son cas précis, le débat demeura sur un registre essentiellement idéologique — il n'était plus possible, selon lui, de faire confiance à la social-démocratie allemande, gagnée à l'impérialisme pangermaniste —, le danger allemand fit aussi réapparaître chez certains clercs un radicalisme et un socialisme jacobins, restés d'abord souterrains en raison des thèses officielles des partis de la gauche française sur les problèmes de la guerre et de la paix, mais qui constituèrent, quand l'heure de l'épreuve fut venue, l'un des ciments de l'Union sacrée et l'une des raisons du maintien de nombreux intellectuels socialistes dans le camp de la défense nationale après la fin de l'Union sacrée, fût-ce au prix d'une rupture avec la SFIO. Ils se retrouveront alors aux côtés de clercs qu'ils avaient combattus depuis l'affaire Dreyfus, les clercs de la mouvance nationaliste.

Les clercs nationalistes

À l'aube du xxᵉ siècle, la droite française se retrouve face à un horizon devenu apparemment indépassable : la République parlementaire. Or, si les partis et mouvements de cette droite se sont ralliés au régime ou sont en passe de le faire, une large part des milieux intellectuels droitiers s'en tiennent, en revanche, à une condamnation de principe. Condamnation sans appel pour les maurrassiens qui poursuivent « la Gueuse » de leurs attaques, aspiration à une régénération de cette République pour une autre famille intellectuelle, héritière du boulangisme.

S'attaquer au régime, c'est notamment, dans une France qui porte au flanc la cicatrice de la défaite de 1871 et qui ne s'est jamais remise de l'amputation de l'Alsace-Lorraine, proclamer bien haut le désir et le devoir de revanche, face à une gauche initialement jacobine, mais que les « affaires » Boulanger et Dreyfus ont commencé à déporter, pour partie, vers le pacifisme, voire l'antimilitarisme. Le résultat de ce vaste chassé-croisé, qui voit la droite reprendre le flambeau du nationalisme, est qu'à cette époque *écrivain nationaliste* va presque devenir un terme générique pour désigner les intellectuels de droite.

Le nationalisme, une idéologie ?

Il y aurait, on l'a dit, erreur de perspective à placer la société intellectuelle tout entière, au tournant du siècle et au cours des quinze années suivantes, sous le signe du dreyfusisme. À la même époque se produit, en effet, un événement sans doute aussi important que l'engagement d'intellectuels aux côtés du capitaine Dreyfus : la rencontre d'une partie des clercs et du nationalisme. Cette rencontre est, du reste, elle aussi concomitante de l'affaire Dreyfus. Ou, plus précisément, cette crise en marque l'aboutissement.

Le nationalisme ? Entendons par là « la politique vue sous l'angle des intérêts, des droits et de l'idéal de la nation » (Albert Thibaudet). René Rémond avait naguère mis en lumière et analysé, dans *La Droite en France*, le chassé-croisé qui fit passer progressivement cette mise en avant de l'idée de nation de la gauche vers la droite, et le rôle joué dans ce processus par le boulangisme, puis l'affaire Dreyfus. Les intellectuels furent, à cette occasion, à l'unisson de l'ensemble du milieu nationaliste. S'il s'en trouva peu, semble-t-il, dans l'entourage immédiat du « général Revanche », le boulangisme en tant que période de cristallisation les concerna, en revanche, davantage : certes, il faudrait évaluer avec plus de précision le degré de représentativité, en ce domaine, d'un Maurice Barrès, député boulangiste à vingt-huit ans ; il reste qu'à l'instar de la droite tout entière, les intellectuels et ce versant commencèrent à cette époque leur rapprochement avec l'idée nationale. Rapprochement qui deviendra identification à partir de l'affaire Dreyfus. Comme aux clercs de gauche, cette affaire, on l'a vu, permit à ceux de droite de se compter. L'arme de la pétition fut autant utilisée par les uns que par les autres et la Ligue de la patrie française rassembla nombre d'écrivains.

Mais, plus encore que cette mobilisation de cas d'urgence, le phénomène important reste l'apparition du nationalisme en tant qu'idéologie constituée — « la politique » de Thibaudet dans une acception large —, c'est-à-dire une vision politique et sociale structurée et globalisante : deux traits qui caractérisent à coup sûr, malgré leur diversité, les doctrines qui s'articulent à cette date autour de l'idée de nation et lui subordonnent tout le reste. Assurément un tel processus dépasse le seul milieu intellectuel. Mais c'est ce dernier qui conférera à la mouvance nationaliste ses théoriciens et une partie de ses hérauts. Encore faut-il préciser ce que l'on entend par doctrine, théoricien et héraut.

Maurice Barrès : du moi individuel au moi national

Ce dernier terme convient peut-être pour caractériser l'apport de Maurice Barrès, qui ne fut pas à proprement parler un bâtisseur de doctrine politique. Le jeune écrivain des années 1880, adonné au *Culte du moi*, est devenu en une décennie un penseur traditionaliste et un chantre du nationalisme, attaché à la terre et aux morts et passé de « l'affirmation hautaine du moi individuel à la soumission au moi national » (Raoul Girardet). Si, sur une telle trame spirituelle et politique, les éclairages peuvent diverger, un fait demeure : le nationalisme barrésien n'est pas et ne s'est jamais voulu un système de pensée cohérent et un ensemble clos, à la différence, par exemple, du maurrassisme. Barrès sera le poète et le romancier du nationalisme bien plus que son théoricien.

La genèse de ses idées politiques est, du reste, éclairante. L'écrivain anarchisant, le dandy dilettante va d'abord connaître une phase boulangiste, qui fera de lui un jeune député de vingt-huit ans. Mais cet engagement derrière le général Boulanger correspond moins chez lui à une flambée de nationalisme blessé qu'à l'expression d'une révolte contre l'ordre établi. Et la coupure avec le Barrès première manière est jusque-là plus apparente que réelle. C'est au cours de la décennie suivante que se structure, semble-t-il, son champ de vision politique : *Les Déracinés* expriment déjà, on l'a vu, des considérations sur le régime politique et l'organisation sociale bien tranchées. Or, leur publication, en 1897, est antérieure à la flambée dreyfusienne. Celle-ci, même si elle cristallise plus qu'elle ne fait naître, jouera cependant un rôle essentiel : la prise de conscience de la communauté nationale lui était antérieure, mais « l'Affaire » est précisément vécue comme une menace de désintégration de cette communauté ; elle est, écrira Barrès dans *Scènes et doctrines du nationalisme*, « le signal tragique d'un état général ». « Toute pleine de Bouteiller et de ses produits », la France « est dissociée et décérébrée ». L'expression, empruntée à Jules Soury, reviendra à plusieurs reprises dans ses textes. Et pour combattre Bouteiller et consorts, il ne restera plus à Barrès qu'à s'agréger définitivement au camp de l'ordre établi et de la conservation. Désormais, toute la vision barrésienne va s'articuler autour de la défense de la nation menacée ; le culte du moi est oublié ou, plutôt, sublimé, l'individu étant subordonné à la collectivité, qui lui donne, en retour, des points d'ancrage dans l'espace et le temps : la terre et les morts.

L'Action française : une croisade idéologique

Bien différents sont la genèse des idées maurrassiennes et le statut dès lors occupé par leur auteur. Ces idées sont, d'une certaine manière, un produit de synthèse. Charles Maurras a mobilisé — et parfois détourné — au service du « nationalisme intégral » nombre de penseurs du XIXe siècle. Et, au seuil du siècle suivant, il fournit au nationalisme français, auquel Barrès ne conférait qu'une vision épique et inquiète tout à la fois du destin national, un corps de doctrine. Nourri d'humanités classiques, héritier aussi des penseurs contre-révolutionnaires, il puise de surcroît chez Auguste Comte, à ses yeux « le maître de la philosophie occidentale ». D'où une « pensée classique, éprise de raison et de mesure » (Jean Touchard), aux antipodes du lyrisme barrésien. Mais, pour devenir un arsenal idéologique, encore fallait-il à cette pensée un support logistique. Ce sera la Ligue d'action française, dont la préhistoire remonte — à nouveau ! — à l'époque de l'affaire Dreyfus. L'antidreyfusisme a été, en effet, un ciment entre les pères fondateurs du mouvement, Henri Vaugeois, Maurice Pujo et Charles Maurras, les deux premiers ne partageant pas initialement le monarchisme du troisième. Maurras avait notamment publié dans *La Gazette de France* un article défendant le « faut Henry », acte patriotique.

À vrai dire, comme l'a souligné Eugen Weber, il semble bien que « ni Maurras ni ses premiers compagnons ne savaient où ils allaient quand ils partirent en croisade idéologique ». La Ligue proprement dite ne naîtra que plusieurs années plus tard, en 1905, et le quotidien *L'Action française* en mars 1908. Il servira dès lors de relais aux idées de Maurras et aux analyses, entre autres, de l'historien Jacques Bainville. Car même si Charles Maurras s'interroge en 1905 sur *L'Avenir de l'intelligence*, l'Action française est bien un mouvement dirigé par des intellectuels. Son journal se montrera, du reste, souvent avant-gardiste sur le plan culturel : Maurras et les siens pouvaient rêver d'abattre la République — « la femme sans tête » ! —, ils ne renonceront jamais pour autant à des ambitions intellectuelles proclamées. La Ligue se dota d'un Institut, attira dans son orbite une nébuleuse de cercles et de revues, tandis que la page littéraire de *L'Action française* devenait, des décennies durant, un important support d'influence culturelle. Au sein de la mouvance nationaliste, le mouvement de Charles Maurras brillera désormais, tout au long de ces décennies, d'un éclat intellectuel particulier.

Une identité nationaliste ?

Peut-on, par-delà la variété des milieux intellectuels touchés et la diversité des trajectoires individuelles observées, parler pour tous les clercs de cette mouvance d'une identité commune ? À faire l'inventaire de ce qui rapproche les uns et les autres, apparaît d'abord, à coup sûr, la défense de l'ordre établi. Certes, tous les engagements d'intellectuels dans les rangs du nationalisme ne sont pas réductibles à cette seule aspiration à une société d'ordre. Bien plus, la démarche du jeune Barrès, par exemple, est bien davantage placée, initialement, sous le signe d'une certaine révolte que sous celui de la conservation. Il reste que ce souci de conservation et de lutte contre le désordre a joué souvent un rôle essentiel. Ce point, qui n'est pas propre aux seuls intellectuels, entraîna notamment chez eux une récupération du comtisme. Une telle récupération peut surprendre, des hommes comme Émile Littré ayant, en effet, orienté à gauche la pensée d'Auguste Comte et une génération de républicains s'en étant nourrie dans la dernière décennie du second Empire. Elle n'en demeure pas moins incontestable chez Maurras.

Ce rôle du comtisme n'est pourtant pas à exagérer. Dans d'autres cas, en effet, et cette fois pour des raisons spécifiquement intellectuelles, des clercs sont venus au nationalisme précisément par réaction contre le positivisme. Zeev Sternhell a montré qu'il en avait été ainsi pour Maurice Barrès. Au reste, l'emploi dans le même titre de son cycle romanesque majeur, *Le Roman de l'énergie nationale*, des termes « énergie » et « nationale » est révélateur. Plus largement, la fin du XIXe siècle voit la réaction de toute une école de pensée qui met en avant l'instinct, l'inconscient et l'élan vital contre le rationalisme. Le phénomène — même s'il convient d'en relativiser l'ampleur et s'il est peut-être excessif de parler de « révolution intellectuelle » (Zeev Sternhell) — est important. Une quinzaine d'années plus tôt, l'optimisme rationaliste semblait l'avoir définitivement emporté : enrichie par l'idée de progrès, la raison, apparemment, avait vaincu la foi. Au seuil du XXe siècle, au contraire, l'horizon intellectuel s'est quelque peu diversifié, avec l'influence, notamment, de la philosophie bergsonienne. L'anti-intellectualisme de certains intellectuels devient, dès lors, plus compréhensible. Tout comme le chemin qui les a parfois menés vers le nationalisme. L'histoire, en particulier, sera ainsi parfois appréhendée, de façon plus affective que rationnelle, comme le lent devenir d'une nation cimentée moins par ses dynasties — sauf pour les maurrassiens —, que par la présence, presque physique, de ses morts. Replacée dans une telle perspective, la guerre de 1870-1871 ne pouvait que laisser chez ces clercs des plaies mal cicatrisées. Et si, avec ce dernier facteur, nous retrouvons des motivations qui ne sont plus propres à la seule communauté intellectuelle, on comprend mieux qu'elles aient trouvé en son sein un terreau particulièrement propice.

Dans ce nouveau contexte culturel et spirituel, la composante religieuse, on le verra plus loin, jouera elle aussi son rôle. Il y aura d'une certaine façon osmose entre nation et religion, que certains clercs vivront d'autant plus intensément qu'ils y projetteront la foi des convertis de fraîche date.

Une hégémonie intellectuelle ?

L'intellectuel se référant, dans son engagement, à un système de valeurs et y trouvant sa grille d'argumentation, une bipolarisation est, de ce fait, inévitable dans les phases d'affrontement aigu — l'affaire Dreyfus, par exemple — ou endémique. À l'occasion de cette manière de « guerre franco-française » larvée, nourrie par une décennie d'« expulsions », « inventaires » et débats autour de l'action du « petit père Combes » et d'Aristide Briand, deux mouvances se sont donc structurées, l'une et l'autre articulées autour d'un noyau dur. Chez les « républicains », les socialistes, bien que minoritaires, imprégneront progressivement une partie de l'analyse et du langage de leur bord. De l'autre côté, l'Action française, elle aussi minoritaire, s'impose intellectuellement au camp « nationaliste ».

Cette influence de la pensée de Maurras a, du reste, dépassé les limites de ce camp, pour inspirer, directement ou par rebonds, une large part du débat intellectuel. Au sein d'une République assurée de ses bases politiques et sociales, l'Action française est parvenue, en effet, à établir une manière de domination intellectuelle. Dans le champ, différent de celui des luttes électorales, où s'élaborent les rapports de force idéologiques, le maurrassisme fut un pôle d'aimantation majeur. Devint-il même « hégémonique », au sens que donnera au terme le philosophe italien Antonio Gramsci ? Question d'évaluation, sans doute. Toujours est-il que dans la France républicaine et radicale du début du siècle, les thèses de Charles Maurras, loin de se trouver marginalisées, constituèrent un ensemble bien planté au cœur des débats idéologiques, point de ralliement pour les uns, thème de réfutation pour les autres et, par là même, toujours théorie de référence. Bien plus, dans certains milieux, littéraires ou étudiants, le maurrassisme, au moment de son apogée, au cours des années qui précédèrent et suivirent 1914-1918, exerça effectivement une influence dominante. Destin singulier, donc, pour un courant qui n'avait été au début que la « croisade idéologique » de quelques intellectuels rassemblés autour des cahiers gris d'une revue, et qui, ayant rapidement « épongé le sentiment antirépublicain », joua dès lors le rôle décisif d'« envers de la République » (Pierre Nora).

Un pôle d'aimantation nationaliste

Plus largement, c'est le « nationalisme » français tout entier qui semble avoir occupé à cette époque une position hégémonique. Au point d'attirer à lui des clercs venus de l'autre bord. L'itinéraire politique de Daniel Halévy (1872-1962) est, à cet égard, révélateur. D'autant que ce dernier jouera par la suite, dans l'entre-deux-guerres, un rôle intellectuel important : directeur, notamment, de la collection des Cahiers Verts chez Bernard Grasset, il publia Drieu La Rochelle, Julien Benda, Albert Thibaudet, Jean Guéhenno et André Malraux. L'orientation à gauche de la plupart d'entre eux ne doit pas faire illusion : après le premier conflit mondial, l'ancien drey-fusard Daniel Halévy se situe sans aucun doute dans la mouvance des clercs de droite. Mais, si son hostilité déclarée au communisme l'a confirmé à cette époque dans ses choix, son évolution politique est largement antérieure au conflit. Celui qui notait le 14 novembre 1897 : « Cette affaire Dreyfus est violemment entrée dans ma vie. Je suis sûr maintenant de mon opinion politique ; je suis républicain... », à une date où ce dernier terme était politiquement connoté, et qui se lança dans l'aventure des Universités populaires, se montra rapidement inquiet d'une situation générale qu'il considérait être, pour la France, une « diminution de sa vitalité physiologique » et un « appauvrissement en hommes », et, de ce fait, il se rapprocha de la droite dès avant 1914. Il ne fut du reste pas le seul intellectuel de cette génération née vers 1870-1875 à connaître semblable évolution.

L'itinéraire de Charles Péguy (1873-1914), en tout cas, présente aussi un envol hors du terrain initial. Cet itinéraire est difficile à reconstituer, tant les exégètes ont insisté sur le Péguy avant Péguy — « l'insurgé » dreyfusard et socialiste — ou, au contraire, sur l'intellectuel nationaliste et catholique de la décennie qui précède 1914, sans compter qu'au cours de la Seconde Guerre mondiale les revendications et les détournements d'héritage de l'écrivain tombé au combat au début du conflit précédent se multiplièrent. À l'origine, en fait, tout semblait devoir conduire et ancrer Charles Péguy à gauche, et plus précisément dans les rangs socialistes. Ce fils d'une rempailleuse de chaises est remarqué par son instituteur, M. Naudy, qu'il évoquera dans *L'Argent*. Doté d'une bourse, il peut s'inscrire au lycée d'Orléans puis préparer le concours de l'École normale supérieure, auquel il est reçu en 1894. À cette époque, on l'a vu, il devient socialiste — la « turne Utopie » de la rue d'Ulm — et, en 1898, il joue un rôle de premier plan dans les affrontements qui opposent, au Quartier latin, dreyfusards et antidreyfusards. En cette fin de décennie et de siècle, pourtant, cette route apparemment bien tracée s'infléchit. Le socialisme de Charles Péguy, d'essence morale, supporte mal la greffe marxiste que tente d'opérer Jules Guesde, et le jeune clerc est déçu de surcroît par Jean Jaurès, à qui il reproche ses concessions au guesdisme : « J'ai trouvé le guesdisme dans le socialisme comme j'ai trouvé le jésuitisme dans le catholicisme », écrira-t-il par la suite. Réaction contre ce qu'il considère comme un dogmatisme, sa prise de distance est aussi, probablement, celle d'un libertaire qui s'insurge contre ce qu'il perçoit comme un sectarisme.

Dès lors, selon l'un de ses biographes, Géraldi Leroy, « la conjoncture a fait de lui un homme de gauche qui marche à droite ». Les *Cahiers de la quinzaine*, de 1900 à 1914, permettent de suivre cette évolution, faite d'une double rupture. Rupture, d'une part, avec le mouvement ouvrier : après avoir quitté les rangs socialistes, il s'était

briévement rapproché du syndicalisme révolutionnaire,
dont il se sépara rapidement. Rupture, d'autre part, avec
son dreyfusisme, lui aussi d'essence morale et qui,
constate-t-il, de mystique s'est dégradé en politique. Dès
lors, la « conjoncture » lui fera trouver d'autres points de
repère idéologiques : la crise marocaine de 1905 fait de
ce solitaire, brouillé avec la plupart de ses anciens amis,
un nationaliste qui place la défense de la France menacée
au cœur de ses analyses et au premier plan de ses préoccupations. Tout doit être subordonné à cette défense. Et
le retour à la foi catholique, s'il n'est pas, semble-t-il, à
l'origine de cette trajectoire contrastée, vint ajouter à cette
dérive toujours plus loin de la mouvance socialiste.

Étudiants en République

Dans *Notre jeunesse*, l'ancien de la « turne Utopie »
évoquera « nos grandes hontes, nos hontes nationales,
Jaurès, Hervé, Thalamas... ». L'attaque est révélatrice de
l'ampleur de l'évolution de Péguy. Aux côtés des socialistes Jean Jaurès et Gustave Hervé, se tient au banc d'in-
famie Amédée Thalamas qui vient précisément, quelques
mois plus tôt, d'être la cible d'une campagne des « nationalistes ». Campagne qui doit être ici rappelée, car elle
montre bien la progression du nationalisme en milieu étudiant et atteste donc, au même titre que les passages à
droite de certains intellectuels dreyfusards, l'intensité
d'aimantation de ce nationalisme.

Encore faut-il, auparavant, souligner à quel point le
milieu étudiant s'est modifié au cours des premières
décennies de la IIIe République. À cette époque, en effet,
l'étudiant, pour ce qui concerne les lettres ou les sciences,
est d'une certaine manière une « figure nouvelle »
(Antoine Prost). En 1846, par exemple, Théophile Gautier
pouvait écrire : « Les étudiants de Paris, c'est-à-dire les
élèves de l'École de droit et de médecine. » Et, de fait,
les facultés des lettres et des sciences ont, longtemps, sur-

tout servi à la collation des grades, et leurs seuls cours étaient des cours publics. Pour cette raison, alors qu'on dénombrait déjà 5 200 étudiants en droit et plus de 4 000 en médecine à la fin du second Empire, il fallut attendre 1877 pour que la création de bourses de licence et d'agrégation commence à donner une épaisseur sociale à l'espèce de l'étudiant littéraire ou scientifique. Dès lors, le secteur étudiant tout entier va croître très rapidement jusqu'à la Première Guerre mondiale : il quadruple de volume entre 1875 (9 963) et 1908 (39 890). C'est ce milieu en expansion et en mutation qui va entretenir des rapports complexes avec la République récemment installée.

L'enseignement supérieur, en tant qu'institution, est alors républicain, comme en témoigne l'osmose étroite entre ses figures de proue et le régime : ainsi Octave Gréard, à la tête de l'académie de Paris de 1879 à 1902 et conseiller des ministres successifs de l'Instruction publique, ou Louis Liard, qui eut en charge l'enseignement supérieur pendant près de vingt ans de 1884 à 1902. L'homme le plus représentatif de cette osmose — car il en réunit les multiples aspects — reste peut-être l'historien Ernest Lavisse, qui se tient au carrefour de plusieurs réseaux d'influence et est en même temps le grand ordonnateur des cérémonies universitaires. Il préside notamment l'inauguration des premiers bâtiments de la nouvelle Sorbonne en 1889. Tout comme les hommes, le décor témoigne, du reste, des liens étroits établis entre la République et son enseignement supérieur : tableaux, fresques et statues de cette nouvelle Sorbonne célèbrent la Science mais l'intègrent en même temps dans le patrimoine républicain.

Cette université républicaine va tenter de canaliser les ardeurs et les pulsions estudiantines. D'autant que pour ses responsables, « les universités sont des écoles d'esprit public ». L'observation est de Louis Liard qui, en 1890, dans *Universités et Facultés*, donne à l'un de ses chapitres ce titre explicite : *Pourquoi il faut des universités. Raisons politiques*. « L'A », l'Association générale des étudiants de Paris, fondée en 1884 — il faudra, en effet, attendre 1907 pour qu'apparaisse l'UNAGEF, Union nationale des associations générales des étudiants de France, ancêtre de l'UNEF —, jouit de la sollicitude des autorités, par le biais, notamment, de subventions et par l'intermédiaire de grands professeurs qui en sont membres d'honneur. Ainsi Ernest Lavisse — toujours lui —, dans un discours prononcé en présence du président de la République lors de l'inauguration du nouveau siège social de l'Association générale en 1899, s'adressait aux étudiants en ces termes : « Notre avenir unique — mais très beau — c'est d'achever dans la démocratie républicaine la patrie française. »

Est-ce à dire que les étudiants français aient été à cette date massivement acquis à la « démocratie républicaine » ? Rien n'est moins sûr, et en tout cas pas par l'intermédiaire de « l'A ». Celle-ci ne comptera en 1914 que 2 204 membres, soit 12 % du total parisien. Composée surtout d'étudiants des facultés de médecine et de droit et de l'École libre des sciences politiques — seuls 126 littéraires en font partie à la veille de la guerre ! —, elle est en partie noyautée par l'Action française. Le XIXe siècle, pourtant, avait été plutôt placé, en ce qui concerne le monde étudiant, sous le signe du « mouvement » que sous celui de l'ordre. Dans la réalité — ainsi le polytechnicien Vaneau tué en 1830 — comme dans la création romanesque — par exemple le Marius de Pontmercy des *Misérables* faisant le coup de feu au moment des obsèques du général Lamarque en 1832 —, maints personnages demeurés symboliques sont là pour l'attester : les étudiants ont été de la plupart des grandes journées révolutionnaires. Sans pour autant, il est vrai, que leur participation ait jamais constitué un mouvement autonome. *A contrario*, jusqu'à la fin du XIXe siècle, les trois premières décennies de la IIIe République bénéficient du calme étudiant : l'agitation boulangiste ne recrute guère au Quartier latin, des incidents en 1893, bien qu'ils entraînent mort d'homme, tiennent davantage du monôme que de l'opposition politique, « l'A » s'en tient à cette époque à des revendications corporatives, et si l'affaire Dreyfus suscite des affrontements aux abords des facultés durant l'hiver 1898-1899, elle ne revêtira jamais un aspect spécifiquement étudiant.

Tout change, semble-t-il, au cours de la décennie suivante. À la neutralité bienveillante des étudiants va succéder l'hostilité déclarée d'une partie d'entre eux. Pour la première fois, il y aura, à plusieurs reprises, des troubles estudiantins autonomes, qui dépassent le simple folklore ou la seule revendication corporative et débouchent sur une agitation politisée. Si, en 1903, des incidents qui ont pour cadre l'École de médecine gardent des causes et des modalités surtout « professionnelles », dues notamment à la crainte du nombre, l'Action française saura dorénavant canaliser et exploiter l'effervescence, qui y rebondira en 1907 et durera de façon sporadique jusqu'à la Première Guerre mondiale. Face à un régime qui a surmonté les crises de la fin du siècle et s'est enraciné, les « nationalistes » ont choisi notamment l'attaque latérale, et le milieu étudiant se révélera, à cet égard, un bon terrain de manœuvre.

L'offensive dépasse, du reste, l'action des seuls étudiants. Combattre un régime, c'est aussi, en effet, tenter de neutraliser les canaux par lesquels ce régime est supposé diffuser ses valeurs et s'enraciner ainsi de plus en plus solidement. À l'époque de Jean Coste et de monsieur Bergeret — les « hussards noirs de la République » du roman d'Antonin Lavergne, publié dans les *Cahiers de la quinzaine*, et le professeur de faculté né sous la plume d'Anatole France —, l'une des cibles des nationalistes devient tout logiquement l'Université. *Le Monsieur Rabosson* d'Abel Hermant, normalien cuistre et gauche, le professeur Monneron de Paul Bourget qui a sauté *L'Étape*, le philosophe Paul Bouteiller des *Déracinés* procédaient tous de cette hostilité déclarée à l'égard de la République des professeurs en gestation. Quelques années plus tard, l'intelligentsia de droite s'en prendra à l'institution elle-même, Henri Massis et Alfred de Tarde, par exemple, vitupérant en 1910 « l'esprit de la nouvelle Sorbonne », établissement qui fournit nombre de ses membres au « parti intellectuel » dénoncé par Charles Péguy.

À travers l'Université, la IIIe République est donc l'objet à la fois d'une attaque frontale — un réquisitoire en forme contre une institution avec laquelle son identification est grande, on l'a vu — et latérale, l'Action française réussissant à détourner à son profit les mécontentements et les inquiétudes du milieu étudiant et parvenant de ce fait à réactiver une tradition de turbulence face aux pouvoirs en place qui s'était quelque peu assoupie. Avant même les Camelots du roi, apparus en 1908, est du reste constitué trois ans plus tôt le groupe parisien des Étudiants d'Action française.

« Camelots » et « Étudiants » vont notamment s'illustrer au moment de « l'affaire Thalamas ». Amédée Thalamas, professeur d'histoire au lycée Condorcet, avait, en 1904, évoqué dans son cours les « hallucinations auditives » de Jeanne d'Arc et s'était trouvé alors confronté à une première campagne violente des « nationalistes » : pétitions, articles de presse, manifestations au cri de « vive Jeanne d'Arc ! conspuez Thalamas » avaient contraint le ministre de l'Instruction publique Chaumié à déplacer l'enseignant au lycée Charlemagne. Quatre ans plus tard, « l'affaire » rebondit à la Sorbonne, où Thalamas est chargé d'un cours sur « la pédagogie pratique de l'enseignement de l'histoire ». Dès la première séance, en

décembre 1908, des incidents éclatent. L'Action française, en effet, n'avait pas oublié l'homme qui avait « ou-
tragé » Jeanne d'Arc. Dès lors, jusqu'au 17 février
suivant, date à laquelle le cours sera interrompu, les
« mercredis de Thalamas » mettent le Quartier latin en
effervescence. Outre qu'il rode une technique de provocation qui sera utilisée à plusieurs reprises, l'épisode est
révélateur : il montre que le rapport de forces est en train
de se modifier dans le Paris étudiant. Une décennie plus
tôt, les professeurs dreyfusards de la Sorbonne, en butte
aux attaques des nationalistes, étaient dégagés sans trop
de difficultés par les normaliens descendus en quelques
minutes de la rue d'Ulm et dirigés par Charles Péguy.
Certes, durant l'hiver 1908-1909, la Sorbonne reste « républicaine », mais le Quartier latin commence à montrer
une inclination vers la droite, et les Étudiants d'Action
française, qui plusieurs décennies durant y tiendront le
haut du pavé, sont le levain de cette évolution. Pour
l'heure, ils restent encore peu nombreux : en février 1909,
par exemple, quand une réunion a lieu au 33, rue Saint-
André-des-Arts entre Camelots du roi et Étudiants d'Action française pour « proclamer leur sentiment de fidélité
à Jeanne d'Arc souillée par l'immonde Thalamas, et leur
attachement à la royauté », l'ensemble des deux groupes
ne dépasse pas deux cents personnes. Mais, outre que
l'influence d'un mouvement ne se mesure pas au nombre
de ses seuls militants, le rayonnement maurrassien va
s'amplifier au cours des années suivantes. Et notamment
parmi les étudiants catholiques : si certains d'entre eux
— par exemple à l'École normale supérieure — sont plutôt attirés par le Sillon, force est, en effet, de constater
qu'un plus grand nombre est séduit par l'Action française,
ou adopte au moins à son égard une attitude de neutralité
bienveillante. Le cas de l'établissement tenu par des
prêtres maristes, au 104, rue de Vaugirard, est, de ce point
de vue, instructif (et représentatif, ce foyer ayant vu pas-

ser entre ses murs des générations successives de jeunes catholiques « montés » à Paris) : en 1908, la position du maurrassisme y est déjà si bien établie que les pensionnaires royalistes obtiennent le départ du jeune François Mauriac, alors sympathisant du Sillon.

Une génération d'Agathon

Au cours des années suivantes, l'implantation étudiante du maurrassisme se fera encore plus dense, à tel point qu'une célèbre enquête pourra soutenir que le climat nationaliste — dépassant, il est vrai, la seule Action française — a irrigué à cette date le périmètre des écoles tout entier.

L'enquête d'Agathon, qui se proposait de « décrire le type nouveau de la jeune élite intellectuelle », est bien connue. Au printemps 1912, dans *L'Opinion*, sous le pseudonyme d'Agathon, deux jeunes nationalistes, Henri Massis et Alfred de Tarde, publient une étude sur « les jeunes gens d'aujourd'hui », éditée sous le même titre par Plon l'année suivante, avec des annexes. Le propos des auteurs est clairement annoncé : « Nous avons vu et interrogé un grand nombre de jeunes gens des écoles, des facultés, des lycées, choisis parmi les plus représentatifs de leur groupe. » Et le but recherché est tout aussi clair : « L'influence d'une telle enquête importe autant que son exactitude historique. Elle est elle-même un acte... Puisse-t-elle encourager cette jeunesse, par-delà les disputes individuelles, à réaliser, dans l'union joyeuse de ses forces, notre idéal commun, qui n'est rien de moins que le vœu d'un Français nouveau, d'une France nouvelle. » Des traits dégagés par cette enquête, les titres de quatre des cinq chapitres rendent bien compte : « Le goût de l'action », « La foi patriotique », « Une renaissance catholique », « Le réalisme politique ». Selon les auteurs, en effet, cette génération « qui naquit vers 1890 » apparaît « sportive, réaliste, peu idéologique, chaste et apte aux

luttes économiques » et montre un « ardent patriotisme ».
Cette ferveur patriotique est, du reste, au cœur de l'analyse des deux auteurs. Ainsi, « à la faculté de droit, à
l'École des sciences politiques, le sentiment national est
extrêmement vif, presque irritable. Les mots d'Alsace-
Lorraine y suscitent de longues ovations, et tel professeur
ne parle qu'avec prudence des méthodes allemandes, par
crainte des murmures ou des sifflets ». Bien plus, préci-
saient Henri Massis et Alfred de Tarde, « on ne trouve
plus, en effet, dans les facultés, dans les grandes écoles,
d'élèves qui professent l'antipatriotisme. À Polytech-
nique, à Normale, où les antimilitaristes et les disciples
de Jaurès étaient si nombreux naguère, à la Sorbonne
même, qui compte tant d'éléments cosmopolites, les doctrines humanitaires ne font plus de disciples ».

Cette image de la jeunesse étudiante est-elle recevable,
et l'enquête d'Agathon est-elle globalement sûre ?
L'école historique française s'accorde plutôt à en limiter
la portée et donc à en nuancer la valeur de témoignage, en
raison de la partialité des auteurs qui n'ont guère retenu,
semble-t-il, que les réponses qui accréditaient leur thèse.
Ces auteurs ont d'ailleurs, on l'a vu, implicitement
accepté par avance de tels reproches en convenant que
cette enquête devait compter surtout par son « influence »
et qu'elle était en elle-même un « acte ». Mais, même
partielle et partiale, elle n'en conserve pas moins, de
l'avis de tous ses glossateurs, une certaine valeur. De fait,
à la faculté de droit de Paris évoquée par Henri Massis et
Alfred de Tarde, par exemple, la pétition contre la loi de
trois ans publiée par *L'Humanité* en mars 1913 ne semble
pas, on le verra, avoir recueilli de signatures, tout au
moins dans la première liste publiée. Quelques jours
avant la publication de cette liste, le philosophe Michel
Alexandre écrivait, du reste, à son ami Gustave Monod :
« Nous avons rédigé une pétition à la Commission de
l'Armée... Normale marche, l'École des beaux-arts

marche, la Médecine s'ébranle... ». Pas trace, donc, du
« Droit » ; quant à « la Médecine », elle s'ébranlera à pas
si lents que seuls seize de ses élèves figureront parmi les
trois centaines de signatures étudiantes publiées le
13 mars. Il faut donc accorder un certain crédit au constat
de l'existence d'une « foi patriotique ».

De même, d'autres indices — notamment les conversions ou retours à la religion de clercs : ceux, par exemple, de Jacques Maritain, Max Jacob ou Charles Péguy
— attestent l'existence d'une certaine « renaissance
catholique », les deux phénomènes étant parfois concomi-
tants. Ainsi, la conversion d'Ernest Psichari au catholicisme et au nationalisme frappa les contemporains. Et pas
seulement parce que l'auteur de *L'Appel des armes* avait
pour grand-père Ernest Renan, auteur notamment d'une
Vie de Jésus peu prisée en son temps par les milieux
catholiques ! Ses deux romans, *L'Appel des armes* et *Le
Voyage du centurion*, qui portent témoignage de cette
double conversion, connurent un succès immédiat, signe
qu'une certaine jeunesse s'y reconnaissait : le futur général de Gaulle, par exemple, né en 1890, écrira par la suite
que l'écrivain, tombé au combat en 1914, fut un « admirable semeur ». Or, le message de *L'Appel des armes* était
limpide : le héros, élevé dans un milieu de maîtres d'école
assez imperméable au nationalisme, et fort réticent, de ce
fait, au moment de faire son service militaire, trouvera
son chemin de Damas grâce à un capitaine qui lui incul-
quera l'amour de la patrie.

*Des intellectuels nationalistes
à l'unisson de la communauté nationale ?*

Ce nationalisme des intellectuels, présent aussi bien
chez les écrivains consacrés qu'au sein de la jeune génération, lyrique pour certains, doctrinal pour d'autres, est-
il alors à l'image de la nation tout entière ? La réponse,
évidemment, est malaisée. S'il tente de mesurer les

retombées politiques d'une telle suprématie — au moins apparente — du nationalisme de cléricature à l'aune du résultat des élections d'avril-mai 1914, l'historien serait plutôt tenté, en première analyse, de répondre à la question négativement, puisque c'est la gauche qui l'emporta à cette occasion. Mais la réalité fut, en fait, plus complexe. Les études précises faites par Jean-Jacques Becker sur le « Barodet » — c'est-à-dire les professions de foi électorales — montrent en effet que, même à gauche, nombre d'apprentis parlementaires n'étaient pas hostiles à la loi de trois ans. Il y avait donc bien assentiment du plus grand nombre à la défense nationale, et les intellectuels nationalistes étaient bien là en harmonie avec une large part du corps civique. Resterait à établir s'ils en étaient, en l'occurrence, les chefs d'orchestre ou s'ils se contentaient de jouer leur partition, parmi d'autres et sans réelle spécificité, dans le concert patriotique. En tout état de cause, les élections de 1914 montrent que leurs jeux de gamme n'ont pas forcément d'effets directs sur le rapport de forces politique et les résultats respectifs des différents partis.

Quant aux pétitions de clercs hostiles à la loi de trois ans, même si elles mobilisèrent, notamment, l'Université républicaine, elles s'inscrivirent donc à contre-courant de l'opinion commune. Elles démontrent pourtant, s'il en était encore besoin, que l'enquête d'Agathon ne rendait que partiellement compte des aspirations du Quartier latin. L'Humanité publia, par exemple, en première page de son numéro du 13 mars 1913, un manifeste hostile à l'allongement du service militaire et intitulé « Pétition des universitaires » — auxquels s'associaient des membres des « milieux littéraires ». On y relevait, entre autres, les noms de Paul Langevin, Alain, Charles Seignobos, Léon Brunschvicg, Émile Durkheim et Lucien Herr. La jeune génération y était également représentée : le même numéro signalait une autre pétition dans le même sens, mise en circulation par les étudiants républicains et socialistes et ayant recueilli trois centaines de signatures. Le clivage entre la Sorbonne — à l'époque lettres et sciences — et les autres facultés était flagrant : 210 des signatures y avaient été recueillies, contre 16, on l'a vu, à la faculté de médecine et aucune, semble-t-il, à la faculté de droit.

*

Nous sommes à la fin de l'hiver 1913. Seize mois plus tard éclataient les orages de la guerre et les signataires de la pétition étudiante contre la loi de trois ans comme leurs contemporains qui avaient répondu en 1912 à l'enquête d'Agathon, les uns et les autres jeunes clercs en puissance, se retrouveront au coude à coude dans les tranchées. État et Patrie, Justice et Vérité, les grands débats qui avaient structuré deux camps intellectuels étaient suspendus : ceux qui croyaient à la nation et ceux qui n'y croyaient pas — ou y croyaient autrement — allaient mourir pendant quatre années sur les mêmes champs de bataille, tandis que leurs aînés, à l'arrière, momentanément réconciliés par l'Union sacrée, se sentiront eux aussi, pour la plupart, en état de mobilisation.

Chapitre III

CLERCS EN GUERRE MONDIALE

1914-1918

Si la Seconde Guerre mondiale a été, en quelque sorte, une « guerre franco-française » pour le milieu intellectuel et si l'ampleur de l'épuration a rendu historiquement perceptible la largeur de la faille qui parcourt alors ce milieu, la mémoire collective n'a retenu de la guerre précédente, pour ce qui concerne les clercs, que le martyrologe d'écrivains ou de savants fauchés au seuil de leur vie créative, ou la liste d'intellectuels plus âgés qui auraient donné de la voix pour exhorter la génération des tranchées à bien mourir. En fait, ces deux souvenirs renvoient à deux problèmes beaucoup plus importants, surgis de la guerre et qui marquèrent durablement la classe intellectuelle. L'un, quoique non spécifique aux clercs, est bien réel. La guerre laissa effectivement aux flancs de cette classe des trous béants et elle en remodela la pyramide des âges, avec des conséquences profondes sur les rapports entre générations.

L'autre problème s'intègre lui aussi dans un contexte plus large. La durée de la guerre, sa transformation progressive en guerre totale, la nécessité, dès lors, que « l'arrière » tienne, autant d'éléments qui modifièrent les conditions d'expression des gens de plume : l'écrit, en effet, devait être surveillé par la censure et canalisé à des fins de propagande. Sans compter que, spontanément le plus souvent et en ayant conscience d'être partie intégrante de cet « autre front » qui gagne aussi les guerres de l'ère contemporaine, nombre d'intellectuels se considérèrent comme mobilisés et agirent — ou plus précisément écrivirent — en conséquence. Là encore, les rapports intergénérationnels en furent affectés pour longtemps.

Les « ravages de la guerre »

De fait, l'hémorragie fut terrible, et dépourvue de ce garrot que furent, par exemple, pour certaines catégories de la classe ouvrière, les affectations spéciales à l'arrière. L'Université française, notamment, fut profondément et durablement marquée. Et les écrivains et artistes tombèrent aussi en nombre.

Les étudiants et la Grande Guerre

Dès le début de l'année 1919, la *Revue universitaire* pouvait dresser un sombre bilan : plus de 6 000 instituteurs, 460 enseignants du secondaire et 260 professeurs de l'enseignement supérieur morts au combat. On prend la mesure du dommage subi en rappelant, par exemple, qu'il y avait en 1914 environ 65 000 instituteurs et que leur répartition par tranches d'âge a entraîné la mobilisation de la moitié d'entre eux (35 817 exactement, selon Antoine Prost). De plus, le bilan établi de manière empirique par la *Revue universitaire* au début de l'année 1919 était forcément provisoire : ce sont, en fait, entre 8 117 et 8 419 instituteurs, selon les sources, qui ont été tués au combat. Près d'un mobilisé sur quatre ! Et dans le cas des professeurs de l'enseignement supérieur, dont le nombre dépasse à peine un millier en 1914, la proportion est encore plus accablante, puisque c'est un membre de la profession — et non un mobilisé — sur quatre qui tombe au combat. Pourtant, la mobilisation, pour des raisons de classes d'âge, y fut probablement moins ample que chez les instituteurs.

Dans le monde étudiant, à l'inverse, les mêmes raisons d'âge entraînèrent une levée en masse, attestée par la chute des effectifs, qui toucha alors tous les établissements d'enseignement supérieur. L'École libre des sciences politiques, par exemple, comptait 800 élèves en 1914. Au début de l'année 1915, ce nombre tomba à 72, dont un tiers d'étrangers. Celui des candidats au concours littéraire de la rue d'Ulm passa de 212 en 1914 à 62 en 1916. D'une manière générale, le nombre des étudiants parisiens a diminué de 60 % de 1914 à 1918. Compte non tenu des étudiants étrangers, l'université de Paris eut, en effet, les effectifs suivants à la fin de chaque année universitaire :

Juillet 1914	14 198 inscrits (indice 100)
Juillet 1915	3 323
Juillet 1916	4 369
Juillet 1917	4 827
Juillet 1918	5 998 inscrits (indice 42)

La chute devient encore plus significative quand on constate qu'une partie des étudiants restants étaient, en fait, des étudiantes. Tout au long du conflit, le nombre de ces dernières connut une augmentation très marquée : ainsi l'université de Paris, qui accueillait 1 209 étudiantes en 1913-1914, en comptera 3 192 en 1921-1922.

Sur ces classes d'âge étudiantes massivement mobilisées, la guerre fit des coupes claires. Les grandes écoles, notamment, payèrent le tribut du sang. Le monument aux morts de l'École normale supérieure, par exemple, porte 239 noms, qui représentent plus du quart des élèves et anciens élèves mobilisés dans les services armés lors du premier conflit mondial. Bien plus, parmi ces mobilisés, 211 appartiennent, en août 1914, à des promotions en cours d'études à l'École. Pour eux, le prix à payer aura été plus lourd encore : 107 tués, soit plus de 50 % du total. Et l'École centrale des arts et manufactures, qui fut citée en même temps que Normale à l'ordre de l'Armée en 1925, perdit entre 1914 et 1918 541 élèves et anciens élèves.

Ces pertes en milieu étudiant constituent un bon indicateur du sillon tracé par la guerre dans la jeune classe intellectuelle. Mais ce sillon dépassa naturellement ce seul milieu et toucha d'autres jeunes intellectuels, qui n'étaient pas passés par l'université ou qui étaient déjà sortis des écoles et facultés.

Une érosion différentielle

Parmi les seconds, les professeurs du secondaire, on l'a vu, tombèrent par centaines — dans une corporation qui compte à l'époque moins d'une dizaine de milliers de membres — et notamment ceux qui, de par leur âge, étaient en début de carrière. Cette érosion différentielle frappa également de jeunes chercheurs, au seuil de leurs projets d'études. Ainsi, à la Fondation Thiers, trois des six pensionnaires de la promotion de 1914 sont « morts au champ d'honneur », dont deux dès l'été 1914. Pour la promotion de 1913, le bilan est plus lourd encore : trois sur cinq, dont un en août 1914. Et, toujours parmi les anciens étudiants, le livre d'or de l'École libre des sciences politiques signale la mort au combat de 340 anciens élèves de l'école.

Parmi ceux qui ne passèrent pas forcément par l'enseignement supérieur aussi, la trace laissée a été sanglante. Mais il reste difficile d'en faire une approche comptable, la notion d'écrivain ou d'artiste étant plus élastique que celle d'étudiant ou de professeur. L'Association des écrivains combattants publiera, entre 1924 et 1926, l'*Anthologie des écrivains morts à la guerre* qui mentionne 525 noms. Et comme Maurice d'Hartoy recensait en 1923 dans *La Génération du feu* 320 adhérents à cette même association, doit-on en déduire que la corporation des écrivains comptait en 1914 un peu moins d'un millier de membres et que quatre ans plus tard les victimes y étaient plus nombreuses que les survivants ? Rien n'autorise, en fait, une telle extrapolation, mais, en même temps, une réalité demeure : les gens de plume ont eux aussi payé largement leur tribut à la défense nationale. Et les noms d'Alain-Fournier, Péguy, Pergaud et Psichari, par exemple, sont là pour attester l'ampleur de la saignée.

Si Barbusse fait dire à l'un des personnages du *Feu* : « Nous sommes des soldats combattants, nous autres, et il n'y a presque pas d'intellectuels », l'affirmation, peut-être exacte en chiffres absolus — eu égard à la composition de la société française à cette date —, est donc, dans la connotation manifestement anti-intellectualiste de la réplique, dénuée de fondement. Bien au contraire, l'inspecteur général Julien Luchaire, chargé en 1923 par la Commission de coopération intellectuelle de la SDN de faire un rapport sur « quelques problèmes de l'organisation intellectuelle internationale », pouvait y mentionner les « ravages de la guerre » et le grand nombre des intellectuels européens — car le cas français n'est pas spécifique — fauchés.

Les mobilisés de « l'autre front »

Dans un conflit devenu total, l'effort de guerre ne consista pas seulement en la mobilisation et l'envoi au combat des plus jeunes. Sur un « autre front », les ressources économiques furent requises, et les forces intellectuelles furent également mises à contribution, dans un contexte sans rapport avec celui du temps de paix. Le contrôle de l'information est instauré, et cette censure ne touchera pas seulement la presse mais aussi les livres. L'opinion publique est également surveillée et canalisée par une propagande que certains qualifieront de « bourrage de crâne ». Par-delà de telles accusations, il faudra revenir sur l'ampleur réelle de cette censure et de cette propagande. Il reste que la plume et le verbe s'exprimeront durant quatre années dans des conditions particulières. Ce point est fondamental, la force de frappe du clerc étant le plus souvent directement proportionnelle à la publicité qu'il peut donner à ses prises de position et au degré de liberté d'expression qui est le sien. D'autant que c'est l'Union sacrée qui domine au début — et pour longtemps — la situation, Union entendue non seulement au sens d'un accord des principales forces politiques, mais aussi d'une convergence d'analyse de l'ensemble de la communauté nationale. Les Français avaient la conviction qu'il était nécessaire de faire face aux entreprises injustifiées des empires centraux. Et les dirigeants de la gauche française partageaient cette conviction. Dans ces conditions d'expression particulières et dans ce climat d'assentiment général doit-on parler d'une Union sacrée des intellectuels ?

Clercs au créneau

Démographiquement, les générations intellectuelles aînées ne furent qu'effleurées par le carnage. À cet égard, le cas du père fondateur du « Malet-Isaac », Albert Malet, n'est nullement représentatif. Engagé volontaire à l'âge de cinquante ans, cet agrégé d'histoire mourut au combat en 1915. Pour le plus grand nombre, au contraire, la mobilisation se fit sur une tout autre ligne de front. Les habits verts de l'Académie française, par exemple, se fondirent rapidement dans le concert bleu horizon. Ainsi la baïonnette, « tellement nationale et française », piqua-t-elle l'imagination de l'écrivain Henri Lavedan qui notait dans *L'Intransigeant* en décembre 1914 : « [Quand] nous gâchons gravement la blancheur du papier, quel est presque toujours l'objet choisi qu'entreprend de figurer notre dessin naïf ? Une baïonnette... Elle est jeune, elle est belle, elle est ivre, elle est folle, et calme cependant, jamais irrésolue, ni distraite, ni égarée. » L'académicien Jean Richepin ne sera pas en reste, qui proclamera, entre autres, dans *Le Petit Journal*, durant l'été 1916 : « Et la porte de ce paradis sur terre s'appellera Verdun. »

Cette mobilisation des esprits toucha également les universitaires, des plus obscurs aux plus connus. Ainsi, dans la première catégorie, un professeur de khâgne, René Pichon, publia-t-il dans *La Revue des Deux Mondes* quatre articles aux titres significatifs : « Humanitarisme et patriotisme dans l'ancienne Rome », « Mommsen et la mentalité allemande », « Les Tchèques contre l'Allemagne » et « Une nouvelle Anabase, la campagne des Tchécoslovaques en Sibérie ». Nombre de ses collègues, enseignants de lycée ou professeurs de facultés de province, payèrent ainsi leur écot à la défense nationale. Quant aux universitaires pourvus d'une certaine notoriété, ils mirent celle-ci au service du pays, et parfois dès les premiers jours. Le philosophe Henri Bergson déclara à l'Académie des sciences morales et politiques dès le 8 août 1914 : « Vouée à l'étude des questions psychologiques, morales et sociales, notre compagnie accomplit un simple devoir scientifique en signalant, dans la brutalité et le cynisme de l'Allemagne, dans son mépris de toute justice et de toute vérité, une régression à l'état sauvage. » Émile Boutroux, de son côté, médita en septembre 1914, dans *La Revue des Deux Mondes*, sur l'« âme germanique ». Et dans leurs spécialités respectives, nombre d'éminents savants joueront les mêmes variations : ainsi

Émile Mâle publiera-t-il en 1917 *L'Art allemand et l'art français*, qui privait cet « art allemand » de toute influence importante à l'époque du roman et du gothique et, la même année, Victor Bérard dénonçait, sur Homère, *Un mensonge de la science allemande*. Manière d'exorciser, sans doute, le poids qui avait été jusque-là celui de la « science allemande », et particulièrement dans le domaine historique.

Nombre de ces universitaires avaient été moins de vingt ans plus tôt de fervents dreyfusards. Parvenus entre-temps aux chaires les plus prestigieuses de la Sorbonne ou du Collège de France, ils tinrent leur partition dans ce concert patriotique, animant notamment le Comité d'études et de documents sur la guerre. Le président de ce Comité était Ernest Lavisse et son secrétaire Émile Durkheim. Celui-ci rédigea, du reste, certaines des brochures de l'organisation, comme *L'Allemagne au-dessus de tout. La mentalité allemande et la guerre*, tandis qu'Ernest Lavisse et Charles Andler exposaient les *Pratiques et doctrines allemandes de la guerre*. Charles Andler dénonçait de son côté *Le pangermanisme. Ses plans d'expansion allemande*. Et d'autres membres importants de l'Alma Mater appartenaient au Comité, par exemple Henri Bergson, Émile Boutroux ou Charles Seignobos. Gustave Lanson, lui aussi de souche dreyfusarde, en fit également partie : ancien collaborateur de *L'Humanité* de 1904 à 1913, il avait rompu avec le pacifisme jaurésien dès avant la guerre. Cet universitaire qui perdit son fils unique, tombé en Champagne en 1915, jouera un rôle important à la Ligue civique qui fut créée en 1917 et qui adhéra au Bloc national après le conflit.

Ce conflit — et parfois déjà l'immédiat avant-guerre, dans le cas d'un Lanson ou d'un Andler — éloignera, en effet, du socialisme, nombre d'anciens dreyfusards. L'exemple d'Hubert Bourgin illustre bien certaines trajectoires qui ne finirent pas toujours, il est vrai, aussi loin de l'autre côté de l'éventail politique. Ce professeur du lycée Louis-le-Grand avait appartenu à la génération socialiste apparue à l'École normale supérieure à la charnière des deux siècles. Il avait notamment subi l'influence du « grand inspirateur » Lucien Herr, avait participé, dans son premier poste de Beauvais, à une Université populaire, puis avait milité à la SFIO après sa création. Mais la guerre entraîna chez lui une totale remise en cause de son engagement politique. Si l'année précédente encore il avait signé la pétition contre la loi de trois ans, il devient membre du cabinet d'Albert Thomas, sous-secrétaire d'État de l'Artillerie et des Munitions et fonde au printemps 1916, avec Léon Rosenthal, le Comité de propagande socialiste pour la défense nationale. Jusqu'à cette date son engagement reste encore très imprégné par sa formation et ses convictions socialistes. En 1914, par exemple, il avait publié une brochure intitulée *Pourquoi la France fait la guerre ?*, et la réponse à cette question était claire : la France « vit pour son idéal de justice et de fraternité » et cette « grande nation révolutionnaire veut pour le progrès rationnel et méthodique une paix durable » ; certes, l'ennemi est « le militarisme prussien » mais, en fait, « la France veut ruiner tous les impérialismes ». Il demeurera toutefois dans les ministères après la rupture de l'Union sacrée. Persuadé que les socialistes ont trahi la France en sortant de cette Union, il fonde à l'automne 1917, avec Gustave Lanson, la Ligue civique que présidera l'ancien dreyfusard Ernest Denis et où l'on trouvera, entre autres, Paul Desjardins, le géographe Emmanuel de Martonne et les historiens Gustave Bloch et Gustave Glotz. Cette Ligue, on l'a vu, adhérera au Bloc national après la guerre. Quant à son fondateur, il rejoindra quelques années plus tard le Faisceau de Georges Valois.

Le « chœur des vieillards »

L'attitude de ces clercs « patriotes » fut longuement commentée et critiquée, notamment par la génération suivante, tout au long de l'entre-deux-guerres. Ainsi, l'ancien combattant Jean Guéhenno dressait, en 1934, l'acte d'accusation en ces termes dans *Journal d'un homme de 40 ans* : « Les plus honnêtes ne savaient que se taire... La république des lettres, dans son ensemble, était devenue une profitable entreprise de pompes funèbres. Jamais Maurice Barrès n'avait connu une telle alacrité. Parmi tant de croque-morts, il se trouvait promu au rang de maître des cérémonies. »

Septuagénaire, il reviendra à la charge contre Maurice Barrès, promu « ordonnateur de Pompes Funèbres Nationales » et responsable de ce fait de *La Mort des autres.*

Les outrances de certains prêches pendant la guerre, puis l'excès des anathèmes lancés par les plus jeunes au cours des décennies suivantes — anathèmes nourris aussi, probablement, par la conscience morale douloureuse de la social-démocratie, taraudée par le regret d'avoir été partie prenante dans les massacres de la guerre —, ont obscurci rétrospectivement ce que fut le rôle réel de l'intelligentsia et en rendent l'analyse délicate. Ce rôle, en fait, et les motivations sous-jacentes se résumeraient bien, dans certains cas, par ces quelques mots écrits par Paul Desjardins une dizaine d'années après la fin des hostilités : « Nous étions le chœur des vieillards, dont l'office est de compatir et, à l'occasion, de diagnostiquer, d'arbitrer. » Il y eut sans doute, en effet, une part de mauvaise conscience dans l'attitude des « vieillards ». Au moment où leurs élèves ou leurs lecteurs, parfois aussi leurs enfants, tombaient par rangs entiers, certains estimèrent avoir un devoir patriotique à remplir et s'en acquittèrent par des effets de plume et des exhortations. Attitude somme toute classique, et que l'Union sacrée rendait psychologiquement possible, même à gauche. Cela étant, cette attitude fut bien plus complexe que ne la présentèrent les pamphlets de l'entre-deux-guerres. Si Maurice Barrès reste l'archétype d'une catégorie de clercs qui se considérèrent d'emblée en état de mobilisation intellectuelle, d'autres attitudes doivent aussi être relevées, et une typologie ébauchée.

Le « ministère de la parole »

Celui que Romain Rolland surnomma le « rossignol du carnage » monta au créneau, notamment dans les journaux et les revues, plus qu'à son tour : en 1915, par exemple, Maurice Barrès consacra 269 articles à la guerre. L'année précédente, le 12 juillet 1914 précisément, il était devenu président de la Ligue des patriotes, après la mort de Paul Déroulède. Date symbolique ! La guerre venue, en effet, il se comportera en écrivain « patriote » — des journalistes le surnommeront le « littérateur du territoire » —, revendiquant explicitement la « tâche d'excitateur patriotique ». Il s'agissait, en somme, de « remplir le ministère de la parole » avec une difficulté ressentie d'emblée : s'engager de cette façon, c'était s'adresser à un « vaste public qui comprend mal les nuances ». Dans le secret de ses *Cahiers*, on le verra, Maurice Barrès s'interrogera sur cette nécessité de gommer les « nuances » et, plus largement, doutera par moments de sa mission. Il reste qu'il accomplit celle-ci durant quatre années et que ses *Chroniques de la Grande Guerre*, rassemblées, représentent 14 volumes et près de 6 000 pages ! Avec, de surcroît, une audience considérable : *L'Écho de Paris*, dans lequel écrivait l'académicien, tirait alors à 500 000 exemplaires.

Gustave Hervé, venu d'un tout autre horizon politique, exerça lui aussi ce « ministère de la parole ». Près de quinze ans plus tôt, ce professeur d'histoire, socialiste et qui signait « un sans-patrie », avait comparu devant la cour d'assises de l'Yonne pour un article dans lequel il préconisait de planter le drapeau dans le fumier. Et le courant hervéiste, relayé par *La Guerre sociale*, affirmait notamment « qu'on ne marcherait pas en cas de guerre ». Ce qui n'empêcha pas Gustave Hervé de devenir, durant le conflit, dans son journal bientôt rebaptisé *La Victoire*, un ultra du patriotisme, prompt à dénoncer le « défaitisme ».

Dans la lutte contre ce « défaitisme », d'autres clercs adoptèrent une attitude assez proche, qui relevait également de ce que leurs adversaires baptiseront « bourrage de crâne ». Estimant eux aussi avoir un devoir patriotique à remplir, ils s'engagèrent non pas tant à travers des articles de presse que par la mise de leur art — la littérature ou la science — au service de ce devoir. Les universitaires évoqués plus haut, qui se placèrent en état de mobilisation intellectuelle, appartiennent à ce groupe. Un certain nombre d'écrivains contribuèrent également à soutenir ainsi le moral de « l'arrière », par la description d'une guerre héroïque. Un succès de librairie comme *Gaspard* de René Benjamin s'inscrit assurément dans cette veine, avec, du reste, une portée considérable : publié en 1915, bientôt couronné par le prix Goncourt, cet ouvrage connut un tirage de 150 000 exemplaires.

« Naturalistes » et pacifistes

Analysant en 1922 les différents rameaux de la littérature de guerre, Albert Thibaudet distinguait « le pompier, le naturaliste et le moral ». Aux antipodes de la littérature héroïque, de style souvent « pompier », un autre groupe d'écrivains — souvent combattants — donna, en effet, de la guerre une image beaucoup moins glorieuse et bien davantage réaliste. Le normalien Maurice Genevoix, par exemple, publia dès 1916 *Sous Verdun*. Ce témoignage, d'autant plus crédible que son auteur, jeune officier, avait été blessé au combat, se voulait un éclairage cru sur les horreurs de la guerre. Sur le même registre, Georges

Duhamel, auteur plus âgé et déjà consacré, écrivit deux romans, en 1917 et 1918, *Vie des martyrs* et *Civilisation 1914-1917*. Là encore, l'œuvre était d'autant plus recevable que Georges Duhamel s'était engagé au début de la guerre et avait servi quatre années durant comme médecin-major. *Civilisation 1914-1917*, prix Goncourt 1918, fut jugée par Romain Rolland « l'œuvre la plus parfaite que la guerre ait inspirée en France ».

Avec ce dernier, nous touchons à une autre catégorie de clercs, ceux qui mirent leur plume au service de la cause pacifiste. Car la plupart des tenants de la littérature « naturaliste » n'étaient pas pour autant des pacifistes : certes, il faut bien constater un dégradé depuis le « bellicisme » et le nationalisme politique de Maurice Barrès jusqu'au réalisme des écrivains combattants ; mais ceux-ci étaient avant tout portés par leur volonté de témoigner de la « mort des autres », et leur démarche était le plus souvent dénuée d'arrière-pensées politiques. Quelques intellectuels, pourtant, furent ou devinrent des écrivains au pacifisme déclaré.

Relevant d'un genre à la fois « naturaliste » et « moral », Henri Barbusse incarne bien cette attitude, mais il illustre en même temps la difficulté d'enfermer les clercs dans une typologie bien tranchée des positions prises face au conflit. Engagé volontaire en 1914 — il s'en expliqua dans une lettre du 9 août 1914 à *L'Humanité* — comme soldat puis comme brancardier, acquis au début à l'Union sacrée, il connut, à partir de 1915-1916 semble-t-il, une évolution qui le conduisit à devenir le « Zola des tranchées » avec *Le Feu, journal d'une escouade*, feuilleton paru dans *L'Œuvre* du 3 août au 9 novembre 1916 avant d'être publié en volume par Flammarion à la fin de la même année. Mais le cas de Barbusse dépasse un simple problème de taxinomie. Non seulement son pacifisme, même dérivé, est incontestable au moment de la publication du *Feu*, mais il est de surcroît connoté idéologique-

ment : « La liberté et la fraternité », lisait-on dans le
dernier chapitre de l'ouvrage, « sont des mots, tandis que
l'égalité est une chose... l'égalité, c'est la grande formule
des hommes. »

« Du temps perdu » ?

Une typologie à quatre rubriques — nationalistes politiques, nationalistes « pompiers », « naturalistes », pacifistes — suffit-elle, pour rendre compte des engagements
des clercs face à la conflagration européenne ? Assurément pas, pour deux raisons au moins. Et d'abord parce
qu'elle passe sous silence la vaste cohorte de ceux qui se
turent sur le conflit en cours. La prudence peut certes
expliquer un tel silence : la censure veillait, même si elle
laissa passer *Le Feu*. Mais les principales raisons sont
sans doute ailleurs : scrupules, alors qu'au même moment
une partie de la jeunesse française était sacrifiée — géné-
rateurs de mutisme mais aussi, parfois, à l'inverse, on
l'a vu, de mobilisation au « ministère de la parole » —,
incertitude, devant les enjeux et l'ampleur croissants du
conflit, déchirement, entre le devoir patriotique et le pres-
sentiment que la civilisation européenne risquait de vacil-
ler sur ses bases. Les attitudes des clercs furent donc
singulièrement plus diverses qu'un simple dégradé en
quatre teintes, du « patriotisme » au « défaitisme ». De
surcroît, elles furent plus complexes, chaque cas particulier étant difficilement réductible à un cas de figure bien
typé. La guerre dura plus de quatre ans, et certains, en
effet, ont pu évoluer ou, pour le moins, douter de la justesse de leurs vues.

L'évolution, on l'a vu, est manifeste dans le cas d'un
Barbusse. Et le doute tiraillait beaucoup de clercs. Anatole
France, par exemple, retiré à La Béchellerie, près de
Tours, passa du sentiment de la nécessité d'une paix
rapide à un patriotisme qu'atteste le titre d'un recueil
d'articles publié en 1915, *Sur la voie glorieuse* : « La

plus mauvaise action de ma vie », dira-t-il par la suite. Après 1915, il se tut, tout en revenant progressivement au pacifisme, confessé à ses proches. Maurice Barrès lui-même éprouva également de tels déchirements. La comparaison entre ses *Chroniques de la Grande Guerre* — recueils de ses articles — et ses *Cahiers* — journal tenu depuis 1896, et dont 300 pages portent sur la période du conflit — est édifiante : les premières demeurent invariablement patriotiques, tandis qu'au sein des seconds l'incertitude s'insinue par endroits : « La vérité était-elle au-dessus des deux camps ? Et s'il n'y avait rien, s'ils étaient des dupes ? » ira-t-il jusqu'à écrire en août 1918, se demandant même si cet « excès de travail » que représenta sa mobilisation patriotique ne fut pas « du temps perdu ».

Bien plus, à supposer qu'en dépit de l'évolution de quelques-uns de leurs membres les quatre camps soient globalement restés sur les mêmes positions jusqu'au bout, leur influence respective, en tout cas, a varié au cours des quatre années de guerre. Au début, ce furent, en effet, les clercs « nationalistes » qui, par le tirage important de leurs journaux — *L'Écho de Paris*, on l'a vu, tire à 500 000 exemplaires et *L'Action française* atteint un tirage de 150 000 en 1917 — et de leurs livres, régnèrent sans partage. Mais, à partir de 1916, le décor se modifia. La publication à cette date par *L'Œuvre*, hebdomadaire devenu quotidien l'année précédente, du *Feu*, est significative sinon d'un changement de rapport de forces, en tout cas d'une évolution du contexte. A tel point que *Le Canard enchaîné* put organiser au printemps 1917 un référendum pour désigner le « grand chef de la tribu des bourreurs de crâne », gagné de façon caractéristique par Gustave Hervé et Maurice Barrès. Surtout, l'énorme succès de librairie rencontré en cette même année par *Le Feu* est un signe qui ne trompe pas. Certes, ce succès divise la critique : si Pierre Loti en fait « le plus beau de

tous les livres de guerre », Léon Daudet — qui vote
contre l'ouvrage au Goncourt — y voit « un livre ignoble,
bas et dissolvant, qui ne peut servir que l'ennemi » ; mais
cette division est en elle-même révélatrice : cet accueil
réservé au *Feu* — qui obtient, du reste, le prix Goncourt
et succède ainsi symboliquement à *Gaspard* — montre
bien qu'au cours des deux dernières années de la guerre,
l'audience et la crédibilité de la presse et des écrivains
« nationalistes » ont baissé d'un cran. Un exégète de la
littérature combattante, Jean Norton Cru, estimait d'ailleurs après la guerre — *Témoins*, en 1929, et *Du témoignage*, en 1930 — que c'est à partir de 1916 que le
pacifisme concurrença le patriotisme dans cette littérature
et donna naissance à des œuvres culturellement importantes.

Ce serait toutefois fausser la perspective historique que
d'accorder une signification politique à ce succès du *Feu*,
qui est plus prosaïquement celui de la littérature « réaliste » sur la littérature « héroïque » dans un pays qui, plus
de deux ans après le déclenchement du conflit, semble
devenu imperméable au déferlement épique du début.

Romain Rolland : Au-dessus de la mêlée ?

De même, il serait erroné de conférer à Romain Rolland, même après son prix Nobel de littérature en 1916,
une influence importante, du moins sur le moment. Un
rapport de police notera d'ailleurs que si, « consciemment
ou non », ce dernier a « servi l'Allemagne » *(sic)*, son
action « ne s'exerçait pas sur les masses populaires ». Il
reste que la position de l'écrivain est devenue par la suite
un symbole et une référence dans des débats qui dépassent largement le premier conflit mondial. Elle appelle
donc mise en perspective et analyse. D'autant que, ainsi
rehaussée au rang de symbole de la dignité ou au
contraire de la trahison des clercs, cette position a été
déformée et a acquis, de ce fait, la dimension d'un mythe,

entendu ici au sens d'une déformation de la réalité devenue part intégrante de la mémoire collective.

Celle-ci n'a retenu de l'attitude de Romain Rolland que
l'article de septembre 1914, *Au-dessus de la mêlée*, et le
recueil du même titre paru l'année suivante. Un tel titre
— Romain Rolland avait d'abord songé à *Au-dessus de
la haine* — lui valut maintes accusations de trahison,
alors qu'il trahissait surtout, en fait, la pensée de son
auteur. Le *Journal* de ce dernier, riche de 2000 pages
pour la seule période de la guerre, permet, en effet,
d'éclaircir sa prise de position. Surpris en Suisse par le
début des hostilités, il note dès le 3 août 1914 : « Je suis
accablé. Je voudrais être mort. Il est horrible de vivre au
milieu de cette humanité démente. » Et le 7 août, il
s'écriait : « Ils la veulent tous, cette guerre... La haine
n'entrera pas dans mon cœur... Je me trouve seul, exclu
de cette communion sanglante. » Mais, dans le même
temps, son *Journal* le montre inquiet du sort de la France.
Ce n'est que plusieurs semaines plus tard que, rassuré par
l'issue de la bataille de la Marne et ayant choisi entre-
temps de demeurer en Suisse, il publia dans le *Journal
de Genève* des 22-23 septembre son fameux article. Le
sens en était clair : après avoir évoqué « l'admirable jeunesse française », il dénonçait la responsabilité des chefs
d'État et la faillite du socialisme, du christianisme et des
élites intellectuelles. Mais le titre de l'article aussi bien
que le choix de rester de l'autre côté de la frontière
concoururent à accréditer la thèse de la trahison du clerc
Rolland. Durant l'automne 1914, la presse française, y
compris celle de la gauche radicale, attaqua celui-ci. Sans
toutefois, il est vrai, lui accorder une place importante :
la plupart des titres, en effet, ne lui consacrèrent qu'un
seul article. D'où cette question essentielle : quelles
furent exactement les retombées, sur le moment, de cette
prise de position, exprimée dans un journal que peu de
Français lurent alors ? Ces retombées immédiates furent,

sans aucun doute, de faible ampleur. Par la suite, en revanche, le recueil d'articles du même titre eut davantage de portée et les attaques contre son auteur se multiplièrent. Jamais, pourtant, ce recueil ne trouva une large audience.

Entre-temps, la position de Romain Rolland s'était du reste radicalisée : « peu à peu » sa révolte « sentimentale et idéaliste » s'était étayée de « raisons politiques, sociales et économiques » (Marcelle Kempf) et son internationalisme s'était affirmé, notamment dans deux textes de la fin de l'année 1916, *Aux peuples assassinés* et *La Route qui monte en lacets*.

Générations intellectuelles au miroir de la guerre

La guerre entraîna, on l'a vu, une érosion différentielle aux flancs de la pyramide des âges du milieu intellectuel. Le phénomène, il est vrai, n'est pas spécifique au premier conflit mondial, mais il revêtit à cette date une importance particulière, du fait de l'hémorragie subie. De même, si, tout aussi classiquement, les différentes générations, en fonction de leur âge et de la nature de leur insertion dans le déroulement des hostilités, ont été diversement marquées sur le plan des mentalités collectives par quatre années de turbulence historique, cette durée même a accru l'importance de cette autre forme de différenciation, davantage « psychologique » que démographique, des classes d'âge. La guerre, accélérateur du découpage générationnel ? Sans aucun doute.

Des « Marie-Louise » devenus « Grognards »

Dans son *Journal d'un homme de 40 ans*, Jean Guéhenno évoquera en 1934 la « jeunesse morte », celle qui eut vingt ans en 1914, et il notera : « Vers le temps où finit la guerre, un grand feu s'éleva du côté de l'Orient. »

De fait, la guerre a été un facteur essentiel de l'embrasement de ce « grand feu ». Mais elle joua aussi un rôle dans son rougeoiement au sein du milieu intellectuel français, et notamment parmi les survivants de cette « jeunesse morte ». Elle a parfois fécondé, en effet, une révolte radicale contre l'ordre établi, qui conduisit certains de ces jeunes clercs nés vers 1890-1895 — jeunes « Marie-Louise » au début du conflit devenus en quatre ans des « Grognards », dans la double acception du terme — vers le communisme, pour qui la « génération massacrée » (Raymond Lefebvre) fut un terreau. Les engagements ainsi noués seront souvent plus durables, on le verra, que ceux de la génération de Barbusse, pour laquelle le pacifisme se révélera souvent un ciment communiste friable, une fois dissipées les horreurs de la guerre.

Un rameau de la génération de 1890-1895 fit donc l'apprentissage de la révolte dans les tranchées. Révolte, au reste, multiforme. Aux côtés de ces jeunes communistes — ainsi, les rédacteurs de *Clarté* —, les surréalistes puiseront eux aussi dans cette expérience de la guerre, tout comme, par exemple, un Drieu La Rochelle. Le cas de ce dernier démontre, d'ailleurs, que si la Grande Guerre créa des « affinités de génération et un même sens de la révolte » (Nicole Racine), cette révolte déboucha sur des itinéraires très contrastés. Le premier conflit mondial détermina, en effet, chez l'auteur de *Gilles* un parcours complexe qui le conduira vers le fascisme. Si la plus grande partie des survivants de la génération du feu n'ont pas connu semblable évolution, celle-ci montre bien la diversité des quêtes personnelles à partir du creuset commun des tranchées.

Les frères de Radiguet

Cela dit, beaucoup de ces jeunes clercs furent broyés dans ce creuset et leur destin s'arrêta à vingt ans. Et ce laminage eut des effets indirects sur le statut de la génération suivante. D'une part, le fossé fut, d'emblée, bien large entre la génération de 1905, trop jeune pour tomber sur les champs de bataille et qui aura vingt ans dans la première décennie d'après-guerre, et le « chœur des vieillards », lui aussi démographiquement épargné. Comme le notera en 1936 Brice Parain dans *Retour à la France* : « Les générations ne se sont plus suivies depuis la guerre comme elles l'auraient dû, l'une poussant l'autre, l'une derrière l'autre. Un trou s'est creusé entre celles qui étaient déjà trop vieilles en 1914 pour offrir beaucoup de victimes et celles qui étaient encore trop jeunes pour être sacrifiées »

Mais, dans le même temps, d'autre part, une telle situation donna à ces cadets, que la guerre n'effleura que par frères aînés ou pères interposés, leur chance précoce. Le phénomène sera particulièrement net à l'Action française. Nombre de membres de la génération d'Agathon qui auraient eu quarante ans vers 1930 et auraient pris progressivement le relais des pères fondateurs ont disparu dans la tourmente. Du coup, une strate de jeunes maurrassiens née dans la première décennie du siècle se trouvera aspirée dès la fin des années vingt vers les comités de lecture et les salles de rédaction : ainsi, un Robert Brasillach, né en 1909, collaborera-t-il dès 1930 à *La Revue française* et deviendra-t-il en juin 1931 feuilletoniste littéraire à *L'Action française*. De ce décalage entre la génération vieillissante des Maurras et Daudet et ces jeunes gens trop vite parvenus à des sites d'influence, naîtront rapidement malentendus, divergences d'analyse — notamment face au problème du fascisme —, incompréhensions et ruptures.

Crise de civilisation ?

Ce contraste entre générations dépassa naturellement la seule Action française. Car si la guerre a ébréché les systèmes de référence intellectuels d'avant 1914, par rapport auxquels, à droite comme à gauche, s'étaient formés les aînés, ceux-ci ne les amenderont guère, on le verra, après 1918. En revanche, le code génétique de la génération de 1905, née à la vie de la cité après la fin des hostilités, ne pouvait qu'être profondément modifié.

La croyance dans le progrès, par exemple, sortit durablement ébranlée de quatre années de mise à contribution de la science pour la mort des hommes. À la dernière page de *Civilisation*, Georges Duhamel écrivait en 1918, après avoir évoqué quelques apports apparents du progrès : « La civilisation n'est pas dans toute cette pacotille terrible ; et, si elle n'est pas dans le cœur de l'homme, eh bien ! elle n'est nulle part. » Car, à travers ce doute sur les bienfaits et sur la réalité même du progrès, c'est la notion de civilisation qui se trouvait atteinte. À la même époque, dans *La Crise de l'esprit* (1919), Paul Valéry formulait ce diagnostic resté célèbre : « Nous autres, civilisations, nous savons maintenant que nous sommes mortelles... Nous voyons maintenant que l'abîme de l'histoire est assez grand pour tout le monde. Nous sentons qu'une civilisation a la même fragilité qu'une vie. Les circonstances qui enverraient les œuvres de Keats et celles de Baudelaire rejoindre les œuvres de Ménandre ne sont plus du tout inconcevables : elles sont dans les journaux. »

Destin du pacifisme

Cet ébranlement de valeurs jusque-là porteuses et ce brouillage de points de repère considérés comme intangibles ne sont pas, loin de là, les seules conséquences idéologiques du conflit qui s'achève. Le pacifisme, entendu ici non comme une réaction instinctive contre la guerre mais comme le noyau central d'une vision du monde, va imprégner désormais, en effet, une large partie du milieu intellectuel. Encore faut-il, pour en évaluer l'audience, distinguer le court terme des années de guerre et le moyen terme de la décennie suivante.

Contrairement à l'image qu'en donneront par la suite certains pamphlets, l'attitude de la cléricature française entre 1914 et 1918 est difficilement réductible au dilemme Union sacrée ou envol « au-dessus de la mêlée », qui n'eut guère de réalité statistique. La gauche intellectuelle, globalement, se mobilisa au nom de la « guerre pour le droit ». Hormis quelques instituteurs syndicalistes, des membres de la Ligue des droits de l'homme, ou des militants de groupuscules comme la Société d'études documentaires et critiques sur la guerre, rares furent en effet ceux qui restèrent des pacifistes intégraux et proclamés. Alain fut en contact épistolaire avec certains d'entre eux — « les femmes de la rue Fondary », section française de la Ligue internationale des femmes pour une paix permanente, par exemple, ou Michel Alexandre —, mais lui-même s'engagea dès les premiers jours. Et si la France a tenu quatre années durant, c'est sans doute, en définitive, parce qu'« il y eut presque consensus : qu'il s'agisse des instituteurs, sauf une minorité très limitée, qu'il s'agisse des Églises, qu'il s'agisse des écrivains, tous allaient dans le même sens, celui de la nécessité de la défense nationale » : de là, « un encadrement moral et psychologique solide » (Jean-Jacques Becker). D'autant que la plupart des peintres « naturalistes » des malheurs de la guerre ne devinrent pas pour autant, on l'a vu, au moins dans leurs prises de position publiques, des pacifistes.

Il reste pourtant, et ce n'est pas contradictoire, que si seuls quelques clercs ont exprimé à haute voix l'horreur du carnage, initiatives isolées dans un milieu intellectuel rallié à l'effort de guerre, la secousse et l'hémorragie que constitua au bout du compte la Grande Guerre pour la société française furent d'une telle ampleur qu'un pacifisme venu du tréfonds d'une nation saignée à blanc s'imposa au cours de la décennie suivante comme sentiment consensuel. Si le « pas ça ! » des pacifistes avait rencontré, au moins publiquement — car il en alla peut-être différemment dans le secret des consciences —, peu d'écho tant que le conflit dura, leur message vint s'amalgamer au « plus jamais ça ! » général qui dès lors prévaudra.

Apparemment, et pour cette raison même, le pacifisme des années vingt ne pourra se manifester comme un élément de différenciation entre générations. Au contraire, il brassera verticalement les différentes classes d'âge, tout comme il imprégnera horizontalement — les travaux d'Antoine Prost sur les anciens combattants l'ont démontré — la plus grande partie du corps social. Ce pacifisme se teintera toutefois chez nombre de jeunes intellectuels d'une révolte contre l'ordre établi et nourrira une véritable vision du monde qui subordonnera tout au problème de la guerre et de la paix. Réapparaît ainsi, d'une certaine manière, un clivage générationnel, et le pacifisme, dans ses façons diverses d'être vécu et exprimé, loin d'être seulement un agent de consensus, agira donc aussi comme élément différentiel. Ce caractère ambivalent du pacifisme est sans doute, du reste, l'une des causes de sa prégnance dans la France de l'entre-deux-guerres. Facteur d'unanimité sociale mais, dans le même temps, support de contestation, situé à la fois au centre et aux extrêmes, il revêtira en fait — et notamment chez les intellectuels — des formes beaucoup plus diverses que ne le suggère une analyse superficielle.

Chapitre IV

RETOUR À L'AVANT-GUERRE
OU NOUVELLE DONNE INTELLECTUELLE ?

1918-1934

Au lendemain de la guerre, le milieu intellectuel français offre un paysage complexe, aux aspects presque contradictoires. Les têtes de proue, apparemment, ont changé : Maurice Barrès meurt en 1923, Anatole France l'année suivante, et avec eux ce sont les figures emblématiques des deux camps en présence avant 1914 qui disparaissent. Et pourtant, tout ou presque semble placer la cléricature sous le signe d'un retour à l'avant-guerre. Tel un relief rajeuni, celle-ci semble retrouver, en effet, le modelé en deux versants contrastés que l'Union sacrée semblait avoir aplani.

De nouvelles forces tectoniques sont toutefois à l'œuvre. La guerre a ébranlé en profondeur le champ intellectuel, ses valeurs comme ses hommes. La « grande lueur née à l'Est » (Jules Romains) jette ses premiers feux. Bien plus, une nouvelle génération, portée par ces forces nouvelles, se fraiera peu à peu un chemin, balisé par de nouveaux points de repère idéologiques.

Un relief rajeuni

Dans un premier temps, cependant, le tracé du paysage intellectuel semble retrouver les contours de l'avant-guerre. À droite, l'Action française connaît un second apogée et continue, au moins jusqu'en 1926, à être un pôle dominant dans les flux d'aimantation des clercs et un point de référence dans les joutes idéologiques du temps. Sur l'autre versant, les courants radical et socialiste issus de la source dreyfusarde irriguent notamment la République des professeurs, politiquement victorieuse en 1924. L'étude du milieu universitaire est, de ce double point de vue, éclairante. À condition toutefois de nuancer l'image d'un Cartel des gauches tout entier constitué d'enseignants et de pondérer la perception d'un Quartier latin attiré vers la seule Action française.

Professeurs à gauche

Dans *La République des professeurs*, en 1927, Albert Thibaudet rapporte la phrase que lui lança le comte de Saint-Aulaire, ambassadeur à Londres, en apprenant la victoire électorale du Cartel des gauches : « Eh bien, monsieur, voilà l'École de droit et l'École des sciences politiques qui cèdent la place à l'École normale... » Et, de fait, à cette date la place des normaliens dans la vie politique n'est pas négligeable, à tel point que l'éditeur Bernard Grasset aurait songé, dit-on, à parer la couverture du livre de Thibaudet d'une bande de lancement proclamant : « C'est Normale et Cie qui mène la France. » Le 15 juin 1924, en effet, c'est le normalien Édouard Herriot qui forme le nouveau gouvernement, et cette victoire du Cartel n'a pu être gagnée que grâce à l'apport des voix de la SFIO, sur laquelle règne en fait sinon en droit un autre « archicube », Léon Blum. Bien plus, l'année suivante, après la chute d'Herriot le 10 avril, c'est le normalien Paul Painlevé qui dirige le gouvernement à deux reprises, du 17 avril au 27 octobre et du 29 octobre au 22 novembre.

Pourtant, à y regarder de plus près, l'importance que semblent accorder les contemporains à la rue d'Ulm est excessive. En 1924, neuf normaliens seulement ont été élus ou réélus députés. Le gouvernement Herriot ne compte que deux membres normaliens sur dix-huit. À travers Normale, en fait, c'est, plus largement, le nombre des enseignants dans la nouvelle Chambre qui frappe probablement la classe politique et l'opinion publique. Les chiffres sont effectivement éloquents : en 1924, 46 à 57 enseignants, selon les sources et les critères de classification retenus, sont élus. Et le phénomène semble sur une courbe ascendante, puisque ces parlementaires seront 59 à 77 en 1936. De surcroît, tout au long de l'entre-deux-guerres, ces élus enseignants sont généralement issus des partis de gauche, plus souvent radicaux avant le Front populaire — en 1924, sur les 9 normaliens élus, 7 étaient radicaux ou apparentés — et socialistes en 1936. À cette même date, seuls 9 enseignants appartiennent, sur l'autre versant, aux partis « modérés ».

Peut-on, pour autant, parler d'une République des professeurs ? La réponse est malaisée. Le nombre de ces parlementaires ne rend compte, en fait, d'aucun raz de marée. Avec 10 % environ des effectifs de la Chambre, on est loin, par exemple, des 34,1 % enregistrés par le corps enseignant en 1981. De plus, dans le gouvernement Herriot, parmi les dix-huit ministres et sous-secrétaires d'État, il n'y a que trois agrégés de l'Université, pour neuf avocats. Il n'en demeure pas moins que plusieurs indices peuvent aussi s'interpréter en sens inverse. D'une part, on l'a vu, plusieurs dirigeants importants de la gauche victorieuse sont des normaliens et l'effet de groupe, même relatif, frappe l'opinion, même s'il s'agit, statistiquement, d'une erreur de perspective. D'autre part, si le poids de « l'École de droit » reste plus important dans un premier temps, les ministres venus de l'enseignement sont plus jeunes que leurs collègues de formation juridique et, ainsi analysé, le phénomène annonce un rééquilibrage à terme au profit des professeurs. Au reste, dans le gouvernement de Front populaire, qui compte deux fois plus de ministres et de sous-secrétaires d'État qu'en 1924, les avocats sont restés au nombre de neuf, alors que les agrégés sont passés de trois à six.

La génération qui parvient ainsi aux affaires entre 1919 et 1939 constitue bien, en fait, le rameau politique et quinquagénaire des jeunes clercs qui eurent vingt ans à la charnière des deux siècles. Il existe, du reste, un archétype littéraire du boursier devenu professeur, puis homme politique, dans l'entre-deux-guerres : Jean Jerphanion, dans *Les Hommes de bonne volonté* de Jules Romains. Fils d'instituteur, normalien, agrégé des lettres, il devient député radical en 1924 et ministre des Affaires étrangères en 1933. Les exégètes de l'œuvre ont tôt fait d'observer que le personnage de Jerphanion empruntait beaucoup de ses traits à Yvon Delbos, camarade de Jules Romains rue d'Ulm. Mais, plus largement, ce personnage est représentatif de l'arrivée au pouvoir de cette nouvelle génération républicaine.

Trente ans plus tôt, on l'a vu, c'est le couple Lagneau-Burdeau qui, beaucoup plus que le clivage socialistes-radicaux, rendait bien compte des deux facettes de la République des professeurs en gestation. Dans l'entre-deux-guerres coexistent toujours ces deux rameaux de l'universitaire de gauche : l'intellectuel dépositaire des valeurs d'identité de la gauche républicaine, et l'agrégé entré en politique. Le philosophe Alain, disciple de Lagneau, est un exemple caractéristique du premier type ; Herriot, d'une certaine manière héritier de Burdeau, incarne parfaitement le second, tout comme Jean Jerphanion.

Étudiants à droite

Certes, cette gauche républicaine, dans ses différentes acceptions, est également représentée en milieu étudiant. Ainsi la Ligue d'action universitaire républicaine et socialiste (LAURS), apparue en 1924 et animée par Pierre Mendès France en 1927-1928, devient-elle une structure d'accueil où nombre de jeunes intellectuels feront leurs premiers pas politiques : le khâgneux Georges Pompidou, par exemple, écrira en avril 1930 dans son organe, *L'Université républicaine*, un article hostile à l'Action française. Au moment de la naissance de la LAURS, il est vrai, le terrain, à gauche, était largement découvert, en raison notamment de l'absence d'une organisation d'étudiants socialistes, qui n'avait pas survécu à la scission de Tours. Il fallut attendre l'hiver 1925-1926 pour voir renaître un groupe parisien, puis l'année suivante une Fédération nationale des étudiants socialistes. C'est Maurice Deixonne, futur président du groupe parlementaire socialiste à l'Assemblée nationale sous la IVe République, qui en assura la direction initiale, puis Claude Lewy, futur maire d'Orléans, Claude Lévi-Strauss en 1928 et Émilie Lefranc l'année suivante.

Ces groupes naissants ou renaissants — auxquels s'ajoute l'Union fédérale des étudiants, de tendance communiste — resteront toutefois en position défensive tout au long de la décennie, et si les affrontements au Quartier latin recoupent alors le clivage droite-gauche, la lutte pour la suprématie s'y joue, de façon significative, entre organisations étudiantes de droite. En leur sein, du reste, la deuxième partie des années vingt sera marquée par une évolution notable du rapport de forces.

L'affaire Scelle fournit une bonne photographie de ce rapport de forces vers 1925 : si elle confirme la prééminence, à cette date, de l'Action française, elle permet aussi d'observer la naissance du Groupe universitaire — devenu bientôt Phalanges universitaires — des Jeunesses patriotes, dont l'influence grandira vers la fin de la décennie, au détriment de l'organisation de Charles Maurras. Cette affaire Scelle va secouer plusieurs semaines durant le Quartier latin. Son héros involontaire, le professeur Georges Scelle, pacifiste et cartelliste, avait été chargé, par un arrêté du 25 février 1925, d'un cours de droit international public à la faculté de droit de Paris. Les étudiants d'Action française et les troupes qu'ils parviendront à mobiliser vont proclamer aussitôt que ce sont ses appuis politiques qui ont valu au professeur, qui n'avait été retenu qu'en second rang par le Conseil de la faculté, sa nomination et que cette République des professeurs n'est, somme toute, qu'une République des camarades. D'autant que Georges Scelle n'est pas seulement à cette date un sympathisant du Cartel, il est le chef de cabinet du ministre du Travail, Justin Godard.

Dès lors, l'on va assister à la répétition du scénario établi lors de l'affaire Thalamas. Le thème mobilisateur a le mérite de la simplicité : Georges Scelle, affirment les étudiants hostiles au Cartel des gauches, a été choisi à la suite d'un passe-droit ; il faut donc l'empêcher de faire cours. Tout au long du mois de mars 1925, le slogan mobilisateur sera donc lapidaire : « Georges Scelle ne fera pas cours. » Et certains journaux — *L'Action française* et *L'Écho de Paris* notamment — prennent ouvertement position contre l'enseignant dijonnais. À la Chambre des députés, le député de droite Jean Ybarnégaray conduit l'offensive. Ce qui vaut à l'auditoire quelques beaux passages d'éloquence consignés au *Journal officiel*. Ainsi cet hommage appuyé aux étudiants de la faculté de droit : « Les étudiants n'ont ici que des amis (*Très bien ! Très bien ! au centre et à droite*). Nous sommes en quelque sorte leurs grands frères indulgents envers leur jeunesse et leurs manifestations (*Applaudissements à droite et au centre*) » ; et, au ministre de l'Instruction publique, François-Albert, ce rappel : « On nous dit aussi

que vous aviez été un étudiant quelque peu turbulent...
Une de vos distractions préférées était de troubler les
rêves de gloire de Brunetière en tirant sa sonnette de
nuit » (*sourires*). Des affrontements entre étudiants et
forces de police ayant eu lieu à plusieurs reprises, François-Albert ferma la faculté pour une durée indéterminée
et suspendit son doyen, à qui il reprochait de ne pas avoir
empêché le désordre avec assez d'énergie.

La géographie de ce désordre étudiant est éclairante. À
la faculté de droit, les agitateurs de l'Action française ne
trouvèrent guère d'opposition : seul un petit noyau groupé
autour de Pierre Mendès France tenta de leur tenir tête,
les autres réfractaires venant plutôt de la Sorbonne. Ce
clivage fut particulièrement net lors de la grève organisée
au début du mois d'avril par l'Association générale des
étudiants. Cette organisation, théoriquement corporative,
continuait alors, en réalité, à être largement contrôlée par
les étudiants royalistes. À Paris et en province, ce sont le
droit, la médecine et la pharmacie qui seront en pointe du
mouvement de grève. Normaliens et sorbonnards vont,
au contraire, de cours en cours pour faire nombre. À la
Chambre, du reste, le normalien François-Albert n'avait
pas toujours pu cacher le peu de sympathie que lui inspi-
raient les étudiants en droit ; les comparant aux étudiants
en lettres, il déclarait à propos de ces derniers : « Ce ne
sont pas des étudiants amateurs aussi distingués. Il y a
des boursiers en Sorbonne ! » Attaque par antiphrase bien
révélatrice : le normalien François-Albert, né en 1877,
retrouvait, au temps de la République des professeurs, les
clivages de sa jeunesse étudiante entre la faculté de droit
et la Sorbonne. Et si, au moment de l'affaire Dreyfus, la
seconde l'emporta sur la première, il en alla autrement en
1925 : un arrêté daté du 11 avril rapporta celui du
25 février précédent qui avait confié à Georges Scelle le
cours contesté.

L'Action française : apogée ?

L'Action française avait donc gagné. Cette victoire est symbolique : en ce milieu de décennie, en effet, le mouvement de Charles Maurras règne en maître au Quartier latin. Cette manière d'apogée est notamment sensible dans deux domaines complémentaires, qui assurent à ce mouvement une incontestable suprématie en milieu étudiant.

C'est, tout d'abord, son rayonnement intellectuel, resté important, qui lui confère une auréole particulière dans des établissements où s'ébrouent de jeunes clercs. L'Action française est alors, en effet, largement introduite dans les enceintes scolaires et universitaires. Pour le jeune lycéen Edgar Faure, par exemple, elle apparaissait comme offrant « l'avantage de présenter aux jeunes gens une construction rigoureuse, d'une grande cohérence apparente, en tout cas un effort de construction et de rigueur que l'on trouvait difficilement ailleurs, une pensée politique architecturée », et se présentait, de ce fait, comme le « seul groupement qui s'intéressait aux très jeunes gens et qui poussait sa propagande dans les lycées ». De son côté, quelques années plus tard, Philippe Ariès militera aux Lycéens et Collégiens d'Action française, « une organisation très vivante, avec une carte d'adhérent, des représentations dans chaque classe, des réunions périodiques ». Cette mise en place de structures d'accueil en même temps que de cadres idéologiques se retrouve aussi dans les facultés et explique sans doute, au moins pour partie, le succès de l'Action française. Il est d'ailleurs possible, sans trop solliciter les faits et les hommes, de hasarder un rapprochement, sur ce point, avec l'attrait exercé en milieu intellectuel au cours des décennies suivantes par le Parti communiste français.

D'autant — et là encore, le même parallèle est tentant — que cette empreinte maurrassienne sur plusieurs générations successives depuis le début du siècle jusqu'à la fin des années trente fait du phénomène des « ex » de l'Action française un phénomène statistiquement significatif et, pour cette raison, historiquement non négligeable. Si la remarque de Thierry Maulnier en 1935, selon laquelle « à côté de ses forces réelles visibles, mesurables, l'Action française dispose d'une autre force composée de tous ceux qui l'ont quittée », mésestime l'ampleur de la dispersion qui enlève tout caractère homogène à la masse des « ex », elle rend bien compte, indirectement, du rôle décisif joué par ce mouvement dans l'itinéraire de nombre de jeunes intellectuels de part et d'autre de la Première Guerre mondiale : tout autant qu'une matrice — souvent plus culturelle, du reste, que politique — l'Action française a été pour eux une plaque tournante, redistribuant ces intellectuels, après l'apprentissage maurrassien, dans des directions très diverses et, apparemment, sans orientation privilégiée. Plusieurs classes d'âge ont été ainsi touchées, depuis celle des pères fondateurs jusqu'à celles qui apparaissent dans l'entre-deux-guerres, en passant par la « génération d'Agathon », pour laquelle le maurrassisme avait été un levain idéologique. Victor Nguyen, avec le recul, a pu justement souligner que l'Action française « est aussi l'histoire de ces classes d'âge qui la traversèrent ».

Robert Brasillach appartient à la classe d'âge qui s'éveille à la politique au moment de ce second apogée de l'Action française. Si, comme plusieurs de ses camarades, il connut par la suite, on le verra, une dérive vers le fascisme, son entrée en politique et ses premières années d'engagement sont tout entières placées sous le signe de la foi maurrassienne. Vraisemblablement, ce fut au lycée de Sens qu'il entendit pour la première fois évoquer l'Action française, par l'un de ses professeurs, Charles Constant. Mais c'est surtout en hypokhâgne que la rencontre avec d'autres camarades attirés par le même courant et l'influence probable de son professeur de lettres,

André Bellessort, ont fait que ses « premières réflexions politiques ont rencontré l'Action française et Maurras », racontera-t-il quinze ans plus tard dans *Notre avant-guerre.*

La position de force de l'Action française au Quartier latin avait aussi une seconde racine, beaucoup moins idéologique. Sa présence, en effet, y était aussi physique, les étudiants maurrassiens ne s'étant pas cantonnés dans des discussions théoriques sous les frondaisons du Luxembourg ou dans les brasseries alentour. La chronique du triangle Panthéon-Luxembourg-Odéon en ces années vingt est significative : les cannes ont souvent été brandies, les réunions troublées, et parfois, comme au moment de l'affaire Scelle ou onze ans plus tard lors de l'affaire Jèze, les facultés paralysées.

Au cours de ces années, les étudiants royalistes conduits par Georges Calzant ont donc tenu la rue, tandis que l'Action française, plus largement, parvenait à occuper le terrain idéologique. Car si nous avons surtout décrit ici l'implantation estudiantine — en ce qu'elle touche de nouvelles classes d'âge et permet ainsi un relais de génération — de la ligue maurrassienne, cette dernière continua pendant près d'une décennie, après la guerre, à exercer une influence intellectuelle importante, de même nature qu'avant 1914 : directe par son quotidien, l'influence de ses clercs les plus en vue et son réseau de lieux de rencontre et de revues ; indirecte, comme référence — même pour la combattre — dans le débat idéologique. C'est la condamnation pontificale de 1926 qui mit fin à cette « période d'ascension » (Pierre Nora). Dès lors cette influence maurrassienne en milieu intellectuel va connaître un lent mais irréversible déclin. Chez les clercs comme dans le reste de la mouvance de l'Action française, en effet, le contrecoup fut profond et durable : en milieu étudiant, par exemple, la condamnation fit des coupes claires dans la clientèle catholique de l'organisation, à une date où, de surcroît, un autre mouvement, en développement rapide, les Phalanges universitaires des Jeunesses patriotes, saura capter une partie de l'héritage et dépasser ainsi sa rivale maurrassienne.

Malgré ce déclin, le prestige de l'Action française était tel que, les phénomènes de rétention intellectuelle aidant, le mouvement de Charles Maurras rayonnera encore, dans les années trente, sur certains des membres d'une génération plus jeune, née vers 1915, celle de Claude Roy ou de Philippe Ariès. Entre-temps, pourtant, le fascisme était devenu un autre pôle concurrent qui, sans jamais s'implanter massivement dans le milieu intellectuel, y rencontra toutefois un écho plus notable que dans les années vingt, durant lesquelles une première greffe échoua.

Une première tentation fasciste

Le 11 novembre 1925, lors d'une grande réunion salle Wagram, le Faisceau de Georges Valois est constitué. Des intellectuels de tous âges seront attirés : ainsi, parmi les jeunes, Philippe Lamour, fondateur du Faisceau universitaire, et Jacques Debu-Bridel, venu de l'Action française, ou, représentant une génération plus âgée, Hubert Bourgin. Mais le mouvement de Georges Valois connut un rapide déclin de 1926 à 1928. D'une part, le retour de Raymond Poincaré au pouvoir, en 1926, enleva, au moins momentanément, une grande partie de leur raison d'être aux ligues. D'autre part, et de façon plus spécifique, le Faisceau fut miné par des divisions internes, génératrices d'exclusions en chaîne. Ces exclusions touchèrent notamment les jeunes intellectuels ralliés deux ans plus tôt : Philippe Lamour, par exemple, en mars 1928. Et tout autant que les exclusions, les départs volontaires — et parfois précoces — affaiblirent également le Faisceau : ainsi, un rapport de police du deuxième semestre de 1926 signalait que Jacques Debu-Bridel était retourné à l'Action française.

Le Faisceau de Georges Valois ne fut donc pas, pour l'intelligentsia française, une passerelle vers le fascisme, vis-à-vis duquel le fondateur lui-même prit rapidement ses distances. Mais il faut relever que déjà, en ce milieu des années vingt, le mot fascisme avait été paré, chez certains jeunes clercs, des vertus de jouvence, dans un régime considéré comme décadent, et d'imagination, dans un monde présumé assoupi. Plus incantatoires que rationnelles, les analyses qui se réclamaient du fascisme avaient la force de leurs faiblesses : le modèle italien joua le rôle... d'auberge espagnole, où quelques-uns, venus d'horizons divers, croiront trouver les réponses à leur doute existentiel ou à leurs interrogations politiques. D'où un intérêt plus étendu qu'on ne le croit généralement, les années trente ayant, sur ce plan, relégué la décennie précédente à l'arrière-plan ; d'où aussi, il est vrai, un attrait hétérogène et superficiel et une greffe qui, de ce fait, ne prit pas.

La lueur à l'Est : étincelle ou embrasement ?

Dans sa thèse sur *Les Origines du communisme français*, Annie Kriegel a écrit que « la source de l'élan révolutionnaire, c'est la prise de position contre la guerre ». Nous avons déjà constaté au chapitre précédent la justesse d'une telle analyse. L'itinéraire d'un Henri Barbusse en rend bien compte, et d'autres clercs de son âge rallieront pour les mêmes raisons le communisme, qui puise donc par cette génération à une source humaniste. Parmi leurs cadets également, nous l'avons dit, la révolte contre la guerre fut décisive dans l'attrait exercé par ce communisme sur certains clercs de la génération du feu. Il convient pourtant de ne pas exagérer l'ampleur d'une telle attirance sur les uns et les autres.

Le Feu qui couve

Ainsi, la trajectoire d'Henri Barbusse est à la fois significative et statistiquement peu représentative. Dès 1916, on l'a vu, il écrivait dans le dernier chapitre du *Feu* : « La liberté et la fraternité sont des mots, tandis que l'égalité est une chose... l'égalité, c'est la grande formule des hommes ». Et en 1919, après avoir fondé deux ans plus tôt, avec Georges Bruyère, Raymond Lefebvre et Paul Vaillant-Couturier, l'Association républicaine des anciens combattants (ARAC), il revient avec *Clarté*, sur le thème de la guerre ; l'avant-dernier chapitre de l'ouvrage, notamment, est porté par une sorte de messianisme pacifiste et qui prône « l'évidence de l'égalité » : « La république universelle est la conséquence inéluctable de l'égalité des droits de tous à la vie. » Lénine écrira à propos du *Feu* et de *Clarté* : « On peut reconnaître dans ces livres comme une des confirmations particulièrement persuasives du développement de la conscience révolutionnaire des masses. La transformation d'un représentant de l'ordinaire petite-bourgeoisie (...) en un révolutionnaire, précisément sous l'influence de la guerre, est montrée avec la force du talent et une vérité extraordinaire. » Vérité inspirée notamment par le fait que Barbusse lui-même avait connu semblable évolution, même si l'entrée au parti communiste ne se fit qu'en 1923. Entre-temps, après *Clarté*, il avait fondé une revue et un mouvement du même nom. Le groupe Clarté entendait fédérer les clercs dans une Ligue de solidarité intellectuelle pour le triomphe de la cause internationale, en d'autres termes « véritablement construire l'Internationale de la pensée ».

Initialement, il est vrai, le groupe s'inscrivait dans une perspective très œcuménique, se voulant un large front d'intellectuels et regroupant, de ce fait, aussi bien des révolutionnaires que des pacifistes ; se présentant comme indépendant de tout parti politique, il comptait dans son comité de patronage des noms aussi divers que ceux de

Gorki, Liebknecht, Rosa Luxemburg, D'Annunzio et Jules Romains.

Cela étant, Henri Barbusse semble pour sa part avoir choisi son camp dès cette époque. Ainsi écrit-il en 1920 dans *La Lueur dans l'abîme*, dont le sous-titre est « Ce que veut le groupe Clarté » : « La figure de Lénine apparaîtra comme celle d'une espèce de Messie. » Et son ouvrage suivant, *Le Couteau entre les dents*, destiné « aux intellectuels », c'est-à-dire ceux qui « ont le don quasi divin d'appeler enfin les choses par leur nom », leur assignait en 1921 une tâche claire : « Dans toutes les circonstances où ils ont agi librement, les hommes de Moscou ont agi avec une sagesse impeccable. Ils ne peuvent pas se tromper à cause des dimensions mêmes de leur conception du réalisme. Que les intellectuels, qui sont les détenteurs de la logique immanente, ne se donnent pas le ridicule de ne pas considérer à leur juste mesure ces hommes... »

À partir de 1923, Henri Barbusse deviendra rapidement un militant beaucoup plus qu'un écrivain, notamment dans *L'Humanité*, dont il prend en 1926 la direction littéraire, puis dans la revue *Monde*, qu'il crée en 1928.

Mais, à y regarder de plus près, il est « le seul écrivain célèbre qui ait choisi dès 1923 le communisme sans hésiter » (Jean-Pierre A. Bernard). Rares sont, en effet, les intellectuels ayant pignon sur rue qui rejoindront dans les années vingt les rangs de la SFIC. D'autant qu'en ces mêmes années, bien des clercs d'abord séduits s'écarteront après la « bolchevisation ». Et même le compagnonnage de route restera tout au long de la décennie un phénomène limité. C'est au cours de la décennie suivante, et notamment, on le verra, par antifascisme, que les intellectuels deviendront en nombre militants ou compagnons. Le communisme reste jusqu'à cette date, dans le milieu intellectuel français, un phénomène d'attirance très limité, ne touchant que des personnalités isolées. En ce qui concerne la mesure de l'ombre portée de la révolution bolchévique et du régime soviétique naissant dans ce milieu et l'évaluation de la pénétration du marxisme en son sein à la même date, il y aurait donc anachronisme à projeter 1935 — et plus encore 1945 ! — sur 1925. La « grande lueur née à l'Est » a plus scintillé qu'ébloui. Étincelle plus qu'embrasement, elle a cependant touché des avant-gardes et une frange de la nouvelle génération, deux conditions qui permettront au feu de couver suffisamment longtemps pour que, réalimenté dix ans plus tard par l'antifascisme, il devienne un foyer de rayonnement.

Avant-gardes

Les travaux de Nicole Racine et ceux de Jean-Pierre A. Bernard, notamment, permettent de démêler l'écheveau des rapports entre le communisme et certaines avant-gardes. Le groupe et la revue *Clarté* ont joué, dans ces rapports, un rôle complexe. La revue, renonçant à des projets œcuméniques et internationaux, était devenue un organe « d'éducation révolutionnaire et de culture prolétarienne ». Son style, violent et irrespectueux, trancha rapidement avec l'inspiration humaniste de communistes comme Barbusse. Et sa ligne fut tiraillée entre orthodoxie et dérive hérétique. Au milieu de la décennie, la rupture était consommée entre cette revue — qui connaît alors, du reste, une « crise idéologique » (Nicole Racine) qui la mènera finalement vers le trotskysme — et Barbusse, et un rapprochement s'amorce avec le groupe surréaliste en voie de constitution. Un manifeste commun paraît sous forme de tract en août 1925. Intitulé « La Révolution, d'abord et toujours », fortement imprégné par des thèmes surréalistes et sous-tendu par le sentiment de la « fatalité d'une délivrance totale », il comportait un hommage à Lénine et s'associait à la campagne contre la guerre du Rif. De sorte que, même si les premiers contacts se font par le biais de la peu orthodoxe *Clarté*, un rapprochement semble s'amorcer entre communistes et surréalistes, et *L'Humanité* du 21 septembre 1925 fait sa place à cette « déclaration de jeunes intellectuels en faveur de la révolution ». Le gain, il est vrai, est d'autant plus intéressant pour les communistes que les surréalistes n'en ont pas été les seuls cosignataires : se joignent également à l'initiative les jeunes intellectuels du groupe Philosophies.

Les rapports entre surréalistes et parti communiste resteront toutefois complexes et passionnels. La guerre du Rif permet, certes, un rapprochement et, au début de l'année 1927, Aragon, Breton, Éluard, Péret et Unick sautent le pas et adhérent au Parti. Ils n'en conservent pas moins leurs distances intellectuelles. « Le Surréalisme, attitude révolutionnaire de l'esprit, dépasse infiniment les recettes politiques en vue de la Révolution », écrit, par exemple, André Breton en 1927 dans la brochure *Au grand jour.* L'ambiguïté d'une telle analyse, les dissensions au sein du groupe, tout concourra, en fait, à rendre les relations orageuses entre la direction communiste et *La Révolution surréaliste*, rebaptisée en juillet 1930 *Le Surréalisme au service de la Révolution.* Il faudra attendre 1930 et le IIe Congrès international des Écrivains révolutionnaires à Kharkov pour qu'une première décantation s'opère. Georges Sadoul et Aragon, représentants du surréalisme, devront s'engager à « suivre les directives du Parti » et à « soumettre leur activité littéraire à (sa) discipline et à (son) contrôle ». Désavoué par le groupe, Aragon opte pour le parti communiste, dont seront exclus, en 1933, Breton, Crevel et Éluard. La période de l'antifascisme, à partir de 1934, ouvrira une nouvelle phase, tout aussi complexe, dans les rapports surréalisme-communisme.

Mais l'essentiel est moins dans ces rapports compliqués que dans leur signification historique. Incontestablement, on le voit, le parti communiste exerce dès les années vingt un attrait indéniable sur certaines avant-gardes culturelles. D'autant que le surréalisme n'est pas la seule de ces avant-gardes à être attirée vers le champ magnétique que commence à constituer le jeune parti communiste. Le tract « La Révolution, d'abord et toujours » de 1925, par exemple, avait été également signé, on l'a vu, par le groupe Philosophies.

Là encore, si l'adhésion n'a guère de portée sur le plan statistique, elle est révélatrice de la force de l'aimant. Initialement, ces jeunes « philosophes », Henri Lefebvre, Georges Friedmann, Pierre Morhange, Georges Politzer et Norbert Guterman, ne sont pas marxistes. Leur revue *Philosophies* (1924-1925) se voulait l'organe d'un « mouvement littéraire » et ils mettaient en avant leur « tendance épique, mystique, métaphysique » et leurs « préoccupations poétiques d'une part, philosophiques d'autre part », se proposant de réunir « poètes, essayistes, métaphysiciens ». De fait, leurs premiers sommaires accueillirent des signatures aussi diverses que celles de Marcel Proust, Max Jacob, Jean Cocteau, Pierre Drieu La Rochelle, Jules Supervielle, Philippe Soupault, Pierre Morhange, Albert Cohen, Joseph Delteil ou Henri Lefebvre. Mais, au cours des années suivantes, la plupart des membres fondateurs rejoindront le parti communiste ou seront un temps compagnons de route. Au reste, après l'aventure éphémère de *L'Esprit*, qui ne publia que deux numéros en 1926-1927, ce sont les mêmes jeunes philosophes, rejoints par Paul Nizan, qui feront paraître à partir de février 1929 la... *Revue marxiste*.

Lyrisme ou mystique ?

Si le choc du premier conflit joua un rôle important, voire décisif, dans l'engagement communiste de clercs de la génération de Barbusse et de celle qui était née dans la dernière décennie du siècle — aussi bien les surréalistes que les animateurs de *Clarté* — et avait été décimée à vingt ans dans les tranchées, pour les jeunes « philoso-

phes » nés vers 1905, ce rôle est plus délicat à analyser.
Certes le sentiment de révolte contre le massacre des
aînés qui étreindra cette classe d'âge a pu conduire certains de ses membres au communisme, mais la motivation
n'a rien de spécifique et perd de ce fait ses vertus explica-
tives. En effet, ce dégoût de la guerre conduit nombre de
jeunes clercs du même âge vers d'autres mouvances —
socialistes, ou chartiéristes, du nom du philosophe Émile
Chartier, dit Alain [1] — ou sur des prises de position plus
prosaïquement briandistes. En ce qui concerne les chemins de l'engagement communiste de ces intellectuels
venus à la politique dans les années 1920, il faut donc
chercher ailleurs.

Leurs raisons de rejoindre le communisme, en fait, ont
été diverses. Certaines parlaient davantage au cœur qu'à
la raison. L'engagement sera alors lyrique avant de devenir politique. Ainsi, l'historien Jean Bruhat, analysant,
une soixantaine d'années plus tard, son entrée à la SFIC
en octobre 1925, écrivait : « D'abord l'enthousiasme... ce
qui comptait pour moi, c'est ce qui se passait à l'Est.
Depuis le 1789-1794 que nous apprenions dans le Malet-
Isaac, rien de comparable. Par-dessus les carmagnoles des
sans-culottes apparaissaient en surimpression les blou-
sons de cuir des combattants du palais d'Hiver. J'écrivais
de fort mauvais vers en faveur de Marty et de Badina, les
héros de la révolte de la mer Noire. »

Chez Jean Bruhat, la conversion au communisme, teintée d'un certain romantisme révolutionnaire, est antérieure à l'adhésion au marxisme : ce n'est que rue d'Ulm,
une fois inscrit au parti communiste, qu'il lut Marx.

---

1. Sur le pacifisme d'une large fraction de cette génération de 1905
et, notamment, de ses rameaux socialistes et chartiéristes, et sur la
confrontation de ce pacifisme avec la montée des périls puis avec la
Seconde Guerre mondiale, *cf.* notre thèse de doctorat d'État H., *Génération intellectuelle, khâgneux et normaliens dans l'entre-deux-
guerres*, Fayard, 1988, 722 p.

Chez d'autres, au contraire, l'essence marxiste a précédé l'existence communiste. Chez un Paul Nizan, par exemple, si l'engagement a plongé ses racines dans un terreau constitué à la fois d'un malaise existentiel et d'une révolte contre l'ordre bourgeois — pour laquelle, chez les jeunes clercs, le « Parti » va peu à peu supplanter la SFIO, par un mouvement « sinistrogyre » (A. Thibaudet) —, ce qui a entraîné en définitive l'ancrage au parti communiste a consisté aussi en une démarche philosophique nourrie peu à peu par la découverte du marxisme. Et son activité politique sera alors, dans un premier temps, davantage idéologique que réellement militante : ce sera sa participation à la *Revue marxiste*. Il apparaît bien, en définitive, que pour les membres de cette revue l'étude et la diffusion du marxisme, une fois révélé, ont été plus importantes que l'adhésion au parti communiste, qui ne concerna, en fait, que certains d'entre eux. Du lyrisme de Jean Bruhat on passe donc plutôt à la « mystique ». Le terme, en tout cas, est employé par l'un de ces membres qui, évoquant près d'un demi-siècle plus tard, son engagement communiste, parle de « période quasi mystique ». C'est ainsi, en effet, que Georges Friedmann dans *La Puissance et la Sagesse* présente en 1970 les attendus de cet engagement, tout entier articulé et sous-tendu par « l'humanisme marxiste ». La révolte et le refus inspirés par la guerre, l'engouement pour une révolution russe qui porte les espoirs du monde, le romantisme qui vient nimber l'ensemble, autant de facteurs qui, sans disparaître, ne jouent plus forcément un rôle aussi décisif que pour les aînés du début de la décennie. Certes, pour les « philosophes », on peut parler également de révolte et de refus, et leur engagement prendra aussi parfois des accents messianiques. Cet engagement a acquis toutefois une teneur idéologique plus importante que quelques années plus tôt. Il est contemporain, du reste, d'une seconde phase d'acculturation, après le greffon guesdiste, du marxisme dans le paysage français. Sans, d'ailleurs, que le phénomène prenne encore à cette date ampleur et profondeur.

Une greffe marxiste ?

Dans un milieu universitaire peu perméable à cette époque au marxisme, ces jeunes intellectuels, souvent agrégés de philosophie de fraîche date, tranchent, en effet, sur leurs condisciples restés le plus souvent totalement étrangers à ce courant. Or, les uns et les autres appartiennent à la génération — apparue vers 1905 — de Sartre et Aron. Cette génération a donc entretenu des rapports complexes avec le marxisme : bien peu de ses membres en ont été imprégnés au temps de leur jeunesse étudiante et, pour ceux qui l'ont été, la rencontre s'est faite à contre-courant et, non pas, comme pour la génération intellectuelle du second après-guerre, par l'attrait d'une idéologie devenue dominante. Ce qui ne signifie pas pour autant que la génération de 1905 n'ait pas été touchée par le marxisme. C'est elle au contraire qui en sera après la Deuxième Guerre mondiale la propagatrice la plus active. Simplement, à côté de philosophes qui, tel Henri Lefebvre, furent des exégètes précoces de Marx, elle compte des penseurs qui en seront des lecteurs tardifs — par l'intermédiaire, dans les années 1930, d'éveilleurs comme Alexandre Kojève —, mais dont le zèle et le prosélytisme n'en seront que plus fervents : ainsi en sera-t-il de Maurice Merleau-Ponty, pour un temps, et surtout de Jean-Paul Sartre, qui proclama le marxisme, qu'il ne découvrit réellement que quadragénaire, « indépassable philosophie de notre temps ». Et la façon dont cette idéologie a voyagé dans le temps à travers cette génération, en touchant quelques avant-gardes vingt ans plus tôt puis en l'imprégnant largement au temps de sa maturité, est symbolique de son parcours dans le milieu intellectuel tout entier, d'une situation marginale à une position hégémonique. Ce qui explique que l'on passe bien, en ce qui concerne l'attrait du communisme, « de choix individuels au basculement d'une génération » (Jeannine Verdès-Leroux) d'un après-guerre à l'autre.

« L'esprit des années trente »

En dépit de cette lente pénétration du marxisme et de l'attrait — faiblement croissant — du communisme, la plus grande partie de la décennie, on l'a vu, resta, pour le milieu intellectuel, placée, comme avant 1914, sous le double signe de l'Action française, à droite, et de la République des professeurs socialisante ou radicalisante, sur l'autre versant. C'est à la fin des années vingt qu'apparaît un mouvement qui n'eut guère de portée immédiate, ne toucha que la nouvelle génération de clercs — et, plus précisément, quelques-uns seulement de ses membres —, mais demeure, avec le recul, significatif : les visions politiques héritées de l'avant-première guerre mondiale ne semblent plus forcément un viatique suffisant pour penser un monde en crise.

Hors des sentiers battus

À la fin des années vingt, en effet, de jeunes intellectuels vont tenter de renouveler les termes du débat politique. Les thèmes essentiels de ces « non-conformistes », en opposition avec les valeurs de la France de leur temps, étaient l'anticapitalisme, l'antilibéralisme, l'antirationalisme. Peu attirés par le marxisme et par la grande lueur orientale, ils semblaient rechercher, pour combattre ce qui leur apparaissait comme une crise de civilisation, une voie médiane entre capitalisme et communisme, et, dans le domaine des institutions, entre mollesse supposée des démocraties et rouages totalitaires des dictatures naissantes. Ces thèmes étaient véhiculés par de petites revues : *Réaction* de Jean de Fabrègues, avec Robert

Buron, Jean-Pierre Maxence et Thierry Maulnier ;
Combat, qui attira les mêmes auteurs, ainsi que Georges
Blond et Pierre Andreu ; *Esprit*, fondé par Emmanuel
Mounier, Georges Izard et André Déléage, où écriront,
entre autres, Étienne Borne, Jean Lacroix, Pierre-Henri
Simon et Henri Marrou ; *Ordre nouveau*, avec Arnaud
Dandieu, Robert Aron, Denis de Rougemont et Daniel-
Rops ; et *Plans*, dirigé par Philippe Lamour. Certes, ces
jeunes gens développaient des analyses parfois éloignées,
voire contradictoires. Il reste que l'effet de groupe n'est
pas une simplification abusive et rétroactive des historiens. Le mouvement exista bien, et il peut notamment
s'interpréter en termes de génération.

Les « non-conformistes » sont nés, pour la plupart,
dans la première décennie du siècle. Enfants de Barbusse
et frères de Radiguet, ils sont les fils de la génération du
charnier. Génération en partie orpheline, donc, et rapidement propulsée, par la mort prématurée de nombre de
pères, au sein de la société intellectuelle. Mais ce passage
à la lumière s'effectue alors que la génération concernée
est en recherche d'identité intellectuelle et politique. Son
éveil s'était fait pour certains de ses membres sous le
signe du Cartel des gauches en 1924-1926, pour d'autres
à l'ombre de l'Action française. Or, à la fin de la décennie, le Cartel n'est plus que le souvenir d'un échec et
l'Action française se débat dans les soubresauts qu'a
entraînés sa condamnation par le Saint-Siège en 1926.

Un produit des années vingt

« L'esprit des années trente » est donc fils des désillusions des années vingt et, sous leur clinquant, les « années
folles » sont, pour cette génération, l'apprentissage d'une
certaine révolte. Et l'heure est pour eux à l'engagement.
Julien Benda avait beau avoir dénoncé en 1927 *La Trahison des clercs*, proclamant — sans pour autant faire l'apologie de la tour d'ivoire — que l'intellectuel trahit les

grandes causes que sont la Justice et la Vérité en s'engageant trop avant dans le combat partisan, pour les « non-conformistes » les clercs ne sont pas au-dessus de la mêlée. Robert Aron et Arnaud Dandieu écriront, par exemple, dans *Décadence de la Nation française :* « La fuite devant le concret, voilà la terrible trahison des clercs, celle dont la lâcheté idéaliste menace la France et le monde. » Pour ces jeunes gens, il n'y a pas de retraite possible : ils seront acteurs et même moteurs de l'histoire.

Les retombées sur les bords de Seine, en 1932, de la grande crise apparue trois ans plus tôt sur les rives de l'Hudson viendront naturellement amplifier le mouvement et, dans une certaine mesure, en confirmer les prémonitions. Mais ce mouvement est antérieur à l'exportation en France de la crise américaine et même à son déclenchement à Wall Street. Les « non-conformistes » sont nés de la rencontre d'une génération et d'une crise, mais cette dernière dépasse la seule crise de 1929 et procède plus largement de l'ébranlement consécutif à la Première Guerre mondiale. Démographiquement épargnée par cette guerre, la « génération de 1905 » en a donc gardé une empreinte d'autant plus profonde qu'elle était, en fait, constitutive.

Sous une apparente unité, due à cette origine commune, à une convergence sur certains thèmes et à une attitude générale de réaction face à l'ordre intellectuel établi, tous ces mouvements cachaient toutefois une grande diversité et puisaient à plusieurs sources, analysées par Jean Touchard. Un premier courant, avec *Réaction* et *Combat*, se rattachait ainsi à l'Action française ; il faudra attendre le 6 février 1934 pour que ces jeunes gens, déçus par un Charles Maurras versifiant en provençal au soir de l'émeute au lieu d'ordonner de porter le coup de grâce à une république qu'ils croient agonisante, prennent peu à peu du champ par rapport à la statue du Commandeur et deviennent des « dissidents » du maurrassisme. Un deuxième courant, le personnalisme d'*Esprit*, plongeait ses racines dans un terreau catholique, tandis qu'*Ordre nouveau* avait des origines plus largement spiritualistes. Enfin, une quatrième tendance, que l'on qualifierait aujourd'hui de « technocratique », venait se greffer sur l'ensemble avec *Plans* et *L'Homme nouveau*. Cette diversité a conféré à ces mouvements une incontestable élasticité qui a fait leur force et les a mis, très tôt, en osmose avec certaines tendances novatrices des partis traditionnels. Ainsi, dès la fin des années vingt, on observe, au parti radical, la genèse du mouvement des « Jeunes Turcs » ou « Jeunes radicaux », dont les thèmes, inspirés par le désir de rénover une doctrine désormais inadaptée au contexte de l'après-guerre, seront proches de ceux des « non-conformistes ». De même, au début de la décennie suivante, diverses tentatives au sein de la SFIO — Révolution constructive, par exemple, et même, d'une certaine manière, les « néos » — ne sont pas sans points communs avec « l'esprit des années trente ».

Mais cette élasticité avait ses limites. Quand les tensions politiques se font trop vives et que les échéances électorales décisives pointent à l'horizon, de tels mouvements se déchirent. Pour cette raison, le *Plan du 9 juillet* fut à la fois, en 1934, le point d'orgue et le chant du cygne du courant « non conformiste ». Cet ensemble de propositions, préfacé par Jules Romains, était signé par dix-neuf intellectuels, allant des Jeunesses patriotes aux néo-socialistes, anciens étudiants littéraires ou polytechniciens du groupe *X-Crise*. Apparemment des intellectuels venus d'horizons politiques divers s'accordaient sur un certain nombre de réformes destinées à sortir la France de son ornière. Mais la roue de l'histoire avait déjà tourné. Quelques jours plus tard, en effet, le 27 juillet, était signé un pacte d'unité d'action entre communistes et socialistes. La France, dès lors, entrait dans une campagne électorale qui allait durer deux ans, et les « non-conformistes », dans un champ politique bipolarisé, devront choisir leur bord.

*

Certes, « l'esprit des années trente », par-delà sa disparition apparente en 1934, connaîtra une résurgence aussi bien à Vichy que dans la Résistance. Mais, pour l'heure, son cours devient souterrain et des reclassements s'opèrent en son sein, pour ou contre le Front populaire. L'anticommunisme et l'antifascisme deviennent des paramètres d'engagement essentiels et, avec l'aggravation des problèmes extérieurs, tout concourt à accuser les clivages au sein d'une société intellectuelle française entrée dans une zone de turbulence historique.

Chapitre V

SOUS LE SIGNE DU FRONT POPULAIRE

1934-1938

On sait aujourd'hui que le Rassemblement populaire (nom officiel de ce qui est resté dans la mémoire collective sous le nom de Front populaire) est dû principalement au changement de stratégie de l'Internationale communiste, et d'abord de Staline, à partir des premiers mois de 1934. Contrairement à ses prévisions, le régime hitlérien ne s'effondrait pas, victime de ses contradictions internes ; l'Allemagne redevenait la menace extérieure prioritaire de l'Union soviétique, installée depuis plus de dix ans dans le rôle de patrie du socialisme. La stratégie « classe contre classe », le refus d'envisager toute alliance au sommet entre organisations ouvrières socialistes et communistes, tel que l'avait connu la république de Weimar finissante, apparaissait dès lors comme suicidaire. Le nouveau mot d'ordre de « Front uni antifasciste » y fut officiellement substitué lors du VIIe et dernier Congrès du Komintern, en juillet-août 1935. Mais il était déjà à l'ordre du jour du Parti communiste français depuis la conférence d'Ivry de juin 1934, au cours de laquelle le groupe dirigeant prit connaissance des nouvelles consignes. Ainsi la France devenait-elle un lieu d'expérimentation du Front uni : premier caractère original dans l'histoire politique de cette période.

Le second appartient à l'histoire intellectuelle : si le PCF se rallia sans difficulté à la stratégie d'union et si celle-ci rencontra parmi les sympathisants et les militants un écho aussi positif, mettant en branle, en l'espace d'un an, une dynamique unitaire qui se traduisit par de nombreux succès électoraux aux municipales de mai 1935, par la réunification des deux CGT, en mars 1936 et par la victoire aux législatives des 26 avril et 3 mai suivants, c'est principalement grâce à la préexistence d'un actif mouvement d'union antifasciste parmi les intellectuels, symétrique d'une prise de conscience et d'un engagement de l'intelligentsia de droite, au lendemain du 6 février.

La bipolarisation

Le 6 février 1934 n'est pas une date importante dans l'histoire française parce que cette manifestation de rue contre la corruption supposée de la classe politique au pouvoir (*À bas les voleurs !*) et, pour la majorité des manifestants, en faveur d'une réforme de l'État dans un sens autoritaire fut particulièrement violente et menaça, un temps, le Palais-Bourbon ; il l'est parce que cette démonstration de force ébranla suffisamment la coalition gouvernementale de centre-gauche décidée, le soir du 6, à investir un nouveau cabinet, dirigé par le radical Édouard Daladier, pour que celui-ci donnât sa démission dès le 7 ; il allait être remplacé par un gouvernement d'« union nationale », axé plus à droite qui, en fait, ne tarderait pas à enterrer les projets de réforme institutionnelle qu'on lui attribuait.

Le choc du 6 février sur l'intelligentsia

Premier changement politique obtenu sous la IIIe République sur pression de la rue et dans un sens « réactionnaire », la crise de février traumatisa durablement les intellectuels d'une gauche modérée, radicalisante ou socialisante, qui eurent tôt fait de voir dans les ligues manifestantes, déjà « factieuses », les fourriers du fascisme et dans leur opération du 6 une tentative de coup d'État qui en préparait d'autres. Elle les conduisit à se rapprocher des communistes, socialistes et syndicalistes qui, associés depuis déjà de longues années en un combat pour la paix et contre le fascisme fauteur de guerre, avaient fait de ces luttes la raison d'être de leur action organisée.

Le romancier André Chamson (1900-1985), qui allait jouer un rôle majeur au sein de l'intelligentsia front populaire, symbolise assez bien cette démarche. Protestant cévenol de vieille tradition « bleue », il est assez proche du parti radical pour figurer auprès de Daladier le soir du 6 février comme chef de cabinet. Mais cette situation aux premières loges le conduisit à batailler désormais en première ligne pour l'union antifasciste, et à faire passer au second plan une œuvre littéraire que les critiques de l'époque avaient un peu rapidement classée d'office dans la catégorie du « régionalisme », alors que le combat pour la liberté et la justice sociale en était bien plutôt la ligne directrice.

À droite, le choc ne fut pas moins fort, et fondé lui aussi sur l'image du 6 février comme occasion manquée. D'un côté, il semblait se confirmer que le rejet du régime et le refus de la décadence pouvaient mobiliser des « masses » et les pousser jusqu'à l'action violente, analogue à la violence des Rouges. De l'autre, il leur paraissait évident que les manifestants n'avaient pas voulu renverser Daladier pour installer à sa place Gaston Doumergue ; plusieurs intellectuels en conclurent à l'urgence des formes d'organisation et d'action nouvelles, inspirées plus ou moins directement des exemples autoritaires et populistes étrangers, en particulier du fascisme italien, et la plupart se reprochèrent comme une grave erreur, un manque de force spirituelle et de clairvoyance civique, d'avoir répugné à s'engager plus tôt et plus nettement dans le militantisme d'extrême droite.

Pierre Drieu La Rochelle fera désormais dater du 6 février — « ce moment-là, j'aurais voulu qu'il durât toujours » *(Nouvelle Revue française)* — son choix décidé pour un *Socialisme fasciste* (titre d'un essai publié dès cette année-là), mais il mettra plusieurs années avant de trouver l'organisation selon son cœur au service de laquelle mettre cette énergie décuplée. Robert Brasillach aura sur lui l'avantage d'appartenir depuis l'adolescence au sérail maurrassien. Mais c'est ce qu'il décrira dans ses souvenirs comme « une instinctive et magnifique révolte » qui le décidera à vouer une part croissante de son œuvre, où dominait jusque-là la critique théâtrale et une fiction romanesque aux couleurs giralduciennes, à l'analyse politique, dans un sens chaque jour plus favorable aux expériences fascistes. Un des traits caractéristiques de ces années-là, et bien propre à inquiéter la gauche, c'est la radicalisation qui porte dans le même temps et dans la même direction, quoique moins loin, certains médiateurs populaires, dont l'écho, sinon l'influence, dans l'opinion publique, est singulièrement plus large que celui de ces personnalités plus littéraires que journalistiques. C'est le cas d'Henri Béraud (1885-1958), qui met à partir de 1934 ses talents de polémiste au service de l'hebdomadaire *Gringoire*. Cet organe d'une droite de plus en plus agressive dans son antiparlementarisme et sa xénophobie adopte, à l'instar de son chroniqueur vedette, un ton plus populaire que *Candide* qui, sous la direction de deux maurrassiens (à Bainville succède, en 1936, Pierre Gaxotte), consacre de son côté une part de plus en plus grande à la politique explicite. Il est significatif que les tirages de l'un et l'autre titres aient connu une augmentation sensible à partir de 1934, pour atteindre leur sommet en 1936, avec respectivement 465 000 *(Candide)* et 650 000 *(Gringoire)* exemplaires, surclassant de loin, en quantité, tous les hebdomadaires semblables de la gauche.

Mais peut-être l'étendue du trouble intellectuel se mesure-t-elle mieux à la considération d'un itinéraire, en apparence atypique, comme celui de Ramón Fernandez (1894-1944). Considéré par beaucoup comme le critique littéraire le plus brillant de sa génération, cet écrivain, par son rôle à la *NRF*, occupe une position stratégique dans la vie culturelle parisienne. Le 6 février le bouleverse, et le convainc de la nécessité de « faire quelque chose ». On retrouve son nom et l'on repère son action à gauche jusqu'à l'été 1934. Puis un vif accrochage avec Aragon l'amène à rompre. Le mouvement intellectuel antifasciste lui paraît noyauté par les communistes, il s'en éloigne. Mais, comme il est toujours aussi convaincu qu'il faut faire quelque chose, on le retrouve quelques mois plus tard à l'extrême droite et, en 1936, au côté de Jacques Doriot, transfuge contemporain du PCF en partance pour le fascisme.

Reste que, dans le premier temps, Fernandez a choisi la gauche. Dans les années 1934-1936, il ne fait pas de doute que le rassemblement le plus large, le plus solide et celui où les intellectuels sont le plus rapidement et visiblement mis à contribution se situe de ce côté-là. Ainsi est-ce un *Appel des intellectuels* qui, dès le 10 février 1934, avait demandé que la grève générale antifasciste prévue conjointement mais séparément par les deux CGT pour le 12 fût aussi la première occasion d'une unité d'action entre forces de gauche ; dans la pratique, les deux cortèges fusionneront sur la fin, à Paris et dans plusieurs autres villes. Signé principalement par des écrivains et des artistes indépendants des partis, d'Alain à Malraux, d'André Breton à Jean Guéhenno, de Paul Signac à Jean Vigo (ou Fernandez), ce manifeste rappelait que, dans ces milieux, s'expérimentaient déjà des formes d'union à la base, sans doute inabouties mais dont il apparaît nettement aujourd'hui qu'elles acclimatèrent des pratiques et des raisonnements unitaires appelés à servir.

La préhistoire du rassemblement antifasciste

Comme dans le cas du Front populaire, rien n'aurait été possible à ce stade sans l'action du Komintern qui, à partir de 1932, avait décidé de développer en direction des intellectuels une double opération de mobilisation débordant les frontières des partis communistes. D'une part, il s'agissait de confirmer hors de l'Union soviétique le choix d'où découlait la réunion des écrivains et artistes de ce pays au sein d'organisations désormais uniques et obligatoires, mais sur des bases esthétiques qui ne privilégient plus la culture « prolétarienne », la créativité ouvrière. D'autre part, la crise économique paraissait présenter une occasion favorable à l'élaboration d'un front commun à la base, destiné à rapprocher du communisme les intellectuels choqués par ce qui paraissait à la plupart comme la preuve de l'échec et de l'injustice du système capitaliste, mais non disposés pour autant à rallier le révisionnisme de droite, dont le nationalisme était pour eux synonyme de bellicisme. L'année 1932 vit donc les deux initiatives correspondant à ces objectifs différents mais convergents : en France, la création, en mars, de l'Association des écrivains et artistes révolutionnaires (AEAR), au niveau international, le Congrès mondial contre la guerre, tenu à Amsterdam du 27 au 29 août, sur les bases d'un appel, lancé en mai dans le *Monde* de Barbusse par un ensemble de personnalités allant d'Albert Einstein à Romain Rolland. Dès le début, les intellectuels français ont joué un rôle déterminant dans ce dernier mouvement, repris l'année suivante à Paris, sous la forme d'un Congrès européen antifasciste (4 au 8 juin 1933). À Amsterdam, les participants français étaient déjà au nombre de 527 sur environ 2 200, avec seulement 75 Allemands.

À Pleyel, la représentation de ces derniers se limite bien évidemment à des réfugiés antinazis ; l'effondrement des deux grands mouvements ouvriers allemands renforce de manière décisive le rôle international des intellectuels français. En termes de classement idéologique le Comité de lutte contre la guerre et le fascisme, dit plus couramment Comité Amsterdam-Pleyel issu du second congrès, prend à cœur de montrer que ses adhérents sont en majorité des non-communistes et l'AEAR, qui a lancé en direction des écrivains et artistes, le 13 décembre 1932, une circulaire très « frontiste », compose pour sa revue, *Commune* (dont le premier numéro paraît en juillet 1933), un Comité directeur où sur quatre membres figurent deux compagnons de route, l'un de vieille date (Rolland), l'autre tout récent et à lui seul symbole de l'extension du mouvement antifasciste, André Gide, qui poussera l'autonomie jusqu'à ne jamais adhérer à l'AEAR. Mais c'est bien Gide qui accepte pour la première fois de sa vie non seulement de participer à des meetings, mais de les présider, et c'est toujours lui qui en janvier 1934, flanqué d'un autre sans-parti, André Malraux, se rendra à Berlin pour plaider auprès des nazis lors du procès de l'incendie du Reichstag la cause des accusés communistes bulgares, maintenus en prison malgré la reconnaissance de leur innocence (ils seront libérés quelques semaines plus tard).

Derrière ces comités Dimitrov ou Thaelmann se profile, en fait, comme derrière le mouvement Amsterdam-Pleyel, la forte personnalité d'organisateurs kominterniens agissant dans une relative pénombre, en particulier Willi Münzenberg, réfugié antinazi installé à Paris. C'est bien à cette dimension procommuniste, voire prosoviétique implicite qu'en ont les organisations socialistes : elles décident d'exclure de leurs rangs les adhérents qui ont accepté de figurer dans les deux congrès. Mais, ce faisant, elles choquent, plus qu'elles ne convainquent les intellectuels, inscrits ou non à la SFIO, qui considèrent que l'urgence des temps exige un esprit d'union supérieur à tous les patriotismes de parti. Telle est la position d'un compagnon de route du socialisme comme Jean Guéhenno, qui se rallie à l'AEAR fin 1932, d'un libéral démocrate comme Georges Duhamel, qui participe au congrès de Pleyel, ou d'une organisation comme la Ligue des droits de l'homme, représentée à Amsterdam. La Ligue internationale contre l'antisémitisme (LICA) est, quant à elle, associée indirectement par son président et fondateur, Bernard Lecache, au sein du comité du Front commun contre le fascisme, lancé en mars 1933 par Gaston Bergery. Ici l'initiative n'est plus du tout communiste, mais elle est de la même façon condamnée par les socialistes et vouée pour cela à l'échec. Le succès, un an plus tard exactement, du Comité d'action antifasciste et de vigilance, devenu bientôt le Comité de vigilance des intellectuels antifascistes (CVIA), ne tiendra donc pas au fait qu'il soit dû de nouveau à une initiative non communiste, mais à ce qu'il aura la double chance de suivre, le 6 février, cette actualisation française du « danger fasciste », et de précéder de peu la première entente au sommet entre les deux principaux partis ouvriers, le communiste acceptant désormais cette procédure, et le socialiste ne s'y refusant pas.

Le Comité de vigilance des intellectuels antifascistes

À l'origine du CVIA, la démarche d'un jeune auditeur à la Cour des comptes, François Walter (1904), dit Pierre Gérôme par obligation de réserve, antifasciste sans parti, et le milieu du Syndicat national des instituteurs, dirigé à l'époque par André Delmas. La préoccupation est d'emblée unitaire et se traduit par l'appel, en guise de caution, à trois personnalités prestigieuses destinées à lancer le *Manifeste* initial *aux travailleurs*, daté du 5 mars : l'ethnologue américaniste Paul Rivet (1876-1956), directeur du musée d'Ethnographie du Trocadéro, bientôt (1937) musée de l'Homme, Paul Langevin et Alain. Trois noms connus chacun dans sa discipline respective, en même temps que trois hommes de gauche considérés alors comme proches des trois grands partis, sans leur être inféodés : le « radicalisme » d'Alain est des plus personnels, Langevin est un sympathisant notoire du PCF mais il n'y adhérera que pendant la guerre, seul Rivet est déjà membre de la SFIO, mais ce détail ne semble pas connu. Ce souci d'équilibre se retrouvera, le 8 mai, dans la composition du bureau du Comité élu par la première assemblée statutaire, où prédominent les sans-parti, mais où un militant communiste comme Marcel Prenant, professeur à la faculté des sciences, peut déjà côtoyer une notabilité radicale comme Albert Bayet, alors que les grandes organisations n'ont pas encore engagé le processus qui va conduire successivement au pacte d'unité d'action SFIO-PCF (juillet 1934) et à son élargissement aux radicaux, dans les mois suivants. À l'inverse, ce n'est que plus tard que se précisera ce qui demeure invisible à l'observateur du printemps 1934, mais sera gros de conséquences pour l'avenir du Comité : le rôle stratégique qu'y jouent les pacifistes, autour du professeur de philosophie Michel Alexandre, disciple d'Alain, et généralement soutenus par Gérôme, investi des fonctions de secrétaire général.

L'action du CVIA tient son sens du rapport qu'il établit entre son recrutement et sa fonction, celui-là concernant des catégories sociales volontairement restreintes, celle-ci visant à mettre les compétences des premières au service des organisations ouvrières. Dans la pratique, il s'agira surtout de rédiger et diffuser des brochures, une douzaine au total à la fin de 1936, cherchant à opposer aux informations de la « presse pourrie » (*Le 6 février et la presse*, 1934) une dénonciation argumentée du fascisme extérieur et intérieur (par exemple, *Qu'est-ce que le fascisme ?*, 1935) et du capitalisme français (*La*

Banque de France aux mains des deux cents familles, 1936). Un bulletin mensuel, *Vigilance*, s'ouvre à des formes d'intervention plus ponctuelles et assure, à partir d'avril, la liaison permanente avec les comités locaux, qui semblent avoir été plus de deux cents à l'apogée du mouvement, fin 1935.

Le CVIA est, en effet, assez décentralisé dans ses structures — du moins si on compare son fonctionnement à celui des grandes organisations contemporaines — et bien implanté en province, conformément à la logique de ses origines, qui en font principalement une organisation d'enseignants et, comme telle, structurée à partir du militantisme syndical de ceux-ci. Son originalité idéologique le fait souvent regarder comme le laboratoire local du Rassemblement populaire, le noyau de base des comités que celui-ci, à son tour, va créer, mais en n'y admettant, pour éviter tout noyautage, que des représentants d'organisations. Le Comité de vigilance apparaît alors souvent comme le parti des antifascistes sans-parti et l'organe des tendances minoritaires.

Parmi celles-ci le pacifisme intégral sert de ciment entre ceux qui, dans la ligne d'Alain, récusent dans son principe toute guerre, quelle qu'elle soit (outre Michel Alexandre, citons le journaliste économique Francis Delaisi ou l'enseignant Léon Émery), et ceux qui parviennent aux mêmes conclusions dans une perspective marxiste (Colette Audry, Hélène Modiano, membres à partir de 1935 du courant Gauche révolutionnaire de la SFIO). Jusqu'à 1938, ces deux groupes recevront le soutien d'un centre, dont le pacifisme est plus nuancé, qui se rassemble autour de Pierre Gérôme, ce qui entraînera en revanche dans l'opposition le groupe des intellectuels communistes et communisants, mené par Langevin et argumenté par l'enseignant Jean Baby ou le journaliste André Wurmser.

La rupture, latente à partir du pacte franco-soviétique de mai 1935, et de la déclaration dans laquelle « M. Sta-

line déclare approuver pleinement la politique de défense
nationale faite par la France », s'affichera au grand jour
au congrès du CVIA de novembre. Elle conduira à une
progressive paralysie du Comité, dont Rivet, soucieux
avant tout d'unité, menacera d'abandonner la présidence,
avant que le congrès suivant, tenu le 21 juin 1936, ne
signifie la victoire des pacifistes (motion Delaisi,
2 818 mandats) sur les communistes et apparentés
(motion Jean-Richard Bloch, 1316). Les seconds cesseront progressivement de militer au sein d'un organisme
dont ils n'ont plus l'espoir de renverser la tendance et
dont les prises de position leur paraissent, face à la montée non plus seulement du fascisme mais de l'hitlérisme,
de plus en plus suicidaires, voire suspectes. Pour un militant de gauche de cette époque comme pour l'observateur
rétrospectif, il y a, à l'évidence, un paradoxe troublant
à voir déjà, au cœur de la victoire du Rassemblement,
l'association qui en avait été le lieu d'expérimentation se
révéler incapable de surmonter ses divisions.

Le Front populaire comme intelligentsia

Ainsi, avant même d'arriver au pouvoir, le Front populaire fait-il abondamment appel aux intellectuels, soit à
titre d'individualités prestigieuses opérant en première
ligne, soit au sein d'associations soucieuses de ne se
situer ni sur le terrain des partis ni sur celui des syndicats
et groupements corporatifs. Contrairement au Bloc ou au
Cartel des gauches, le Rassemblement n'est pas en effet
une simple coalition électorale, mais bien l'union de
dizaines d'organisations (plus de cent vers l'été 1936),
parmi lesquelles plusieurs ont des objectifs principalement culturels. Cette situation exceptionnelle et qui, à
cette échelle, ne se retrouva plus lors des autres périodes
d'union de la gauche, multipliait les occasions d'engage-

ment ; elle permet de préciser dans le détail la typologie de celles-ci.

De la pétition à l'élection

L'ampleur des enjeux et leur dimension clairement internationale donna aux formes classiques de la manifestation de solidarité une dimension nouvelle, comme le montrait déjà, dans une perspective qui n'était pas celle du Front populaire, la démarche solennelle de Gide et Malraux à Berlin (Jean Giono participera de même à une délégation en faveur de Thaelmann). Ainsi, lors de la grande journée du 14 juillet 1935, qui fut conçue par les organisations de gauche, réunies sous la houlette de la Ligue des droits de l'homme, comme la cérémonie de baptême du Rassemblement, le serment qui fut collectivement prêté par les participants des Assises de la Paix et de la Liberté, tenues le matin au vélodrome Buffalo de Montrouge, avait été rédigé par André Chamson, Jean Guéhenno et le journaliste radical Jacques Kayser ; quant au discours prononcé dans le même cadre au nom du Rassemblement dans son ensemble, à côté des allocutions des partis et syndicats, c'est au physicien Jean Perrin qu'il fut confié ; Chamson se vit accessoirement revêtu de la mission de parler au nom de la région Sud-Est, les organisateurs ayant souhaité faire de cette journée fondatrice une reprise du mouvement fédérateur de 1790.

La prise de parole avait atteint, quelques jours auparavant, un sommet indépassé depuis lors dans l'histoire intellectuelle, si l'on considère le prestige des participants et le rôle politique accordé aux intellectuels : le Ier Congrès international des écrivains pour la défense de la culture, tenu lui aussi à Paris, à la Mutualité, du 21 au 25 juin. En naquit une Association internationale du même nom, dotée d'un Bureau international de cent douze membres et d'un praesidium, à peine moins théorique, de douze, les trois Français étant Barbusse, qui mourut en août, Rolland, toujours en Suisse, et Gide, qui allait rompre en 1937. Le Congrès n'en fit pas moins date dans l'histoire de l'ascension du Front populaire vers le pouvoir comme dans celle de la réintégration culturelle du mouvement communiste, cette « nouvelle politique culturelle » communiste qui rappelle la « nouvelle politique économique » conduite en URSS dans les années vingt. La présence de ressortissants de trente-huit pays confirma l'étendue du mouvement intellectuel antifasciste, et le contenu des soixante et un « rapports » présentés fut le seul signe explicite d'un ralliement conçu aussi par les organisateurs, tous communistes (Aragon, Ilya Ehrenbourg, Paul Nizan et, en arrière-plan, sans doute plusieurs kominterniens), comme un tribut d'hommages à la révolution russe, rempart solide contre « le fascisme brûleur de livres ». À cet égard la grand-messe intellectuelle de la Mutualité appliquait à une échelle internationale une formule expérimentée au niveau français, dans les mêmes lieux en octobre 1934, lorsque André Gide avait présidé une brillante soirée de « comptes rendus » par Louis Aragon, André Malraux et Paul Nizan, du Ier Congrès de l'Association des écrivains soviétiques.

Mais le Front populaire et le mouvement communiste — l'un et l'autre, l'un ou l'autre, puisque le discours du second adhère, voire surenchérit, désormais sur celui, tout unanimiste, du premier — vont demander aux intellectuels beaucoup plus que ces prises de parti ostensibles. Le Parti crée ou élargit les rubriques culturelles de sa presse, les Éditions sociales internationales (ESI) qu'il contrôle ouvrent de nouvelles collections dans le même esprit (Socialisme et Culture, Problèmes, Petite Bibliothèque musicale...), autant de lieux qui renforcent sa crédibilité intellectuelle et pour lesquels il sollicite les compagnons de route autant que les vieux fidèles. La conjoncture pousse les artistes comme les universitaires à vouer tout ou partie de leur œuvre au discours politique explicite. Ainsi l'année 1935 est-elle celle où paraissent les deux textes littéraires les plus clairement engagés d'André Gide (*Les Nouvelles Nourritures*) et d'André Malraux (*Le Temps du mépris*, accompagné d'une préface d'apologie communiste).

Il serait cependant excessif de conclure de ces derniers exemples à une écrasante domination, sur tous les terrains d'action, de l'intellectuel communiste ou apparenté. Le rôle exemplaire joué par un Paul Rivet en est la preuve suffisante. Le Rassemblement populaire n'était encore qu'un mot d'ordre un peu vague quand, au second tour des élections municipales de 1935, les militants de gauche du quartier Saint-Victor, dans le 5e arrondissement, décidèrent d'opposer au conseiller sortant, un manifestant en vue du 6 février, la candidature du président du CVIA, professeur au Muséum. Trois jours de campagne réelle suffiront pour assurer à Paul Rivet une élection que les chiffres des voix de gauche au premier tour ne lui garantissaient pas.

Il n'est pas sans importance pour notre propos que le premier élu non de tel ou tel parti, mais du Rassemblement pris comme un nouvel ensemble politique — même si le nouveau conseiller s'inscrivit au groupe SFIO —, ait été une personnalité aussi représentative de l'engagement des intellectuels, d'autant plus qu'à cette consultation du 12 mai 1935 l'équipe de la revue *Esprit* recourut au même procédé, dans le 17e arrondissement, en présentant *in extremis* contre un conseiller de droite l'enseignant, écrivain et journaliste Jacques Madaule. Dans ce dernier cas, l'opération échoua ; elle n'était d'ailleurs pas soutenue par le Front populaire. Comme l'appel, un an plus tard, lors de la composition du gouvernement Blum, à une Irène Joliot-Curie (plus tard à Jean Perrin) pour exercer les fonctions nouvelles de sous-secrétaire d'État à la Recherche scientifique, ces épisodes d'apparence secondaires, mais auxquels les contemporains accordèrent beaucoup d'attention, suffisent à montrer que le rôle symbolique des intellectuels ne se limitait pas, au sein du Rassemblement, à des effets de tribune.

Politiques culturelles

Avant comme après l'accession au pouvoir d'État, la mise à contribution des intellectuels couvre en particulier le vaste champ, en plein défrichement, de la « popularisation » culturelle, pour reprendre le terme de l'époque. La compétence, en même temps que l'esprit militant, de l'intellectuel se vouent ici aussi bien à des tâches sectorielles qu'à des entreprises plus générales, qui cherchent à associer plusieurs disciplines artistiques ou universitaires, plusieurs professions dans un même travail pour rapprocher « l'héritage culturel » — l'un des thèmes officiels du Congrès de 1935 — et le peuple, selon ce grand mouvement de réappropriation qui semble avoir été l'un des traits caractéristiques de ce temps.

L'Association populaire des amis des musées (APAM) offre un bon exemple du premier type d'intervention. Créée par un groupe de conservateurs de musée et d'ethnographes de l'équipe Rivet (dont le dauphin de celui-ci au musée de l'Homme, Jacques Soustelle), elle s'attache à rapprocher non seulement les musées, mais tous les lieux d'expression culturelle du plus large public, et organise tout aussi bien la fête de l'inauguration du musée de l'Homme que les visites guidées d'une usine ou de l'atelier de Picasso. Cette tendance, presque cette vocation à élargir ses activités spécifiques initiales, se retrouve nettement au sein du Centre laïque des auberges de la jeunesse (CLAJ), qui échoue à fusionner avec l'organisation plus ancienne qu'avait fondée Marc Sangnier et qu'on accuse de « cléricalisme », mais réussit, avant que la guerre n'en brise l'élan, à susciter plusieurs centaines de petites cellules non seulement de loisir, mais aussi d'expression artistique et, surtout, de débat entre jeunes intellectuels — les « ajistes » sont très majoritairement des enseignants et des étudiants. L'ambiance générale y est au pacifisme, comme le confirme, tout en l'exagérant, le choix politique opéré par les disciples de Giono rassemblés périodiquement autour de leur maître dans la « ferme » provençale du Contadour et au sommaire des *Cahiers* du même nom.

On retrouve une sensibilité voisine au sein de l'association culturelle créée par les rares intellectuels de la SFIO (journalistes et artistes, plutôt qu'universitaires) que la politique traditionnelle ne mobilise pas exclusivement. Mais « Mai 1936 » ne réussira jamais à surmonter le handicap d'être né, comme son nom l'indique, au lendemain de la victoire et non pas avant elle, ce qui était en revanche le cas de la plus grande association culturelle Front populaire, l'Association des maisons de la culture, transformation à la mode de 1936 d'une AEAR désormais élargie dans ses activités comme dans son idéologie.

Si en effet les membres du parti communiste continuent d'y occuper les postes clés, à commencer par son secrétaire Louis Aragon, qui commence à élaborer, sans grand écho, sa théorie, assez personnelle, du *Réalisme socialiste* (1935), les personnalités en vue des différentes associations spécialisées qui se constituent, de façon plus ou moins autonome, à partir de 1935, sont souvent de simples compagnons de route, voire des socialistes ou des indépendants connus comme tels. Mais la période les porte à des formes d'engagement pour eux sans précédent, et parfois sans lendemain. Jean Renoir ou Maurice Jaubert, Le Corbusier ou Tristan Tzara se trouvent ainsi transformés, le temps d'un enthousiasme, en militants de la politique culturelle.

La cristallisation autour d'une Maison de la culture compense par la localisation les risques de dispersion sectorielle, tout en manifestant une volonté de déconcentration intellectuelle qui ne sera pas ici ou là sans effets notables : à Alger le fondateur de la Maison de la culture est un jeune étudiant en philosophie du nom d'Albert Camus (1913-1960), qui y fait ses premières armes de guide intellectuel.

Cette participation à l'action culturelle sur le terrain conduit quelques intellectuels à exercer des responsabilités au sein de l'appareil d'État. Administrateur de la Bibliothèque nationale, Julien Cain est auprès de Léon Blum un conseiller écouté en matière de culture, et l'écrivain Jean Cassou est en fait auprès du ministre de l'Éducation nationale Jean Zay le principal organisateur de la politique officielle des arts plastiques en 1936-1937. Un personnage comme Georges-Henri Rivière réalise la synthèse du militant culturel, très présent dans plusieurs des associations citées plus haut, du sympathisant Front populaire affiché, quoique sans parti, et du professionnel « de pointe » promu par le gouvernement, puisque cet adjoint de Rivet pour l'ethnographie française est nommé en 1937 à la tête du nouveau département des Arts et Traditions populaires, dont il s'attache à faire un lieu de rencontre entre ce que les générations ultérieures nommeront les « chercheurs » scientifiques et les « animateurs » culturels.

« Vendredi »

La presse du Rassemblement reflète assez bien les ambitions et les enjeux de cet activisme intellectuel, jusques et y compris dans ses contradictions politiques. Ainsi la revue *Europe* est-elle, au début même de l'année 1936, le lieu d'un incident significatif : elle voit son rédacteur en chef, Jean Guéhenno, préférer la quitter plutôt que de passer sous le contrôle d'une nouvelle équipe éditoriale, visiblement dominée par les communistes. Mais l'exemple le plus riche sur tous ces plans, en même temps que le plus neuf, reste celui de *Vendredi*. La place originale de cet hebdomadaire dans l'histoire de la presse française ne tient pas à ce qu'il se soit proclamé, dans sa manchette, « fondé par des écrivains et des journalistes et dirigé par eux », mais qu'il l'ait été en effet. Son importance dans l'histoire politique ne tint pas à ce qu'il associa son combat à celui du Front populaire, mais à ce que son destin éditorial fut exactement parallèle à l'histoire du Front.

L'idée initiale semble due à André Chamson, convaincu par les événements de 1934 que la gauche manquait d'un organe de réflexion et de riposte analogue aux puissants hebdomadaires de droite déjà cités. *La Lumière*, dirigé par Georges Boris, d'une indépendance certaine à l'égard des partis, lui paraît, comme à beaucoup, trop marqué cependant par l'esprit des combats anciens, autour du Cartel et de ses avatars, trop nettement assimilé par l'opinion au seul combat laïque, et confiné en tant que tel dans des tirages modestes (de 50 à 60 000 exemplaires) peu susceptibles d'augmentation. *Marianne*, sous la direction d'Emmanuel Berl, fait en revanche trop « parisien », là ou *La Lumière* serait trop « provincial ». L'éclectisme intellectuel de son animateur, la dépendance de la rédaction à l'égard des publications Gallimard l'empêchent d'être autre chose qu'un titre en franc-tireur, dont, en effet, l'attitude à l'égard du Rassemblement sera toujours d'une grande souplesse, confinant, aux yeux des militants, à la désinvolture. *Vendredi*, dont le principe est défini et l'équipe constituée au lendemain du grand baptême populaire du 14 juillet 1935, essaiera de répondre à toutes ces objections.

Comme *La Lumière*, le nouvel hebdomadaire, qui commence à paraître en novembre, aura à cœur de s'assurer une totale indépendance à l'égard de ses bailleurs de fonds, qui semblent s'être recrutés ici aussi dans les milieux proches du parti radical, et on peut sans doute se fier aux témoignages qui affirment qu'en effet toutes les influences extérieures à la rédaction, y compris celle du gouvernement Blum, furent efficacement combattues. Comme *Marianne*, en revanche, *Vendredi* mettra une certaine coquetterie à aligner un sommaire prestigieux, où figureront, pour une participation qui n'est pas toujours que symbolique, Gide aussi bien qu'Alain, Jean Giono comme André Malraux. Mais le plus important, aux yeux de ses fondateurs, était sans aucun doute l'esprit de rassemblement qui présidait non seulement à la composition de ses numéros, où en effet un Jacques Maritain peut côtoyer un Paul Nizan, mais d'abord à sa direction. La structure éditoriale superpose un Comité de direction composé de Chamson, Jean Guéhenno et Andrée Viollis — cette dernière est une journaliste considérée comme proche du parti communiste — à une rédaction placée sous la responsabilité de Louis Martin-Chauffier (1894-1980), et réduite d'ailleurs à deux permanents, André Ulmann et André Wurmser. Le Comité reconstituait, plus ou moins explicitement, la triade fondatrice du CVIA, mais les absences fréquentes d'Andrée Viollis, pour raisons professionnelles, ne firent qu'accentuer un rapport de forces politiques d'emblée défavorable au parti communiste. Aux côtés du Comité de vigilance et du CLAJ, mais avec plus de continuité que le premier et plus de poids politique que le second, *Vendredi*, comme les groupes Savoir qui s'y rattachent, apparaît ainsi comme un des rares lieux de la société intellectuelle du Front populaire où le PCF n'exerce pas une hégémonie de fait. Ulmann et Martin-Chauffier, qui en seront pendant quelque temps après la guerre les « compagnons de route » n'appartiennent encore à cette époque qu'au groupe, très minoritaire, des chrétiens ralliés au Front.

La prospérité du journal (toute relative : avec 7 % de ressources publicitaires et un lectorat fidèle inférieur à 70 000, les comptes sont toujours déficitaires) comme son déclin suivent la courbe du Front populaire, avec une longueur d'avance. La période ascendante se traduit par l'éclat des collaborations littéraires, le lyrisme des éditoriaux, la place accordée aux rubriques de loisirs, l'octroi à la CGT d'une demi-page permanente (« Forces du travail, idées vivantes »). Mais l'ambition des vendredistes d'être la conscience du Rassemblement les oblige bientôt à exprimer à haute voix doutes et amertumes. La « pause » décrétée par Blum est qualifiée sans circonlocutions de « première défaite » (17 février 1937) et un an plus tard Chamson constate : « Nous avons été le journal des espérances du Front populaire (..) nous regrettons d'avoir à être aujourd'hui le journal de ses déceptions. » Quand, le 13 mai 1938, les trois directeurs décident de présenter leur démission, qui porte le dernier coup à l'entreprise, Guéhenno n'hésite plus à écrire : « On ne défend pas ce qui n'existe plus. »

Les grands enjeux

« Pain, paix, liberté », telle est la devise du Rassemblement. On peut la juger des plus floues. Chacun de ces trois termes n'en recèle pas moins assez de questions pour alimenter d'amples débats. L'un des drames du Front populaire sera, précisément, que, sur une période aussi courte, la conjoncture ne cessera d'apporter des aliments à ceux-ci, jusqu'à ouvrir, et dès 1936, de larges fractures au sein de l'union. Et ses partisans ne trouvent qu'une mince consolation à découvrir chez leurs adversaires les premiers signes d'ébranlements symétriques.

La Révolution

En tant qu'aspiration au « pain », le Front populaire, dans sa dynamique ascendante comme dans son succès électoral et dans les premières réformes sociales qu'il lance, agit à l'instar d'un choc violent sur les intellectuels qui ne se reconnaissent pas dans l'union officielle tout en ne se satisfaisant pas de l'état social établi, il les oblige à préciser la formule révolutionnaire à laquelle les uns et les autres affirment vouloir se rallier.

Par un paradoxe aisément compréhensible, c'est sur l'intelligentsia d'extrême droite que cette provocation s'effectue le plus distinctement. Ces années-là semblent marquer à droite l'apogée sinon de l'audience, du moins du prestige de Charles Maurras, transformé en martyr par les huit mois de prison qu'il doit subir pour incitation au meurtre, comme en témoigne l'apothéose qu'organisent pour sa libération ses partisans, sympathisants et disciples divers, au Vél d'Hiv, le 6 juillet 1937. En réalité, le déclin se poursuit, illustré en novembre de la même année par la rupture officielle du Prétendant à la couronne avec l'Action française. Les intellectuels maurrassiens de la nouvelle génération continueront jusqu'à la guerre à saluer leur vieux maître et souvent à participer à ses journaux : Robert Brasillach, Lucien Rebatet ou Dominique Sordet sont tous titulaires d'une rubrique dans le quotidien. Mais quand ils tentent d'élaborer une riposte d'envergure à la gauche, qui tienne en particulier mieux compte que ne le faisait la doctrine orthodoxe des données politiques nouvelles mises en lumière par les événements récents, en France comme à l'étranger — le rôle des masses, de la « question sociale », du Parti, de l'État... —, ils opèrent au sein d'organisations et s'expriment dans des organes spécifiques et marginaux.

On les retrouve autour de Jean de Fabrègues et de Thierry Maulnier à la rédaction du mensuel *Combat* ou de l'hebdomadaire *L'Insurgé*, qui adoptent un ton particulièrement violent, mis au service d'un discours volontiers anti-« bourgeois ». Mais c'est à *Je suis partout* qu'ils font surtout parler d'eux, et précisément du jour de mai 1936 où les Éditions Arthème Fayard décident d'arrêter là l'expérience d'un hebdomadaire créé en 1930 pour être l'annexe internationale de *Candide*, mais qui, sous l'impulsion de Pierre Gaxotte, en était devenu plutôt la version extrémiste. Le même Gaxotte trouve sans tarder les commanditaires de substitution, ce qui achève de donner à la petite équipe, dont Brasillach devient alors le rédacteur en chef (outre Rebatet, citons Pierre-Antoine Cousteau et Alain Laubreaux), l'autonomie nécessaire pour que, larguant les dernières amarres, elle passe insensiblement, en l'espace de trois ans, de l'admiration pour l'Italie à l'admiration pour l'Allemagne, *via* le rexisme belge et la Phalange espagnole. Chemin faisant, l'antisémitisme devient un élément déterminant du style de *Je suis partout*, qui s'arrête à consacrer aux juifs deux numéros spéciaux, en avril 1938 et février 1939. La production littéraire d'un Brasillach se ressent de cette radicalisation, et son dernier roman avant la guerre, *Les Sept Couleurs*, s'il est aussi un exercice de style, prend pour héros un jeune Français qui finit par s'installer à Nuremberg, suivant une logique sentimentale qui, pour être empreinte de romantisme, n'en conduit pas moins à des choix tranchés.

À ceux que l'action de papier ne comble pas, ou ne satisfait plus dès lors que leurs adversaires sont au pouvoir, s'offre enfin à partir de juin 1936, un extrémisme d'autant plus attirant pour un intellectuel anticommuniste qu'il adopte tous les traits d'un communisme à rebours : le Parti populaire français (PPF) de Jacques Doriot. De même que dans son recrutement « de masse » (100 000 membres au début de 1937) le Parti fait se côtoyer d'anciens ligueurs et d'anciens syndicalistes, de même son intelligentsia organique, celle qui alimente sa presse et trône à son Comité central, réunit des personnalités venues du communisme (Paul Marion, Camille Fégy, anciens journalistes de *L'Humanité)*, de la droite classique (Alfred Fabre-Luce) et de la troisième voie (Bertrand de Jouvenel). Le nom le plus illustre, celui de Pierre Drieu La Rochelle, résume à lui seul ces tentations successives, qu'il place « sous le signe de Jeanne d'Arc, de Henri de Navarre, de Richelieu, de Danton, de Clemenceau » (*Avec Doriot*, 1937), tout en osant, contrairement à son chef, prononcer le nom de fascisme.

Même fragile — la plupart des intellectuels doriotistes auront quitté le Parti avant 1939 —, la synthèse PPF illustre l'étendue d'un malaise, à défaut de celle d'une audience. Et si, par exemple, le tirage de *Je suis partout*, qui est vers 1938 de l'ordre de 45 000 exemplaires, cantonne ses choix dans un périmètre étroit, l'écho en est multiplié par les liens maintenus avec la famille traditionaliste. L'argument de la faible représentativité n'est d'ailleurs pas moins opposable aux autres groupes révolutionnaires de l'époque, vestige et transfiguration à la fois de troisième voie et ultra-gauche naguère florissantes, qui, comme elles, valent plus par ce qu'ils annoncent que par ce qu'ils qualifient.

Cette annonciation est parfois fort lointaine et mettra au moins deux générations à se préciser, comme dans le cas des esprits inclassables, quoique tous frottés de surréalisme qui, au sein des éphémères revues *Inquisitions* (1936) ou *Acéphale* (1938) et de l'épisodique Collège de sociologie (1938-1939), entreprennent une critique de longue haleine des valeurs communément admises par la société « moderne » (Georges Bataille, Roger Caillois, Michel Leiris...).

Mais le ressurgissement, en force, peut être extrêmement rapide, comme dans le cas des petits cercles chrétiens qui, à des degrés variés, prônent une conciliation entre le message christique et les nouvelles expressions de l'exigence de justice sociale. Le groupe le plus mince est celui qui, autour de la revue *Terre nouvelle* (1935-1937), tente, comme le veut son emblème, une association de la croix (rouge) et de la faucille et du marteau (noirs) (André Philip). Ses membres catholiques seront bientôt condamnés par l'Église, mais se trouvent ainsi

posés les linéaments du « progressisme » de l'immédiat
après-guerre. Une postérité beaucoup plus vaste attend les
intellectuels qui se retrouvent à la même époque autour
de l'hebdomadaire *Sept*, créé par les dominicains en 1934,
sur des bases plus modérées. Il n'est en effet nullement
question ici de rapprochement avec le marxisme, ni même
d'alliance avec le Front populaire, mais simplement d'une
considération attentive, et sans *a priori* hostile, du mouvement populaire contemporain. Périodique construit lui
aussi sur le patron de *Candide* ou de *Marianne, Sept* ne
dépasse guère non plus la barre des 50 à 60 000 exemplaires, mais il réussit à faire figurer à son sommaire tous
les grands noms de la littérature catholique étrangers ou
opposés au maurrassisme. L'isolement relatif de cette
démarche qu'on peut qualifier de démocrate-chrétienne
se mesure cependant aux circonstances qui mettront fin à
l'expérience, en août 1937 : un entretien, jugé trop favorable, accordé à Léon Blum, et une attitude trop peu hostile aux républicains espagnols. Le *Sept* des dominicains
devra s'effacer derrière *Temps présent*, dirigé par des
laïcs, autour de Stanislas Fumet (1896-1983). Bien que le
fil du témoignage intellectuel n'ait pas été rompu qui
mènera, *via* la Résistance, jusqu'au grand système démocrate-chrétien de l'après-guerre, l'éloignement des autorités   religieuses   compromet   sérieusement,   dans
l'immédiat, l'audience de *Temps présent*.

S'étant refusé d'emblée à se placer sous la houlette de
l'institution, *Esprit* pouvait, lui, payer d'audace, et n'y
manqua pas. Tout y contribua : l'essor des groupes, qui
purent bénéficier à partir de 1935 des feuillets d'un journal intérieur pour développer une réflexion autonome, la
« main tendue » communiste aux catholiques, les options
réformistes du gouvernement Blum... Sans doute le soutien au Rassemblement restera-t-il jusqu'au bout particulièrement critique, mais, à partir des premiers mois de
1936, le mot de soutien n'est pas excessif si celui d'adhé-

sion l'est un peu. La nouveauté, en soi, était assez remarquable pour avoir suscité la colère et la risée chez les catholiques plus orthodoxes. Elle confirmait cependant l'émergence de positions nouvelles dans l'histoire des débats intellectuels français, alors même que la question du communisme en maintenait en revanche tout un pan dans l'État des années vingt.

Le communisme

À partir du moment où il cesse d'être une petite organisation d'agit-prop aux moyens souvent violents et à l'audience confinée, où il devient le premier agent de l'union de la gauche et le principal foyer d'un discours et d'une pratique culturels à haute ambition nationale, le parti communiste perd quelques intellectuels qui avaient été à l'inverse attirés à lui par son intransigeance. C'est le cas d'un Jacques Prévert (1900-1977), dont le groupe Octobre, principale réussite du spectacle prolétarien (car il ne s'y agit pas seulement de théâtre, mais aussi de « revues », de « variétés »), meurt de Front populaire : bien que rencontrant un succès croissant, il ne peut plus faire cadrer la virulence de ses attaques anticapitalistes, antimilitaristes et anticléricales avec la stratégie conciliatrice du mouvement. Mais plus nombreuses sont les personnalités poussées vers le communisme par l'image qu'il donne désormais d'une synthèse efficace entre l'ordre et la révolution, en face de la montée des fascismes. C'est dans de telles conditions que des hommes de lettres appartenant aux deux générations directement marquées par la guerre comme Jean-Richard Bloch ou André Wurmser franchissent le pas qui va les conduire à assumer des responsabilités de plus en plus étendues au sein de la presse communiste ou apparentée. Wurmser succède au peintre Jean Lurçat comme rédacteur en chef de l'organe d'une association France-URSS en plein essor, *Russie d'aujourd'hui*. Tout en n'adhérant pas formellement au Parti, il

donne assez de preuves de son orthodoxie pour entrer à
L'Humanité. Bloch, lui, est chargé par Aragon de prendre
la direction du quotidien du soir que le Parti lance au
début de 1937 en direction des classes populaires avec
une équipe où prédominent les seuls sympathisants
(Darius Milhaud, Jean Renoir, Édith Thomas...), même si
les postes clés (rédaction en chef, à Aragon, rubrique de
politique étrangère, à Nizan...) sont tenus par des adhérents.

Un tel activisme résiste victorieusement aux coups
portés par quelques isolés qui, précisément à partir de
1935, n'entendent pas passer sous silence par solidarité
antifasciste les versants négatifs du régime stalinien. On
les retrouve militant pour la libération de Victor Serge,
obtenue en 1935, et diffusant ses premiers témoignages,
puis dénonçant, fin août 1936, l'équivoque des procès de
Moscou. Ces isolés sont proches du surréalisme orthodoxe ou membres des minorités Gauche révolutionnaire
de la SFIO et Révolution prolétarienne de la CGT (unitaire puis réunifiée). L'écho de leur voix, chez les intellectuels, ne dépasse pas le cercle de quelques écrivains,
journalistes et enseignants peu connus (Marcel Martinet,
Magdelaine Paz, Roger Hagnauer...), qu'on retrouve pour
la plupart dans le Comité, créé par Serge, « pour l'enquête
sur les procès de Moscou et pour la liberté d'opinion dans
la révolution ». L'appoint, d'ailleurs épisodique, d'une
revue comme *Esprit* ne les fait pas quitter le confidentiel.
Une seule circonstance mettra soudain la question du
communisme stalinien sur la place publique : le scandale
suscité par la sortie, en novembre 1936, du *Retour de
l'URSS* d'André Gide. Mais il n'est pas certain qu'en
dehors des familiers de l'auteur la perturbation du monde
intellectuel, si elle fut large, ait été profonde.

Choyé par ses commensaux lors de son voyage en
Union soviétique, Gide revenait cependant avec un certain nombre de critiques ponctuelles, qu'il ne lui parut ni

possible ni souhaitable de cacher. Mais elles furent très mal accueillies par l'organisation et conduisirent les intellectuels antistaliniens à fournir à ce porte-parole inespéré des informations complémentaires : ses *Retouches à mon Retour de l'URSS* (juin 1937) noircirent le tableau et rompirent les derniers ponts. *Le Retour* fut lu par un large public (146 000 exemplaires vendus ?) mais, hors même les communistes, ne reçut pas un accueil sans mélange. Au plus fort de la guerre d'Espagne, dans une période où le Front populaire français commençait à se battre sur la défensive, la polémique parut à certains affaiblir dangereusement l'union antifasciste. La stratégie de *Vendredi* fut mise à mal par l'affaire, où se superposa la reprise d'une vieille divergence personnelle entre Gide et Guéhenno, exprimée dans *Europe* dès 1930 (« Âme, ma belle âme », 15 novembre).

Ce dernier, après avoir manifesté son indépendance à l'égard de la nouvelle équipe d'*Europe*, avait été le premier et, avec Mounier, l'un des rares parmi les intellectuels de gauche à s'interroger publiquement, dans *Vendredi* et dès 1936, sur la signification des procès de Moscou. Face au *Retour de l'URSS*, l'hebdomadaire crut avoir évité le pire en donnant place à deux comptes rendus opposés. Tout se dégrada lorsque Gide revint à la charge en novembre 1937, pour faire paraître dans *Vendredi* une « Mise au point » contre un violent article d'Ilya Ehrenbourg paru dans les *Izvestia*, ce que le Comité de rédaction lui refusa. Pas moins de quatre lettres ouvertes de Guéhenno et Gide furent jugées nécessaires par leurs auteurs pour constater leur désaccord, à la fois tactique et éthique. Gide alla porter son texte chez Gaston Bergery, qui poursuivait à *La Flèche de Paris* un itinéraire intellectuel original de soutien critique au Front populaire, marqué par un pacifisme et, par voie de conséquence, un anticommunisme croissant. Mais c'était pour Gide accepter les risques d'une marginalisation, qu'allait aggraver son repli à peu près définitif vers des formes d'expression strictement littéraires, le *Journal* excepté, comme le confirmera plus tard le recueil *Littérature engagée* (1950), où ne figure aucun texte postérieur à la polémique avec Guéhenno.

La paix

Si les intellectuels sympathisants du communisme ne furent guère ébranlés par ces épisodes où l'on peut reconnaître aujourd'hui autant de signes avant-coureurs des crises qui allaient vingt ans plus tard entraîner le départ de beaucoup d'entre eux ou de leurs successeurs, c'est sans doute par la conjoncture internationale qu'il faut l'expliquer. À compter de 1936, en effet, la France entre dans un des rares moments de son histoire où, dès le temps de paix, les questions internationales en viennent à occuper presque continûment la première page de ses journaux, à déterminer en profondeur les stratégies et les évolutions politiques intérieures. Or il se trouve qu'au sein de la gauche, jusqu'à la veille de la guerre mondiale, seul le parti communiste réussit à préserver son unité face à cette « montée des périls » qui, pour tous les autres, signifie qu'ils ont désormais à choisir entre des logiques finalement inconciliables.

Face à deux puissances fascistes dont l'expansionnisme se précise de jour en jour, le pacifisme intégral peut en effet passer pour une prime à l'agression. Cette conviction soude l'intelligentsia communiste, mais ne rallie qu'une partie des socialisants, radicalisants et sans-parti, et sans doute une minorité d'entre eux, si puissants sont encore sur leur esprit l'horreur de la guerre et le scepticisme devant les discours visant à la justifier au nom du « Droit ». Le soupçon — et l'injure — de bellicisme s'introduit donc au sein de l'union antifasciste, au moment même où, pour des raisons symétriques, la majorité de la droite se met à adopter un discours sinon pacifiste — car il ne se fonde pas sur des principes moraux intangibles —, du moins tactiquement conciliateur : dès lors qu'une diplomatie de fermeté, débouchant éventuellement sur une intervention armée à l'extérieur, s'attaquerait à un régime sympathique à la droite, les porte-parole de celle-ci en viennent, pour la première fois, à plaider la modération, l'entente internationale, l'abstention. Ce nouveau raisonnement n'est pas, lui non plus, sans provoquer quelques troubles de conscience chez ceux de ses membres qui persistent à faire passer des valeurs de justice transcendante ou de patriotisme avant la crainte de la révolution sociale, mais ces personnalités seront jusqu'à la guerre singulièrement minoritaires.

Épisode relativement secondaire en apparence, la guerre d'Éthiopie, déclenchée officiellement par l'Italie fasciste à l'automne 1935 et qui s'achèvera au mois de mai suivant par l'annexion de cet État jusque-là indépendant et membre de la SDN, pose en fait, et de la façon la plus claire, l'ensemble de ces questions, tout en offrant à l'observateur une coupe particulièrement nette au travers des groupes intellectuels en présence. Cette agression caractérisée aurait dû, en effet, entraîner non seulement la condamnation publique de l'Italie par la Société des Nations, comme ce fut le cas, mais encore le vote par celle-ci de sanctions variées, visant à la faire reculer, en courant le risque, par contrecoup, d'une guerre ouverte. C'est donc *Pour la défense de l'Occident* mais aussi *Pour la paix en Europe* qu'une trentaine d'intellectuels français pétitionnèrent solennellement au début d'octobre 1935, au bas d'un long texte dû pour l'essentiel à Henri Massis (1886-1970).

Si, en termes d'opportunité, le refus des sanctions pouvait se fonder sur la volonté de s'émanciper de la tutelle diplomatique du Royaume-Uni, initialement en flèche sur la question, et de ne pas précipiter une Italie isolée dans les bras d'une Allemagne nazie qui ne l'était pas moins, le manifeste de Massis préférait insister sur les arguments essentiels qui, en effet, déterminèrent l'engagement des signataires : l'exaltation de la solidarité latine et d'une supériorité de civilisation confiant aux nations d'Occident la vocation de civiliser l'inférieur, loin de tout « faux universalisme juridique », l'admiration pour l'œuvre mussolinienne de redressement, enfin la conviction qu'une guerre intra-occidentale ne pourrait que faire le jeu du bolchevisme. On retrouve donc parmi les signataires les trois principaux groupes d'intellectuels de droite : le gros bataillon prestigieux des intellectuels d'Académie ou assimilés, généralement sensibles à l'influence maurrassienne, de Mgr Baudrillart à Claude Farrère ; la plus petite, mais plus radicale, phalange des jeunes espoirs de la révolution nationale (Brasillach, Gaxotte, Maulnier...), le tout flanqué de quelques médiateurs connus, d'une verve plus populiste, comme Henri Béraud. Mais on y remarque aussi quelques noms non « marqués » jusque-là, et dont il est clair qu'ils ont signé ce manifeste par pacifisme (Marcel Aymé, Pierre Mac Orlan...).

La riposte des partisans des sanctions offre, elle aussi, quelque originalité. Moins dans son argumentation, où l'on retrouve sans surprise la philosophie « genevoise » du droit des peuples à disposer d'eux-mêmes et de la moralisation diplomatique, moins même dans la récusation d'un colonialisme qui apparaît désormais comme appartenant au passé, que dans l'apparition, en flanc-garde de l'intelligentsia front populaire, d'un petit groupe de spiritualistes bien décidés à ne plus confondre leur combat pour un ordre nouveau avec celui des ligues. À côté d'un contre-manifeste de gauche, rédigé par Jules Romains, où figurait déjà le nom d'Emmanuel Mounier, parut donc en troisième lieu un appel « démocrate-chrétien » *Pour la justice et la paix*, dont l'écho, dans l'immédiat, fut des plus limités, mais qui signifia à moyen terme le début d'une évolution originale, l'annonce de reclassements durables, que la guerre d'Espagne ne fit que préciser.

Face à l'insurrection nationaliste contre le gouvernement républicain de *Frente popular*, la solidarité théorique de la gauche n'était évidemment pas discutable. En revanche, des failles apparurent très vite sur les conséquences pratiques à en tirer et le CVIA, déjà fragile, acheva d'éclater sur la question de soutenir ou non la politique de non-intervention officielle du gouvernement Blum. Cette fois même la tendance Pierre Gérôme allait s'éloigner du groupe des pacifistes intransigeants qui, à l'issue du Congrès de juin 1938, restèrent seuls maîtres d'une association désormais exsangue. Chez les catholiques, si la tentative par le Comité pour la paix civile et religieuse de définir une troisième voie ne rencontra de part et d'autre aucun écho, la présence aux côtés des « rouges » du peuple catholique basque ébranla quelques certitudes, et le premier signe du cheminement original qui allait être désormais celui de François Mauriac au sein de l'intelligentsia catholique se situe dans ses protestations, aux côtés de Maritain ou de Mounier, contre les massacres nationalistes de Badajoz ou le bombardement fasciste de la « ville sainte » basque de Guernica (manifeste paru dans *La Croix* du 8 mai 1937).

Par la brutalité de sa bipolarisation, sa proximité diplomatique, sentimentale et idéologique, la guerre civile espagnole fut ainsi un moment exemplaire de l'histoire intellectuelle française. Exemplaire fut la variété des moyens d'engagement dans les deux camps — car il n'y eut pas de « non-intervention » intellectuelle ; exemplaires demeurent encore aujourd'hui les œuvres suscitées directement par le conflit. Le travail des uns consiste surtout à affirmer un soutien moral aux combattants et à établir des relais de leur combat vers l'opinion française. À l'exception de Gide, les principaux animateurs du congrès de 1935 se retrouvent en 1937 pour une deuxième assemblée de défense de la culture prévue initialement à Valence et qui, face au rapprochement du front, devra se replier successivement sur Barcelone, Madrid et Paris. Dans le camp opposé, Brasillach et Massis mettent leur plume au service des nationalistes pour chanter l'épopée des *Cadets de l'Alcazar* (1937). Mais la gravité des enjeux conduit à des implications plus poussées. Un jeune catholique, Jean Hérold-Paquis, quitte la France pour participer aux émissions du poste franquiste Radio Saragosse, pendant que plusieurs de ses amis s'engagent comme volontaires dans la Bandera Jeanne d'Arc. À gauche, les professions intellectuelles sont généreusement représentées au sein des dix mille volontaires français des Brigades internationales. André Malraux singularise le rôle de l'intellectuel combattant en créant et commandant l'escadrille España, durant sept mois sur le front de Teruel. Son exemple hantera désormais durablement l'esprit de ses pairs, et Drieu La Rochelle, brossant trois ans plus tard le portrait d'un *Gilles* assez largement autobiographique, le montrera pour finir en train de faire le coup de feu du côté franquiste.

Dans de telles conditions, ce n'est sans doute pas un hasard si le roman *L'Espoir* (Malraux, 1937), le tableau *Guernica* (Picasso, 1937, pour le pavillon républicain de l'Exposition internationale de Paris) et l'essai *Les Grands Cimetières sous la lune* (Bernanos, 1938) peuvent passer, chacun dans sa catégorie, comme autant de chefs-d'œuvre. Composés dans l'urgence, ils subvertissent les termes convenus de la tragédie et de l'épopée au moyen de formes renouvelées. Par la réputation qu'ils acquièrent bientôt, ils confirment l'intellectuel dans la conviction qu'un engagement tranché dans l'action est loin d'être incompatible avec la poursuite d'une œuvre. La leçon parut bonne à prendre pour les affrontements à venir.

Chapitre VI

LES INTELLECTUELS FRANÇAIS FACE À LA GUERRE

1938-1944

Comme l'affaire Dreyfus, et sans doute plus encore, la Seconde Guerre mondiale, de ses prémisses à ses successifs apurements de compte, est la preuve significative du poids de l'événement sur l'histoire de la société intellectuelle.

Les nouvelles conditions de l'exercice intellectuel

L'ampleur des reclassements idéologiques est d'autant plus remarquable que la période de « la montée des périls » extérieurs suit sans solution de continuité celle de la bipolarisation du Front populaire et, en fait, se superpose partiellement à elle. Sans doute l'exacte mesure de l'effet traumatique de la Première Guerre mondiale sur la société française est-elle donnée par la rapidité avec laquelle se produisit ce déplacement d'enjeux.

Les désaccords de Munich

Dominique Sordet, devenu journaliste de la Collaboration, comparera les effets de la crise de Munich à ceux d'un double champ magnétique sur un amas de limaille de fer, par la violence de la redistribution intellectuelle qui s'y opéra en fonction de l'attitude de chaque individu face à la guerre. Vues sous cet angle, les deux années qui s'étendent de l'annexion de l'Autriche à la défaite de la France offrent un aspect cohérent ; la question du rapport entre les risques et les avantages respectifs de la logique de la paix et de celle de la défense reste au centre du débat à l'occasion de trois grands dilemmes dramatisés par la conjoncture : pour ou contre la politique de concessions à Hitler dans l'affaire tchécoslovaque, pour ou contre la guerre dans l'affaire polonaise, pour ou contre une paix blanche à l'ouest pendant la drôle de guerre. Le seul élément perturbateur, non négligeable sans doute mais point fondamentalement détonnant, car il n'entraîna chez les intellectuels qu'un petit nombre de revirements est, fin août, l'annonce du pacte Hitler-Staline.

Les nouvelles tensions de l'intelligentsia française se cristallisèrent ainsi, au cours de l'année 1938, entre ceux qui faisaient passer leurs convictions pacifistes, anticommunistes ou anti-Front populaire avant tout rejet du fascisme et des expansionnismes allemand ou italien, et ceux qui acceptaient désormais le risque d'une guerre pour contenir l'un ou l'autre.

On assistait soudain à des convergences encore inconcevables un an plus tôt, ainsi celle du Syndicat national des instituteurs, conduit par André Delmas, et de l'un des chefs de file de la droite parlementaire, Pierre-Étienne Flandin, auquel le SNI s'était violemment opposé depuis des années sur des questions de politique intérieure. De son côté, peu surprenant pour les contemporains, le choix ultra-munichois de *L'Action française* n'en offrait pas moins un tableau quelque peu paradoxal, à considérer la germanophobie constante de Maurras. À la veille des accords de Munich un texte suscité par les Syndicats des instituteurs et des agents des PTT, destiné à l'affichage et qui fut aussi largement diffusé dans la presse, proclamait : « Nous ne voulons pas la guerre. » En l'espace de quelques jours, il aurait recueilli cent cinquante mille signatures. Convergèrent à cette occasion vers lui le pacifisme de principe de plusieurs secteurs de la gauche et le pacifisme plus circonstanciel de la majorité des droites. Dans les deux cas, un petit groupe de porte-parole extrémistes exprimait tout haut un sentiment partagé, avec plus de modération ou d'hésitation, par une majorité de l'opinion publique.

Mais les deux courants correspondaient aux deux positions *a priori* minoritaires de leurs camps respectifs, le pacifisme intégral de gauche et l'antimunichisme de droite. Les trois principaux milieux porteurs du premier ont constitué au sein de la gauche autant de groupes en marge : l'anarchisme, principalement représenté par Louis Lecoin et l'Union anarchiste ; l'extrême gauche socialiste antistalinienne, rassemblée pour une large part, depuis le printemps 1938, au sein du Parti socialiste ouvrier et paysan (PSOP) de Marceau Pivert ; enfin, transcendant ces limites, ce qui subsiste du CVIA. Les militants syndicalistes y sont nombreux. Ils ont, dès mai 1938, au lendemain de l'Anschluss, créé, autour de Michel Alexandre, un Centre syndical d'action contre la guerre (3 200 adhésions individuelles et une trentaine d'adhésions collectives), et ce sont des syndicats CGT dirigés par des pacifistes qui sont à l'origine, lors de la crise tchèque, du Centre de liaison contre la guerre, qui élargit la formule au monde politique. À y regarder de près, les personnalités les plus en flèche en demeurent des intellectuels connus de longue date pour leur engagement pacifiste, tels, sous le patronage d'Alain, les trois enseignants Alexandre, Challaye et Émery. Au congrès de novembre de la CGT, la motion Delmas ne recueille que 28 % des mandats.

À côté de ces prises de position prévisibles, ce moment

de mobilisation contre la guerre est celui où s'affirme l'engagement personnel d'un Jean Giono. Mettant provisoirement un terme à la rédaction et surtout à la publication d'œuvres romanesques, le maître à penser du Contadour, assez représentatif de larges secteurs de l'opinion de gauche pour que le premier congrès national de la principale association ajiste, le CLAJ, lui ait demandé, en 1938, d'assumer le message introductif, va vouer jusqu'à la guerre l'essentiel de son énergie à prêcher la paix à tout prix. En 1937, il a rassemblé en un recueil ses textes antérieurs inspirés par le *Refus d'obéissance*. Dès l'été 1938, il publie sa *Lettre aux paysans sur la pauvreté et la paix*, qui sera suivie de trois autres textes de la même inspiration, dont *Précisions*, où il martèle : « Je n'ai honte d'aucune paix. » La thèse développée mêle, suivant son style, naturisme et pacifisme. L'exécration de la ville, de la civilisation mécanisée et mercantile s'y exprime en termes violents.

Le plus important demeure que, n'ayant jamais vraiment donné de gages au parti communiste, sympathisant discret du Front populaire, mais aussi romancier reconnu auquel la cinématographie de Marcel Pagnol donne un écho multiplié, Giono est certainement beaucoup plus écouté, sinon nécessairement entendu, qu'aucun autre grand intellectuel pacifiste du moment. Qu'il n'ait cessé, jusqu'à la veille de la guerre, de radicaliser ses propositions en la matière est un signe du désarroi intellectuel régnant dans le pays, dont témoignent aussi les hésitations de Romain Rolland, compagnon de route confirmé du PCF mais, en même temps, signataire du *Nous ne voulons pas la guerre*.

À droite, c'est à l'occasion de Munich que se cristallise le petit groupe des partisans de la défense nationale à tout prix, y compris, sur cette question de l'alliance, à l'intérieur avec le parti communiste et, surtout, à l'extérieur avec l'URSS. Représenté au Parlement par des hommes comme

Georges Mandel ou Paul Reynaud, il reçoit dans la presse le soutien de l'équipe démocrate-chrétienne du quotidien *L'Aube*, au premier rang desquels le vieux Francisque Gay et le jeune Georges Bidault. Cohérente mais nullement représentative des milieux catholiques, cette voix reste cependant peu entendue, alors que le passé récent d'Henri de Kérillis donne à ses prises de position plus de poids que ne le laisserait supposer le tirage de son journal *L'Époque* (80 000 exemplaires environ en mars 1939), fondé en mai 1937. Le 4 octobre 1938, Kérillis est à la Chambre le seul député de droite à ne pas voter la ratification des accords de Munich. D'Amérique latine, Georges Bernanos poursuit, dans le même esprit, son chemin solitaire (*Nous autres Français*, 1939). La solitude n'est pas moins grande autour d'Emmanuel Mounier, dont les positions ne se sont jamais apparentées à l'époque du Front populaire à la droite politique, mais dont l'antimunichisme déclaré est loin de rallier tous les lecteurs et collaborateurs d'*Esprit*. Dans ce cas, comme dans beaucoup d'autres, le rapprochement avec le communisme, discernable dès cette époque à quelques signes, va être arrêté net par le pacte germano-soviétique.

Le comble du trouble

La période ouverte par l'annonce de la signature du pacte et la déclaration de guerre franco-anglaise à l'Allemagne ne font, en effet, qu'accroître le trouble intellectuel. Seule grande famille politique sortie indemne de Munich, le mouvement communiste éclate à son tour, moins à propos du pacte lui-même que devant le progressif alignement du Parti, entre août et octobre 1939, sur des thèses internationalistes en opposition formelle avec la ligne adoptée en 1934 et qui supposent le renvoi dos à dos du fascisme et des puissances capitalistes, dirigées par la City.

La posture la plus fréquente parmi les intellectuels communistes ainsi interpellés par l'événement, est celle du silence, gêné ou douloureux, jusqu'au temps des vexations, voire des persécutions de Vichy et, en juin 1941, de l'ouverture du front de l'Est. Un Paul Langevin ne cache pas son trouble à ses proches, sans le rendre public, et n'hésite pas à mettre, comme en 1914-1918, ses compétences scientifiques au service de l'effort de guerre. Rares sont les cas de rupture affichée, acte de publicité intellectuelle impardonnable aux yeux d'une organisation revenue aux temps de la lutte clandestine et de la solitude des stratégies « classe contre classe ».

L'exemple le plus connu est celui de Paul Nizan, dont la position, particulièrement subtile, sera bientôt déformée par son ancien parti, l'intéressé, disparu dans les combats de mai 1940, n'étant bientôt plus là pour se défendre. Responsable de la rubrique diplomatique du quotidien communiste *Ce soir*, Nizan s'était senti personnellement mis en cause par la stupéfiante nouvelle du pacte. Il resta cependant silencieux jusqu'au mois d'octobre. Sa démarche, à cette date, est typique d'un intellectuel : au lieu d'exprimer ses réserves sur la nouvelle politique communiste dans sa seule correspondance privée, il publie son désaccord, et annonce sa démission d'une organisation au sein de laquelle il militait depuis l'âge de vingt-deux ans, dans les colonnes d'un journal de gauche, sans étiquette partisane précise, *L'Œuvre*. Puis il retourne au silence officiel. En privé, il justifiera sa démarche par une stratégie de communisme national. Pour Maurice Thorez, qui s'exprime sur son cas, depuis Moscou, dès mars 1940, comme pour Louis Aragon, qui, après la Libération, dressera de lui dans le roman *Les Communistes*, sous le nom d'Orfilat, un portrait de traître, l'affaire est simple : Nizan était un agent de la police, infiltré dans l'intelligentsia communiste. Il faudra attendre les années soixante pour que cette thèse cesse d'être assumée par le PCF — et pour qu'Orfilat disparaisse de la nouvelle version condensée des *Communistes*.

Louis Aragon, en revanche, présente le cas, tout aussi rare, d'un intellectuel communiste discipliné qui a eu le temps de saluer avec ferveur la signature du pacte, en première page du quotidien qu'il dirige, juste avant que le gouvernement n'interdise toute la presse communiste et assimilée. Puis le militant passe sous l'uniforme et s'illustre assez dans les combats pour en ramener la médaille militaire. Après la débâcle, l'expectative se traduit chez lui, et chez Elsa Triolet, par un retour décidé à la littérature, et en particulier à la poésie, sous sa forme la plus classique, mais conçues bientôt comme un moyen de « résistance » spirituelle.

L'événement provoque enfin chez quelques compagnons de route une dernière évolution, qui annonce un cheminement que suivront bien d'autres intellectuels une ou deux décennies plus tard : l'éloignement définitif. L'exemple le plus net est celui d'André Malraux. L'ancien combattant de la guerre d'Espagne reprend lui aussi du service armé, mais si on n'obtient de lui aucune déclaration publique contre le Parti, l'un des traits les plus frappants de sa biographie est le refus qu'il va opposer, jusqu'aux premiers mois de 1944, à tous ceux qui le solliciteront de prendre un engagement concret dans la résistance à l'occupant. Il n'est pas jusqu'à la création littéraire de Malraux qui ne s'infléchisse. C'en est fini des romans en forme de reportages lyriques. Pour l'auteur de *La Tentation de l'Occident* l'heure est à la méditation, de moins en moins médiatisée, sur l'homme dans l'histoire et dans l'esthétique. Dans *Les Noyers de l'Altenburg* (1943), la fiction s'efface insensiblement derrière le dialogue philosophique, comme le salut par la révolution derrière la *Lutte* éternelle de l'homme *avec l'ange*, titre de la trilogie dont *Les Noyers* aurait dû être le premier volet. D'ores et déjà, Malraux a renoué le fil de sa réflexion sur l'art, *Voix du silence* et *Musée imaginaire*, esquissée au début des années trente et que l'action antifasciste avait mise entre parenthèses. Dès la Libération, elle va devenir le versant théorique d'un engagement intellectuel dont la version militante aura, de même, profondément changé.

En face de ces remises en question, passagères ou définitives, les exemples de net engagement patriotique, symétriques de ceux de 1914-1918, pèsent de peu de poids. L'épisode le plus connu est celui de la courte période résolument engagée de Jean Giraudoux. L'auteur de *Siegfried* et de *La Guerre de Troie n'aura pas lieu*, le diplomate qui, dans son roman *Bella*, avait brossé un portrait à clé mais au vitriol de Raymond Poincaré, va accepter d'être, à partir du 29 juillet 1939, le commissaire général à l'Information — fonction nouvelle — du gouvernement Daladier et, par l'extension de ses attributions dans les mois qui suivront, le responsable général de la censure et le chef d'orchestre de la contre-propagande française. Chez lui, l'évolution est sensible depuis l'année précédente où, ébranlé par les deux crises, externe et interne, celui qui refusait encore en 1936 la charge d'administrateur de la Comédie-Française pour se consacrer principalement à son œuvre a entrepris d'exposer ses solutions à ce qu'il diagnostique comme une décadence nationale, dans une série de textes réunis en 1939 sous le titre significatif de *Pleins pouvoirs*. La conviction qui s'y affiche d'une vigoureuse restauration des valeurs humaines n'y est pas exempte de considérations xénophobes, voire antisémites. Le tableau qui sera par la suite brossé du fonctionnement de ses services, comme les avis réservés recueillis sur les harangues sophistiquées du commissaire général, témoignent d'un échec global dont l'intéressé lui-même rendra compte indirectement dans le recueil laissé inachevé à sa mort et paru à la Libération sous le titre *Sans pouvoirs*.

À l'inverse, les choix intellectuels pacifiste-intégral et défaitiste-fasciste sont extrêmement rares. La plupart des porte-parole du refus de la guerre, même « pour Dantzig », c'est-à-dire « pour les Poldèves », suivant la formule provocante de Marcel Déat, dans *L'Œuvre* du 4 mai 1939, font taire leur hostilité dès que la guerre est déclarée ; ainsi en est-il à gauche d'Emmanuel Berl, à droite de Charles Maurras. Le seul coup d'éclat est dû au petit groupe d'anarchistes et de syndicalistes révolutionnaires du Comité de liaison, dont la *Feuille* périodique a été saisie en août. Au dixième jour de la guerre, Louis Lecoin rédige un tract, *Paix immédiate !*, qu'il fait diffuser, sous enveloppe, à des dizaines de milliers d'exemplaires. Cherchant à faire autorité trente et une signatures l'accompagnent, principalement d'hommes de lettres (Alain, Félicien Challaye, Giono, Henri Jeanson, Thyde Monnier, Georges Pioch, Henry Poulaille...) et de syndicalistes, ces derniers appartenant souvent à des professions culturelles (Alexandre, Émery, Ludovic Zoretti...). Le plus remarquable de l'affaire tient à la prompte dénégation d'écriture de la plupart des personnalités, y compris Alain et Giono. Ceux qui restent fermes sur leur position, tels Challaye, Lecoin ou Poulaille, se retrouvent très isolés, à l'instar de Zoretti, membre de la Commission administrative permanente de la SFIO qui, pour avoir tenté de nouer des contacts « zimmerwaldiens » par l'intermédiaire du Parti socialiste suisse, sera immédiatement exclu de son organisation.

Quant au pacifisme de conviction fasciste, il n'est guère connu qu'*a posteriori*, après un baroud d'honneur de *Je suis partout*, en date du 30 août 1939, sous le titre *À bas la guerre, Vive la France !* Un Brasillach ou un Drieu ont rejoint leurs unités et mettront à profit le calme général du front pour dresser le bilan d'une époque (*Notre avant-guerre*) ou d'un destin (*Gilles*). Le journaliste Alain Laubreaux fera encore scandale quand, en 1943 et dans les colonnes d'un *Je suis partout* devenu pourtant clairement prohitlérien, il avouera avoir, en privé, émis à l'époque le souhait pour son pays « d'une guerre courte et désastreuse ». La répression officielle tombera *in extremis* sur l'équipe du journal, dont six membres non mobilisés, parmi lesquels Laubreaux, seront inculpés d'atteinte à la sûreté intérieure et extérieure de l'État, le 5 juin 1940. En fait, il faudra l'ampleur de la défaite du printemps 1940 pour que les itinéraires des uns et des autres retrouvent toute leur cohérence, et, souvent, se radicalisent.

Le choc de la défaite

Par ses effets matériels immédiats, la défaite n'est pas sans modifier durablement les conditions d'exercice de la vie intellectuelle. Physiquement, elle se traduit par une dispersion de l'intelligentsia parisienne à travers le territoire national, principalement en direction de la zone sud, et si quelques-uns de ses membres connus vont, avant la fin de l'année 1940, « remonter » sur ce qui allait rester, en dépit de tout, la capitale culturelle du pays, plusieurs personnalités resteront à demeure en province : facilités diverses, rapprochement de Vichy, répugnance à l'égard de l'occupant ou simple circonspection, en raison d'un passé politique antifasciste bien connu, se mêlent parfois inextricablement. Ce comportement, exceptionnel dans un pays aussi centralisé, est parfois leur seul acte de « résistance » au nouvel ordre des choses.

Ainsi en est-il de l'homme le plus célèbre de la société intellectuelle de l'avant-guerre, André Gide. Après quelques mois d'errance, il s'installe sur la Côte d'Azur, d'où Drieu La Rochelle tentera vainement, et publiquement, de le faire revenir à Paris. Mais l'ancien porte-parole du Comité Thaelmann se méfie et tergiverse. En mai 1941, un épisode, significatif du nouvel esprit régnant en zone sud, viendra lui rappeler l'ampleur du discrédit qui continue, au sein de la droite classique, à s'attacher à son nom. On notera aussi que le prétexte choisi est une conférence, première manifestation de Gide en public depuis l'armistice. Peu importe à ses adversaires, en l'occurrence la section locale d'une organisation pétainiste officielle, la Légion française des combattants, que le sujet choisi ait été strictement littéraire (« Découvrons Henri Michaux ») : c'était le retour de l'Adversaire, de l'intellectuel corrupteur à la prise de parole qui était de trop. Cédant à l'intimidation, Gide annula sa conférence. Un an plus tard, il saisira l'occasion d'une invitation tunisienne pour mettre une plus grande distance encore entre lui et les nouvelles autorités.

Sans doute échaudé par l'épisode communiste, Gide gardera cependant tout au long de l'épreuve une extrême réserve. Mais que l'éloignement physique de la capitale ne signifie pas nécessairement l'abstention politique est prouvé par l'itinéraire de Louis Aragon et Elsa Triolet : si leurs principales œuvres continuèrent à être publiées par Gallimard ou le très compromis Denoël, des résidences successives dans le Sud-Est, semi-confidentielles, allaient leur permettre une participation de plus en plus active à la littérature de la clandestinité.

Au bout du compte, les seuls intellectuels dont l'« An 40 » ait entraîné un bouleversement de statut sont d'une part les quelques personnalités qui, parfois d'origine juive, ont préféré choisir l'exil, à Londres ou aux États-Unis principalement, et, de l'autre, les journalistes attachés à des titres qui cessent de paraître (*La Lumière, Les Nouvelles littéraires, Marianne* après quelques hésitations) ou resurgissent avec une équipe épurée dans le sens de l'ordre nouveau (par exemple *L'Œuvre*, alignée désormais sur les positions fascistes de Marcel Déat).

Pour le reste, la rupture initiale ne dépasse guère l'été. Le meilleur exemple est fourni par le comportement du monde éditorial qui, contrairement à celui de la presse, partagé, quand il accepte de reparaître, entre Paris et la zone sud, réinstalle, lui, sans tarder, ses services dans la capitale occupée. Une forte personnalité comme Bernard

Grasset figure alors parmi ceux qui accélèrent le mouvement et songent à profiter de la conjoncture pour épurer la profession.

Mais on devine que le plus important tient au choc proprement spirituel. En soi, la défaite détruit ou compromet durablement l'image que la plupart des intellectuels, et dans tous les camps, points différents en cela des Français dans leur ensemble, s'était faite de la solidité tout à la fois de l'armée nationale, de la stratégie adoptée et du régime politique qui les avait l'une et l'autre soutenues. Un examen de conscience sévère à l'égard des valeurs humanistes, progressistes et démocratiques rapproche toute une littérature de témoignages sans complaisance sur ce grand effondrement : récits directs ou romancés, essais ou pamphlets fulminants, *Carnet de déroute* (Claude Jamet, 1942) ou *Les Beaux Draps* (Céline, 1941). En 1942, le premier livre du jeune maurrassien Michel Mohrt est consacré à l'étude des *Intellectuels devant la défaite* : celle de 1871.

Gide choquera, cette fois, certains résistants en publiant dès 1944, dans Alger libérée, quelques extraits de son *Journal* de 1940, où se laissait lire tel aveu de lassitude nationale (« Composer avec l'ennemi d'hier, ce n'est pas lâcheté mais sagesse », citation de Goethe) et même telle appréciation favorable sur la mise en cause par le maréchal Pétain de l'esprit de jouissance : honnêtes témoignages d'un désarroi très répandu.

Et l'ampleur du trouble des références intellectuelles, à droite comme à gauche — seul le petit groupe fasciste croit trouver dans les événements une vérification de la justesse de ses thèses —, explique d'ailleurs que, contrairement à l'image communément admise à des fins polémiques, la palinodie n'ait pas été la règle parmi les intellectuels français, entre un 1940 vichyste et un 1944 résistant. La restructuration de l'espace intellectuel français est alors très largement définitive pour cette génération. Ce qui demeure vrai, c'est qu'à partir des deux grands choix de 1940 — le refus ou l'acceptation, même provisoire, de l'ordre allemand — des évolutions sont perceptibles, le plus souvent sous la forme d'une radicalisation de la position initiale.

Ces nuances chronologiques sont, en aval, symétriques de celles qu'amène à opérer l'analyse, en amont, de la structure intellectuelle de l'intéressé. Encore moins qu'en période de paix, un déterminisme absolu ne permet d'expliquer tel ou tel choix politique. Si, par exemple, les convictions naturistes et régionalistes de tant de romanciers « rustiques » les font célébrer par l'État français comme des précurseurs et en transforment en effet beaucoup en fidèles soutiens du nouveau régime, d'autres déterminants maintiennent un André Chamson, héritier d'une tradition cévenole de refus, sur une voie radicalement opposée. À l'inverse, une pratique littéraire à caractère populiste ou prolétarien n'exclut pas des complaisances à l'égard du nouvel ordre établi, chez un André Thérive, connu déjà avant-guerre pour des positions politiquement conservatrices, mais aussi chez un Poulaille, fidèle ici à une ligne pacifiste et anticommuniste. Rares sont donc les vraies ruptures intellectuelles postérieures à 1940, telle celle du jeune Claude Roy, journaliste avant-guerre à *Je suis partout*, passé d'abord à un pétainisme strict et qui ne franchira que vers 1942 le pas du ralliement non seulement à la Résistance, mais à la Résistance communiste.

La plupart des itinéraires n'offrent pas de tels contrastes. Quand ils conduisent du pétainisme au collaborationnisme, ils se fondent sur la conviction de la nécessité d'une « révolution nationale » dont l'ordre moral vichyste ne donnerait qu'un très pâle reflet. Quand ils iront du pétainisme à la Résistance, c'est que la même conviction aura débouché sur une conclusion démocratique. Le cas des quelques intellectuels parisiens qui après la Libération s'attacheront à effacer les traces de leur engagement proallemand de 1940 est plus simple encore : ni le journaliste Georges Blond, issu de *Je suis partout*, ni Henry de Montherlant, auteur en 1941 d'une célébration ambiguë du *Solstice de juin* n'ont suivi les pas de Claude Roy : ils ont simplement adopté, sur le tard de la période, un silence prudent.

L'exemple le plus probant d'une fidélité paradoxale à la ligne initiale est donné par les cercles, selon les moments distincts ou confondus, d'artistes, écrivains et médiateurs rassemblés, sous le choc de 1940, autour d'un même postulat spiritualiste. Celui-ci les conduit dans un premier temps à peupler une association culturelle officieuse de Vichy comme Jeune France, ou à figurer parmi les stagiaires et les enseignants de l'École des cadres de la France nouvelle que l'État français ouvre à Uriage. Chrétiens ou non, ils communient dans un même mépris pour la société « individualiste » et « bourgeoise » vaincue, au nom de valeurs exigeantes et solidaires. Mais c'est au nom de ces mêmes valeurs que la plupart finiront par rompre avec Vichy : la revue *Esprit*, qui cristallise bien cet état d'esprit, est interdite en août 1941 et Mounier emprisonné peu après, Jeune France sera épurée, l'École d'Uriage fermée, le 1er janvier 1943. Plusieurs des figures marquantes de la vie intellectuelle de l'après-guerre sont issues de ce milieu : des médiateurs importants comme Hubert Beuve-Méry, fondateur et premier directeur du *Monde*, Jean-Marie Domenach (1922), futur directeur d'*Esprit*, les éditeurs Paul Flamand (Le Seuil) ou Pierre Seghers, mais aussi des poètes ou hommes de théâtre dont l'un des points communs sera de rester soucieux de « témoignage », comme Pierre Emmanuel, Max-Pol Fouchet, Loÿs Masson ou Jean Vilar.

Les effets de l'Occupation

Contrairement à 1871, la défaite s'accompagne de la présence sur une part croissante du territoire national d'un occupant bien décidé à intervenir directement, si ses intérêts l'exigeaient, dans la vie intellectuelle du pays. Sur ce terrain il se trouve en concurrence, parfois en convergence, avec Vichy, qui poursuit sa propre logique dictatoriale. Des conditions radicalement nouvelles vont donc être imposées à l'exercice de cette vie intellectuelle : sur fond d'augmentation générale de la consommation culturelle, un ensemble complexe où à une restriction de toute liberté d'expression sans précédent depuis, au moins, le second Empire, sinon plus haut, se juxtapose la nécessité, proclamée mais aussi directement vécue, de prendre parti, la bataille de France n'ayant pas plus mis fin à la guerre intellectuelle qu'à la guerre militaire.

Les libertés de réunion et d'association étant, de fait, abolies, les censures directes exercées sur les périodiques comme sur les ouvrages ne sont que la forme la plus visible d'un système de compression intellectuelle qui ne pouvait manquer de toucher tout intellectuel, quel que fût son camp. À cet égard, la présence à Paris ou en zone sud, même si cette dernière est envahie en novembre 1942, est un critère convaincant de discrimination. C'est l'évidence même pour le milieu des journalistes. Mais les deux censures s'exercent tout aussi rigoureusement sur les livres, y compris avec effet rétroactif, comme le symbolisent les trois successives listes dites Otto (septembre 1940, juillet 1942, mai 1943), qui alignent les titres, à retirer de la vente, « d'ouvrages littéraires français non désirables » aux yeux de l'occupant, des mesures de même ordre, moins ostentatoires, étant, en fait, prises par Vichy.

Une telle situation conduit plusieurs éditeurs parisiens à faire du zèle pour obtenir papier et autorisations. Certains, comme Robert Denoël, poursuivent sur la lancée de leur réputation d'éclectisme idéologique, mais en la couronnant d'une façon non équivoque (réédition « complétée » de pamphlets antisémites de Céline, création d'une collection « Les Juifs en France », édition des *Décombres* de Lucien Rebatet...). D'autres, comme Jacques Bernard, devenu principal responsable du Mercure de France, font un choix résolument pro-allemand, qui est aussi celui de quelques nouveaux venus désireux de s'imposer promptement.

De tout ce qui précède découle la condamnation au silence des intellectuels antifascistes réfugiés en France, avant leur départ pour l'exil ou la mort (l'essayiste allemand Walter Benjamin, installé en France depuis 1933, se suicide après une tentative infructueuse pour gagner l'Espagne). Une conclusion analogue, mais autonome, est tirée par quelques rares personnalités françaises résolues à ne livrer aucun texte autre que clandestin, tel un Jean Cassou ou un Jean Guéhenno, rétrogradé en 1943 par le ministre de l'Éducation nationale et qui réserve à son *Journal* intime la primeur de ses jugements sévères sur les *Années noires*. Le principal texte de fiction de la clandestinité, *Le Silence de la mer*, de Vercors, présentera une métaphore de cette attitude stricte dans le personnage d'une jeune femme refusant, par principe, de communiquer avec l'officier allemand en logement chez elle.

La plupart des écrivains et artistes dont le passé — comme l'avenir — est placé sous le signe de l'engagement, ne poussent pas l'héroïsme jusque-là, dès lors que les textes publiés ne paraissent entretenir aucune relation discernable avec la conjoncture. C'est, après une courte période pétainiste, le choix de François Mauriac. C'est, plus significatif encore, celui du jeune journaliste et philosophe Albert Camus, installé définitivement en France métropolitaine en 1942, dont trois œuvres représentatives de ses trois registres — le roman *L'Étranger*, l'essai *Le Mythe de Sisyphe*, la pièce de théâtre *Le Malentendu* — paraissent au grand jour entre 1942 et 1944, alors que

leur auteur participe déjà à la lutte clandestine et apparaîtra lors des combats de la libération de Paris comme le
rédacteur en chef du journal de la Résistance *Combat*.

Le contraste est moins frappant chez Jean-Paul Sartre
qui, s'il publie lui aussi un ouvrage philosophique fondamental (*L'Être et le Néant*, 1943) et peut faire monter
deux pièces remarquées (*Les Mouches*, 1943, et *Huis
clos*, 1944) n'est pas à proprement parler un résistant
actif, après l'échec d'une tentative isolée, en 1941. L'ambiguïté serait déjà un peu plus grande dans le cas de sa
compagne Simone de Beauvoir, non pas tant du fait de la
publication en 1943 de son premier livre, le roman *L'Invi-
tée*, que de sa courte participation, à un degré modeste et
sans implication idéologique apparente, à Radio Vichy.
On confine, en revanche, à l'équivoque quand une personnalité « bien parisienne », aux engagements politiques
toujours discrets, comme Jean Cocteau, accepte de
patronner l'une des grandes opérations culturelles de
prestige de l'occupant, l'exposition à Paris de son ami
Arno Breker, sculpteur attitré du Führer.

Un tel comportement, qui ressortit d'une « politique de
la présence », parfois dénoncée par la suite, renvoie à une
donnée importante de l'époque, et qui n'est paradoxale
qu'en apparence : sans qu'il soit nécessaire de faire entrer
en ligne de compte le volontarisme culturel, par ailleurs
incontestable, des deux dictatures conjointes, cette
période reste dans les annales de l'histoire contemporaine
comme l'une des plus denses non en termes de production, mais de consommation culturelle, malgré les difficultés matérielles de toutes sortes qui rendaient difficiles
l'édition d'un livre, la représentation d'une pièce, la réali-
sation d'un film. Sans doute faut-il expliquer le phénomène, communément reconnu bien qu'il reste difficile à
quantifier, par la concentration du public sur les loisirs
admissibles à l'heure des multiples limitations à la liberté
de circulation, mais on ne peut pas exclure l'hypothèse

que la gravité de l'heure, le caractère angoissant des enjeux contemporains favorisaient des formes d'expression à ambition explicitement métaphysique, morale ou civique.

En donnant pour incipit à son article fameux de 1944 sur « La république du silence » *(Les Lettres françaises)* : « Jamais nous n'avons été aussi libres que sous l'Occupation allemande », Jean-Paul Sartre entendait souligner à quel point la liberté éthique des citoyens français, et particulièrement des intellectuels, avait été durement mais solidement trempée par l'épreuve. On peut toutefois faire à la formule un autre sort, en remarquant à quel point l'époque en question allait réunir les trois grands facteurs de mobilisation des intelligentsias, et les porter à leur plus haut degré d'incandescence : l'occasion d'une « table rase », permettant d'espérer toutes les restaurations ou révolutions ; l'urgence des temps, qui implique des choix nets et tranchés — Drieu, dont la pensée politique fluctue depuis la guerre précédente, titre le recueil de ses premiers articles parus sous l'Occupation : *Ne plus attendre* — et fait assimiler par les pétainistes de 1940 l'exil vers la France libre à une désertion de poste ; sur le fond, enfin, un large consensus autour de l'idée d'une faillite de l'ordre intellectuel établi antérieurement.

Sans cette triple conviction, partagée par les vichystes, les collaborationnistes et les résistants, ne se comprendraient pas les formes montantes de bipolarisation, qui conduisent les unes et les autres à afficher leur nombre et leur qualité — ainsi, en mars 1944, le fasciste Rebatet dresse-t-il les palmarès comparés de l'académie de la Dissidence et de celle de la Collaboration ; sans elle s'interpréterait difficilement le fait, *a priori* troublant, que plusieurs des cas d'engagement les plus radicaux pendant cette période sont venus de personnalités restées jusque-là en retrait, tels l'historien Marc Bloch ou le philosophe Jean Cavaillès, tués par les Allemands, les écrivains

Jacques Chardonne, auteur de réputation intimiste, à qui la *NRF* devra quelques-uns de ses textes les plus claire-ment proallemands, ou Jean Prévost, qui tombera les armes à la main dans les combats du Vercors. Ainsi était-on insensiblement passés de la guerre civile larvée à la guerre civile ouverte, de la tache d'encre à la tache de sang.

Les deux défaites

Les intellectuels qui rallient en 1940 le nouveau régime ont en commun de prendre acte, de tenir pour acquis l'état de fait issu de la victoire allemande, qu'on la juge défini-tive (pour la plupart) ou provisoire, et de le transformer en état de droit. Ceci posé, il y a bien de la différence entre ceux qui, profondément conservateurs, applaudis-sent à une restauration nationale tout en se méfiant de l'impérialisme allemand, et ceux qui, profondément radi-caux, aspirent à un nouvel ordre européen tout en se méfiant des forces « réactionnaires » à l'œuvre dans l'en-tourage du Maréchal, symbole intouchable et, en effet, intouché.

L'intelligentsia de la Révolution nationale

Encore aujourd'hui l'extrémisme sans précédent du second groupe continue d'éclipser le premier, qui est pourtant celui qui exerça l'hégémonie intellectuelle, dans les deux zones mais particulièrement en zone sud, au moins jusqu'à l'invasion de celle-ci. Peut-être aussi l'anti-intellectualisme affiché des nouvelles équipes au pouvoir a-t-il fait croire qu'elles n'avaient pas l'usage et ne disposaient pas de ce type de relais. On verra pourtant plus d'un symbole dans le fait que lorsque le maréchal Pétain dénonçait « les mensonges qui nous ont fait tant de mal », proclamant que, face à la ville corruptrice, « la terre elle, ne ment pas » — autant de mises en cause radicales de l'héritage intellectuel de la IIIe République —, il le faisait sur des textes rédigés par deux purs produits de l'intelligentsia de gauche parisienne d'avant-guerre, Emmanuel Berl et Gaston Bergery.

Encore ne s'agit-il là que de « plumes » mises ponctuellement au service de la parole d'un chef charismatique. Si l'on considère les multiples moyens de propagandes créés, réorganisés ou réorientés par Vichy en direction d'un peuple supposé trop longtemps abusé mais enfin réceptif, surtout dans ses plus jeunes éléments, on n'a aucune peine à y mettre à jour la cohérence d'une intelligentsia organique. Avec les mêmes rôles à remplir que partout ailleurs dans un tel cas, proposés par l'un des pouvoirs les plus centralisés qu'eût jamais connu la France. Le seul exemple de Paul Morand résume assez bien ces différentes fonctions : d'ostentation (ayant repris du service au Quai d'Orsay au lendemain de Munich, il sera nommé par Vichy ministre de France à Bucarest, puis à Berne), de conseil (il entre au Conseil du livre, organe consultatif de la politique vichyste en la matière), de gestion de la vie culturelle surtout (il fait partie de la toute-puissante Commission de contrôle du papier d'édition, qui a droit de vie et de mort sur un livre ou un éditeur et préside même pendant un an la non moins puissante Commission de censure cinématographique).

Loin d'être groupusculaire ou anémiée, l'intelligentsia proprement vichyste aligne des noms et des institutions illustres. Les deux principales académies littéraires abondent dans son sens, la Française de manière assez prévisible, à considérer les prises de position antérieures de la majorité de ses membres, couronnées par l'élection de Charles Maurras en 1938 (principales exceptions : Georges Duhamel et François Mauriac), mais aussi la Goncourt, pour lors menée par Jean de La Varende et René Benjamin. Les principaux lieux de respectabilité littéraire de la zone sud, de *Candide* (encore plus de 180 000 exemplaires) à la *Revue des Deux Mondes*, sont évidemment en accord avec les nouvelles valeurs établies.

Derrière ces individus et ces groupes se repère aisément la marque du grand discours dominant, par son prestige et sa cohérence, au sein de la droite intellectuelle de l'entre-deux-guerres : le maurrassisme. Le maître lui-même, qui continuera à faire paraître son journal même après l'occupation de la zone sud, a salué dans le Maréchal un prince selon son cœur et « la divine surprise » qui le ravit le 9 février 1941 ne tient pas dans la défaite républicaine, comme on l'a parfois dit, mais dans la découverte de ces qualités éminentes mises au service d'une politique allant enfin dans le bon sens. Consulté personnellement à plusieurs reprises par les puissants du jour, Maurras exerce cependant surtout son influence par le biais de disciples de la première génération, membres de l'entourage du Maréchal. Les plus connus sont Henri Massis (1886-1970), membre du Conseil national, rédacteur des messages du chef de l'État à destination de la jeunesse, et René Benjamin, biographe de Mussolini et thuriféraire officiel du régime, qui proclame clairement : « La France possède deux grands hommes, Philippe Pétain et Charles Maurras : l'un est la force de la pensée, l'autre est la force de l'action. »

Par la lecture qu'elle fait de l'histoire nationale, comme par les solutions qu'elle propose pour le présent et pour l'avenir, l'idéologie vichyste témoigne de l'étendue de cette imprégnation, chacun de ses grands thèmes recevant l'appoint de médiateurs en quelque sorte spécialisés, écoutés de larges secteurs de l'opinion. Ainsi la reprise, cette fois officielle, de la dénonciation maurrassienne de « l'Anti-France » suscite-t-elle l'engagement politique de spécialistes de l'anglophobie, de l'antimaçonnisme ou de l'antisémitisme, promus à des postes de responsabilité culturelle ou administrative. Un exemple typique est celui de l'historien Bernard Faÿ, professeur au Collège de France, spécialiste de l'histoire américaine, mais aussi théoricien de la thèse du complot maçonnique ; Vichy en fait l'administrateur de la Bibliothèque nationale, où sa principale initiative consistera à créer un musée, une revue et un centre de documentation pour tous sur « les sociétés secrètes », à partir des confiscations opérées auprès de celles-ci.

Dans l'ordre du positif, les bonnes volontés ne manquent pas pour chanter les louanges d'une politique de restauration, qui donne soudain un cachet officiel à des discours jusque-là relégués dans l'opposition antirépublicaine. La référence explicite aux valeurs chrétiennes suscite l'adhésion solennelle, à la base, de nombreux clercs, enseignants ou journalistes catholiques (Paul Lesourd, Jean de Fabrègues...) et, au sommet, de personnalités connues de l'Église française, du cardinal Gerlier au cardinal Liénart, malgré des réticences croissantes de ces derniers à l'égard du racisme et des germes totalitaires de la dictature. Mais les intellectuels du siècle se mobilisent plus volontiers sur les thèmes, immédiatement politiques, du retour aux formes communautaires « naturelles » : métier, famille, pays. Le corporatisme et le système hiérarchique sont exaltés par un René Gillouin, un Gustave Thibon, tous deux membres du Centre français de synthèse, destiné à former l'élite vichyste.

Souvent liées entre elles, les argumentations du retour à la terre et de la restauration des provinces mettent sur le devant de la scène des écrivains classés « régionaux » par la critique parisienne. Province pilote en la matière, puisqu'elle est la seule à recevoir de Vichy un conseil consultatif, la Bretagne accorde éphémèrement une audience décuplée à des auteurs jusque-là confinés, comme le « barde » François (Fanch) Jaffredou, dit Taldir (1879-1956), ou le peintre et dessinateur Xavier de Langlais (1906-1975). Dans des régions moins particularisées, la défense et illustration des grands retours passe par la voix de ces gentilshommes campagnards de la plume que sont en Normandie un Jean de La Varende (1887-1959) ou en Auvergne un Henri Pourrat (1887-1959). La célébrité artistique a été acquise dans les deux cas antérieurement à 1940. En ce qui concerne Pourrat, par exemple, elle remonte aux années vingt, avec le cycle de *Gaspard des montagnes*. Mais que le temps de l'État français constitue pour une telle œuvre un moment privilégié se déduit aisément de la publication rapprochée d'essais intitulés *L'Homme à la bêche* (1940) ou *Le Paysan français* (1941), d'une biographie on ne peut plus officieuse de *Sully* (1942) et de la remise, en février 1942, au cours d'une cérémonie à caractère officiel, du prix Goncourt 1941 pour un *Vent de mars*, salué par l'académie comme « un guide et un appui » dans les inquiétudes contemporaines, l'expression de « quelques-unes des plus hautes et des plus nobles valeurs françaises ».

En ajoutant en 1942 à sa série *Le Chef français*, Pourrat situait clairement son travail d'intellectuel organique dans la perspective suprême du nouvel ordre : le culte de l'autorité et de la hiérarchie, celui-là même qui suscitait les témoignages d'allégeance au Maréchal ou à ses représentants de tant d'écrivains, d'artistes, d'artisans, de savants locaux, ou encore, sur les hauteurs, conduisait Paul Claudel à composer une *Ode au Maréchal Pétain*, qu'on a souvent malicieusement rapprochée d'une ode symétrique *au Général*, quelque temps plus tard.

« Intelligence avec l'ennemi »

Il suffit d'énumérer ainsi le système de valeurs défendu par les intellectuels vichystes pour pressentir que chez certains d'entre eux, plus poussés par la cohérence interne d'une doctrine antidémocratique que par les représentations du patriotisme, ce système pouvait conduire à la collaboration affichée avec un occupant perçu désormais moins comme allemand que comme nazi.

Il n'est peut-être pas sans importance que parmi la dizaine de ministres de Vichy dont on peut dire qu'ils furent résolument collaborationnistes, et non seulement, dans la pratique, collaborateurs, figurent une majorité de « professions intellectuelles ». Si l'enseignant Marcel Déat est d'abord un homme de parti, Jacques Benoist-Méchin (1901-1983), partisan actif d'une alliance militaire avec l'Allemagne, se définira lui-même, lors de son procès en Haute Cour, comme « homme de lettres ». Moins écrivains que lui mais plus publiquement engagés encore, deux personnalités notables témoignent d'une filiation en quelque sorte ultravichyste, partie de la droite classique pour aboutir au fascisme : Abel Bonnard (1883-1968), ministre de l'Éducation nationale de 1942 à 1944, et Philippe Henriot (1889-1944), porte-parole éloquent et écouté du combat « européen » sur les ondes de Radio Vichy, entré au gouvernement en janvier 1944. Le premier, écrivain précieux et confidentiel, membre de l'Académie française, a amorcé dans les années trente un processus de radicalisation politique qui l'a conduit à dénoncer les faiblesses des *Modérés* (1936), sa famille d'origine, avant d'exalter la force virile des régimes fascistes. Le 12 juillet 1940, il a été le premier écrivain français à demander solennellement, d'un amphithéâtre de la Sorbonne, que le monde des lettres se remît sans tarder au travail, en épurant de sa production les germes morbides qui étaient à la mode avant-guerre. Le grand maître de l'Université garantira sa longévité ministérielle par sa complaisance aux vœux d'une puissance occupante qui l'a définitivement envoûté. Le second, ancien député catholique conservateur, a choisi clairement le camp des ultras à partir du jour de 1941 où, en rompant avec Staline, Hitler a réintégré, à ses yeux, le destin du IIIe Reich dans la continuité de la croisade antibolchevique.

Mais on discerne aussi que les itinéraires qui conduisent à la collaboration intellectuelle avec l'Allemagne sont sensiblement plus compliqués que ceux qui maintiennent dans le sein du pétainisme ordinaire. Même l'extrême droite de l'immédiat avant-guerre, désormais principalement cristallisée autour de *Je suis partout*, qui recommence à paraître en 1941, dut procéder à quelques ultimes révisions : transfert progressif de la référence à Mussolini vers Hitler, et rupture définitive avec l'orthodoxie maurrassienne, trop étrangère à la perspective « européenne ». Le gros pamphlet de Lucien Rebatet, *Les Décombres* (1942), a pour auteur celui qui avait été à la veille de la guerre le chef des informations de *L'Action française.* En vertu de quoi, le théoricien de « La France seule » s'y trouve portraituré sans complaisance comme « l'illusionniste brillant de l'aboulie ».

Que le principal succès de librairie de la France occupée (au moins 65 000 exemplaires vendus, peut-être plus de 100 000) ait été ce torrentiel règlement de comptes de 664 pages où, parmi les têtes de Turc de cet auteur qui s'autodéfinissait « wagnérien, nietzschéen, antisémite, anticlérial », les dévirilisés avoisinent les dégénérés, éclaire ce qui est sans doute le plus petit commun dénominateur de cette famille d'esprits : l'expérience douloureuse d'une marginalité par rapport aux réseaux intellectuels dominants de l'avant-guerre. Minoritaires, exclus ou battus, de toujours, d'avant-hier ou d'hier, ils ont tous une revanche à prendre sur le « Système », dont ils sont, par ailleurs, souvent issus.

On en retrouve donc beaucoup qui poussent jusqu'au bout la logique récriminatoire déjà discernable au sein de l'idéologie vichyste. La principale différence tient ici moins au ton adopté, singulièrement violent, qu'à l'argumentaire utilisé, où plus aucune limite pratique n'existe au développement théorique de l'exécration. Certains destins personnels s'y scellent définitivement et, si de vieux pamphlétaires antisémites du début du siècle en profitent pour retrouver *in extremis* des tribunes imprévues (Urbain Gohier, Lucien Pemjean...), un anglophobe affiché comme l'historien de la marine Paul Chack (1875-1944), porte-parole des vieilles rancunes de la « Royale », sera pour ce maximalisme l'un des premiers écrivains fusillés à la Libération. Quant à Louis-Ferdinand Céline, il n'a aucune peine à puiser d'abord dans la défaite française, puis dans les difficultés allemandes les arguments successifs et récurrents d'une hypocondrie essentiellement cristallisée depuis 1937 sur le juif.

Mais si l'on pousse un peu plus loin l'analyse, on peut soutenir que le thème mobilisateur ultime, dans l'ordre du négatif, celui qui rend le mieux compte de la variété de cheminements sans lui souvent paradoxaux, est l'anticommunisme. C'est lui, on l'a déjà vu, qui rallie les intellectuels de droite désormais convaincus que seule « l'entente entre la force aryenne et l'esprit catholique » (Robert Brasillach) permettra de partir à la reconquête du « tombeau du Christ » métaphorique de la nouvelle croisade (Mgr Baudrillart, recteur de l'Institut catholique de Paris). Mais c'est aussi lui qui rend proallemands des membres connus des trois communautés intellectuelles de gauche directement affrontées au communisme dans les années précédentes : anciens communistes ayant brûlé leurs vaisseaux, socialistes des courants « révisionnistes » de l'entre-deux-guerres, syndicalistes à tendance autonomiste. Des journalistes comme Camille Fegy ou Jean Fontenoy, des enseignants comme Ludovic Zoretti ou Léon Émery répondent à ces définitions.

L'hétérogénéité doctrinale des collaborationnistes se mesure, en revanche, à l'inégale importance qu'ils accordent à certaines exécrations nazies. Ainsi l'antisémitisme et surtout l'antimaçonnisme sont-ils, sans être tout à fait absents, exprimés avec une certaine modération par les milieux « socialistes-nationaux » lointainement issus de la gauche laïque, souvent proches de Marcel Déat, tels l'ingénieur Georges Soulès, futur Raymond Abellio, ou le critique littéraire Claude Jamet.

L'unité intellectuelle du groupe, et d'abord sa spécificité par rapport au vichysme, s'approche mieux à travers les trois traits principaux de l'organisation sociale qu'il propose, comme une sorte de réponse implicite au triptyque Travail, Famille, Patrie, et qu'on pouvait résumer en Socialisme, État, Europe, à condition de préciser le contenu mis derrière chacun de ces termes. Le plus flou reste le premier, le ralliement à la formule d'un « socialisme aryen » (Rebatet) recouvrant, chez des hommes jusque-là violemment dressés contre le « judéo-marxisme », un ensemble mal défini de dirigisme d'État, de syndicalisme obligatoire et de technocratie. Sur le fond, il ne s'agit guère que du versant populiste d'une conception du pouvoir strictement totalitaire, issue d'un rejet radical de l'individualisme démocratique du régime déchu, en même temps que d'une critique acerbe du corporatisme généralisé de l'idéologie (plus que de la pratique) dominante à Vichy.

Plus prompts à s'enthousiasmer là où un Rebatet ou un Laubreaux aiment à haïr, un Brasillach ou un Drieu La Rochelle prônent dans leurs écrits un système politique régénéré sur le modèle fasciste : État fort, parti unique, culte du chef. On notera que lorsque, à l'été 1940, tout paraît encore possible aux « révolutionnaires », ce sont trois intellectuels qui, passés au militantisme, élaborent les deux principaux projets connus de parti unique : Drieu La Rochelle, s'adressant à son ami Otto Abetz, le 10 août, et, plus officiellement, Gaston Bergery et Marcel Déat, le 17 juillet, à Vichy. Mais on n'oubliera pas non plus que le virilisme et l'activisme exigeants qui sous-tendent de telles thèses ne sont pas sans poser quelques problèmes aux intellectuels, « cette race insupportable » (Brasillach), efféminée, dénationalisée et disputeuse, volontiers tenue en suspicion par le fascisme. C'est dans une telle perspective que se place Drieu La Rochelle quand il appelle de ses vœux « un type d'homme qui rejette la culture et qui rêve de donner au monde une discipline physique aux effets radicaux ». La recherche d'un intellectuel de type nouveau vaut à ces hérauts les satisfecit des militants : « Drieu est un intellectuel, bien sûr », concède le journal *Au Pilori,* principale feuille de dénonciation de la nouvelle presse, « mais c'est un vrai ».

Le plus original tient peut-être à l'importance accordée dans toutes ces solutions à la dimension européenne. Les grands hebdomadaires de la zone nord, de *La Gerbe* à *Comœdia,* ménagent des pages culturelles, soigneusement filtrées, ouvertes sur les aires nordiques, germaniques, latines, et l'essayiste Alfred Fabre-Luce, par ailleurs plus proche du conservatisme libéral, compose une *Anthologie de la nouvelle Europe* (1942) où, par exemple, Michelet et Proudhon se voient reconnus comme ayant traité « déjà des thèmes nationaux-socialistes ». Le thème européiste a sur tous les précédents le grand avantage de garder jusqu'au bout figure culturelle et signification irénique. Il permet la convergence des cercles intellectuels les plus variés : spiritualistes wagnériens (ainsi le vieil Édouard Dujardin, tout droit sorti des milieux symbolistes fin de siècle, passé insensiblement de Siegfried à Houston Stewart Chamberlain), anciens briandistes (les convictions initiales du patron de presse Jean Luchaire viennent de là), voire pacifistes ultras (Félicien Challaye).

Il n'est cependant que trop évident qu'un tel choix idéologique va dans le sens des intentions allemandes, aussi bien en ce qui concerne l'union des nations continentales sous l'hégémonie du Reich, que la division du travail qui confie implicitement à la France, au sein d'une Europe hitlérienne, un rôle exigu, vaguement et restrictivement « culturel ». Un exemple limite de cette utilisation des prestiges est donné par les divers voyages officiels

d'intellectuels français en Allemagne, tel celui du
Congrès international de Weimar, en octobre 1941 (outre
Bonnard, Brasillach et Drieu, Jacques Chardonne, Ramón
Fernandez, Marcel Jouhandeau...), ou bien, l'année sui-
vante, dans la même ville, celui du Congrès des écrivains
d'Europe (Georges Blond, André Fraigneau, André Thé-
rive...), et l'accueil symétrique d'alter ego allemands à
Paris, occasion de solennelles démonstrations d'amitié.
Les plus sûrs peuvent pousser jusqu'au front de l'Est,
comme Brasillach, en juin 1943.

Les « Nouveaux Messieurs »

De tels exemples éclairent, à travers ces temps et lieu
exceptionnels, sur le fonctionnement de toute une société
intellectuelle réduite ici à ses structures les plus simples,
mais aussi les plus nettes. L'intérêt de l'intelligentsia
parisienne « occupée » est donc plus encore dans le contenant que dans le contenu. Mieux qu'à la lumière d'une
audience élargie conférée à des discours jusque-là très
marginaux — car, à l'exception de la radio, il est difficile
de conclure avec certitude à l'existence d'un tel élargissement —, c'est plutôt, en effet, à celle de l'exclusivité de
diffusion qui leur est accordée que s'apprécie cette situation insolite.

La cohérence du système commence à la dévolution
des moyens, aujourd'hui bien connue, où se reconnaît
presque à tout coup la marque de l'Allemagne. Le jeu
administratif des autorisations et interdictions de publier
peut expliquer les déboires de quelques équipes de journalistes, d'écrivains et d'hommes politiques qui tentèrent,
éphémèrement, de faire entendre une voix si peu que ce
soit hétérodoxe, tels les pacifistes réunis par Henri Jeanson dans le quotidien *Aujourd'hui* ou les planistes de
l'hebdomadaire *Le Rouge et le Bleu* ; mais en deçà même
il faut tenir compte de la réalité technique et financière,
qui fait de l'ambassade allemande de la rue de Lille, de

l'administration militaire occupante ou des services du SD (service de renseignements, dont fait partie la Gestapo) autant d'organisateurs, généralement en sous-main, de la vie intellectuelle de la zone nord.

Le contrôle le plus strict, et le plus aisément vérifiable, a sans doute porté sur le moyen d'expression le plus répandu, la radiodiffusion (4 700 000 postes récepteurs recensés en 1938, 5 100 000 en 1944). « Radio Paris est allemand », chantonne la France libre, et l'analyse de la structure de cet organisme, mis en place dès juin 1940, ne fait que confirmer le slogan : c'est l'ancien directeur de Radio Stuttgart, Bofinger, qui dirige la nouvelle station, flanqué, pour les informations, de deux officiers allemands, et c'est à des hitlériens avérés que sont confiées les émissions à message idéologique avoué : « À la recherche de l'âme française », « Au rythme du temps », où se mêlent journalistes et comédiens, « Les grands Européens », « Les Juifs contre la France »...

L'éloignement de Paris et la cohabitation avec l'administration vichyste ne font pas disparaître de telles procédures. Ainsi à Rennes est-ce l'autorité d'occupation qui soutient en sous-main la création d'un Institut celtique fortement coloré d'autonomisme, et fait de son animateur, le linguiste réputé Roparz Hemon, le secrétaire aux émissions de la station Radio Bretagne, dont le financement par Radio Paris sera révélé à la Libération : en conflit avec l'administration française de l'Éducation nationale dont il fait partie, l'intéressé arguera même de sa qualité « d'employé de l'armée allemande » pour faire valoir ses droits.

Hors de ce secteur où, quoi qu'il en fût, l'intervention directe du pouvoir politique remontait aux origines, et sa complète mainmise, à l'époque du gouvernement Daladier, la tutelle allemande se fit plus subtile, mais avec les mêmes objectifs et les mêmes résultats. Au jour du débarquement, l'agent allemand Gerhard Hibbelen pouvait se flatter de contrôler dans un seul trust une cinquantaine de publications, avec un droit de regard sur une trentaine d'autres. Le plus intéressant pour notre propos tient dans la composition du trust, qui finit par couvrir à peu près l'ensemble du spectre des moyens d'information et de formation journalistiques, de *L'Auto* au *Petit Parisien*, y compris la dose jugée sans doute suffisante d'organes intellectuels, tels le quotidien de Jean Luchaire, *Les Nouveaux Temps*, destiné à prendre la place laissée vide par le *Temps*, le mensuel *La Chronique de Paris*, supposé fonctionner de même pour la *NRF*, et l'hebdomadaire *Germinal*. Au sein du même conformisme ces trois titres sont par ailleurs censés refléter trois sensibilités différentes nuancées, une droite (Brasillach, Fraigneau, Rebatet à *La Chronique*), un centre (Luchaire), une gauche (Jamet, à *Germinal*).

Dans ce cas précis l'argent, du début à la fin, a transité par le canal de l'ambassade du Reich à Paris, placée sous la responsabilité d'Otto Abetz. Malgré les querelles de services et le grignotage constant de ses responsabilités par la *Propagandastellung*, dépendant du commandement militaire, et la SS, l'équipe de la rue de Lille conservera ainsi jusqu'à la fin un poids décisif en matière de contact avec l'intelligentsia. Elle est réputée « francophile ». À l'expérience, il faut sans doute traduire ce qualificatif par un mélange d'admiration pour la culture française, traditionnelle et parfois moderne, et d'intime conviction de la supériorité idéologique du national-socialisme.

Cette image est celle que véhiculent quelques personnalités mises en avant par l'occupant pour l'entretien de liens ostentatoires avec les intellectuels français, tels Karl Epting et Karl Heinz Bremer, de l'Institut allemand, centre culturel de l'ambassade, ou l'essayiste Friedrich Sieburg, auteur remarqué, en 1929, d'un *Dieu est-il français ?*, question à laquelle il donne désormais une réponse moins balancée. Toute l'équivoque des relations intellec-

tuelles franco-allemandes de cette époque est illustrée par
la situation d'un jeune admirateur et bon connaisseur de
la littérature française comme Gerhard Heller, connu pour
les petites « faveurs » qu'il accorde aux écrivains français, mais qui, pour les exercer, n'en remplit pas moins,
par définition, les fonctions, évidemment fort contrôlées,
de censeur du livre. Toujours est-il que le but ultime de
cette politique, au niveau des principaux responsables en
tous les cas, n'est pas de « favoriser » la France, mais de
rallier ses intellectuels, conformément à l'intuition prêtée
à Abetz lors de son arrivée à Paris, que le contrôle de la
NRF était aussi important que celui d'un ministère.

À l'extrême de la tendance, l'un n'eût pas exclu l'autre.
Ainsi l'un des plus clairs hommages au rôle politique des
intellectuels fut-il rendu le 1er mars 1941, quand le responsable de la section juive du SD, Dannecker, proposant
à Abetz la création d'un Office central juif sur le modèle
du *Judenrat* allemand, avancera pour sa direction une
demi-douzaine de noms parmi lesquels ne figurait qu'un
homme politique (Darquier de Pellepoix), mais deux journalistes, héritiers de noms fameux dans les annales du
racisme, Gobineau et Vacher de Lapouge, un historien
(Bernard Faÿ), un anthropologue (Georges Montandon,
professeur à l'École d'anthropologie de Paris), enfin un
écrivain (et médecin hygiéniste), qui n'est autre que
Céline.

Monopoles et substituts

Sur de telles bases, il est alors loisible à l'occupant de
laisser jouer les modalités techniques variées d'un système intellectuel classique. Au stade élémentaire se situe-
ront les tempéraments les plus individualistes, qui
refusent d'entrer dans l'engrenage d'un engagement officiel ou officieux. Restent cependant leurs œuvres, abondamment utilisées par la propagande établie. Céline est
un clair exemple de ce type de situation : il publie en

1941 un troisième pamphlet, *Les Beaux Draps*, dans la ligne des deux précédents, eux-mêmes réédités et parfois augmentés, *Bagatelles pour un massacre* (1937) et *L'École des cadavres* (1939), où le sursaut pacifiste s'était trouvé emporté par une grande vague xénophobe, antisémite et totalitaire, alimentée par les sources d'« information » du service national (*Weldienst*) allemand. Accessoirement, on le voit fréquenter les réunions de l'Institut d'étude des questions juives (IEQJ) ou protester contre l'absence de ses œuvres à la grande exposition antisémite du palais Berlitz, *Le Juif contre la France.* Un procédé de prise de position très célinien est la lettre ouverte. On en compte au moins une demi-douzaine, de *Je suis partout* à *Au pilori*, entre 1941 et 1944. Publiées en bonne place par le périodique auquel il les adresse, elles signent son acceptation pessimiste, voire, le temps passant, défaitiste, de la défaite française.

Des personnalités plus modérées, mais aussi, par là, moins compromettantes pour le nouvel ordre, voient, de la même façon, mettre en avant leurs premiers essais de méditation sur les fautes nationales et les qualités allemandes : le premier tome du *Journal de la France*, d'Alfred Fabre-Luce, l'*Après la défaite* de Bertrand de Jouvenel (traduit en allemand), *Le Solstice de juin* d'Henry de Montherlant... Comme le postule ce dernier, et la formule vaut pour les autres : « Les circonstances actuelles, malgré l'apparence, semblent favorables à la liberté d'esprit de cet anormal qu'est l'artiste. »

La participation, plus ou moins active, aux manifestations ou aux associations d'amitié franco-allemande marque pour certains un pas de plus dans le sens désiré en haut lieu. La librairie Rive gauche, à capitaux franco-allemands (Brasillach siège symboliquement à son conseil d'administration), qui reçoit en 1943 l'exclusivité de l'exportation du livre français en Allemagne, ou le groupe Collaboration, destiné à recruter dans les « élites », du membre de l'Institut au notable local, sont des canaux privilégiés. Le professeur Fourneau, de l'Institut Pasteur, encourage les jeunes chercheurs français à partir outre-Rhin, le très actif Georges Claude (1870-1960), inventeur, industriel et (surtout) vulgarisateur des sciences physiques et chimiques, venu du maurrassisme, se voue corps et âme à un travail de propagande hitlérienne axé sur la « déclaration » à la presse et aux agences, et sur la conférence (près d'une centaine à travers la France en 1943). L'écrivain Jacques Chardonne passe, avec plus de circonlocutions, du tableau idyllique des rapports franco-allemands à la base dans sa *Chronique privée*, rendue publique, *de l'an 1940* (1941) à un véritable essai politique, *Voir la figure* (1941) : « L'Allemagne apporte la solution » en est le point d'aboutissement.

Le temps passant, certains de ces auteurs amorceront un repli, prudent ou désabusé, vers une littérature plus détachée du contemporain. Les têtes les plus politiques, en revanche, persistent et signent — à commencer par des pétitions de style classique, comme, par exemple, celle des intellectuels français, le 7 mars 1942, pour l'Union européenne contre la criminelle Angleterre (Ajalbert, Béraud, Brasillach, Céline, Alphonse de Châteaubriant, Georges Claude, Drieu, Fernandez, Abel Hermant, La Varende,...). Ce sont elles qui fournissent la matière principale aux organes de presse autorisés, souvent par le biais de la puissante agence Inter-France, dirigée par Dominique Sordet : une bonne partie du contenu, voire de la forme, des éditoriaux de la presse de province, et dans les deux zones, provient de cette officine. Quand Claude lui confie sa « déclaration » : « Français, il faut comprendre », l'agence se flatte de la répercuter dans quatre-vingts journaux, touchant en théorie sept millions de lecteurs.

Ainsi en quelques mois l'occupant a-t-il réussi à

reconstituer à son profit l'essentiel de la structure : maisons d'édition de prestige, revues mensuelles de réflexion intellectuelle générale, hebdomadaires littéraires et politiques, quotidiens de référence, même si la qualité des « substituts » est parfois médiocre, ou se dégrade. Ainsi, à tout prendre, *Les Nouveaux Temps* font-ils fonction du *Temps* avec moins de succès que *La Gerbe*, d'Alphonse de Châteaubriant, faisant fonction de *Candide*. Si les tirages du quotidien sont tombés au début de 1943 au-dessous de 60 000 exemplaires, ceux de l'hebdomadaire se stabilisent aux alentours de 140 000 et la radicalisation continue de *Je suis partout* n'empêche pas ce titre d'atteindre ses sommets en 1944, avec environ 220 000.

Dans ce dernier cas, les apparences de la continuité avec l'avant-guerre jouent peut-être en sa faveur, car l'occupant tente en effet de ressusciter plus que de fonder. Abetz parvient ainsi à convaincre son ami Drieu de prendre la tête d'une *Nouvelle Revue française* régénérée. L'ambiguïté tient moins dans l'accord de l'écrivain, prompt, pour quelques mois, à oublier ses désillusions et variations antérieures, que dans celui des Éditions Gallimard, prolongé par l'aide « technique » discrète que l'ancien directeur, Jean Paulhan, pourtant de plus en plus engagé dans la Résistance, continuera d'apporter à la revue.

L'échec de ces tentatives, sur le long terme, n'est pas inscrit seulement dans la défaite militaire allemande. Il se mesure déjà dans les tensions de plus en plus intenables qui parcourent cette société saisie peu à peu de fièvre obsidionale. La *NRF* et son directeur en expriment clairement le sens. Le contenu des premiers sommaires fait s'éloigner ceux qui, tels Paul Éluard, André Gide ou Louis Guilloux, avaient d'abord accepté d'y figurer, et le public non collaborationniste boude. De 1941 à janvier 1943, le tirage chute de 11 à 5 000 exemplaires. En juin, Drieu arrête la publication. « Peu importent, avait-il lancé initialement, les heurts, les malentendus, les échecs, les grincements de dents, les désespoirs... — nous collaborons, et cela est une garantie de vie. » Désormais, la vie s'éloigne.

À cette date l'ancien membre du PPF a rejoint derechef le parti de Jacques Doriot, rompant ainsi les ponts une dernière fois, alors même qu'en lui grandit la conviction de l'échec. Un signe peu récusable de dégradation du statut social de ces intellectuels, en même temps que de l'exacerbation de leurs rapports avec leurs adversaires, est fourni par le passage des premiers à des formes d'intervention plus militantes, voire militaires. Plusieurs journalistes de *Je suis partout*, quitté en 1943 par Brasillach, dont le rêve fasciste s'effondre en Italie, adhèrent symboliquement à la Milice. L'un d'entre eux, Pierre-Antoine Cousteau, suivra sur le terrain une opération de « nettoyage » contre la Résistance ; le secrétaire de la rédaction, Claude Maubourguet, part combattre le maquis des Glières. Dès 1941, l'un des principaux collaborateurs de *La Gerbe*, le jeune Marc Augier, avant-guerre personnalité en vue du mouvement ajiste, s'était engagé dans la Ligue des volontaires français contre le bolchevisme (LVF) ; en 1944, il est devenu Waffen-SS.

Les débats de l'immédiat après-guerre sur la responsabilité de l'intellectuel se nourriront de ces manifestations d'engagement éclatantes, dont la preuve par l'absurde sera fournie par le comportement de la plupart des personnalités les plus connues qui, de Châteaubriant à Rebatet, de Roparz Hemon à Jean Luchaire, suivront l'armée allemande dans sa retraite vers l'est à partir de l'été 1944 ; Drieu La Rochelle, dans une perspective plus proprement éthique, choisit quant à lui, par deux fois, le suicide, au nom du principe : « Oui, j'ai été d'intelligence avec l'ennemi. J'ai apporté l'intelligence française à l'ennemi. Ce n'est pas ma faute si cet ennemi n'a pas été intelligent. (...) Nous avons joué, j'ai perdu. Je réclame la mort. »

La Résistance intellectuelle

Même si le refus d'admettre, d'une part, le fait accompli d'une défaite sans recours de la France et, de l'autre, l'extrapolation à une victoire prochaine du modèle fasciste à l'échelle européenne, voire mondiale, ne fut pas une attitude rarissime parmi les intellectuels français de 1940, il n'en reste pas moins qu'un découragement passager ou un doute plus profond, l'incertitude sur le sens à donner à une « résistance » et les moyens à prendre s'unirent pour retarder le passage à l'acte.

Une lente reconstitution

Autant qu'on puisse en renouer les fils aujourd'hui, les refus initiaux peuvent se rattacher à trois grands types de cheminement intellectuel. Le plus facile à reconstituer est celui qu'ont suivi ceux qui, situés d'emblée ou par choix volontaire dans un contexte extérieur à la métropole, ont restitué dans une perspective planétaire la défaite nationale et reporté leurs espoirs sur le Royaume-Uni et, à terme, les États-Unis, autrement dit sur la solidarité des démocraties.

La neutralité américaine établit d'ailleurs pendant les deux premières années une différence de comportement sensible entre les colonies françaises centrées respectivement sur Londres et sur New York. La première, abandonnée par ses éléments vichystes, communie avec la France libre, même si en son sein subsistera jusqu'au bout un fossé entre les partisans déclarés du général de Gaulle et ceux qui conservent à son égard une certaine défiance. Le journaliste démocrate-chrétien Maurice Schumann, ancien de *L'Aube*, prend place parmi les premiers, avec une éloquence qui lui vaudra de devenir l'un des principaux animateurs des émissions de la BBC en langue française, tandis que le juriste René Cassin mettra ses

compétences au service des conceptions constitution-
nelles du général de Gaulle. Le jeune universitaire Raymond Aron se rattache plutôt au second groupe, avec la
revue *La France libre*, qui paraîtra à Londres de 1940 à
1944.

La situation est plus confuse outre-Atlantique, où per-
dure un fort noyau de personnalités modérées faisant, au
moins jusqu'en 1942, confiance au Maréchal, tel André
Maurois, et où l'alignement derrière le Général va encore
moins de soi. La commune déréliction ne saurait, quoi
qu'il en fût, conduire à une quelconque synthèse idéologique des hommes aussi différents que Georges Bernanos
(Lettre aux Anglais), le philosophe thomiste Jacques
Maritain, le romancier laïque Jules Romains et les divers
petits groupes d'extrême gauche, plus ou moins compagnons de route de l'exilé Trotsky (surréalistes orthodoxes
autour d'André Breton, Marceau Pivert au Mexique,
Roger Caillois en Argentine...). Sur le terrain de l'action
conjoncturelle, la plupart de ces sensibilités se retrouvent
pour participer aux émissions françaises de *La Voix de
l'Amérique* (Breton, Philippe Soupault...) ou pour publier
des textes résistants aux Éditions de la Maison française
(Raymond Aron, Julien Green, Maritain, Romains, Soupault...). La forme la plus ambitieuse de cette présence
intellectuelle en exil sera, de 1942 à 1945, l'École des
hautes études de New York (une centaine d'enseignants,
dont Georges Gurvitch, Claude Lévi-Strauss, Maritain,
Jean Perrin), pendant français de la célèbre New School
For Social Research des émigrés allemands. La disparition de l'établissement dès la fin de la guerre, contrairement à la pérennité de cette dernière, dit bien qu'il s'agit
ici beaucoup plus d'un acte de témoignage que d'un projet scientifique autonome, visant le public américain. Elle
symbolise aussi la fragilité, compte tenu de son éloignement physique et mental par rapport au lieu des combats
militaires et intellectuels, de cette Résistance-là, destinée

à rester jusqu'au bout peu connue des métropolitains et, par la suite, sans grand prestige auprès d'eux.

Parmi ceux-ci l'intelligentsia résistante apparaît comme procédant d'un mélange, en proportion variée, de conviction démocratique et de sursaut patriotique. La première l'emporte chez les « hommes de gauche » restés fidèles à l'engagement antifasciste des années trente. Le *Journal des années noires* de Jean Guéhenno — des extraits en paraîtront dans la clandestinité — reflète cet état d'esprit, moins troublé que celui des intellectuels communistes, dont la participation aux premières initiatives de contre-propagande et d'action demeure individuelle et non mandatée. La discrimination anticommuniste de l'État français, indépendante de toute pression allemande, contribuera d'ailleurs à accélérer ce passage à l'opposition, et le premier universitaire arrêté (il sera ensuite placé sous surveillance) pour faits de résistance, à l'automne 1940, fut Paul Langevin.

Reste que, de son côté, en renouant, à partir du printemps 1941, avec le discours national qui avait été le sien de 1935 à 1939, le parti communiste encourageait la mise en avant de la dimension patriotique du combat intellectuel, qui allait primer dans la détermination d'un certain nombre d'artistes, d'hommes de lettres et d'universitaires venus du traditionalisme (Emmanuel d'Astier de la Vigerie, Jacques Debû-Bridel...), du républicanisme laïque (Marc Bloch, Jean Prévost...) ou d'inspiration chrétienne, la lutte contre le « paganisme nazi » venant en renfort dans ce dernier cas (Pierre Emmanuel, François Mauriac...). Et c'est à l'occasion du 11 novembre 1940 qu'eut lieu, à Paris, la première et l'une des rares manifestations de rue de la Résistance, significativement composée pour l'essentiel d'étudiants et de lycéens, à l'appel de leurs enseignants.

La reconquête

En raison des dangers courus, un tel moment collectif fut cependant unique. On assista d'abord à l'atomisation des destins, qui ne convergèrent que lentement, la plupart du temps au bout de deux ou de trois années seulement, vers une action intellectuelle cohérente et coordonnée. Jusque-là chacun verra la résistance à son cadran. À son degré zéro, celle-ci tiendra dans le refus de toute « compromission » avec la presse, voire l'édition, autorisées. Ainsi Chamson ou Guéhenno refusent-ils d'apparaître au sommaire de la presse de la zone nord, ainsi Malraux fait-il paraître *Les Noyers de l'Altenburg* en Suisse. Un pas décisif est franchi quand, sous le couvert de l'anonymat ou du pseudonyme, l'intellectuel met résolument son art au service de la contre-propagande de la France libre et des Alliés.

Ceux qui iront le plus loin en ce domaine sont souvent de jeunes artistes ou universitaires qui ont fait leurs premières armes à l'époque du Front populaire. Les deux figures emblématiques de la Résistance littéraire française appartiennent clairement à cette catégorie. Vercors, auteur du premier livre — et roman — clandestin, *Le Silence de la mer*, a été avant-guerre, sous son vrai nom de Jean Bruller, un dessinateur de la presse de gauche ; Jacques Decour, cofondateur du Comité national des écrivains (CNE) et du périodique *Les Lettres françaises*, arrêté en 1942 et fusillé, était, sous son vrai nom de Daniel Decourdemanche, un jeune militant communiste, professeur d'allemand au collège Rollin (aujourd'hui lycée Jacques-Decour), éphémère rédacteur en chef de *Commune* en 1939.

Retrouvant la logique qui avait conduit certains d'entre eux à s'engager dans les Brigades internationales, plusieurs intellectuels vont entrer résolument dans les réseaux de renseignements alliés ou prendre les armes. Il n'est pas sans importance que l'un des tout premiers réseaux dans l'histoire de la Résistance française ait eu pour animateurs de jeunes chercheurs du musée de l'Homme, disciples de Paul Rivet, secondés par des compagnons de route, avant-guerre, du parti communiste, comme les écrivains Claude Aveline et Jean Cassou. Quant au ralliement tardif d'André Malraux, on sait qu'il s'accompagna, au printemps 1944, d'un passage rapide à l'action armée, dans les maquis de la Corrèze. Ceux-ci donnèrent naissance à la brigade Alsace-Lorraine qui, l'automne suivant, entra dans Strasbourg sous la direction du « colonel Berger » — le nom était, entre autres, celui de son héros des *Noyers*—, flanqué d'un adjoint nommé André Chamson (dans le Midi, René Char fut le « capitaine Alexandre »).

Reste que la forme d'intervention la plus spécifique des intellectuels fut le manifeste, strictement verbal ou sous une expression artistique dérivée, explicite ou codée, au grand jour ou dans la clandestinité. Deux des originalités de la période tiennent dans le rôle que jouèrent à ces différents stades d'une part les revues et maisons d'édition de poésie, de l'autre les centres intellectuels de la province et d'outre-mer, sans parler de l'étranger francophone (la collection des *Cahiers du Rhône*, en Suisse romande, dirigée par Albert Béguin). Juxtaposant ces deux caractéristiques, des titres comme *Fontaine*, en Alger (Max-Pol Fouchet), *Les Cahiers du Sud*, à Marseille (Jean Ballard), *Poésie*, à Villeneuve-lès-Avignon (Pierre Seghers) ou *Confluences*, à Lyon (René Tavernier), d'abord circonspects, auront ensuite maille à partir avec les deux censures qui les suspendront parfois, sans jamais cependant les interdire complètement. Le lien avec la Résistance politique et militaire n'en est pas moins évident, en particulier à Lyon où Tavernier est aussi membre du comité directeur du Front national de la zone sud.

C'est cependant de Paris que, malgré toutes les difficultés que l'on devine, purent être dirigés et imprimés les principaux organes périodiques de l'intelligentsia clandestine, tels *Les Cahiers du témoignage chrétien* (R.P. Chaillet, Fessard, de Lubac...), et *Les Lettres françaises*, où Claude Morgan succéda à Jacques Decour (vingt numéros parus dans la clandestinité, à partir de septembre 1942). L'audace suprême fut la mise sur pied de maisons d'édition intégralement clandestines, La Bibliothèque française, proche du parti communiste, et surtout, dès 1942, Les Éditions de Minuit, créées par Pierre de Lescure et Vercors. À la Libération, ces dernières pourront aligner un « catalogue » de vingt-cinq titres, réunissant une cinquantaine d'auteurs, tous connus sous un pseudonyme s'ils résident en métropole : François Mauriac y devient « Forez » (*Le Cahier noir*, 1943), Jean Guéhenno, « Cévennes » (*Dans la prison*, 1944), Aragon, « François la Colère » (*Le Musée Grévin*, 1943), etc.

Deux anthologies font passer à la postérité la formule de *L'Honneur des poètes* (le premier volume a été composé en 1943 sous la direction de Paul Éluard : outre lui et Robert Desnos, y figurent Eugène Guillevic et Francis Ponge). Elles confirment le rôle éminent accordé à l'arme poétique, utilisée parfois de manière cryptique, comme dans les premiers textes d'Aragon (*Le Crève-cœur*) ou d'Éluard, publiés au grand jour et remplis d'allusions patriotiques, mais aussi plus explicite et diffusée sous le manteau (Jean Cassou, dit « Jean Noir », *Trente-trois sonnets écrits au secret*), mise en musique et reprise sur les ondes de la France libre. Sont restés dans les annales *Liberté*, d'Éluard, d'abord poème d'amour à sa muse, Nusch, *Ballade de celui qui chante dans les supplices* ou *La Rose et le Réséda*, d'Aragon. Nul doute qu'une telle conjoncture n'ait accéléré l'évolution de l'un et de l'autre vers une conception moins hermétique de leur art (la contribution d'Éluard à *L'Honneur des poètes* est intitulée « critique de la poésie »).

Les lendemains qui chantent

Le choix politique, ancien ou récent, de ces deux derniers auteurs, comme aussi de Guillevic, Ponge ou Morgan, souligne l'un des paradoxes apparents de cette
période : décimée entre 1939 et 1940, l'intelligentsia
communiste se retrouve, quatre ans plus tard, prédominante au sein de la Résistance. Car si « L'Appel aux écrivains » de Jacques Decour publié dans le premier numéro
des *Lettres françaises* unit « toutes les tendances et toutes
les confessions : gaullistes, communistes, démocrates,
catholiques, protestants », c'est la seconde qui est, de
loin, en 1944, la plus prestigieuse. Sans doute le rôle actif
joué sur le terrain par des militants reconnus, résolus et
courageux a-t-il exercé son pouvoir de séduction. Ainsi
la résistance en milieu universitaire s'organise-t-elle, dès
la fin de 1940, autour de deux communistes, le philosophe Georges Politzer et le physicien Jacques Solomon,
fondateurs du groupe de l'Université libre, qui tomberont
l'un et l'autre sous les coups de l'occupant. Mais l'essentiel provient sans doute de la conjoncture intellectuelle
générale.

D'abord, parce que, régime de droite, l'État français
contribua à radicaliser à gauche nombre de ses opposants.
Ensuite parce que les nécessités particulières de la lutte
clandestine, mais aussi la rigueur pratique, par quelque
biais théorique qu'elle supposait pour être poursuivie
avec efficacité, mettaient en lumière les qualités d'organisation, de structuration politique et idéologique, du parti
communiste. Enfin, et c'est sans doute là le plus important, parce que, face à la crise des valeurs démocratiques
libérales, le marxisme-léninisme, porté par un mouvement international, pouvait paraître comme le seul système de référence alternatif à la rigueur antilibérale de la
solution fasciste. Et de même que l'échec de celle-ci,
entre 1943 et 1945, portait un coup très dur, sans doute
mortel, à une idéologie qui s'était présentée comme réa-

liste, moderne et conquérante, de même favorisait-il le ralliement de nombreuses personnalités du monde culturel soucieuses, sans doute, de témoigner mais, autant que faire se peut, dans « le sens de l'histoire ».

Cette nouvelle hégémonie intellectuelle ne se dégagera cependant que peu à peu. Jusqu'à la Libération, sinon de la totalité du territoire du moins de la capitale intellectuelle, les tâches corporatives et prospectives de la presse clandestine ou du Comité national des écrivains concerneront plutôt la définition des règles éthiques à respecter à l'égard de la presse autorisée (Sartre, qui avait donné un article à *Comœdia*, refuse de continuer à y collaborer) et l'épuration à venir des milieux artistiques. Le terme est ici à comprendre dans le sens de la confection non seulement de listes noires — moins d'ailleurs d'interdits que de « pestiférés », même si la différence pratique peut être mince — mais surtout de programmes de rénovation des règles de fonctionnement de ces milieux : « transparence » de la presse, statut du cinéma, aide des pouvoirs publics à la création artistique...

C'est à ce type de réflexion, parallèle à l'action de propagande, que s'attachent les organisations et organes spécialisés qui, désormais, prolifèrent : *Les Lettres françaises*, d'abord, dont le dernier exemplaire clandestin est tiré à 30 000 exemplaires, mais aussi *La Scène française* (Julien Bertheau, Bernard Zimmer...) pour le théâtre, *L'Écran français* (Louis Daquin, Georges Sadoul...), le Front national des peintres (qui édite en mai 1944 un album de lithographies, *Vaincre*), ou la Fédération de la presse clandestine (Albert Bayet, Pascal Pia...). Les débats de la Libération allaient montrer qu'il était plus facile d'épurer que de reconstruire.

Chapitre VII

AU SEUIL DES « TRENTE GLORIEUSES »

1944-1947

À la Libération[1], le champ intellectuel se trouve profondément remodelé, aussi bien par l'épuration dans l'édition et la presse que par l'apparition de clercs nouveaux prônant désormais le devoir d'engagement. Des hommes nouveaux, de nouveaux journaux et de nouveaux comités de lecture, autant de traits qui vont dessiner une nouvelle géographie de l'intelligentsia française. Malgré le repli passager après 1962 et en dépit des ambiguïtés idéologiques de 1968, c'est bien pour une trentaine d'années que l'essentiel du décor est planté.

Et dans un premier temps, sur ces intellectuels s'estimant soumis au devoir d'engagement, le communisme va exercer une profonde attraction et se révéler d'autant plus séduisant aux yeux de la cléricature que la perspective n'est pas encore brouillée et les enjeux avivés par le « grand schisme » de la guerre froide.

---

1. Nous avons déjà développé certaines des analyses qui suivent, ainsi que certains points évoqués au chapitre IX, dans le dernier chapitre de l'édition de 1984 de l'*Histoire de la civilisation française* de Georges Duby et Robert Mandrou, publiée chez le même éditeur (chapitre XVIII, pp. 333-412, « À la recherche de la France contemporaine »).

L'épuration

L'épuration, qui prolonge et amplifie les effets de la « guerre franco-française », va marquer durablement le milieu intellectuel et elle y revêtira deux formes.

Listes et procès des « embochés »

L'une, interne à la profession, n'alla pas forcément de pair avec des poursuites judiciaires. Purement corporative, elle consista en listes noires établies par le Comité national des écrivains. Cet organisme issu de la Résistance n'avait pas, à proprement parler, de pouvoir officiel, mais il aurait été impensable à cette date que les éditeurs ou les comités de rédaction des journaux outrepassent ses observations. L'inscription sur ses listes équivalait donc à une interdiction de publication dans la presse ou l'édition. Une première liste, début septembre 1944, comprenait douze noms, ceux notamment de Robert Brasillach, Louis-Ferdinand Céline, Alphonse de Châteaubriant, Jacques Chardonne, Drieu La Rochelle, Jean Giono, Charles Maurras et Henry de Montherlant. Une deuxième liste, rendue publique à la mi-septembre, attirait l'attention des éditeurs — auprès desquels les membres du CNE s'engageaient à n'écrire dans aucune des collections ou revues qui accueilleraient des écrits des « collaborateurs » — sur quarante-quatre noms, dont ceux de Pierre Benoit, Henry Bordeaux et le poète Paul Fort. Ces trois écrivains devaient disparaître de la liste définitive du CNE publiée en octobre et qui comprenait cent soixante-cinq noms d'écrivains, les uns « collaborateurs », les autres « collaborationnistes », sans réelle distinction entre les uns et les autres. L'établissement de ces listes ne fit pas l'unanimité au sein du CNE. Jean Paulhan, notamment, se portera en première ligne du débat, condamnant le caractère expéditif et, de ce fait, approximatif du procédé, les arrière-pensées et les manipulations politiques — le rôle supposé du parti communiste — et personnelles — les règlements de comptes au sein du microcosme intellectuel. Sans oublier le « droit à l'erreur » ! Dans sa *Lettre aux Directeurs de la Résistance*, publiée par la suite, il condamnera aussi les peines judiciaires qui frappèrent, entre autres, les intellectuels : « Il n'y a pas un seul de tous ceux-là qui n'ait été frappé au mépris du Droit et de la Justice... ».

Le propos, on s'en doute, fut largement exploité. Il reste qu'effectivement, parallèlement à l'épuration interne, eut lieu une épuration judiciaire qui entendait poursuivre et punir ceux qui, selon *Carrefour*, avaient été « embauchés et embochés au service du Reich ». Trois cas permettent de jalonner l'histoire de cette épuration : celui de Robert Brasillach, Drieu La Rochelle et Lucien Rebatet. Le premier, qui s'était constitué prisonnier le 14 septembre 1944, est condamné à mort le 19 janvier 1945, au titre de l'article 75 du code pénal. Son nom est emblématique, ayant cristallisé autour de lui les polémiques qui secouèrent, sur le moment et par la suite, le monde intellectuel quant à l'ampleur à donner à l'épuration et à propos de la gravité des peines encourues. Une lettre de François Mauriac avait été lue à l'audience et précisait « que ce serait une perte pour les lettres françaises si ce brillant esprit s'éteignait à jamais », et une pétition signée par soixante-trois artistes et écrivains demanda la grâce du condamné au général de Gaulle, chef du gouvernement provisoire. Ce dernier n'ayant pas donné suite à ce recours, l'ancien journaliste de *Je suis partout* fut fusillé le 6 février 1945. Drieu La Rochelle suivit sans doute avec attention, durant cet hiver 1944-1945, les procès d'intellectuels collaborationnistes. À la même date, *Les Lettres françaises* déploraient, en effet, qu'il soit « dans la nature ». Caché dans un appartement parisien, après un premier suicide manqué en 1944, il avait vainement essayé de s'engager dans la brigade

Alsace-Lorraine d'André Malraux, et il réussira une nouvelle tentative de suicide en mars 1945.

A-t-on « bien fait d'arrêter Sacha Guitry » ?

Lucien Rebatet, pour sa part, replié en Allemagne en août 1944 et arrêté l'année suivante, est condamné à mort en novembre 1946, près de deux ans après Robert Brasillach. À la différence de son ancien camarade de *Je suis partout*, il sera gracié quelques mois plus tard et libéré en 1952. En une vingtaine de mois, les passions, sans doute, étaient retombées. Cette évolution s'était, du reste, amorcée assez rapidement dans l'opinion. Au début, l'épuration judiciaire des intellectuels avait trouvé un accueil tout à fait favorable, preuve supplémentaire, s'il en était besoin, de la position particulière alors occupée par les clercs, dont les prises de position et le comportement public étaient davantage perceptibles par la rue que la collaboration économique ou mêmes certaines formes de collaboration politique. La lecture des sondages de l'IFOP est instructive : en septembre 1944, 56 % des Français estiment qu'on « a bien fait d'arrêter Sacha Guitry », contre 12 % seulement d'un avis contraire. À la même date, seuls 32 % des sondés répondent oui à la question : « Faut-il infliger une peine au maréchal Pétain ? », et 58 % non. En novembre, 65 % approuvent la condamnation à mort de Georges Suarez. Deux mois plus tard, cependant, ils sont déjà moins nombreux ceux qui approuvent la condamnation à mort de Paul Chack (55 %) et celle d'Henri Béraud (49 %). Les chiffres indiquent peut-être un reflux, confirmé quelques semaines plus tard par le fait que seuls 42 % désapprouvent la grâce d'Henri Béraud, dont la peine est commuée en travaux forcés à perpétuité. Et si 52 % des Français se prononcent à cette date en faveur de la condamnation à mort qui vient de frapper Robert Brasillach, 30 % se disent « sans opinion ». Il est vraisemblable que cette évolution de l'opinion publique se poursuivit — avec, probablement, une inversion momentanée au printemps 1945 du fait du choc psychologique qu'entraînèrent le retour des survivants des camps de concentration et, dès lors, la disposition de preuves tangibles et irréfutables de l'horreur nazie — et qu'elle explique les traitements différents des « collaborationnistes » au fur et à mesure que l'on s'éloigna de l'hiver 1944-1945.

Avant même que cette différence des peines encourues ne troublât la classe intellectuelle, l'épuration d'ordre judiciaire y suscita un débat, et notamment la polémique, demeurée célèbre, entre Albert Camus et François Mauriac, qui ne se ramena pas à la seule alternative justice ou charité. Le premier appelait à « la plus impitoyable et la plus déterminée des justices ». L'expression visait, en l'occurrence, le maréchal Pétain, mais l'analyse de Camus à propos des intellectuels compromis était également placée sous le signe du châtiment. D'où une controverse avec François Mauriac, par *Combat* et *Le Figaro* interposés. L'écrivain catholique, en effet, prêchait — et cela dès le début de l'automne 1944 — davantage de clémence, arguant notamment d'irrégularités commises et d'injustices avérées. Surnommé « saint François des assises » par *Le Canard enchaîné*, il ne se démena pas seulement pour obtenir la grâce de Robert Brasillach, mais multiplia les articles dans *Le Figaro*. La polémique avec Camus durera ainsi de l'automne 1944 au début de l'année suivante. À ce moment, semble-t-il, l'éditorialiste de *Combat*, saisi de doute, avait adopté une attitude moins en pointe dans le débat sur l'épuration. Bien plus, son hostilité à la peine de mort l'avait conduit à accepter d'apposer sa signature au bas de la pétition demandant la grâce de Brasillach. Et certains textes postérieurs sonnent comme une manière d'autocritique ou, tout au moins, comme une prise de distance par rapport à ce qu'est devenue, selon lui, l'épuration. Ainsi écrit-il dans *Combat* le

30 août 1945 : « Le mot d'épuration était déjà assez pénible en lui-même. La chose est devenue odieuse. »

La droite intellectuelle sur la touche

Plus encore que les poursuites judiciaires et d'éventuelles sanctions, c'est pourtant, en définitive, l'épuration interne qui marqua le plus en profondeur le paysage culturel. Car ce ne fut pas, dans ce dernier cas, la seule extrême droite « collaborationniste » — à laquelle s'ajoutait, on l'a vu, un rameau venu de la gauche, notamment par pacifisme — qui est réduite au silence, mais une large frange de la droite intellectuelle, pour soutien ou, pour le moins, neutralité bienveillante envers le vichysme. D'autant que même ses éléments non compromis se taisent, en raison du discrédit qui pèse alors sur les idées de droite, assimilées au nazisme et à l'holocauste et qui connaissent alors une véritable « délégitimation » (François Bourricaud). D'où il résulte que, pendant une décennie au moins, *l'intellectuel de gauche* va occuper seul le terrain idéologique. Mutation considérable par rapport à l'entre-deux-guerres, où les clercs présents sur les estrades du Front populaire ne doivent pas faire oublier qu'au même moment l'intelligentsia française penchait peut-être encore majoritairement à droite. La mutation a, du reste, d'autant plus d'ampleur qu'un autre changement, lié au précédent, est intervenu par rapport à l'avant-guerre : l'unanimité semble s'être faite sur la notion d'« engagement ».

L'ère de l'engagement ?

Pour les intellectuels de 1945, il existe, en effet, un devoir d'engagement. Certes, les années trente avaient déjà vu écrivains et artistes, les uns au nom de l'antifascisme, les autres au nom de l'anticommunisme, participer au combat politique et, sur ce plan, les années trente anticipent incontestablement sur 1945. Il reste que cette notion du devoir d'engagement était alors loin d'être partagée par l'ensemble de l'intelligentsia et le temps n'était pas loin où Julien Benda, en 1927, avait publié *La Trahison des clercs* et appelé à se méfier du combat partisan. En 1945, la trahison serait au contraire, pour la majorité de ceux qui écrivent et s'expriment, de ne pas participer sinon à ce combat partisan, au moins aux grands débats de l'époque.

Le début des « années Sartre »

Jean-Paul Sartre est resté, dans la mémoire collective, le symbole de l'engagement de l'intellectuel. Pour deux raisons au moins : d'une part, il en formule à cette date les attendus ; bien plus, il en devient bientôt, aux yeux de ses pairs, mais aussi à ceux de l'opinion publique, la personnification. En octobre 1945, dans la première livraison des *Temps modernes*, la « présentation » qu'il rédige stigmatise, en effet, la « tentation de l'irresponsabilité » des écrivains. Car ces derniers, quoi qu'ils fassent, sont « dans le coup » : ils sont « en situation dans (leur) époque » et, « puisque nous agissons sur notre temps par notre existence même, nous décidons que cette action sera volontaire ». La conclusion, dès lors, devient claire pour l'écrivain : « Nous voulons qu'il embrasse étroitement son époque. » Toute la thématique de l'engagement de l'homme de plume, développée dans *Qu'est-ce que la littérature ?*, est donc en gestation dans cette « Présentation ». Certes, déjà auparavant, l'écrivain s'était engagé en diverses occasions, mais il ne s'agit plus seulement désormais d'une mobilisation de cas d'urgence, mais d'une activité consubstantielle à sa qualité d'écrivain.

Apparemment, c'est donc à une révolution mentale que le clerc est convié. Mais, en fait, la théorie sartrienne du devoir d'engagement est plus, sur ce plan, un point d'arrivée qu'une percée novatrice. Déjà, la réalité avait largement précédé cette théorie, avant et pendant la guerre : la génération à laquelle appartient Jean-Paul Sartre arrive à la Libération sur le devant de la scène, mais l'un de ses rameaux avait été précocement inséré dans le débat politique — par exemple, dès le début des années trente, les « non-conformistes » — et avait déjà pratiqué le devoir d'engagement, notamment au cœur des années noires. En prononçant les attendus de ce devoir, le philosophe va cependant devenir l'éponyme de ces « années Sartre » (Annie Cohen-Solal) et son influence deviendra rapidement considérable. Douze ans à peine après la publication du premier numéro des *Temps modernes*, les jeunes gens de 1957, interrogés par *L'Express* à l'occasion de la célèbre enquête sur la « nouvelle vague », en réponse à la question : « Si vous deviez désigner l'un des auteurs suivants comme ayant plus spécialement marqué l'esprit des gens de votre âge, qui choisiriez-vous ? », plaçaient Jean-Paul Sartre largement en tête, avec, loin derrière, André Gide et François Mauriac.

En 1945, alors que, déjà âgé de quarante ans, Sartre proclame le devoir d'engagement, sa notoriété littéraire comme son engagement politique sont pourtant, somme toute, bien récents. Dans les deux cas, en effet, il aura fallu attendre la guerre et l'occupation pour favoriser l'éclosion. Le jeune normalien de la rue d'Ulm, vingt ans plus tôt, n'avait guère semblé s'intéresser à la vie de la cité. Puis le jeune professeur de philosophie de province des années trente était resté en marge des affrontements politiques, s'abstenant de voter, par exemple, en 1936. Auparavant, un séjour d'un an à Berlin en 1933-1934 ne l'avait guère marqué, à la différence de son ancien camarade de promotion de la rue d'Ulm, Raymond Aron, passé lui aussi par la capitale allemande l'année précédente. Ses premières œuvres, *La Nausée* et *Le Mur*, publiées à la fin de la décennie, ne recueillent guère d'écho sur le moment. Ses *Carnets de la drôle de guerre* édités récemment montrent un jeune mobilisé de trente-quatre ans nourri de lectures et de projets littéraires, mais demeuré politiquement incertain. C'est à la faveur de la captivité, puis de l'Occupation — prisonnier en 1940, il est libéré l'année suivante pour troubles visuels et enseigne au lycée Condorcet entre 1941 et 1944 — que se produit, semble-t-il, l'éclosion. Le philosophe publie sa première œuvre marquante, *L'Être et le Néant* ; l'écrivain fait jouer *Les Mouches* et *Huis clos* ; le citoyen prend parti pour la Résistance et appartiendra au Comité national des écrivains.

Mais ce n'est qu'à l'automne 1945 — premier automne de paix — que Jean-Paul Sartre parviendra en peu de temps à une très grande notoriété, qui en fera le symbole de « l'existentialisme ». Au moment où sort le premier numéro des *Temps modernes*, il publie, en effet, les premiers tomes des *Chemins de la liberté* et prononce une célèbre conférence : « L'existentialisme est-il un humanisme ? » Et il va bénéficier à la même époque d'une sorte d'amplification par amalgame. La presse de l'époque a tôt fait de réunir cette intense production littéraire et les idées qui la sous-tendent avec l'effervescence que connaît alors le quartier déployé autour de l'église Saint-Germain-des-Prés, devenue « la cathédrale de Sartre ». La plupart des jeunes gens qui se retrouvent alors au Tabou et au Club Saint-Germain n'ont d'« existentialiste » que le nom et le « village existentialiste » fut en grande partie une invention de *Samedi soir* et de *France Dimanche*. Leur attitude provenait sans doute davantage d'un besoin de défoulement caractéristique des après-guerres que d'une lecture assidue de *L'Être et le Néant*. Et le film de Jacques Becker, *Rendez-vous de juillet*, a mieux rendu compte, quelques années plus tard, de leur sensibilité que les articles à sensation assimilant les « caves » de Saint-Germain-des-Prés et les écrits de Jean-Paul Sartre ou de Maurice Merleau-Ponty, les Deux Magots et le Tabou, Raymond Queneau, Boris Vian et Juliette

Gréco Jean Cocteau notera avec humour dans son journal le 16 juillet 1951 : « *Les existentialistes* : jamais on ne vit un terme s'éloigner davantage de ce qu'il exprime. Ne rien faire et boire dans de petites caves, c'est être existentialiste. C'est comme s'il existait à New York des relativistes qui dansent dans des caves et qu'on croie qu'Einstein y danse avec eux. » Toujours est-il que les touristes afflueront et que l'« existentialisme » acquerra rapidement une notoriété mondiale.

Une littérature engagée ?

Plus largement, comme le soulignera plus tard Simone de Beauvoir dans *La Force des choses*, c'est la littérature française tout entière qui deviendra, par l'effet d'entraînement, un produit de terroir exportable, au même titre que... la haute couture. Denrée exportable qui sera largement imprégnée par les grands débats politiques de ces années d'après-guerre. Ce constat d'un art et d'une pensée largement en prise directe sur leur temps n'est, somme toute, guère surprenant, avec des intellectuels alors aussi étroitement insérés dans l'événement.

Certes, l'art de cette époque est plus que jamais un miroir brisé qui renvoie des images multiples et parfois contradictoires, mais certaines de ces images sont incontestablement filles des enjeux de leur époque. La littérature, notamment, en se proclamant engagée, revendique d'elle-même cette filiation ou, plus précisément, cette corrélation, car l'empreinte est à double sens : la littérature est insérée dans son temps, elle est donc miroir ; le littérateur est engagé, il est donc acteur. Et, au sein de cette littérature de l'après-guerre, se met en place une nouvelle hiérarchie des genres. Assurément, ce type de translation ne devient perceptible qu'à l'échelle des décennies, mais les signes avant-coureurs apparaissent dès la période qui suit la Libération : ces années vont voir, en effet, la philosophie détrôner progressivement la littérature. Le genre romanesque, notamment le roman psychologique, durant près d'un quart de siècle, connaîtra une dépression : d'une part, ce n'est pas dans ce genre que s'illustrent les grands écrivains français couronnés à cette époque ; d'autre part, il cesse d'être le sujet essentiel des pages culturelles des hebdomadaires ; bien plus, un peu plus tard, le « nouveau roman » occupera quelque temps l'espace laissé libre.

Espace surtout comblé, on l'a dit, par la philosophie. L'analyse des lauréats français du prix Nobel de littérature au cours des deux décennies qui suivent la guerre est, à cet égard, éclairante. En vingt ans, de 1944 à 1964, le prix est attribué à cinq Français : André Gide (1947), François Mauriac (1952), Albert Camus (1957), Saint-John Perse (1960), et Jean-Paul Sartre (1964). Le déplacement des genres couronnés est significatif. Avec André Gide, primé en 1947, quatre ans avant sa mort, et dont l'œuvre se place avant 1939 et même avant 1929, il s'agit, en fait, d'honneurs rendus à la littérature française de l'entre-deux-guerres, avec le décalage souvent nécessaire à la reconnaissance internationale. Cela reste en partie vrai pour François Mauriac : ses grands romans sont eux aussi antérieurs au conflit et, après 1945, le journaliste — brillant — l'emporte sur l'écrivain. Au contraire, Sartre et Camus sont eux, à coup sûr, des écrivains de l'après-guerre — Saint-John Perse présentant, en quelque sorte, un cas de figure intermédiaire — et leur reconnaissance par les académiciens suédois — reconnaissance que Sartre refusa — est contemporaine de leur œuvre. Or Jean-Paul Sartre est considéré par ces académiciens et par l'opinion publique comme un philosophe. Et même si l'œuvre de Camus est davantage tournée vers le roman ou le théâtre, elle est sous-tendue par une vision philosophique, exprimée d'ailleurs dans plusieurs essais.

Au reste, si le roman cède alors du terrain devant la philosophie, le théâtre, au contraire, s'imprègne de cette philosophie et connaît alors une phase nouvelle de son histoire — tout au moins pour la branche qui n'appartient ni au « Boulevard » ni au répertoire classique — sous l'influence de deux évolutions convergentes. D'une part, certains philosophes, comme, précisément, Jean-Paul Sartre et Albert Camus, choisissent, entre autres, le théâtre comme moyen d'expression et de vulgarisation de leur vision du monde, assignant ainsi à la scène un rôle dévolu jusque-là à l'imprimé ou à la chaire d'enseignant, et lui conférant, de ce fait, un statut auréolé de prestige. D'autre part, parallèlement à cette imprégnation directe du théâtre par la philosophie, celui-ci connaît une évolution interne qui va dans le même sens. À cette manière de classicisme qu'incarnaient par exemple, dans l'entre-deux-guerres, un auteur comme Jean Giraudoux ou un acteur-metteur en scène comme Louis Jouvet va succéder ce que les critiques baptiseront le « théâtre de l'absurde » autour de la triade Ionesco-Beckett-Adamov. Et, à travers ce sentiment de l'absurde, exprimé sur des registres du reste parfois différents, ce théâtre épouse pleinement son temps et reflète l'incertitude des esprits, en une époque où la plaie laissée par les horreurs du second conflit mondial reste profonde et où, les tensions internationales et l'angoisse née à Hiroshima aidant, les contemporains n'ont pas connu un véritable après-guerre, à la différence de leurs aînés des années vingt. Rien d'étonnant, dans ces conditions, à ce que les scènes théâtrales, qui en d'autres temps furent surtout le lieu de batailles esthétiques, devinssent, à plusieurs reprises, le champ clos d'affrontements politiques. Sans parler de l'écho suscité alors par certaines pièces de Jean-Paul Sartre, celle de Roger Vailland consacrée à la guerre de Corée, *Le Colonel Foster plaidera coupable*, défraiera la chronique en 1952. Entre-temps, la guerre froide avait éclaté, et la création culturelle ne reflétait plus seulement les grandes interrogations contemporaines, mais épousait également les coups de houle des relations internationales.

La tentation communiste

Si l'onde de choc du « Grand Schisme » a eu, on le verra, une telle amplitude dans la société intellectuelle française, et si celle-ci a donc été aussi profondément affectée à partir de 1947 par la géopolitique, c'est notamment en raison du nombre des intellectuels de l'immédiat après-guerre séduits par le modèle soviétique et attirés par le Parti communiste français. Le communisme « national » des années d' — apparente — unanimité a constitué un môle puissant au sein de l'intelligentsia, que les années de guerre froide n'ont que peu à peu érodé.

L'effet Stalingrad

Certes, ce môle a peut-être été moins puissant qu'on ne l'a longtemps dit ou écrit. Les travaux de Jeannine Verdès-Leroux ont fait justice, en effet, de l'image d'un milieu intellectuel français alors massivement pétri de marxisme et fasciné par la grande lueur née à l'Est près de trente ans plus tôt. *Stricto sensu*, les intellectuels communistes n'auraient alors représenté, selon les travaux de cette sociologue, qu'un « cercle restreint », composé en outre de clercs très divers dans leur formation et leurs déterminations à la fois psychologiques et socio-familiales : entre l'agrégé de philosophie ou le peintre reconnu, « intellectuels autonomes » qui peuvent exister en dehors du Parti, et les « intellectuels prolétaroïdes » qui constituent par leur capital culturel ce que Max Weber a baptisé une « intelligentsia paria » et forment la majorité des « intellectuels de parti », le fossé aurait été large, malgré la passerelle apparemment essentielle de l'engagement sous la même bannière. Ces travaux, en démontrant la base statistique relativement étroite de l'intelligentsia communiste dans les années qui suivent la Libération et en en établissant l'hétérogénéité, ont détruit un mythe :

contrairement à ce qu'affirmait par exemple Georges Cogniot en 1945 au Xe Congrès du Parti communiste français, celui-ci ne fut jamais à lui tout seul « le Parti de l'intelligence française ».

Même démythifié et ramené à de plus justes proportions, l'attrait du communisme sur les clercs de cette cette époque reste un phénomène décisif. À cela, plusieurs raisons dont l'effet conjugué — qui dépasse, du reste, la seule intelligentsia — a rendu alors le modèle soviétique particulièrement attractif. Et d'abord « l'effet Stalingrad » : l'URSS, disqualifiée aux yeux du plus grand nombre par le pacte germano-soviétique, sortit disculpée du second conflit mondial. En septembre 1944, par exemple, interrogés par l'IFOP, les Parisiens, à la question : « Quelle nation a le plus contribué à la défaite de l'Allemagne ? », avaient répondu à 61 % l'URSS, contre 29 % seulement pour les États-Unis. La participation de l'Armée rouge à la victoire contre le nazisme et le lourd tribut payé, dans le combat, par le peuple soviétique auréolent, à cette date, le pays et, par contrecoup, son régime et ses réalisations. L'aspiration à la rénovation et à la justice sociale s'incarne, dès lors, pour une partie de l'intelligentsia, dans le modèle soviétique, autre type possible de développement industriel et d'organisation politique et sociale. L'URSS fascine incontestablement en ces années d'après-guerre et, aux yeux de ses laudateurs, la Révolution, dont elle est l'image vivante, est désormais inéluctable, et le marxisme, dont elle devient l'application triomphante, apparaît à beaucoup comme un horizon que Jean-Paul Sartre qualifiera bientôt d'« indépassable ». L'ensemble rejaillit sur le Parti communiste français, lui-même auréolé par son active participation à la Résistance et par le rôle historique qu'il assigne au prolétariat. Son attrait — et cette sacralisation de la classe ouvrière — s'exerce notamment sur une nouvelle génération de jeunes intellectuels nés entre 1920 et 1930 — appelons-la, si l'on veut, la génération de 1925 —, venus, pour les plus âgés, au communisme par le relais de la Résistance et, pour les plus jeunes, attirés par le Parti de Maurice Thorez au cours de leurs années étudiantes de l'après-guerre.

De là, sans doute, l'erreur de perspective dénoncée par Jeannine Verdès-Leroux : la représentation d'un parti communiste devenu à la Libération le Parti de l'intelligence a été nourrie rétrospectivement par l'importance prise plus tard, dans l'Université, les comités de lecture ou les rédactions des journaux, par ces jeunes gens parmi lesquels militaient Annie Kriegel, Edgar Morin, Claude Roy, ou Emmanuel Le Roy Ladurie. Ce dernier a brossé dans *Paris-Montpellier* le portrait d'une École normale supérieure de la rue d'Ulm, à la charnière des années quarante et cinquante, où nombre d'élèves ont vécu la tentation communiste. En fait, si « le Parti » les a alors volontiers accueillis, ces jeunes gens de vingt ans n'ajoutaient rien, sur le moment, à son renom. Et à y regarder de plus près, il comptait, parmi ses militants de stricte obédience, moins de noms alors au firmament des arts et de la pensée qu'on ne l'a cru rétroactivement. Picasso, Aragon, Paul Éluard ou Frédéric Joliot-Curie sont tous les quatre dans la plénitude de leurs arts ou de leurs disciplines respectifs, mais bien plus nombreux sont leurs contemporains célèbres qui ne s'approchent ni de près ni de loin de la mouvance communiste. Et la gloire rétroactive qui entoure le Parti à l'énoncé des listes de jeunes gens qui, eux, appartinrent alors à cette mouvance, est d'autant moins fondée qu'au moment où la génération de 1925 aura pignon sur rue, la plupart de ses membres auront depuis longtemps quitté le communisme. Ajoutons toutefois que, pour cette génération, l'expérience communiste, même si elle ne dépasse pas, la plupart du temps, une décennie, fut déterminante et, dans une stratigraphie du soubassement historique du milieu intellectuel des

années quatre-vingt, nous touchons là une strate importante, cimentée par l'appartenance commune à une même
génération et par un apprentissage politique sous le signe
du « Parti ». Sur cette strate des « ex » viendront, on le
verra, sédimenter d'autres générations marquées par
d'autres expériences et d'autres solidarités.

Domination intellectuelle ?

Après la Libération, cette génération de 1925 n'est toutefois pas le seul secteur de la société intellectuelle française sur lequel s'exerce l'influence communiste. En
effet, si peu d'artistes ou de penseurs connus furent alors
des adhérents militants, le parti communiste a su séduire,
en grand nombre, des « compagnons de route » prestigieux. L'historien britannique David Caute a établi que
c'est souvent la fidélité à l'esprit des Lumières, qu'ils
croyaient reconnaître dans les réalisations soviétiques, qui
conduisit ces intellectuels aux lisières du Parti. En tout
cas, leur nombre, leur prestige et le fait qu'ils épousèrent
parfois au plus près la « ligne », même s'ils n'avaient pas
pris la « carte », sont sans doute une autre explication
de la possibilité qu'eut l'organisation communiste de se
présenter à cette époque comme le Parti de l'intelligence
et de ce qu'effectivement bien des contemporains en
eurent alors une telle perception. Ces « compagnons de
route », qui n'appartiennent pas au premier cercle des
intellectuels membres du Parti mais composent une large
couronne extérieure, constituent un phénomène qui n'est
ni spécifiquement français ni chronologiquement cantonné à ces années d'après-guerre. L'attrait exercé par la
Russie soviétique depuis 1917 a suscité en d'autres pays
des engagements et des attitudes identiques. Ainsi les
époux Webb ont-ils représenté un modèle britannique.
Mais l'absence dans ce pays, comme du reste aux États-
Unis, d'un parti communiste puissant et, *a contrario*,
l'existence du PCF confèrent au modèle français une ori-

ginalité certaine : dans son cas, il ne s'agit pas seulement d'une admiration pour l'URSS formulée publiquement, mais d'un soutien à une composante essentielle du jeu politique du pays. Ce modèle avait déjà connu, on l'a vu, une singulière fortune avant la Seconde Guerre mondiale — André Gide, avant son voyage en URSS, en fournissant d'une certaine manière l'archétype —, et la grande phase du communisme « national » d'après-guerre, avant la « seconde glaciation stalinienne » (Edgar Morin), permit de drainer nombre d'écrivains et d'universitaires qui cheminèrent ainsi aux côtés du parti de Maurice Thorez. Si bien que, comme pour les clercs membres du Parti, cette « glaciation » n'éroda que très superficiellement, dans un premier temps, le massif communiste ou communisant, qui ne sera réellement ébranlé qu'à partir des grandes secousses du milieu de la décennie suivante.

D'autant que l'influence du communisme dépasse alors, indirectement, cette large mouvance composée d'un noyau de clercs « encartés » et d'un conglomérat de « compagnons ». Un véritable « philocommunisme » s'est emparé de nombre d'autres clercs, qui campent aux franges de cette mouvance, sans franchir le fossé. En 1946, par exemple, une enquête d'*Esprit* sur « ceux qui en étaient, ceux qui n'en étaient pas », permet à des jeunes intellectuels de s'expliquer sur leur attitude vis-à-vis de « la séduction du communisme » et montre l'importance statistique de ceux qui « en étaient » à moitié. Comme les militants et les compagnons, ces sympathisants invoquent souvent « l'efficacité » et le « refus lucide basé sur la connaissance de l'histoire de l'homme et la certitude de son lent progrès ». En d'autres termes, le parti communiste, même sur ses franges, offre à l'intellectuel une action concrète et apparemment efficace, satisfait son souci de cohérence et nourrit son espérance.

Autant de traits qui définissent une légitimité idéologique et sous-tendent une hégémonie intellectuelle. Tel est bien le statut auquel est parvenu le communisme en ces années d'après-guerre. C'est, du reste, l'ensemble de la cléricature qui se détermine alors par rapport à lui, même dans le camp opposé. L'attitude d'un André Malraux est, à cet égard, significative. Dix ans après son cheminement aux côtés du PCF au temps des grands rassemblements de défense de la culture et de lutte contre le fascisme, c'est au nom des mêmes valeurs, à ses yeux maintenant menacées par le communisme, qu'il ralliera le gaullisme et lancera en 1948 un « Appel aux intellectuels ». Et c'est bien avant *L'Opium des intellectuels* en 1955, que Raymond Aron avait mené sa croisade idéologique contre le marxisme. Dès 1946, c'est d'ailleurs sur le problème de l'attitude à adopter face à l'URSS qu'il avait quitté le comité de rédaction des *Temps modernes*. Hostilité à droite, attirance ou mauvaise conscience à gauche, le communisme est bien alors au cœur de la société intellectuelle.

*

Assurément, l'unanimité apparente de l'intelligentsia de gauche à la Libération ne doit pas faire illusion. Certes, « l'esprit CNE » a pu quelque temps paraître rapprocher la plupart des clercs anciens résistants, Aragon a pu sembler incarner un communisme « national » issu de ce terreau, l'hebdomadaire *Action* a pu apparaître plusieurs années durant comme un laboratoire d'expérimentation culturelle, ce relatif consensus de façade n'en était pas moins fragile et ne résista pas aux forces centrifuges quand la guerre froide fut venue.

Cela étant, beaucoup plus que cette unanimité factice, c'est l'importance de la sphère intellectuelle que le parti communiste a construite en ces premières années d'après-guerre qui compte. Cette sphère constituera, en effet, l'un des points d'ancrage les plus solides de la citadelle communiste après le « Grand Schisme » de 1947. Clercs membres du Parti et compagnons de route monteront alors à leur créneau. Bien plus, la légitimité acquise résistera longtemps et elle explique que le milieu intellectuel ait été profondément ébranlé par les fractures géopolitiques et par l'effet de souffle idéologique créé. Les structures de sociabilité de ce milieu, notamment, s'en trouveront affectées et bien des amitiés brisées.

Chapitre VIII

LA GUERRE FROIDE DES INTELLECTUELS

1947-1956

On peut soutenir que l'histoire des intellectuels est le meilleur instrument qui permette, à usage français, de définir le vocable de « guerre froide », comme d'en préciser les contours chronologiques. Un certain consensus s'est établi entre historiens pour faire de l'année 1947 le lieu où se produisit la rupture décisive de la solidarité entre Alliés et le passage, rapide, à une bipolarisation explicite à l'échelle mondiale. À cet égard la chronologie intellectuelle ne fait que confirmer cette date ; le rapport présenté par Andreï Jdanov lors de la conférence constitutive du Kominform (secrétariat d'information des principaux partis communistes), en septembre 1947, a pris rétrospectivement tous les aspects de l'acte de baptême de la guerre froide, en fixant pour une dizaine d'années le nouveau discours communiste. Et que le dirigeant soviétique le plus proche de Staline, et sans doute le plus puissant après lui, ait été, en ce moment crucial, ce même Jdanov en dit long sur l'importance accordée par la direction communiste au combat doctrine contre doctrine, autant que classe contre classe.

La date de la « sortie » de guerre froide demeure en revanche plus discutée, et d'abord dans son principe, le processus n'étant par définition illustré que par une série de signes parfois imperceptibles. C'est ici que la périodisation propre à l'intelligentsia emporte la décision en faveur de l'année 1956. Tous les témoignages des intéressés concordent en effet pour y situer tout à la fois la plus grave crise des consciences communistes et assimilées — c'est la plaie ouverte par le XXᵉ Congrès du Parti communiste d'Union soviétique (14-25 février) et débridée par l'intervention soviétique en Hongrie (4 novembre) —, mais, aussi, avec le gouvernement Guy Mollet, l'accélération de l'envoi du contingent en Algérie et l'expédition de Suez (novembre-décembre), l'installation en première ligne d'enjeux idéologiques sensiblement nouveaux.

Quant à la notion même de guerre froide, elle a tout, dans un pays comme la France, pour prendre une acception principalement intellectuelle. De ce qu'elle fut en effet une « guerre », avec ce que cela suppose d'agressivité dans les rapports interpersonnels et de refus symétrique d'admettre non seulement la concession, la transaction, mais aussi la neutralité, le tiers-partisme, c'est ce dont témoigne la tonalité des discours où s'affrontent les intellectuels de ce temps, où fleurissent de surcroît les métaphores militaires (la bataille du livre, l'artiste à son créneau, les combattants de la paix...), les références à la Deuxième Guerre mondiale (« occupations » américaine ou soviétique, « collabos » de toute couleur, etc.) et les pronostics sur la troisième. De ce qu'elle fut « froide », de ce qu'elle demeura jusqu'au bout au stade des invectives de héros homériques et de chœurs tragiques, des grandes manœuvres où se déploient les troupes de réserve et de couverture des deux camps et, physiquement, tout au plus des échauffourées de meetings musclés, on peut en effet tirer la conclusion qu'elle ressortit fondamentalement au domaine du symbolique, du dramaturgique, ces secteurs d'intervention privilégiée des intellectuels, où l'opinion publique, comme les hommes politiques, leur reconnaît volontiers une grande compétence.

Cela ne veut pas dire qu'une telle conjoncture ait été superficiellement vécue. On peut même penser que, rupture des fraternités de la Résistance, la guerre froide fut d'autant plus douloureusement ressentie dans ce milieu que là où les partis politiques avaient échoué à réaliser l'unité ou l'union rêvée par beaucoup de résistants, le monde intellectuel semblait avoir réussi, grâce aux organisations, aux organes et aux pratiques « frontistes », généralement inspirés par le parti communiste.

La citadelle

À qui veut mesurer la spécificité de l'intelligentsia par rapport à la société française, on peut donner en guise d'exemple le contraste saisissant qui distingue à cette époque le statut du communisme au sein de l'une et de l'autre. Dans un classement des plus fortes ventes nationales en librairie depuis la guerre publié le 16 avril 1955 dans *L'Express,* trois des cinq premiers titres pouvaient être rattachés à la guerre froide — les deux autres touchant la Seconde Guerre mondiale — (*Le Petit Monde de Don Camillo* de Giovanni Guareschi, n° 1 avec 798 000 exemplaires, *J'ai choisi la liberté* de Victor Kravchenko, *Le Zéro et l'Infini* d'Arthur Koestler) : la sensibilité de l'opinion française à la bipolarisation mondiale est évidente. Mais les conclusions qu'elle tire de ce constat sont inverses de celles de l'intelligentsia.

Bien que parvenu à son plus haut niveau depuis sa création, le PCF, flanqué de ses alliés progressistes, n'atteint jamais les 30 % de l'électorat aux différentes consultations nationales (maximum historique : 28,6 % à celle du 10 novembre 1946, et encore 25,4 % à celle de janvier

1956). À ne considérer que les tirages de la presse communiste, l'écho rencontré par les mots d'ordre du Parti s'effrite continûment, même si l'on tient compte du repli général de la presse quotidienne (3 800 000 exemplaires en 1952, soit deux fois moins qu'en 1946). À lire les sondages de l'époque, les Français sont peu attirés par le modèle soviétique. À la question « Une nation cherchet-elle à dominer le monde ? », l'URSS ne l'emporte encore que d'un point sur les États-Unis en mars 1947, mais déjà de sept pendant l'été. Un an plus tard, « le désir sincère de paix » de l'Union soviétique n'est admis que par 23 % des sondés, contre 40 % d'avis contraire. En août 1950, au moment du déclenchement de la guerre de Corée, les sympathies françaises vont pour 52 % aux Américains, pour 13 % seulement aux Soviétiques en cas de conflit armé entre les deux Grands, une analyse plus fine du sondage montre que la sympathie pour l'URSS dans cette perspective bipolaire accentuée est quasiment nulle hors de l'électorat communiste. Le processus de ghettoïsation est complet. En 1956 encore, les « bonnes opinions » de l'URSS stagnent toujours à 12 % contre 33 % de « mauvaises ». En revanche, sans que l'on puisse disposer d'éléments chiffrés comparables, il ne fait pas de doute que l'hégémonie intellectuelle fondée à la Libération résiste fort bien à l'entrée en guerre froide. L'examen du système communiste, structures pratiques et théoriques associées, porte même à penser que, sur le moyen terme d'une décennie, il trouve dans ce retour au ghetto un élément décisif de consolidation.

Contrôle et participation

Citadelle assiégée, ou du moins se vivant comme telle, l'intelligentsia communiste accepte de l'organisation centrale un contrôle étroit de ses activités. Elle s'y soumet d'autant plus aisément qu'une partie non négligeable de ses membres doit au Parti sa promotion au sein du groupe, ses moyens d'expression, voire son entrée dans la carrière d'intellectuel. Pierre Daix (1922), courageux résistant, déporté à Mauthausen, a vu ses études bouleversées, puis interrompues par la guerre. À vingt-cinq ans, le Parti le nomme rédacteur en chef du plus prestigieux hebdomadaire de l'époque, *Les Lettres françaises,* que ses finances ont permis de renflouer. Ainsi commence pour lui une vie de journaliste qui sera aussi, un quart de siècle durant, celle d'un militant discipliné. À peine moins jeune, Claude Roy a déjà plusieurs années de journalisme derrière lui quand il adhère à la Résistance communiste. Mais le Parti lui apporte cette fraternité conquérante qu'il avait précédemment cherchée à l'extrême droite puis à droite. La Libération le retrouvera journaliste à *Action* et, à travers plusieurs titres communistes, l'un des principaux critiques littéraires de la période. Quinquagénaire, professeur au Collège de France, prix Nobel, Frédéric Joliot-Curie ne s'ajoute aucune parcelle de pouvoir en adhérant au PCF de Paul Langevin et Jacques Solomon. Mais il serait excessif de prétendre que, même dans ce cas, l'échange symbolique fonctionne exclusivement en faveur de l'organisation. Par ses interventions, ainsi doublement « autorisées », dans les débats de son temps, le grand savant devenu grand citoyen, acquiert dans son propre milieu un prestige exceptionnel. Ces trois types d'itinéraires n'épuisent pas, sans doute, les cas de figure. On est en droit pourtant de leur rattacher le plus grand nombre des biographies repérables.

Un romancier comme André Stil (1921), instituteur devenu à la Libération permanent de la presse communiste ou un peintre comme André Fougeron (1913), que sa fidélité aux canons du réalisme socialiste ne rend pas moins exemplaire, appartiennent clairement à la première catégorie. Un Roger Vailland (1907-1965) qui, après s'être longtemps cherché, avait choisi la Résistance et la littérature, se rattache à la seconde par son approche, à la fois prudente et intimidée, de cette grande famille conquérante, au sein de laquelle il avouera avoir été profondément ému le jour où un « militant de base » le présenta comme « un écrivain au service du peuple ». Picasso (1881-1973) a fourni le prototype d'après-guerre à la troisième catégorie, où brillent avec une intensité équivalente un Paul Éluard ou un Fernand Léger.

Peut-être l'importance d'Aragon à cette époque est-elle due à la synthèse qu'il est seul à pouvoir opérer entre les trois types : ici poète populaire et romancier reconnu, là écrivain transformé et inspiré par le militantisme, responsable enfin de l'appareil, auquel le Parti après *Ce Soir* confie la direction de fait (1948) puis de droit (1953) des *Lettres françaises*, dont il va réussir à faire, jusqu'aux lendemains de 1968, un organe tout à la fois pleinement orthodoxe dans sa ligne générale et, dans ses à-côtés, spécifiquement « aragonien », autrement dit coloré des goûts littéraires et plastiques, souvent non conformistes, de son patron.

La position d'Aragon dans l'organigramme est cependant exceptionnelle. Membre (d'abord suppléant, puis à part entière), à partir de 1950, du Comité central — où, en fait, il ne joue aucun rôle politique significatif —, il ne côtoie plus, à ce stade élevé de la hiérarchie, que deux ou trois intellectuels organiques, de vieille souche comme Georges Cogniot, ou de très jeune extraction comme André Stil, l'un et l'autre placés là plutôt ès qualité, comme rédacteurs en chef de *L'Humanité*. En revanche, les intellectuels du premier type peuplent les lieux de l'appareil touchant à l'opinion publique (presse, services de propagande, associations de compagnonnage), où ils retrouvent souvent ceux du second à leur service ou en flanc-garde, et savent que, dans les grandes occasions, ils peuvent faire appel aux illustrations du troisième.

Au cœur de la guerre froide, les principaux lieux en question portent d'abord des noms de périodes. Revues

de la périphérie, récusant officiellement l'étiquette de
« communistes », *Europe* et *La Pensée* participent d'un
combat de couverture, où la première s'adresserait plutôt
à des « littéraires », la seconde à des « scientifiques » —
y compris ceux des sciences humaines — et toutes deux
en priorité (ou en fait) à des enseignants. Dans les
périodes de vive tension intellectuelle, lors d'une grande
campagne d'inspiration soviétique, les responsables en
titre de ces organes, Pierre Abraham pour *Europe*, René
Maublanc pour *La Pensée*, se doivent de se soumettre aux
consignes venues de plus haut ; en temps ordinaire, ils
disposent d'une certaine latitude d'inspiration. Celle-ci se
restreint sensiblement aux *Lettres françaises*, situées en
première ligne du combat culturel : par sa périodicité hebdomadaire (70 000 exemplaires en 1948), par ses origines
historiques, confirmées dans son rattachement maintenu
à un Comité national des écrivains qu'une série d'exclusions (François Mauriac en 1949) ou de départs (Jean
Paulhan en 1947) transforme en officine communiste, par
le champ qu'il entend couvrir enfin, car il réunit peu à
peu autour de lui puis, après absorption (1952), en lui les
titres spécialisés *Arts de France*, pour les arts plastiques
et *L'Écran français* (60 000 exemplaires en 1948). *Les
Lettres françaises* sont donc la vitrine et pourraient passer
pour le laboratoire du Parti en matière d'esthétique.

Là non plus il n'en est rien, comme en témoigne la
création, en décembre 1948, de l'organe intellectuel
communiste le plus significatif de la période, *La Nouvelle
Critique*, confiée au jeune agrégé de philosophie Jean
Kanapa (1921-1978), qui avait déjà participé à la remise
en ordre idéologique des *Lettres françaises*, lors de l'installation de Pierre Daix. C'est là que s'exprimeront dans
leur plus grande netteté, et avec toute carrière pour y être
développées, les théories soviétiques en matière culturelle
et leurs applications pratiques à la situation française.
Mais la complexité des comportements intellectuels se

mesure aussi au fait que la stricte orthodoxie stalinienne de cette revue créée « pour répondre aux besoins accrus de la bataille idéologique » semble avoir été, précisément, à l'origine de sa médiocre diffusion : les chiffres officiels des ventes en 1956 se situent à Paris en dessous de 1 300 exemplaires. *La Nouvelle Critique* apparaît ainsi comme un cas limite du volontarisme intellectuel de l'organisation achoppant sur les réticences d'esprits formés à la docilité.

Derrière cette façade multiforme, mais nullement pluraliste, se profile la cohérence organique des institutions du Parti spécialement dévolues au contrôle et à l'utilisation des intellectuels. Le rôle essentiel semble joué ici dans les premières années par Laurent Casanova, suppléant au Bureau politique, chargé de « suivre » les questions culturelles : c'est à lui qu'est en effet dévolu le discours officiel assignant leurs buts aux « ingénieurs des âmes », tel qu'il s'exprime en particulier lors du XIe Congrès de 1947 (principaux textes réunis dans *Le Parti communiste, les intellectuels et la nation*, deuxième édition, 1951). Tout comme François Billoux, responsable de la section idéologique du Parti, Casanova est un strict « homme d'appareil », dont le rapport aux intellectuels est extérieur, instrumental. Ses relations avec eux sont fondées sur une stratégie complexe de séduction et d'autorité, déterminée en particulier par la place de l'interlocuteur dans la hiérarchie du mouvement. Son attitude *a priori* n'a cependant pas le caractère suspicieux de celle d'un Auguste Lecœur, vrai numéro un du Parti de 1950 à 1953 pendant la maladie et le séjour en URSS de Thorez. Sous Lecœur la commission des intellectuels, qui est pourtant une structure de stricte conformisation, sera même supprimée. Au total, cependant, l'image qui se dégageait pour un intellectuel du comportement du Parti à son égard restait positive. Des cercles universitaires par discipline, des assemblées d'intellectuels, animées par des politiques, une utilisation fréquente de ses compétences, pourvu qu'elles fussent orthodoxes : autant de signes réconfortants pour un personnage soumis en permanence à deux défis et deux inquiétudes, celle de la société non communiste, supposée hostile, et celle des masses, peut-être indifférentes.

L'esprit de Parti

Comme le dit nettement Thorez au XIIe Congrès du Parti (1950) : « Aux intellectuels désorientés, égarés dans le dédale des interrogations, nous apportons des certitudes, des possibilités de développement illimité. » Dans ces conditions, il n'est aucun point de la doctrine mis en polémique par la stratégie ou la conjoncture où l'enseignant, le chercheur, l'écrivain, l'artiste n'ait à faire le coup de feu, chacun à son créneau, mais tous avec les mêmes armes et le même adversaire.

Sans doute faut-il ici distinguer le travail de dénonciation des horreurs capitalistes et celui d'exaltation du paradis soviétique. Malgré la crudité extrême des jugements portés sur le « fascisme américain », « la France paupérisée », Léon Blum agent américain, « la littérature de fossoyeurs » des existentialistes et consorts, tout laisse à penser que les difficultés économiques réelles des classes populaires en ces débuts de la Reconstruction, la politique coloniale de la France ou les pratiques maccarthystes, pour ne citer que ces exemples, fournissaient assez d'aliments à l'intransigeance d'une contre-société étroitement soudée et portée à mesurer la rigueur d'un raisonnement à la violence des épithètes.

Peut-être, en revanche, est-ce dans la positivité de ce discours que se saisit le plus clairement l'originalité de la période par rapport à la tradition du discours communiste sur le rôle dévolu aux intellectuels, grâce à deux éléments qui consacrent moins des traits nouveaux que l'accentuation de tendances antérieures : le culte de la personnalité et le jdanovisme. Sur le premier point, la partie de l'intellectuel reste d'accompagnement, mais toujours appréciée, comme lors du 70ᵉ anniversaire de Staline, auquel *La Nouvelle Critique* ne consacre pas moins de soixante pages. Ce « géant de la pensée » (Jean Kanapa) n'est-il pas « le meilleur intellectuel du communisme » ? Voire, plus profondément, « notre conscience à nous, communistes, une présence intérieure » permanente (André Stil) ? Ajoutons que le culte de la personnalité est un phénomène pyramidal, et que c'est sans doute le poème d'Aragon, *Il revient* (1953), qui constitue le sommet de la dévotion thorézienne.

Mais il est évident qu'on attend surtout de l'homme de culture qu'il relaie les consignes et les canons esthétiques et intellectuels, tels que Jdanov les a réactualisés depuis 1946 en ce qui concerne le « réalisme socialiste », et dont Moscou entend bien que, contrairement à l'avant-guerre, ils soient immédiatement exécutoires. La chasse au formalisme s'intensifie ; elle rejoint, par quelques biais, l'exaltation des traditions nationales, en art comme partout ailleurs, dont le Parti se fait le chantre depuis 1941. Mais l'extrême fin de la période stalinienne demandera plus encore à l'esprit de Parti, en requérant d'intervenir sur le terrain, jusque-là à peu près préservé, de la recherche scientifique, avec, à partir de 1948, l'affaire Lyssenko et la thèse, systématisée par Casanova, des « deux sciences ». Ici l'intellectuel communiste est sommé d'adhérer à la thèse de l'hérédité des caractères acquis soutenue par l'agronome soviétique, et surtout par Staline, « savant d'un type nouveau » ; là, il lui est demandé de partager désormais la science en deux camps, à l'instar de l'univers, la science bourgeoise ne pouvant être que mystificatrice, par opposition à la vérité intrinsèque de la science prolétarienne. Les réticences d'un biologiste comme Marcel Prenant à admettre la théorie lyssenkiste lui vaudront la perte de sa place au Comité central. Le plus important est que, même dans ce cas limite, l'intéressé n'ira pas plus loin que la désapprobation silencieuse, concédant même quelques phrases ambiguës destinées à laisser la porte ouverte à une conciliation. En fait, rarement un intellectuel allait rompre avec le Parti sur une question « technique » : l'enjeu de son engagement se situait à un tout autre niveau.

Faire feu de tout bois

Soutenue par de tels étais, où l'organique finissait par n'être que la structure apparente d'un dogme, idée dont rendait assez bien compte la notion d'« intellectuel collectif » appliquée au Parti, l'activité de l'intellectuel-individu pouvait se déployer dans les secteurs les plus divers, et avec des degrés d'intégration très variés. Loin d'être un facteur de paralysie, le dogmatisme régnant poussait en effet à un véritable activisme, la gravité des enjeux et l'urgence des temps conduisant l'adhérent à ne pas ménager ses forces, à ne pas discuter son engagement.

Celui-ci peut être, au minimum, de l'ordre de la présence, du témoignage, plus que de la création proprement dite. Ainsi en est-il des soixante-trois écrivains qui, entre mars 1950 et juin 1952, consacrent de longues plages de leur temps à la Bataille du livre. L'idée initiale rejoint les préoccupations d'Elsa Triolet qui, dans *L'Écrivain et le livre ou la suite dans les idées* (1948), s'était prononcée pour une démarche volontariste visant à rompre la conspiration du silence et le sabotage de la diffusion qui étouffait, selon elle, la littérature progressiste. Mais la décision politique n'est prise, fin 1949, qu'après une conférence du Kominform appelant chaque parti à intensifier « l'édition et la diffusion de la littérature dénonçant les préparatifs de guerre » (rapport de Mikhaïl Souslov). Signe qui ne trompe pas, la campagne partira de Marseille, ville de François Billoux. La prise en charge est le fait des fédérations départementales du Parti, qui organisent causeries et signatures des écrivains combattants, plusieurs jours durant, devant des publics populaires ou supposés tels, parfois sur les places et marchés, ou à la sortie des usines.

L'objectif, en effet, n'est pas de doubler, par exemple, la vente annuelle du CNE, sorte de foire du livre progressiste ; il est de toucher un public nouveau, aux habitudes de lecture limitées. Les résultats seront peu concluants, les auditoires s'effilocheront assez vite, et l'expérience n'impliquera au total qu'une quinzaine de fédérations. Elle demeure cependant significative du rôle que la direction assigne à ses écrivains : moins artistes novateurs et reconnus comme tels que porte-parole « d'un type nouveau », conformément à l'interprétation, donnée par Billoux : il s'agit de produire des livres comme autant de « petits meetings à domicile », ce que confirme la liste des auteurs mis à contribution, où viennent nettement en tête les plus « organiques », permanents de la presse ou de l'édition communistes : André Wurmser (treize batailles), Georges Soria (douze), Pierre Daix (onze), Pierre Abraham (neuf).

Toute cette mise en œuvre(s) ne signifie pas que la démarche initiale de l'intellectuel des Batailles ne répond pas en lui à une détermination profonde. Historiquement, elle l'ennoblit en le resituant dans une continuité où figurent Rabelais, Diderot, Hugo ou Vallès ; à titre personnel, il y trouve la forme la plus directe de sa volonté de servir le peuple. Cette intime conviction pousse des artistes, dont l'œuvre a surtout été jusque-là tournée vers l'expression la plus générale, à en vouer désormais une part, parfois congrue mais toujours abondamment diffusée par le Parti, à signifier leur choix politique. Ainsi en est-il de Paul Éluard, qui avait rencontré la popularité avec un poème intime transformé en hymne à la liberté. Tout en continuant à chanter l'amour d'une femme ou « le dur désir de durer », le pèlerin communiste qu'il est devenu dans les dernières années de sa vie multiplie les *Poèmes politiques* (recueil de 1948 ; *cf.* aussi *Pouvoir tout dire*, et une partie de *Poésie ininterrompue*).

Qu'il ne soit pas aisé de concilier la logique formelle d'une œuvre personnelle avec le strict respect des valeurs non seulement esthétiques, mais aussi éthiques que défend le mouvement, l'affaire dite du « portrait de Staline » le prouve abondamment. À la demande d'Aragon, Pablo Picasso avait dessiné pour le numéro des *Lettres françaises* consacré à la nécrologie du grand homme un Staline jeune, fort éloigné de l'iconographie officielle, seule connue des militants. Un communiqué officiel du secrétariat du Parti, inspiré par Lecœur, tancera Aragon pour son manque de vigilance. Le directeur fera son auto-critique, mettant ainsi le comble à la fermeture esthétique du Parti. Quelques semaines plus tard, il aurait reçu, au témoignage de Pierre Daix, le soutien direct de Maurice Thorez, de retour d'URSS. Mais ce premier signe du dégel ne fut pas connu des lecteurs des *Lettres françaises*, qui durent, par exemple, attendre 1955 pour voir une œuvre « abstraite » reproduite dans leurs colonnes.

Le Parti a moins à craindre quand il a en face de lui un intellectuel fermement décidé à aligner sa création sur sa foi. C'est le cas de Roger Vailland qui, avant même d'adhérer officiellement, en 1952, au plus fort de la répression anticommuniste, donne des gages suffisants avec tel pamphlet contre des adversaires qu'il connaît bien (*Le Surréalisme contre la Révolution*, 1948), telle pièce de théâtre d'agit-prop (*Le Colonel Foster plaidera coupable*, 1951), tel roman à sujet populiste (*Bon pied, bon œil*, 1950, *Beau masque*, 1954), inspiré par une série de reportages destinés à la presse communiste, (*325 000 francs*, 1955, paru en feuilleton dans *L'Huma-nité*). Encore, et ce sera le cas ici à partir de 1956, une nouvelle prise de distance est-elle toujours possible de la part de telles personnalités, dont la légitimation est exté-rieure et antérieure à l'organisation.

Ce dernier risque est à peu près inconcevable chez ceux qui lui doivent tout de leur statut. L'œuvre romanesque de Pierre Abraham, de Pierre Gamarra ou Jean Laffitte, l'œuvre politique de Guy Besse, de Roger Garaudy ou Jean Kanapa, ne sortent jamais des « lignes » préétablies. En échange, le Parti peut et sait lancer, au moins à usage interne, une réputation. Un exemple amplement commenté à l'époque est celui du peintre Fougeron, dont l'exposition *Le Pays des mines* (une quarantaine de toiles et dessins, galerie Bernheim Jeune), en 1951, est orchestrée par Lecœur (« réalisée sur la commande et avec l'aide de la Fédération des mineurs du Nord et du Pas-de-Calais ») comme un grand manifeste en faveur du réalisme socialiste. Soumis à fortes pressions, les quelques intellectuels réticents sur ce chapitre seront invités à chanter la palinodie (Aragon, qui prendra sa revanche dès 1953, à l'occasion du Salon d'automne) et à battre leur coulpe « bourgeoise » (la journaliste Dominique Desanti). L'itinéraire, à cette époque, d'André Stil offre un exemple limite d'adéquation entre une œuvre et une carrière. Sorti en 1949 de l'anonymat militant grâce à un recueil de nouvelles, *Le Mot mineur, camarades*, il confirme la confiance mise en lui, en faisant paraître dès 1952 coup sur coup les deux volumes d'un premier roman, dont les héros sont des dockers français en lutte contre l'impérialisme US, *Le Premier Choc*. Entre-temps, Stil est devenu en 1949 rédacteur en chef de *Ce Soir*, avant de succéder à Cogniot à *L'Humanité*, ce qui lui vaudra d'être emprisonné deux mois à la Santé. À vingt-neuf ans, il accède au Comité central, à trente et un (15 mars 1952), il reçoit la plus haute distinction de la communauté communiste internationale, le prix Staline de littérature.

Ici aussi, Aragon fait la synthèse de ces diverses modalités d'engagement. Assez autonome, esthétiquement, pour reprendre à partir de 1954 (*Le Roman inachevé*, 1956) de prudents chemins de traverse qui ne cesseront de s'éloigner du réalisme socialiste, il cultive aussi un « esprit de Parti » qui le trouve prêt à toutes les opérations de propagande. Son *Homme communiste II* (1953) rassemble les textes les plus explicites que lui aient inspirés le culte de la personnalité, l'antiaméricanisme et le jdanovisme, et son abondante production critique se partage avec rigueur entre le dithyrambe de la production communiste et l'éreintement de son contraire. La ductilité aragonienne a pourtant des limites. La question de la qualité étant ici réservée, il est évident que la quantité de sa production poétique diminue à cette époque. Quant au gros effort qu'à tous les points de vue a représenté la rédaction des deux mille pages de *Communistes* (1949-1951), il ne sera pas mené à terme et la grande fresque du *Monde réel* s'achèvera sur cet inachèvement, où semblent être entrées à part égale l'insatisfaction de l'artiste, qui tente de se soumettre aux règles jdanoviennes, et celle du militant, qui doit constater qu'il n'y réussit jamais complètement.

Les compagnons de route

Il peut paraître paradoxal d'affirmer que ces contradictions internes n'ont pas davantage et peut-être même n'ont guère touché les compagnons de route du Parti à cette époque. On le comprend pourtant aisément. Se situant notoirement hors de l'organisation, ils ont pu se sentir à la fois d'autant plus libres d'en soutenir la stratégie générale qu'ils n'en partageaient pas l'idéologie dans sa totalité et qu'ils n'étaient pas requis d'en adopter toutes les implications, et d'autant plus astreints à la fidélité d'ensemble qu'ils avaient à cœur, par définition, de prouver leur solidarité avec « le Parti de la classe ouvrière ». Il est donc aussi douloureux, et sans doute moins fréquent, pour un compagnon de route de s'éloigner dudit Parti que pour un adhérent de le quitter.

Dans de telles conditions, on ne peut limiter le portrait du compagnon aux troisième et deuxième types de l'adhérent — le soumis et le dévoué. Le premier type — l'illustre — est tout aussi répandu. Il se compose de tous les sans-parti auxquels le Parti confie, en fait, la responsabilité, au moins formelle, d'une association, d'une organisation, d'un organe de soutien parallèle. Telle sera jusqu'à la mort, en 1964, du quotidien qu'il dirige, *Libération*, la position originale d'un Emmanuel d'Astier de La Vigerie (1900-1969), qui dans son journal entretient, de manière de plus en plus fragile, le souvenir de la solidarité résistante. Député de l'Union progressiste, le parti des compagnons de route, il verra récompensé en 1958 d'un prix Lénine de la paix son attachement plus diplomatique que doctrinal au camp soviétique. Un Louis Martin-Chauffier se rapproche plus du second type, son passé de journaliste politique ayant fait l'essentiel de sa réputation. Aussi ce catholique excentrique, tout à la fois collaborateur du *Figaro* et président, de 1946 à 1952, du CNE, finira-t-il par rompre en 1956. Mais c'est aussi en toute liberté qu'un Julien Benda en vient, en 1949, lors des procès des démocraties populaires, à justifier publiquement le châtiment des accusés par l'exemple de la Révolution française et de l'affaire Dreyfus.

On aura déjà noté qu'au-delà de cette répartition fonctionnelle cet échantillon permet de relever trois filiations caractéristiques en ce domaine : des anciens de l'extrême droite, des catholiques militants, des rationalistes qui ne le sont pas moins. La situation la plus remarquée à l'époque fut évidemment celle des seconds dont un Manifeste, fin 1947, confirma la cohérence, suivie, en septembre 1948, d'un Ier Congrès de l'Union des chrétiens progressistes. Elle suscita, le 1er juillet 1949, un décret du Saint-Office confirmant l'excommunication dans le principe des catholiques engagés aux côtés des communistes, et entraîna la mise à pied (1948), la suspension *a divinis* (1950), enfin la réduction à l'état laïc (1953) du plus connu des prêtres rouges, l'abbé Boulier (1894-1980), jusque-là professeur à l'Institut catholique. Mais, dans le quotidien et pour les laïcs, les arrangements avec le Ciel ne manquèrent pas, qui permirent à un helléniste comme Maurice Lacroix, à un historien de la littérature comme Jacques Madaule, de traverser toute l'époque, et *a fortiori* les temps suivants, sans avoir à rompre solennellement avec l'une ou l'autre fidélité.

C'est sans doute ici que peut se poser, à la frontière du compagnonnage et de la recherche compliquée d'une troisième voie entre les deux blocs, la question de la figure prise pendant cette période par l'équipe de la revue *Esprit*. Les dernières années à sa direction d'Emmanuel Mounier, qui disparaît en 1950, sont celles de son plus étroit rapprochement avec le Parti, mélange de fascination-inquiétude où le premier élément l'emporte toujours sur le second, qui en constituerait plutôt le soubassement. Activement secondés en ce sens par leur jeune rédacteur en chef, Jean-Marie Domenach (1922), Mounier et son successeur Albert Béguin (1901-1957) se reconnaissent une complicité spirituelle profonde avec l'exigence morale, l'anti-individualisme et l'anti-américanisme du Parti. L'un des moindres paradoxes de l'époque n'est pas dans la prudence avec laquelle la revue, qui récuse tout autant les chrétiens progressistes que la démocratie chrétienne, prend soin jusqu'en 1956 de ne jamais couper les ponts avec l'organisation, alors même que dès 1949 elle a ouvert ses colonnes à de claires dénonciations des mirages démocratiques des pays de l'Est. Et l'équipe d'*Esprit* joue, par exemple, un rôle majeur en 1952 au sein d'un Comité international d'initiative et de solution au problème allemand, très bien vu par l'Allemagne de l'Est. Mais peut-être ne s'agit-il d'un paradoxe qu'*a posteriori*, et se trouve-t-on plutôt en présence d'une complexité ou d'une contradiction assumée tant bien que mal, comme en témoigne la conclusion à laquelle arrive Mounier à la veille de sa mort : seul — et « c'est bien là

le drame » —, le parti communiste défend la classe
ouvrière ; et sur laquelle débouche l'itinéraire politique
d'un Jean-Paul Sartre.

Les aventures de la troisième voie

Le drame en question est en effet celui de l'échec, au
moins dans l'immédiat, de toutes les tentatives où s'illus-
trèrent les quelques personnalités soucieuses de refuser le
partage bipolaire du monde, autant que de l'idéologie. On
en perçoit les enjeux dans les violentes polémiques qui
eurent raison de la campagne antiblocs menée dans les
colonnes du *Monde* par l'historien et théologien thomiste
Étienne Gilson en 1948-1949, et qui menacèrent en 1951
le directeur du journal, Hubert Beuve-Méry, accusé de
« neutralisme » diplomatique. La même accusation (ou la
même position) isola — mais aussi mit en valeur — le
petit groupe réuni autour de Claude Bourdet au sein de
l'hebdomadaire *L'Observateur* (puis *France-Observateur*). En revanche, c'est plutôt le silence qui à l'époque
entoure le cheminement intellectuel de la revue *Socialisme ou barbarie* (Cornelius Castoriadis, Claude Lefort),
partie du trotskisme pour aboutir à une critique en règle
de la « société bureaucratique » et dont l'impact ne pourra
être mesuré qu'une vingtaine d'années plus tard.

Le cas le plus significatif, à l'époque, est fourni par ce
qui reste aujourd'hui l'exemple achevé d'un parti politique créé et dirigé exclusivement par des intellectuels, et
dont l'existence éphémère a été attribuée autant à cette
caractéristique qu'à sa volonté de concilier en période de
guerre froide l'indépendance à l'égard du parti communiste avec l'aspiration à « une transformation radicale du
régime social par la solution socialiste » : le Rassemblement démocratique révolutionnaire (RDR).

L'initiative vient d'un petit groupe de journalistes et
d'écrivains (Georges Altman, Jean Rous, David Rousset...), liés aux deux quotidiens nationaux qui, encore

directement inspirés par les choix de la Résistance, cherchent à en préserver contre vents et marées l'unité spirituelle : *Combat* et *Franc-tireur*. Avec eux *Esprit*, qui délègue un de ses membres au Comité directeur du Rassemblement, ouvre ses colonnes à l'appel fondateur, fin février 1948, qui précise lui-même, en guise de programme, un premier texte diffusé en novembre 1947, centré sur la nécessité d'éviter une troisième guerre mondiale au nom de la solidarité européenne. Rejoint alors par Sartre, le RDR mobilise, une année durant, l'énergie de cet homme qui, jusque-là, n'avait jamais accepté de militer. Conférences de presse, meetings et déclarations ponctuent un engagement dont l'apogée se situa sans doute le soir du 13 décembre 1948 quand, à la salle Pleyel, une réunion ayant pour thème « L'internationalisme de l'esprit » réunit à la même tribune André Breton, Camus, Rousset, Sartre et plusieurs intellectuels étrangers. Mais chaque jour voyait aussi cet internationalisme laminé un peu plus par la rigidité croissante des blocs. Prôner l'association du socialisme, du neutralisme et de l'anticolonialisme sans être l'allié du PC devenait une situation intenable. Comparé à plusieurs reprises par Sartre au Rassemblement gaulliste de la même époque, le RPF — les deux groupements récusent l'étiquette de Parti, l'intellectuel RDR est l'anti-Malraux, etc. —, le « Parti de Sartre et de Rousset », comme le voulut pourtant l'opinion commune, ne se distinguait pas seulement de lui par la doctrine : en termes d'effectifs, il ne réussit jamais à dépasser les quelques milliers. La démission de son porte-parole le plus prestigieux, en octobre 1949, acheva un moribond, durement touché en mai par la révélation d'un financement par les syndicats américains.

Plus que la politique américaine, la référence à l'Union soviétique servit alors de pierre de touche pour les « internationalistes de l'esprit », chacun finissant par choisir son camp en fonction de sa propre hiérarchie de valeurs :

l'univers concentrationnaire soviétique poussera l'ancien déporté Rousset vers le gaullisme, le jdanovisme, en particulier. « Le réalisme socialiste comme moyen d'extermination morale » (article de mai 1952, dans *Arts*) confirmera le petit noyau surréaliste orthodoxe dans son anticommunisme, le dogmatisme stalinien conduira Camus à systématiser dans ses textes le primat du moral sur le politique qu'il avait exposé en 1946 dans « Ni victimes, ni bourreaux », etc. En revanche l'équipe dirigeante des *Temps modernes,* au prix de quelques ruptures douloureuses, refusera de « désespérer Billancourt » ; la formule est d'un personnage d'une pièce de Sartre. En témoignent les deux textes les plus politiques de celui-ci pour l'année 1950, la préface « titiste » qu'il donne à un livre sur *Le Communisme yougoslave* et l'article, en fait écrit par Maurice Merleau-Ponty seul mais qu'il accepte de consigner, « Les jours de notre vie » (*Les Temps modernes,* janvier 1950), où se trouvent dénoncés les camps de concentration soviétiques : par-delà la sévérité du ton, il y est dit ici qu'« il faut repenser le marxisme », là qu'il ne s'agit pas de renvoyer dos à dos le nazi et le communiste, car en dernière analyse « nous avons les mêmes valeurs » que celui-ci. Mais qu'il ne soit pas aisé de passer de cette position de distance critique à celle de ralliement critique qui allait être celle de Sartre par la suite, c'est cette fois la rupture entre lui et Merleau-Ponty qui l'illustre. *L'Humanisme et terreur* (1947) du second avait paru justifier l'adhésion à la violence révolutionnaire comme seule légitimée par ses visées humanistes, au contraire de la violence libérale, mystificatrice. L'évolution de sa réflexion, et de la conjoncture, conduisit Merleau-Ponty à ne chercher espoir que dans la philosophie (*Le Yogi et le Prolétaire,* 1947) puis à critiquer, dans *Les Aventures de la dialectique* (1955), le volontarisme « ultrabolcheviste » sur lequel, d'après lui, venait de déboucher une pensée profondément antidialectique.

L'objet de cette « querelle de khâgneux » (Brice Parain), qui fut envenimée par un article acerbe de Simone de Beauvoir dans *Les Temps modernes* (« Merleau-Ponty et le pseudo-sartrisme »), était constitué par la série de trois articles, « Les communistes et la paix », par lesquels Sartre justifia, en 1952 et 1954, « son accord avec les communistes sur des sujets précis et limités, en raisonnant à partir de (ses) principes et non des leurs ». En dépit de toutes ses défaillances, le PC y était présenté comme la seule médiation qui permît aux masses d'accéder à la dignité humaine de classe agissante. Désormais, et pendant plus de quatre années, Sartre remplira avec exactitude les rôles du compagnonnage que le mouvement communiste lui assignera comme à plusieurs autres : participation active à des associations parallèles (Congrès des peuples pour la paix, à Vienne, en 1952, Assemblée mondiale de la paix, Comité directeur du CNE, Association France-URSS, dont il sera même élu président, etc.), participation à de grandes campagnes symboliques (*L'Affaire Henri Martin,* ouvrage collectif de 1953, en faveur d'un marin communiste condamné pour son action contre la guerre d'Indochine), voyages en URSS (1954) et en Chine populaire (1955), abondamment commentés par la presse du Parti... Son œuvre littéraire elle-même se ressent de cette évolution, comme le montrerait un parallèle entre les pièces de 1948, *Les Mains sales,* et de 1955, *Nekrassov.* Dans la première, vivement attaquée par la presse communiste, une ambiguïté volontaire continuait jusqu'au bout de planer sur le choix éthique d'un jeune idéaliste, partagé entre l'intransigeance des principes et les nécessités de la praxis. Dans la seconde, éreintée par la presse « bourgeoise », le drapeau n'est plus dans la poche, les transfuges de l'Est et la manipulation de l'information sont traités sur le ton d'une farce boulevardière où, malgré quelques touches plus nuancées, les « ennemis de classe » sont nettement désignés.

Quel que soit le sens des critiques, souvent virulentes, dont il fait l'objet, et précisément parce qu'il en est l'objet, Sartre continue ainsi à dominer son époque. La publication, en 1954, du roman de Simone de Beauvoir, *Les Mandarins,* couronné par le prix Goncourt, achève la mythification : bien qu'il ne soit pas que cela, ce récit à clef transforme les débats Sartre-Camus ou l'aventure du RDR en péripéties romanesques. D'autre part, et même au plus fort de son alignement sur la stratégie communiste, Sartre sait conserver une autonomie d'allure qui tranche sur la docilité du vrai compagnon de route. Elle se mesure à l'alternance chez lui des engagements orthodoxes et de ceux qui n'ont visiblement aucun lien avec les intérêts de l'Église. Sa prise de position en faveur d'Henri Martin suit une défense vigoureuse, et relativement solitaire, de l'inclassable Jean Genet (entre autres sa préface aux *Œuvres complètes* de celui-ci intitulée « Saint Genet comédien et martyr », 1952) ; une attaque indirecte de Jean Kanapa contre un article des *Temps modernes* le fait monter au créneau avec une rare violence (« Il faut plus d'une hirondelle pour ramener le printemps, il faut plus d'un Kanapa pour déshonorer un Parti »). Mais que la haute conscience de toute une gauche ait pu écrire du même mouvement en 1952 « Un anticommuniste est un chien », montre combien il est difficile à l'époque de ne pas être communiste sans passer pour un anticommuniste, et d'être anticommuniste sans passer pour un fasciste.

Comment ne pas être communiste

L'ampleur, la foi vibrante et la rigidité de la citadelle communiste exagèrent en effet, par contraste, l'image de dispersion, voire d'atomisation, et d'incohérence des intellectuels hostiles ou simplement étrangers au communisme, et qu'on peut définir comme ceux qu'à aucun moment ne tenta le moindre compagnonnage de route. Il n'y a dans cet éclatement rien de surprenant pour une démocratie pluraliste, mais ce pluralisme lui-même ôte une bonne part de son prestige à ses membres, réduits, au mieux, à figurer en de brillantes solitudes ou de petites chapelles sans vraie puissance devant la grande Église.

La liberté de la culture

L'« atlantisme » lui-même n'a rien d'une contre-proposition organisée susceptible de faire face symétriquement au marxisme-léninisme. Par définition il ne se construit qu'avec retard, et suivant une logique principalement négative, celle du refus du modèle stalinien. Là où il se cristallise visiblement, c'est en général à la suite de ou en liaison avec une initiative officielle, américaine ou française.

Un cas limite à cet égard est fourni par l'association Paix et Liberté, apparue publiquement à l'automne 1950, sous la forme d'une dénonciation solennelle du mensonge de « la propagande communiste qui, depuis cinq ans, inonde le pays sans recevoir de réponse à la mesure de l'attaque ». Le parallèle est explicite avec le Mouvement de la Paix, procommuniste, et la première production de contre-propagande est une affiche, tirée à environ deux cent mille exemplaires, tournant en dérision la colombe au rameau d'olivier de Picasso, pour en faire « la colombe qui fait boum ». Mais on ne saurait parler ici d'un « mouvement » concurrent. Au sens strict du terme, Paix et Liberté ne sera jamais, jusqu'à sa disparition à l'été 1956, qu'une officine : pas d'adhérents, pas de noms de dirigeants connus, sauf son secrétaire général, le député radical Jean-Paul David, un financement opaque où les « contributions privées », pour telle ou telle campagne, semblent avoir moins compté que les fonds secrets du gouvernement français, chargés de couvrir les frais fixes. Les liens avec les pouvoirs publics sont notoires : si l'on ignorait à l'époque que la création de l'association a été décidée à la présidence du Conseil, au cours de l'été 1950, dans l'atmosphère de particulière tension des premières semaines du conflit coréen, par un cartel de partis gouvernementaux, la concession de deux émissions radiophoniques hebdomadaires, l'une affichée l'autre élaborée en fait par elle (*La vie en rouge,* à Paris-Inter), ne laissait aucun doute. Corrélativement, c'est pour s'être trouvée au cœur de complexes intrigues politiques, tout autant que pour cause de « dégel » diplomatique général, que Paix et Liberté se verra petit à petit retirer à partir de 1955 ses moyens d'action sur l'opinion, et qu'elle en mourra.

Même si les animateurs permanents de l'officine sont des politiques, liés principalement aux fractions les plus anticommunistes des partis du centre-gauche, la participation d'intellectuels n'est pas douteuse, tel le petit groupe d'anciens communistes (Boris Souvarine, Angelo Tasca) qui se réunira bientôt autour de l'Association d'études et d'informations politiques internationales, éditrice d'un *Bulletin* (BEIPI) qui deviendra en 1956 *Est et Ouest ;* la vocation proclamée est bien celle d'une « défense psychologique du monde libre » (appel de 1953), par les moyens les plus variés, qui iront en effet du tract au film en passant par le bulletin d'influence à fort tirage. Mais il n'en est que plus frappant de voir l'anonymat ou l'obscurité de la plupart de ces collaborations, comme si le financement public excluait, de part et d'autre, la mise en avant de personnalités connues qui disposent donc d'une légitimité antérieure et extérieure à l'organisme.

Ceux-là se retrouvent, en revanche, sans scrupule de conscience en pleine lumière au sein des Congrès pour la liberté de la culture et au sommaire de leur revue française, *Preuves,* mise en place au même moment mais, cette fois, sur une base américaine. Le congrès fondateur qui, par son nom, fait sans doute allusion à l'opération communiste de 1935, s'est tenu symboliquement à Berlin-Ouest, en juin 1950, avec le soutien matériel des autorités américaines et de l'AFL-CIO. Par la suite, l'aide, financière ou autre, passera de préférence par le biais de celle-ci, c'est-à-dire de la Confédération internationale des syndicats libres (CISL), voire tout simplement de la CIA, qui vient, en 1947, de remplacer l'OSS comme centrale de renseignement ou de contre-propagande. De même que Paix et Liberté s'associait à des organes similaires ou en suscitait d'autres à l'étranger pour constituer un Comité international, de même l'association des Amis de la Liberté essaime-t-elle à travers le monde ; mais beaucoup de signes confirment la position centrale jouée par la France dans le dispositif : c'est à Paris que s'installe le secrétariat international permanent des Congrès, comme c'est à un francophone, le Suisse Denis de Rougemont (1906-1985), qu'est confiée la présidence du comité exécutif, enfin *Preuves* est chronologiquement la première de la demi-douzaine de revues européennes situées dans la mouvance des Congrès. Plusieurs des intellectuels étrangers qui militent dans ceux-ci sont, de surcroît, de bons connaisseurs de la culture française, à commencer par Arthur Koestler, qui plus que l'Américain James Burnham, ancien trotskiste devenu l'annonciateur de *L'Ère des organisateurs,* a été la vedette du congrès de Berlin, ou Ignazio Silone, animateur de la section italienne et de sa revue, *Tempo presente.* C'est aussi le cas du musicien Nicolas Nabokov, citoyen du monde à l'instar de son frère Vladimir et lui-même secrétaire général des congrès. Sans doute, à côté de la prise en considération de la position stratégique occupée par la France dans l'ensemble culturel ouest-européen, faut-il voir aussi dans cette prédominance la reconnaissance du grand rôle accordé internationalement au débat intellectuel français, à la fois à cause du prestige international dont jouissent, à cette époque, ses « grands esprits », et de l'hégémonie marxiste en son sein.

Les principaux auteurs français des congrès et les collaborateurs de *Preuves* peuvent être rattachés à trois sensibilités principales, qui éclairent, plus généralement, sur la composition exacte de l'intelligentsia non communiste de l'époque. Le groupe le plus aisément repérable est celui des socialistes ou syndicalistes, qu'ils soient de filiation réformiste (André Philip) ou révolutionnaire anticommuniste (Michel Collinet) ; le secrétaire général de la revue, Jacques Carat, en fait partie. L'aile droite de l'ensemble est plus composite, avec des personnalités au passé souvent extrémiste, tels l'ancien communiste Jules Monnerot, ou l'ancien fasciste Thierry Maulnier, que ses essais (*La Face de méduse du communisme,* 1951) et, surtout, ses pièces à thèse (*La Maison de nuit,* 1953, par son thème comme par ses enjeux, est une sorte de *Mains sales* spiritualiste) établissent, vers 1950, comme l'anti-Sartre. Denis de Rougemont et Raymond Aron représentent assez bien la position centriste, critique à l'égard du jusqu'au-boutisme d'un Burnham, favorable à une diplomatie de force face aux Soviétiques, et sceptique vis-à-vis des tentatives d'un Silone pour lancer un pont en direction de certains intellectuels progressistes.

Soucieux d'affirmer promptement son autonomie par rapport aux Amis de la Liberté, qui lui paraissent trop politiques et pas assez prestigieux, *Preuves,* publié d'abord, à partir de mars 1951, comme « cahiers mensuels du Congrès », adopte la maquette d'une revue dès novembre, se lance dans l'édition d'essais individuels (par exemple, *Les Libertés que nous ne voulons pas perdre,* de Rougemont, 1951) ou collectifs (*Science et Liberté,* 1953), anime des « mardis » publics, organise, en 1952, un festival (*L'œuvre du XXe siècle*) en forme de manifeste pour l'art contemporain dénoncé comme « formaliste » par les communistes, etc. Malgré cette activité, l'échec stratégique est patent, l'image dominante au sein de l'intelligentsia, négative (« revue américaine », « revue de Burnham », etc.).

La cause principale gît sans doute dans l'insurmontable handicap que représentent pour elle les forces conjointes d'un certain nationalisme intellectuel français et de l'incontestable rayonnement du marxisme. Or les positions défendues par la revue non seulement sont celles qu'on attend d'elle — éloge des valeurs démocratiques occidentales et de la solidarité atlantique —, elles mettent aussi en avant une communauté spirituelle européenne, qui se traduit par la large place accordée aux intellectuels réfugiés et à la vie culturelle slave et, sous la plume de Rougemont, militant connu du mouvement européen, prend la forme d'un fédéralisme fort étranger au débat français. Quant au prestige marxiste dans les nouvelles générations intellectuelles, il se mesure ici *a contrario* à la lecture de la liste des premiers signataires français du manifeste voté à Berlin, où André Philip et David Rousset sont les plus connus des rares « jeunes », aux côtés d'un contingent au sein duquel Louis de Broglie voisine avec Georges Duhamel, Gide avec Mauriac, Maritain avec Jules Romains.

Pour toutes ces raisons, *Preuves* doit se battre non seulement contre la presse communiste mais, peut-être plus durement encore car dans ce cas le dialogue, même agressif, peut exister, rebondir, s'envenimer, avec les deux grandes revues du compagnonnage de route à l'époque, *Esprit* et *Les Temps modernes,* ainsi que le principal organe du neutralisme, *L'Observateur.* Comme dans le même temps l'équipe des Congrès, confirmant ainsi la ligne « libérale » (au sens américain de « gauche modérée ») de ses origines, prend à cœur de se démarquer du maccarthysme, l'espace intellectuel dont elle entend défendre les frontières apparaît aux contemporains comme singulièrement exigu, même si, vu sous l'angle de l'histoire des idées, il recèle une grande richesse. Passé le plus tendu de la guerre froide, le mouvement des Congrès commence à péricliter et la revue, qui, dès novembre 1951, avait commencé à s'en émanciper sur le plan administratif, abandonnera toute référence explicite à ceux-ci en 1953. Les Congrès eux-mêmes se réorienteront à partir de 1955 dans un sens plus « culturel » et *Preuves* prendra peu à peu la figure d'une revue de sciences humaines fortement influencée par l'état de la recherche outre-Atlantique.

Une intelligentsia RPF ?

La spécificité, mais aussi la difficulté d'être de cette tentative, se révèle mieux si l'on examine le destin, plus court sans doute, mais écourté pour des raisons de politique intérieure, de la principale revue concurrente, qui échange avec *Preuves* plusieurs signatures, en particulier celles de Raymond Aron et de James Burnham : *Liberté de l'esprit*. Sans doute ces « Cahiers mensuels destinés à la jeunesse intellectuelle » disposent-ils d'une nette antériorité (février 1949). Mais ils sont surtout, d'emblée, mieux intégrés aux traditions culturelles françaises, en particulier par deux traits des plus nets : la forte part de la littérature — thèmes des articles, mais aussi style de l'écriture —, là où *Preuves* serait plutôt « culturelle », et l'inclusion explicite dans les débats politiques nationaux, puisqu'en fait il s'agit là de la tribune des intellectuels membres ou compagnons de route du Rassemblement du peuple français, créé par de Gaulle en mars 1947. Le financement principal est fourni par le RPF, son délégué à la propagande, qui n'est autre qu'André Malraux, laissant cependant une large autonomie au jeune directeur, Claude Mauriac, fils de François. Du même coup, le sabordage de la revue, à l'été 1953, est directement lié à la mise en sommeil officieuse du RPF par son chef.

Du point de vue de l'organisation, l'argumentation de référence restera jusqu'au bout le discours prononcé par Malraux salle Pleyel le 5 mars 1948, lors du premier meeting du RPF en direction des intellectuels. L'auteur de *La*

Condition humaine et de *L'Espoir,* dont les romans jouent à cette époque un rôle non négligeable dans le passage au communisme de nombreux jeunes, a décidé d'imposer le black-out sur son roman le plus sympathique au Parti, *Le Temps du mépris,* et sa préface, plus explicite encore ; en revanche, il accorde assez d'importance à cet appel de Pleyel pour en faire cette fois, en 1949, la postface à l'« édition définitive » des *Conquérants.* Une large vision culturaliste des enjeux universels, et particulièrement européens, y préside à une condamnation de l'impérialisme soviétique considéré comme l'émanation d'un héritage étranger aux « strates » et aux « échanges » antiques et médiévaux et à une recomposition du champ politique en termes de « patrie ».

Ce type d'idéologie ne rencontre pas la totale adhésion d'un Raymond Aron, qui n'en donne pas moins une vingtaine de textes à *Liberté de l'esprit,* y compris plusieurs de ses interventions dans des Congrès pour la liberté de la culture, alors que, le temps passant, l'Europe de Monnet apparaît aux intellectuels gaullistes comme un danger aussi grand, et plus pernicieux, que l'Europe de Moscou, et que les réserves à l'égard des États-Unis vont se précisant. Mais, avec toute son ambiguïté, elle s'ajoute à l'influence de Malraux, puisant en particulier dans le vivier Gallimard, ainsi qu'au nom du directeur, pour faire affluer des signatures éclectiques et d'un rayonnement national certain, à défaut d'avoir toujours la réputation, plutôt extra-française à l'époque, d'un Aron ou d'un Rougemont : Roger Caillois, E.M. Cioran, Max-Pol Fouchet, Stanislas Fumet, l'historien de la littérature Gaétan Picon et aussi, dans les débuts, le jeune romancier Roger Nimier (1925-1962).

L'hétérogénéité idéologique est ainsi plus grande qu'à *Preuves,* précisément parce que jamais explicitée, mais comme la situation du groupe rédactionnel est, dans la géographie de la république des lettres parisienne, tout à

fait centrale, l'écho immédiat, et donc le poids intellectuel
réel, plus grand, d'autant plus que les noms de Burnham,
Karl Jaspers, ou Arnold Toynbee qui figurent au sommaire, quoique périphériques par rapport à l'axe de la
revue, servent de réponse à ceux qui seraient tentés de
parler d'un certain provincialisme intellectuel.

Les « Hussards »

Ce franco-centrisme, un groupe va bientôt l'assumer
hautement, tout comme il va chercher à trancher sur la
tonalité uniformément, quoique symétriquement, engagée
de la période. Il ne fait pourtant aucun doute, pour les
contemporains comme à la lecture *a posteriori* de ses
publications, que son dégagement est tout aussi fortement
idéologisé que la littérature qu'il récuse. Mais ces Hussards, pour reprendre le nom dont les baptisera à l'époque
le journaliste et romancier Bernard Franck, n'avaient
guère le choix. Âgés pour la plupart de moins de trente
ans (outre Nimier, citons Michel Déon, Kléber Haedens,
Jacques Laurent et, un peu en marge, Antoine Blondin),
ils sont cependant, malgré ou à cause de l'air du temps,
attachés principalement à trois valeurs, ou systèmes de
valeurs, clairement ancrées à droite — l'ordre viril, l'élitisme et le nationalisme — dont ils doivent constater
qu'elles n'ont plus pignon sur rue depuis la Libération, et
ils aggravent leur cas en proclamant leur filiation avec la
littérature de droite la plus discréditée (Jacques Chardonne, Marcel Jouhandeau, Paul Morand...). Ne désirant
pas opposer termes à termes une doctrine à une autre —
mais aussi faute de le pouvoir sans risque de se retrouver
dramatiquement isolés, car, au vrai, plusieurs de ces
hommes, tels Nimier et Déon affectionnent l'essai —, les
Hussards joueront donc la carte du mépris ironique à
l'égard d'une société établie, où pour eux un Jean-Paul
Sartre est tout aussi confortablement installé qu'un Vincent Auriol. Une des premières manifestations où s'expri-

mera cette sensibilité sera ainsi un pamphlet de Jacques Laurent, où *Jean-Paul* se trouve rattaché à *Paul* (Bourget), au nom d'un même dogmatisme et d'une même lourdeur d'écriture.

Mais cette société établie n'aura garde de les empêcher de s'exprimer. Elle les y aidera grâce à un intercesseur impeccable en termes de Résistance, François Mauriac. Touché par ce que ce discours avait d'altier et de traditionaliste à la fois, celui qui va s'affirmer plus que jamais comme un des chroniqueurs les plus lus de son temps n'est sans doute point mécontent de troubler le mythe d'une jeunesse intellectuelle tout entière installée derrière Sartre, auquel l'oppose un vieux contentieux, en même temps que de tenir lieu de maître pour cette fraction-ci. Cette rencontre donne naissance à la revue *La Table ronde* (janvier 1948) où, aux côtés d'Aron, de Malraux ou de Mauriac paraissent les principales signatures nouvelles du groupe et de leurs maîtres. Cette dernière promiscuité vaudra à Mauriac d'être exclu du CNE.

Mais Camus, présent lui-même dans le premier numéro, s'éloignera bientôt. C'est qu'au nom de la liberté de l'esprit, de l'irrespect et de la légèreté, le marxisme, ou plutôt le communisme, mais aussi le progressisme, l'existentialisme et même le libéralisme sont bel et bien dans le collimateur. Nimier fera scandale quand, dans le premier numéro de l'organe de Claude Mauriac, il se gaussera du « silence de M. Camus » sur les victimes de droite, alors que celui-ci s'élève « avec éloquence en faveur des nègres, des Palestiniens (faut-il à cette date traduire : juifs ?) ou des Jaunes ». Quelques mois plus tard *Le Grand d'Espagne* (1950), *sept lettres adressées à Georges Bernanos*, semble inaugurer une carrière de polémiste rendu furieux par « la fin de la France » qui se profile derrière le règne des plats « Girondins ». En fait, la percée idéologique des Hussards fera long feu.

Sans doute, même si la revue initiale commence à

décliner dès 1954, le réseau d'influence se sera-t-il sensiblement élargi, grâce en particulier aux Éditions de la Table Ronde, dirigées par Roland Laudenbach et à une série de périodiques « bien parisiens », où un discours révisionniste circule sans affectation au milieu de textes à sujets en apparence strictement artistiques ou mondains (*Opéra, La Parisienne, Arts...*). Mais, de ce fait, cette influence ne se retrouve plus que très diluée, avant que la guerre d'Algérie, où la plupart des Hussards s'engageront nettement du côté des ultras, ne confirme l'équivoque de leur « désengagement » et ne surimpose leur propre échec politique à celui de leurs maîtres. Quand ils ressurgiront, dans les années soixante-dix et quatre-vingt, ce sera cette fois avant tout sur le terrain littéraire, où leur vieux désabusement rencontrera celui des plus jeunes générations.

Deux singularités

À voir l'évidente marginalité de ces hommes à talents multiples, dès lors qu'ils sortent du domaine romanesque pour entrer dans celui du débat politique, alors qu'outre leur jeunesse ils ont pour atouts leur bonne implantation éditoriale et journalistique et la lisibilité de leur position, on comprend mieux le destin, pour lors morose, des deux principales personnalités de l'intelligentsia — entendons par là, sans prendre position, qu'elles étaient reconnues comme telles par leurs amis et leurs adversaires —, dont on peut dire qu'elles ne furent jamais à cette époque, si peu que ce fût, en position de compagnonnage vis-à-vis du marxisme : Raymond Aron et Albert Camus. Deux pensées et deux destins bien dissemblables mais réunis par un même aboutissement, à la fin de la période qui nous occupe, la solitude.

Sans doute faut-il s'entendre sur ce dernier mot. Si Aron prend place à ce moment parmi les personnalités en question, il le doit non seulement à son travail techniquement philosophique ou sociologique, mais à ses talents de

« journaliste de fond », dont rendent compte de plus en plus les sujets de ses livres, qui prennent volontiers la forme d'essais sur des sujets d'actualité politique immédiate (*Le Grand Schisme*, 1948, *Les Guerres en chaîne*, 1951). On a vu que son nom était l'un de ceux qu'on pouvait retrouver au sommaire tout à la fois de *Preuves, Liberté de l'esprit* et *La Table Ronde* ; à partir de 1947, c'est par la voix du chroniqueur du *Figaro* qu'il touchera son plus large public. La solitude d'Aron n'est pas non plus une mise à l'écart des institutions de légitimité, même s'il lui fallut s'y reprendre à deux fois avant d'être, en 1955, élu à la Sorbonne — car à ce compte la marginalité de Sartre est beaucoup plus nette. Enfin le terme n'a aucun sens si l'on envisage le monde occidental dans son ensemble, et d'abord l'anglo-saxon, où sa production commence à être connue et promptement traduite.

Quant à la solitude d'Albert Camus, elle est singulièrement peuplée, par les centaines de milliers de lecteurs que lui apportent *L'Étranger* ou *La Peste*, titres qui figurent parmi les premiers édités en livre de poche, comme par l'attention avec laquelle les médias suivent son œuvre et rendent compte de ses interventions dans les débats de société : situation privilégiée dont la résultante prévisible, mais particulièrement précoce, sera le prix Nobel de littérature.

Il n'en reste pas moins que l'un et l'autre vont sortir de la guerre froide sans avoir acquis — pour Aron — ou en ayant perdu — pour Camus — l'aura dont Jean-Paul Sartre bénéficie plus que jamais au sein de la république intellectuelle. Un examen rapide des principales raisons, à nos yeux, de ces deux demi-échecs, l'un par inachèvement, l'autre par déclin, nous semble pouvoir éclairer plus généralement les conditions nécessaires, à défaut d'être suffisantes, de la prééminence intellectuelle, au moins en terre française.

Ces raisons sont de deux sources, les unes culturelles,

les autres plus strictement idéologiques ; les premières touchent plus à la structure de la société intellectuelle nationale, les secondes aux conjonctures politiques générales qui la traversent. Raymond Aron a l'avantage d'appartenir à la même génération, on peut même dire à la même promotion, que son « petit camarade » Sartre. Il a comme lui, dans une nation sensibilisée de longue date à ce type d'excellence, la légitimité universitaire suprême de la Rue d'Ulm et de l'agrégation. Sur ce plan, l'un et l'autre éclipsent Camus, à la fois plus jeune et moins lauré. La comparaison est ici d'autant plus cruelle que l'auteur du *Mythe de Sisyphe*, ancien étudiant en philosophie de province que diverses circonstances ont empêché d'aller au-delà du diplôme d'études supérieures, opère sur le même terrain que ses deux « concurrents ». On le lui fit bien voir en 1951, lors de la sortie de son *Homme révolté*, qui consacra la rupture Sartre-Camus.

Celui-ci y prenait nettement position contre l'historicisme et le primat des moyens sur la fin, exaltant la révolte pour mieux récuser la révolution, trop souvent dégénérée en despotisme. *Les Temps modernes*, après un premier temps de silence embarrassé, firent donner contre lui Francis Jeanson (« Albert Camus ou l'âme révoltée », mai 1952). À côté d'une argumentation sur le fond où le refus de l'histoire attribué à Camus voisinait avec le reproche d'être une belle âme — qui avait été précisément celui que, sur sa droite, François Mauriac avait adressé à Sartre à l'époque du RDR —, le soupçon rédhibitoire d'avoir affaire à une œuvre d'un médiocre technicien de la discipline philosophique commençait d'affleurer. Il allait surgir au grand jour dans les échanges qui suivirent : la vive réponse de Camus, directement adressée à Sartre (« Lettre au directeur des *Temps modernes* », *Les Temps modernes*, août 1952) et les contre-réponses de celui-ci et de Jeanson (*Les Temps modernes*, août 1952), cette dernière significativement intitulée « Pour tout vous dire ».

Mais c'était au tour d'Aron d'être en situation d'infériorité par rapport au couple Camus-Sartre en ce qui concernait les moyens d'intervention dont il disposait. Jusqu'au bout, il lui manquera cette troisième arme qui, à côté de l'essai et de l'article, ouvre à l'intellectuel d'autres publics et surtout ennoblit son image : l'œuvre de fiction, qu'elle soit romanesque ou théâtrale. Sur ce terrain, il est même vraisemblable que Camus finit par l'emporter sur Sartre, ce qui n'a rien pour surprendre, si l'on veut bien se souvenir de l'importance accordée au théâtre par le jeune étudiant de 1935-1938, qui fut à l'époque d'abord un chef de troupe. On peut même se demander si chez lui, la polémique autour de *L'Homme révolté* ayant laissé des traces négatives, l'exercice théâtral n'a pas occupé une place désormais vacante.

Toujours est-il qu'après *L'État de siège* (octobre 1948) et *Les Justes* (décembre 1949), bien accueillis dans l'ensemble par le public et la critique, on le retrouve actif auprès de Jean Vilar au festival d'Avignon et traducteur/adaptateur de plusieurs pièces étrangères. Son éloignement du journalisme professionnel, à partir de juin 1947 où, avec ses amis, il quitte *Combat*, pris en charge, avec son assentiment, par Claude Bourdet, coïncide exactement avec la sortie de *La Peste* et l'installe définitivement comme « homme de lettres ». Mais son rayonnement intellectuel est garanti par le maintien d'une présence aiguë dans les débats d'actualité, par les articles qu'il donne principalement à *Combat* ou, à partir de sa création en 1953, à l'hebdomadaire *L'Express*, comme le confirme le second recueil de ses *Actuelles*, paru en 1953 et couvrant les cinq dernières années.

Raymond Aron, qui se comparera dans ses *Mémoires* aux *columnists* américains, intervient peut-être plus encore, et n'hésitera pas à réunir son propre recueil sous le titre de *Polémiques* (1955). Son activité de journaliste est à cette époque assez importante pour que *Le Grand*

Schisme ait été défini par lui, rétrospectivement, comme dessinant « le cadre dans lequel s'inscriraient ses articles du *Figaro* ». Si son *Opium des intellectuels* (1955) est voué à une longévité exceptionnelle, fondée sur les lectures de deux ou trois générations successives, son nom ne pouvait rencontrer l'écho ou, plutôt, les résonances accompagnant ceux des philosophes-artistes qui occupaient au même moment, dans tous les sens de la formule, le devant de la scène. Reste que ces deux isolements intellectuels, l'un initial, l'autre tendanciel, sont d'abord dus à des forces externes, à l'idéologie dominante depuis la Libération, celle à l'égard de laquelle Camus reprochera dans sa polémique avec *Les Temps modernes* à tant de ses contemporains de sacrifier en voulant à toute force placer « leur fauteuil dans le sens de l'histoire ».

Deux engagements

Cette communauté de refus une fois posée, les deux itinéraires n'ont, à aucun moment, de points de jonction. En termes de typologie intellectuelle, ils appartiennent à deux logiques sensiblement différentes. Chez Aron, l'engagement politique est très tôt explicite, et on peut même soutenir qu'il est à l'époque de la guerre froide beaucoup plus poussé que celui de Sartre. Alors que ce dernier ne sera que compagnon de route du PC et adhérent éphémère d'un club d'intellectuels qui ne parviendra jamais à s'installer comme parti classique, Aron adhère au RPF, est nommé par le général de Gaulle au Comité d'études et même au Conseil national du Parti, et présente au Congrès (« assises nationales ») de celui-ci en 1949, un rapport sur l'association. Puis le déclin du Rassemblement correspond chez lui au moment où il investit désormais une bonne part de son énergie militante dans les Congrès pour la liberté de la culture, dont il ne s'éloignera, dans les années soixante, qu'à la suite de la révélation par le *New York Times* de leurs liens financiers avec la CIA. À sa manière, plus sceptique, mais passionnée, plus argumentée, il reproduit donc, contrairement à ce qui a été parfois soutenu, le même type de cheminement que Sartre, alternant les périodes de compagnonnage et celles d'adhésion organique. Mais il le fait en commençant par la rupture la plus violente qui soit, à l'entrée en guerre froide, pour la société intellectuelle : l'adhésion au RPF. Assimilé à un ralliement au fascisme par les intellectuels du PCF, ce choix est sévèrement apprécié par ces équipes stratégiquement situées que sont celles des *Temps modernes* ou d'*Esprit*. Ceux qui ont fait le même choix sont durablement, voire définitivement « marqués » (Albert Ollivier, David Rousset). On peut penser que cette circonstance, autant que le second choix notoire d'Aron pour l'« atlantisme », au plus fort de l'affrontement bipolaire, a pesé lourd sur la suite.

L'Opium des intellectuels a achevé de geler les relations interintellectuelles au moment même où 1956 et la guerre d'Algérie pouvaient permettre un rapprochement ou du moins une « coexistence pacifique ». Contrairement à *L'Homme révolté*, le livre d'Aron ne se situe pas, en effet, sur le terrain du débat théorique. Sans doute attaque-t-il de front un système de croyances — les mythes, selon lui, du messianisme révolutionnaire et de l'eschatologie prolétarienne —, mais c'est d'abord une Église qui est visée. *L'Opium des intellectuels* ressortit de la littérature anticléricale, le cléricalisme en question étant celui du progressisme à base marxiste et dominante léniniste qui règne chez la plupart des enseignants, des écrivains, des savants engagés de l'époque. L'ouvrage, s'il séduit les lecteurs du *Figaro* et une minorité d'intellectuels, touche trop cruellement la plupart d'entre eux pour ne pas subir plutôt le traitement du mépris que de la polémique. Sartre, par exemple, ne lui consacre pas une ligne ; il ne mentionne d'ailleurs à peu près jamais Aron entre 1948 et 1968.

Le « système d'éloignement » de Camus est tout autre. Il se fonde sur un refus constamment réitéré d'associer son nom à des entreprises à caractère partisan. Il condamne le RPF mais, tout en étant proche de lui, n'adhère pas formellement au RDR. Ses rapports avec le PCF sont, d'emblée, mauvais, mais il refuse d'entrer dans le réseau de compagnonnage atlantique. Il renonce à donner son adhésion à une Société européenne de culture qui réunit pourtant des intellectuels des deux camps, mais qui lui paraît, en fait, encore trop influencée par le neutralisme, etc. Sur le terrain, il fait montre d'une grande cohérence en soutenant, en revanche, en 1948-1949, le mouvement des Citoyens du monde, de Gary Davis, partisan d'un gouvernement mondial, auquel Sartre reprochera un idéalisme moralisateur, en apportant son aide à des Groupes de liaison internationale chargés de venir en aide aux intellectuels européens persécutés, proches de la revue syndicaliste *La Révolution prolétarienne*, enfin en prenant la parole dans des bourses du travail aux côtés de militants des mêmes équipes.

Mais cette volonté farouche d'indépendance, au nom d'une éthique rigoureuse, même à l'égard des « troisièmes voies », l'exposait à être symétriquement récusé par les deux — ou les trois — camps. Le risque le plus grand était de décevoir, sur le long terme, ceux qui se tournaient vers lui comme vers un maître moins à penser qu'à agir. Ce désarroi montant était peut-être intériorisé par Camus lui-même, dont le dernier roman, *La Chute* (1956), monologue cruel d'une « belle âme » d'imposture, déconcerta ses fidèles sans rallier ses adversaires. Le déplacement des enjeux intellectuels vers la décolonisation allait mettre en pleine lumière le caractère sinon intenable — il était tenu par Camus depuis dix années — du moins inaudible par l'opinion commune de ce type de position postulant la « bonne volonté » et la tolérance mutuelles.

Les moments chauds
de la guerre froide intellectuelle

Une situation aussi crûment bipolarisée conduisait à une dramaturgie d'« affaires » et de « campagnes », de thématiques et de duels d'autant plus diversifiée dans ses formes et d'autant plus ambiguë dans ses résultats qu'elle se déroula jusqu'au bout sur un terrain démocratique, même si la condamnation judiciaire et la sanction administrative, la censure officielle et la violence physique n'en étaient pas absentes.

Une typologie superficielle de ces moments d'affrontement distinguerait aisément dans les deux camps des organisés et des cristallisés. Atlantistes et communistes construisent parfois de toutes pièces un objet de litige, étant bien entendu que la vigueur de l'opposition ne peut s'expliquer sans l'investissement, de part et d'autre, d'une même et incontestable sincérité : l'occasion est plus ou moins orchestrée, mais les questions débattues sont concrètes, les valeurs défendues fondamentales ; d'autres circonstances découlent plus simplement de la contingence. Sur le moyen terme de la décennie, l'échec, partiel mais peu contestable, de l'intelligentsia communiste se mesure à la multiplication des sujets de polémique interne, traduisant des dysfonctionnements jusque-là occultés au sein du bloc de référence soviétique. Que ces ébranlements, dont l'année 1956 allait être le lieu décisif, n'aient pas sérieusement mis en cause la prédominance progressiste-marxiste, tient à ce qu'ils se trouvèrent, précisément en France, tout juste contemporains de l'enlisement officiel en terres coloniales. Le modèle soviétique n'en sortit pas moins définitivement terni.

La paix froide

La période avait pourtant commencé par une vigoureuse offensive intellectuelle communiste, qui avait réussi
à prendre à contrepied ses adversaires, au point que ceux-
ci ne purent jamais reprendre l'initiative sur le même terrain : le mouvement de la Paix, qui qualifie tout autant
une grande campagne pacifiste dépassant de loin les frontières de l'intelligentsia communiste que l'organisation
qui en fut, au moins en apparence, la maîtresse d'œuvre.

Dès la constitution du Kominform, le camp soviétique
s'était présenté comme celui des forces de la paix, face
aux revanchards et aux anticommunistes. Hantés par la
crainte d'une troisième guerre mondiale et persuadés
qu'en tout état de cause elle ne serait déclenchée que par
les jusqu'au-boutistes du camp occidental, nombreux
furent les intellectuels et hommes politiques français qui
se trouvèrent prêts à payer de leur personne pour empêcher le scandale d'une division des « démocrates ». Tel
était le cas d'Yves Farge, artiste peintre avant-guerre, puis
journaliste, devenu l'un des dirigeants de la Résistance
intérieure. Ministre à la Libération, il s'éloigne bientôt de
la politique classique pour situer son combat sur le terrain
des enjeux diplomatiques généraux, où à ses yeux les
Américains prennent petit à petit les lieu et place des
Allemands. Ce type de raisonnement intéresse visiblement certains intellectuels polonais qui, en avril 1948,
l'invitent à participer à un grand Congrès international
des intellectuels pour la Paix. Tenu du 25 au 28 août à
Wroclaw, ville hautement symbolique (l'ancienne Bres-
lau) d'un pays martyr, ce Congrès est en fait l'occasion
d'un premier contact sur une grande échelle entre les
intelligentsias des deux nouveaux blocs. Du côté occidental, la délégation française est la plus brillante, associant
Vercors à Farge, l'abbé Boulier à Marcel Prenant, Irène
Joliot-Curie à Pierre Seghers, Aimé Césaire à Paul
Éluard, Léger à Picasso. C'est aussi celle qui accepta,

sans vraiment broncher, contrairement à la délégation britannique, une violente diatribe antisartrienne du Soviétique Fadeïev. La thématique qui structura tout le mouvement pendant ses premières années d'existence, les seules où il ait eu un réel écho hors de la communauté communiste, est déjà exposée à cette occasion : lutte internationale de tous les esprits épris de paix et de liberté contre l'usage militaire de l'énergie atomique, pour la libre circulation des inventions et découvertes, pour la neutralisation de l'espace allemand.

Le rôle éminent accordé à la France au sein de cette stratégie sera confirmé l'année suivante, avec la tenue à Paris, salle Pleyel, du Ier Congrès national des Partisans de la Paix, quinze jours après la signature, à Washington, du Pacte atlantique. Le vocable de « partisans » manifeste l'intention des organisateurs d'établir un lien implicite avec les combats des forces progressistes en Grèce, en Chine ou au Viêtnam, et un lien tout à fait explicite avec la légitimation résistante des dirigeants qui, pour la France par exemple, offrent à cet égard un haut degré de respectabilité (Emmanuel d'Astier de La Vigerie, Jean Cassou, Farge, Joliot-Curie ; ce dernier est du reste élu président du secrétariat mondial). La cheville ouvrière de l'organisation est aussi un Français, Jean Laffitte, mais il s'agit là d'un permanent du Parti dont en avril 1950, au XIIe Congrès, le thème de référence sera « La Paix, tâche primordiale ».

Même s'il se veut organisation de masse, le Mouvement de la Paix demeurera ainsi avant tout, même à l'époque de sa plus grande force, une association-relais, exclusivement vouée à la diffusion des grands mots d'ordre diplomatiques soviétiques en direction des non-communistes. Le solennel *Appel* rendu public lors d'une réunion du conseil mondial du Mouvement, tenue en mars 1950 à Stockholm, demandait la dissolution des pactes militaires, la réduction immédiate des budgets d'arme-

ment et — ce fut le point le plus remarqué — l'interdiction de l'arme atomique, sous contrôle international
permanent. Il recueillera à travers le monde « six cents
millions » de signatures, la France venant en tête des pays
de l'Ouest ; mais l'association elle-même ne revendique
qu'un peu plus de 70 000 membres cette année-là. Dans
l'esprit des contemporains, elle fonctionne surtout comme
une grande centrale de propagande, aux instruments particulièrement visibles et, à cet égard, efficaces. Outre les
prises de position massives (à l'Appel de Stockholm succédera en 1951 un Appel pour un pacte de paix signé par
les cinq « Grands ») et les Caravanes de la Paix qui circu-
lent à travers le pays, les pèlerinages solennels aux hauts
lieux de la Résistance, il suscite des poèmes d'Aragon et
d'Éluard, un film de Louis Daquin (*La Bataille de la vie*),
des tableaux de Fougeron et, surtout, les populaires
Colombes de la Paix de Picasso (pour le Congrès de
Pleyel et pour le second, tenu en novembre 1950 à Var-
sovie).

Grâce à l'action, permanente ou ponctuelle, de ses
intellectuels, le Mouvement facilite sans aucun doute la
réception de l'argumentation communiste au sein de
l'opinion publique. Son rôle n'est sans doute pas négligeable dans la campagne des opposants à la Communauté
européenne de défense (CED), perçue par lui comme
synonyme de réarmement allemand et de provocation
antisoviétique, et c'est sous son patronage que fut d'abord
organisée la plus violente manifestation de la guerre
froide en territoire français, le 28 mai 1952, contre la
présence à Paris du général américain Ridgway, accusé
par lui d'avoir recouru à l'arme bactériologique en Corée
(« Ridgway la peste »).

À cette date cependant l'adéquation unilatérale des
objectifs à ceux d'une stratégie étrangère est devenue une
évidence plus gênante que porteuse. Plusieurs compagnons de route favorables à Tito l'ont abandonné, des

pacifistes intransigeants ont été troublés de voir tenus à l'écart du Congrès de Pleyel le citoyen du monde Gary Davis et le représentant du Cartel des mouvements pacifistes, personnalités insuffisamment « contrôlées » ; surtout, ils n'ont pu que constater l'entrée résolue de l'Union soviétique dans la course aux armements nucléaires. Et si le manifeste de Pleyel réclame, entre autres, le respect des libertés démocratiques, le IIIe Congrès mondial, qui se tient à Vienne en décembre 1952, est contemporain du procès Slansky-Clementis, dernière grande « liquidation » stalinienne, et des onze exécutions consécutives. Désormais, le Mouvement tout à la fois se radicalise et s'atrophie, mais il reste présidé par des non-communistes tel Pierre Cot.

Que, l'espace de deux ou trois années, pivotant autour de la guerre de Corée, la lutte pour la paix ait été du moins un thème intensément mobilisateur pour l'intelligentsia reste prouvé par le cas extrême de l'« affaire Joliot-Curie ». Personnage illustre s'il en fut, le prix Nobel est, depuis la création du poste, le haut-commissaire à l'énergie atomique et, en tant que tel, le « père » de la populaire pile Zoé. Le résistant de la Bataille de l'eau lourde a été aussi le président du Front national. Ses titres scientifiques étayent ses titres patriotiques pour le rendre intouchable, d'autant plus que son appartenance au parti communiste, qui n'étonnerait personne, a été longtemps tenue secrète par obligation de réserve. Or tout bascule au XIIe Congrès du PCF, au cours duquel il prévient solennellement, allant plus loin encore que l'appel de Stockholm : « Jamais les scientifiques progressistes, les scientifiques communistes ne donneront une parcelle de leur science pour faire la guerre à l'Union soviétique. » Moins d'un mois plus tard, à la surprise générale, il est révoqué par le gouvernement Bidault. L'état exact des affrontements politiques au sein de la communauté savante de l'époque est donné par l'absence de protestation extérieure au camp communiste et assimilé ; il doit être replacé dans une continuité plus longue, où se situent antérieurement la mise à la retraite d'Henri Wallon et la révocation du directeur du CNRS, Georges Teissier ou, dans les trois années qui suivirent, l'exclusion de ce Centre de douze chercheurs communistes, dont Henri Lefebvre, et de onze autres du CEA.

« L'Amérique a la rage »

Le glissement d'une campagne pour la paix à une dénonciation virulente de « Ridgway la peste » donne le ton essentiel des polémiques de l'intelligentsia communiste de guerre froide, dont on peut penser que, sans qu'on l'excitât particulièrement en ce sens, elle considéra comme une tâche primordiale de s'attaquer à l'adversaire le plus proche : la culture américaine. Celle-ci fait l'objet d'un tir à vue sur toutes les cibles, depuis le Coca-Cola jusqu'à l'œuvre d'Henry Miller, mais quelques « affaires » cristallisent cette agressivité permanente, tout en sollicitant en priorité les intellectuels.

Exemplaires par leur déroulement comme par leurs enjeux, celle des Accords Blum-Byrnes et celle des époux Rosenberg éclairent deux types courants. La première pousse ses racines dans l'histoire de l'immédiat après-guerre, où avait été signé, le 28 mai 1946, en annexe à un accord financier permettant à la France d'obtenir une aide précieuse des États-Unis, un avenant portant un coup très net au protectionnisme cinématographique français, mais c'est la guerre froide qui lui donne, aux yeux des artistes et journalistes communistes, toute sa signification culturelle : celle d'une colonisation. La seconde participe entièrement de la bipolarisation Est-Ouest, en ce qu'elle s'ordonne autour de l'innocence ou de la culpabilité et, par voie de conséquence, de l'exécution capitale, aux États-Unis, d'Ethel et Julius Rosenberg, soupçonnés d'« espionnage » soviétique.

L'un et l'autre épisode permet au Parti de mobiliser bien au-delà de ses frontières, grâce à la solidité, même relative, de ses dossiers : la culpabilité des Rosenberg était douteuse, et leur exécution capitale plus contestable encore ; le cinéma français était, en fait, sérieusement menacé par la réduction des quotas à l'importation, et il finit par obtenir une révision des accords ainsi que le vote d'une loi d'aide. Quant aux ressorts sur lesquels joue le Parti en ces occasions, ils appartiennent à la plus vieille tradition intellectuelle : l'« effet Dreyfus », avec la lutte, en apparence strictement éthique, humanitaire, pour la victime d'un déni de justice, l'« effet Union sacrée », avec la reconstitution d'un large front national sur la base de la défense, particulièrement sourcilleuse depuis 1941, de l'identité culturelle du pays.

En fonction de quoi les manifestations d'engagement les plus violentes sont souvent le fait d'alliés ou de ralliés. Un Claude Autant-Lara, un Henri Jeanson, un Louis Jouvet sont particulièrement en flèche sur les accords Blum-Byrnes ; et l'un des sommets de l'antiaméricanisme est sans doute atteint par Jean-Paul Sartre quand, au lendemain de l'exécution des Rosenberg, il lance, dans les colonnes de *Libération*, la mise en garde collective : « Ne vous étonnez pas si nous crions, d'un bout à l'autre de l'Europe : attention, l'Amérique a la rage », prélude à un numéro des *Temps modernes* sur « l'american way of death ». Le thème américain est, à cet égard, de ceux sur lesquels l'intelligentsia communiste sait pouvoir bénéficier du plus large consensus puisque, sous une forme plus modérée et avec d'autres arguments, il est traité aussi négativement par certains RPF et par plusieurs Hussards. Et l'on trouve beaucoup plus rarement sous la plume du rare intellectuel atlantiste un éloge sans réserve de la société américaine.

Duels mis en scène

À cette offensive multiforme, qui mêlait la défense des grands principes de la tradition humaniste à la critique, plus ambiguë mais aussi plus exaltante, d'une puissance tout à la fois étrangère et dominatrice, l'intelligentsia atlantiste ne se contenta pas de parer ou de rendre coup pour coup, dans un combat dont les règles étaient posées par son adversaire, ce qui la mettait d'emblée en position d'infériorité. Elle tenta aussi de prendre l'initiative, et jugea qu'elle ne pouvait le faire efficacement qu'en s'attaquant au modèle soviétique. L'échec, de ce point de vue, de la double affaire Kravchenko-Rousset, donne l'exacte mesure des rapports de force à cette époque.

Victor Andreievitch Kravchenko, ingénieur métallurgiste de formation, avait profité de son séjour en Amérique dans le cadre d'une mission soviétique d'achats, en 1944, pour passer à l'Ouest. Aidé, on le sait aujourd'hui, par le journaliste américain Eugen Lyons, il avait publié en 1946 le récit, sans précédent, de *La Vie publique et privée d'un haut fonctionnaire soviétique.* L'ouvrage, qui fût peut-être passé inaperçu deux ans plus tôt, se retrouva en peu d'années traduit en plus de vingt langues, vendu à cinq millions d'exemplaires. En France *J'ai choisi la liberté !*, sorti chez un petit éditeur de droite tout à fait en marge, rencontra le plus vif succès, avec environ cinq cent mille exemplaires vendus dans ses deux versions.

L'accueil de la critique avait pourtant été réservé, David Rousset qualifiant même son auteur de « provocateur à la guerre » ; mais la conjoncture (la traduction française sortit en avril 1947) fit bientôt de ce témoignage nourri de faits précis « l'illustration concrète du *Zéro et l'Infini* » (Luc Estang, *La Croix*) et, surtout, les deux camps parurent s'entendre pour en faire le prétexte d'un affrontement au sommet. Par le biais d'un article signé d'un « Sim Thomas » mystérieux, et qui le resta toujours, Kravchenko fut accusé par *Les Lettres françaises*

(13 novembre 1947) de n'être qu'un homme de paille, le pseudo-auteur d'une autobiographie entièrement fabriquée à Washington. L'argumentation communiste ne sortait guère, en l'espèce, de la rhétorique prévisible. L'imprévu vint de Kravchenko qui, poussé à bout et sans doute aussi bien conseillé, porta plainte devant la justice française pour diffamation. Quand l'affaire vint enfin devant la 18e chambre correctionnelle de la Seine, en janvier 1949, les évolutions des uns et des autres avaient eu le temps de se radicaliser, et chaque camp de fourbir ses armes.

Or, alors que le jugement rendu en avril 1949 et confirmé en appel l'année suivante, condamna en effet l'hebdomadaire à des dommages et intérêts symboliques, et que d'autre part, sur le fond, le récit de Kravchenko, sans être vérifiable dans ses détails, a été depuis lors abondamment confirmé, à l'époque il ressortit de cet affrontement dramatisé l'impression d'une nette victoire communiste. Il faudrait dire : d'une nette victoire de l'intelligentsia, et particulièrement des compagnons de route. Face à un accusateur qui n'entendait citer que des témoins obscurs et parfois divisés entre eux, les accusés n'eurent aucune difficulté à faire donner le ban et l'arrière-ban de la Résistance intellectuelle : Emmanuel d'Astier de La Vigerie, Albert Bayet, Cassou, Joliot-Curie, Martin-Chauffier, Vercors... Des noms de personnalités pour la plupart non communistes, parfois même déjà en délicatesse avec le Parti, mais encore prêtes à serrer les rangs quand, à leurs yeux, la solidarité du combat antinazi paraissait remise en cause. Le 3 février 1949, c'est à un grand meeting sur le thème « Kravchenko contre la France » qu'elles se trouvèrent invitées à participer. Ainsi se trouvaient vérifiées d'un coup deux propositions fondamentales : que le rôle des intellectuels peut être de pure ostentation autoritaire (témoins de moralité de la Résistance communiste, donc du Parti, donc de l'Union soviétique) ; que, vers 1950, l'œcuménisme résistant l'emportait encore chez eux sur les forces centrifuges.

La solidité de la citadelle fut confirmée quelques mois plus tard, lors du procès, lui aussi en diffamation, qu'intenta David Rousset aux mêmes *Lettres françaises*, en la personne de Pierre Daix. Le premier avait lancé, le 12 novembre 1949, et à partir des débats suscités par l'affaire Kravchenko, un appel à ses camarades anciens déportés pour qu'ils constituassent une commission d'enquête destinée à juger de la nature exacte des camps soviétiques. Le second avait répondu en termes violents. Ici encore la victoire judiciaire du diffamé n'eut guère d'effet. Pourtant, instruit sans doute par l'expérience Kravchenko, Rousset avait pris la précaution de citer à la barre des personnalités connues. Mais, justement, aucun intellectuel français de quelque réputation parmi elles, à l'exception, à la rigueur, du journaliste Rémy Roure ; au total, le procès donna lieu à un dialogue de sourds : au déporté Rousset, auteur de *L'Univers concentrationnaire*, s'opposait le déporté Daix, « matricule 59807 à Mauthausen » suivant la notice de l'article incriminé ; au supposé aveuglement des *Lettres françaises* sur le régime stalinien, celles-ci répondaient en discréditant *a priori* l'initiative de Rousset, étant donné l'hebdomadaire qui en avait accueilli l'exposé : *Le Figaro littéraire*. Suivant un processus classique, Rousset lui-même brûla ses vaisseaux en poursuivant, au long des années suivantes, son évolution jusqu'au gaullisme, affaiblissant ainsi, *a posteriori*, une partie de la crédibilité de son combat de 1949 aux yeux d'une société intellectuelle encore intimidée par la référence soviétique.

La vraie cassure

C'est seulement de l'intérieur même de ce système que pouvait sortir l'ébranlement décisif. Encore la contestation la plus convaincante devait-elle venir du cœur même de l'Union soviétique et, plus précisément, du PCUS. Jusqu'à ce que cette condition eut été remplie, les dissidences restèrent contrôlées. Ainsi en fut-il du schisme titiste. Perçu la veille encore, et à juste titre, comme un communiste intransigeant prompt à donner des leçons de rigueur révolutionnaire aux partis occidentaux, Tito se trouva brutalement, à compter de 1949, voué aux gémonies. Par rapport aux retournements étonnants qu'avaient enregistrés avant-guerre les procès de Moscou, et dont les démocraties populaires allaient bientôt réactualiser le rituel, le phénomène n'était pas nouveau. Ce qui l'était, en revanche, pour un intellectuel français, c'était que le « coupable », échappant ici au processus classique d'autocritique et d'élimination, persistait dans sa dissidence, tout en maintenant de claires références à la doctrine orthodoxe.

Que le parti français n'ait pourtant pas accordé d'importance à la question et n'y ait pas vu un grand danger est prouvé par la personnalité des intellectuels qu'il délégua au réquisitoire antititiste : une jeune journaliste (Dominique Desanti, *Masques et visages de Tito et des siens*, 1949) et un polygraphe secondaire (Renaud de Jouvenel, *L'Internationale des traîtres*, 1948-1952, *Tito, maréchal des traîtres*, 1950). En revanche, le trouble fut profond parmi les intellectuels d'adhésion récente ou de simple compagnonnage, en particulier chez tous ceux dont la référence principale restait, plus que le marxisme-léninisme, le combat antifasciste, dont pour eux Tito avait été l'un des héros. Certains connaissaient déjà la Yougoslavie, ou bien eurent à cœur d'aller sur place mettre à l'épreuve leur intime conviction. Ceux-là furent d'autant plus confortés dans leur point de vue que l'année 1949 vit l'arrestation des premiers responsables communistes des démocraties populaires (dès juin, Laszlo Rajk en Hongrie, ou Traïcho Kostov en Bulgarie), sous, entre autres charges, l'accusation de titisme : image déformée d'une crainte réelle des dirigeants soviétiques de voir l'exemple yougoslave faire école. Et c'est sur ce double terrain que se placèrent des résistants incontestés comme Cassou et Vercors, quand ils publièrent dans *Esprit*, en décembre, le manifeste « Il ne faut pas tromper le peuple », où la défense des accusés s'accompagnait encore d'une protestation de fidélité au Parti français.

Ce souci de balance, plus fréquent chez les intellectuels critiques que chez ceux qui, du sein de l'organisation, étaient chargés de leur répondre, définit tout au long de la période la position inconfortable des esprits à la recherche d'un progressisme qui ne s'identifia pas *ipso facto* au stalinisme. L'hémorragie proprement « titiste » semble avoir été plus qualitative que quantitative, mais qu'il s'agisse d'exclusions par les cellules (Robert Antelme, Marguerite Duras, Dionys Mascolo), de départs volontaires (Jean Duvignaud, Pierre Kast, Edith Thomas) ou d'éloignements progressifs de la mouvance (Claude Aveline, Jean Cassou, Vercors), elle ne signifia donc nullement l'entrée de ces personnalités dans une opposition anticommuniste radicale.

Plus généralement, la question du « départ » d'un intellectuel communiste, de cette rupture toujours douloureuse avec la grande famille et la grande espérance qui avaient un temps structuré et orienté sa vie, s'éclaire ainsi à la lumière de deux considérations : celle de son rapport personnel à l'organisation et celle de son estimation des rapports de force internationaux. L'intellectuel communiste — sauf exclusion, acte de violence symbolique dont il reste souvent traumatisé — part d'autant plus aisément qu'il n'entretient que des liens distendus avec l'appareil. Ainsi peut-on sans doute expliquer que Dominique Desanti persiste et signe dans son adhésion éloquente au Parti, alors qu'elle avait été, en 1949, l'une des rares Occidentales qui aient assisté au drame du procès Kostov, au cours duquel, seul de son espèce, l'accusé avait soudain protesté de son innocence. En d'autres termes, et plus profondément, l'investissement de l'intérêt particulier (spirituel, bien avant que d'être, éventuellement, matériel) de l'intellectuel en question, son règlement de comptes personnel avec la vie, l'homme et la société pèsent plus lourd que ses doutes, restreints à l'ordre du ponctuel, du singulier, du circonstanciel. D'autre part, la découverte — plus que la « prise de conscience », qui suppose un stade de remise en question plus avancé — des limites du système soviétique se trouve généralement compensée, annulée par quelque épisode dramatique de la guerre froide intérieure ou extérieure. Ainsi les procès des démocraties populaires disparaissent-ils à ses yeux derrière l'urgence tonitruante de la guerre de Corée, ainsi l'insurrection de Berlin-Est passe-t-elle après la mobilisation contre « Ridgway la peste », etc.

Dans ces conditions, le coup décisif à la foi ne peut être porté que du sommet et pour entraîner la rupture avec l'Église doit être vécu par le fidèle désabusé comme la découverte d'une mystification dont il aurait été la première victime. Les deux termes du processus sont intimement liés l'un à l'autre. Sans l'orchestration par l'Union soviétique elle-même de l'autocritique, la révélation personnelle ne touche que des individus, jamais des groupes, encore moins une génération. De ce fait, elle ne conduit pas nécessairement à un divorce explicite, mais souvent à des formes variées de retraite ou de réserve. Ainsi Marcel Prenant, sanctionné par son Parti pour avoir refusé malgré toute son orthodoxie politique de faire passer celle-ci avant les lois de Mendel, ne va-t-il pas au-delà d'un repli sur les positions d'un « communisme critique » à usage interne. Symétriquement, la révélation officielle des « erreurs » puis des « crimes » de Staline n'entraîne pas — c'est une évidence qu'il faut malgré tout rappeler — un exode massif des intellectuels communistes, leur confiance en une organisation disposant de telles capa-

cités de réforme interne pouvant même s'en trouver ren-
forcée. Par l'âge, ils appartiennent souvent à une
génération plus âgée ou plus jeune que le gros des troupes
intellectuelles issue, elle, soit de la Résistance soit de la
Libération.

Les plus touchés se situent en effet là, parmi des
artistes, des universitaires, des journalistes pour lesquels
l'équivalence antifascisme/stalinisme avait été constitutive de leur engagement, et qui reçurent à partir de 1953,
et de Moscou même, une série de preuves du caractère à
la fois faillible et oppressif de l'institution. La réhabilitation des « Blouses blanches », ces médecins soviétiques
d'origine juive accusés d'avoir voulu assassiner Staline,
un mois après la mort de celui-ci, offrait déjà en condensé
l'ensemble du processus : chez les officiels, soviétiques
puis français, reconnaissance de l'erreur commise, réhabilitation des victimes et célébration du régime capable de
faire son autocritique ; chez les médecins français
conduits quelques mois auparavant par « esprit de parti »
à signer une déclaration approuvant le procès de leurs
confrères, honte, colère et désarroi. Mais, dans les deux
pays, l'affaire restera cantonnée dans des limites exiguës,
par son objet comme par la période considérée, au plus
fort de la campagne antiaméricaine (affaires Rosenberg et
Ridgway). La réconciliation solennelle de l'URSS avec
la Yougoslavie, en 1955, avait déjà beaucoup plus de quoi
troubler, car elle ne pouvait pas ne pas mettre en cause,
cette fois directement, Staline, et elle touchait à tout un
pan du discours communiste de guerre froide, qui s'étendait de l'excommunication de Tito à l'ensemble des procès des démocraties populaires. Du coup, les « mystifiés »
n'étaient plus seulement une poignée de spécialistes, mais
toute une intelligentsia en bloc.

Ce qui fit cependant la gravité de l'année 1956, c'est
qu'elle reproduisit la conjoncture de 1953 non pas seulement à beaucoup plus grande échelle — le long rapport

Khrouchtchev au XXe Congrès prenant la place de la réhabilitation des Blouses blanches et l'insurrection écrasée de Budapest, en novembre, se substituant à celle de Berlin-Est — mais sur un plan nouveau : la remise en cause de l'idole par les grands prêtres eux-mêmes. Du coup, c'est toute la croyance qui risquait de s'effondrer. Il n'y a donc aucun paradoxe à soutenir que le rapport Khrouchtchev, sans doute indispensable à la stratégie de complète prise du pouvoir par son auteur et par la génération sur laquelle il se soutenait, a eu, en revanche, les effets les plus désastreux sur la cléricature des « pays de mission » capitalistes. À la lumière de la démythification générale, les mythes particuliers s'effondrent : par exemple, là où Prague 1948 ou Berlin-Est 1953 étaient demeurés inaperçus, Budapest devenait lisible, bien qu'au même moment la contestation polonaise eût été réglée de la manière « interne » qui, jusque-là, suffisait à rassurer les esprits (remplacement de Bierut par Gomulka).

Les plus organiques resteront à leur créneau ; certains, un Georges Cogniot par exemple, ne témoigneront jamais d'un quelconque trouble ; d'autres transformeront la déstalinisation en idéologie et feront de l'autocritique le ciment d'une fidélité confirmée, tel Aragon ; quelques-uns, enfin, exprimeront une inquiétude plus profonde, confinant au désarroi, tel le journaliste Pierre Courtade, publiant en 1961, sous le titre *La Place Rouge,* le roman d'un doute « orthodoxe ». Mais, plus près de la base, aussi nombreux sont les créateurs et médiateurs qui, tout ébranlés qu'ils soient, n'en gardent pas moins leur confiance dans le sens qu'assigne le Parti à une lutte aux enjeux plus quotidiens. La soudaine péjoration du stalinisme ne rend pas d'office pour eux la société contemporaine moins injuste. Leur duel individuel continue. Chaque éloignement ou chaque rupture affichée d'intellectuel trahira ainsi une démythification spécifique, le moment où les deux plateaux de la balance personnelle inversent leur position. Roger Vailland décroche son portrait de Staline et s'éloigne en silence — il « reprendra sa carte », cependant, jusqu'en 1959 ; Dominique Desanti prend sa carte en 1957, mais ne remet plus les pieds à sa cellule, qui finit par entériner son départ sans l'exclure ; Claude Roy, lui, est solennellement chassé pour « avoir fait le jeu de la réaction, des ennemis de la classe ouvrière et du peuple », etc. Jean-Paul Sartre, modèle pour tant de ses pairs, publie dans *L'Express* du 9 novembre 1956 un article sur la Hongrie qui signe son divorce, cette fois définitif, avec le PCF. À la même date, il est vrai, l'intellectuel en situation ne chôme pas : c'est aussi le moment précis où une expédition franco-anglaise débarque à Suez. De la guerre froide à la guerre coloniale française, le front se rapproche, et il est moins que jamais question de douter non de la nature de son engagement, mais de son principe.

Chapitre IX

GUERRE ET APRÈS-GUERRE D'ALGÉRIE

1956-1968

« Ce n'est pas de gaieté de cœur que j'ai laissé la guerre d'Algérie envahir ma pensée, mon sommeil, mes humeurs », note en 1963 Simone de Beauvoir dans *La Force des choses*. Même si l'on fait la part de l'emphase, ou, à tout le moins, de l'émotion rétrospective, un fait demeure : l'empreinte des événements d'Afrique du Nord sur la « pensée » d'une partie de l'intelligentsia française a été profonde. Non que l'image d'une résistance intellectuelle de masse à la guerre d'Algérie soit forcément fondée, mais cette guerre a mobilisé nombre de clercs, de part et d'autre et, pendant une demi-décennie, elle a été aussi une « bataille de l'écrit ».

Du coup, l'après-guerre d'Algérie apparaît, avec le recul, comme une période incertaine de quelques années, durant laquelle bien des démobilisés de cette bataille semblent retourner à leurs travaux. En profondeur, pourtant, le milieu intellectuel, même ainsi replié sur lui-même, est le terrain d'une importante mutation, à la fois sociologique et idéologique. L'apparition, notamment, d'une extrême gauche sur les flancs du parti communiste va marquer les années suivantes. Et déjà avant Mai 1968, conjoncture internationale — marquée par la « détente »

mais aussi par l'intensification de l'intervention américaine au Viêtnam —, phénomènes de relais idéologique
et relève de génération entraînent la fin de la phase de
repli.

Un paysage inchangé ?

La période qui sépare l'aggravation de la situation en
Algérie en 1956 de l'effervescence du printemps 1968
est donc décisive dans l'histoire des clercs et de leurs
engagements · mais si, en 1968, vingt quatre ans après la
Libération de Paris, et vingt et un ans après la grande
cassure de 1947, les mots d'ordre et les points de repère
politiques de la nouvelle génération semblent à des
années-lumière de l'Occupation et de la guerre froide, un
peu plus d'une décennie plus tôt en ce milieu des années
cinquante, les contours du paysage intellectuel restent
apparemment dessinés par l'ébranlement de 1939-1945 et
le « Grand Schisme » qui suivit peu après.

L'empreinte persistante de la guerre

Plus d'une décennie après la fin du second conflit mondial, en effet, ses séquelles sont encore largement perceptibles dans ce paysage, où la droite est toujours tenue
en lisière. Les charges des hussards ne doivent pas faire
illusion. Non seulement les anciens collaborationnistes
restent en marge, mais demeurent également frappés de
suspicion des écrivains ou des universitaires sur lesquels
pèse encore le souvenir de sympathies pour la Révolution
nationale affichées quinze ans plus tôt et, éventuellement,
de poursuites judiciaires à la Libération. Deux indices,
parmi d'autres, ne trompent pas. En 1954, le philosophe
Jean Guitton qui, pétainiste convaincu, avait animé un
Cercle d'études de la Révolution nationale dans un camp
de prisonniers pendant la guerre, est élu à la chaire d'his-

toire de la philosophie de la Sorbonne. Cette élection suscite, à la rentrée universitaire, un chahut organisé par les
étudiants communistes et divise la communauté intellectuelle. Si l'écrivain Gilbert Cesbron condamne alors les
manifestations des « petits vieux » de la Sorbonne qui
réactivent des querelles dépassées, Claude Aveline défend
au contraire les « vrais jeunes ». Au milieu des années
cinquante, une élection à la Sorbonne reste donc marquée
par les événements survenus entre 1939 et 1945.

Et même dans une institution aussi tournée politiquement vers la droite que l'Académie française, les retombées de la guerre se feront longtemps sentir, et notamment
au moment de la candidature de Paul Morand. Au sein de
cette institution, la droite maréchaliste, malgré des évic-
tions — dont celle de Philippe Pétain — à la Libération,
était restée active. Les académiciens français ne venaient-
ils pas en cette année 1954, au moment où Jean Guitton
commençait dans la fureur et le bruit son enseignement
en Sorbonne, de lui attribuer leur prestigieux Grand Prix
de littérature, avant de l'élire, sept ans plus tard, à leur
septième fauteuil ? Et pourtant c'est au quai Conti encore
qu'en 1958, la candidature de Paul Morand, ancien
ambassadeur de Vichy en Roumanie et en Suisse, fera
grand bruit et finira par échouer. Au romancier, qui avait
pourtant bénéficié d'un non-lieu à la Libération, était
reproché, outre les fonctions qu'il occupa pendant la
guerre, un comportement favorable à la puissance occupante. Fort du soutien des académiciens Daniel-Rops,
Pierre Benoit et Jacques de Lacretelle, il annonça qu'il
était candidat en septembre 1957 et l'hiver suivant vit les
manœuvres des uns et des autres autour de la future élection. Le médecin gaulliste Louis Pasteur Vallery-Radot,
élu à l'Académie française au lendemain de la guerre, fut
le chef de file des opposants à la candidature, parmi lesquels se trouvaient notamment les écrivains Jules
Romains, Georges Duhamel et François Mauriac. Ce

groupe parviendra à empêcher l'élection, le 28 mai 1958. Il s'en fallut, il est vrai, d'une seule voix ! Et Paul Morand attendra encore une décennie avant d'être élu à l'Académie française, en 1968, vingt-quatre ans après la Libération de Paris.

Les « petits camarades » :
l'adret et l'ubac de l'intelligentsia

Si les retombées du second conflit mondial ont continué ainsi de marquer le paysage intellectuel, d'autres facteurs concourent à fixer durablement ce paysage, et notamment son découpage en deux versants. Tout au long des décennies d'après-guerre, et par-delà les variations de la configuration politique, Jean-Paul Sartre et Raymond Aron, les deux anciens « petits camarades » de l'École normale supérieure, vont, du reste, incarner ces deux versants opposés. Dès avant le second conflit mondial, les différences s'étaient déjà accusées entre les deux hommes et leurs trajectoires avaient divergé. Sur le plan « professionnel », d'abord, alors que Raymond Aron commence par opter pour la voie universitaire, prépare une thèse de doctorat et obtient, peu de temps avant la guerre, une chaire de faculté, Sartre reste professeur de lycée et choisit, parallèlement à une œuvre philosophique en gestation, de faire passer une partie de cette réflexion à travers les genres plus accessibles du roman, de la nouvelle et du théâtre : en 1938, il publie *La Nausée* et, l'année suivante, *Le Mur.* Nul doute que cet accès plus aisé pour le grand public ait joué un rôle dans la vulgarisation de certains thèmes sartriens. Sur le plan politique, surtout, ces années d'avant-guerre marquent une autre diffluence importante dans l'itinéraire d'Aron et de Sartre. L'un et l'autre ont fait au début des années trente le classique voyage des jeunes philosophes en Allemagne, mais ce séjour outre-Rhin a bien davantage marqué le premier et déterminé chez lui dès cette date quelques traits restés par la suite immuables : souci de sortir de sa sphère propre pour s'intéresser, notamment, à l'économie politique et aux relations internationales, réflexion dès les années trente sur le phénomène totalitaire, et de là, progressivement — en 1936 encore, il vote socialiste —, inflexion vers le libéralisme auquel il restera dès lors fidèle toute sa vie. Chez Sartre, au contraire, cette décennie n'entraîne guère de maturation politique : en 1936, on l'a vu, il ne prend pas part au vote.

Mais, jusqu'au second conflit mondial — vécu, par Aron, à Londres, où il écrit dans *La France libre* —, l'un et l'autre ne sont de toute façon que deux jeunes professeurs de moins de quarante ans sans grand renom. Au cours des décennies suivantes, ils vont devenir, au contraire, les porte-parole de deux camps que tout, apparemment, oppose. Un tiers de siècle de polémiques directes ou indirectes, donc, depuis l'époque où ils figuraient ensemble dans le comité de rédaction des *Temps modernes,* apparus à l'automne 1945 et qu'Aron quittera dès l'année suivante, jusqu'à leur rencontre crépusculaire de juin 1979, quelques mois avant la mort de Sartre, lors d'une démarche commune en faveur des *boat people.*

Nous avons vu comment Jean-Paul Sartre était parvenu rapidement, après la Libération, à une très grande notoriété et était devenu le symbole de l'engagement des clercs. Il va entretenir dès lors, au cours de la décennie suivante, des rapports complexes avec le Parti communiste français, qui continue à exercer à cette date une hégémonie de fait sur une part importante du milieu intellectuel. Après avoir été dans un premier temps violemment attaqué par ce Parti — en 1947, *La Pensée* en fait un « fossoyeur » et un « laquais » et l'année suivante *Les Lettres françaises* décréteront : « C'est Sartre qui a les mains sales » —, il amorce avec la publication des *Communistes et la paix,* en 1952, une phase de compagnonnage qui durera au moins quatre ans, jusqu'aux événements de Hongrie qui le conduiront à prendre ses distances dans une interview donnée à *L'Express* le 9 novembre 1956. Il incarnera donc, pendant toute cette phase, l'archétype du clerc grisé par ce que Raymond Aron définira à la même époque comme des vapeurs d'opium idéologique.

Tout au long de la IVᵉ République, en effet, Raymond Aron, très isolé et à contre-courant, ferraillera, on l'a vu, avec les intellectuels de gauche, et il dénoncera en 1955 *L'Opium des intellectuels,* c'est-à-dire le marxisme et l'attrait exercé sur les clercs par le communisme. Malgré leur différence de notoriété en ce milieu de décennie, Jean-Paul Sartre et Raymond Aron — qui a quitté l'Université, durant une dizaine d'années, de la Libération à 1955 — incarnent bien l'un et l'autre les deux grands versants idéologiques du paysage intellectuel des décennies d'après-guerre, le versant aronien en représentant incontestablement à cette date l'ubac. Et si les chocs conjugués du XXᵉ Congrès et de l'automne hongrois, observés au chapitre précédent, ébranlent profondément et durablement ce paysage, sa structure générale n'en est pas alors pour autant modifiée. Les clercs de gauche restent après 1956 largement majoritaires, le marxisme conserve pour un temps une position d'hégémonie, et la droite reste cantonnée dans des combats défensifs. Est-ce à dire pour autant que la situation reste inchangée par rapport aux années d'après-guerre ? Assurément pas. Certes, l'architecture générale demeure en l'état, mais le modelé des deux versants a commencé à changer de faciès. Surtout, l'arrivée d'une nouvelle génération, d'une part, le passage des problèmes coloniaux au premier plan du débat national, d'autre part, vont accélérer le processus de transformation.

Une génération mendésiste

De ce point de vue, les rapports entretenus en ce milieu de décennie entre le mendésisme et les intellectuels — notamment les jeunes — est éclairant[1]. L'étude de ces rapports permet, de surcroît, de pratiquer une coupe stratigraphique à travers les générations intellectuelles présentes sur la scène à cette date.

Sans aucun doute, Pierre Mendès France séduisit alors de nombreux clercs et bénéficia, de ce fait, de leur soutien. Mais un tel constat pose, en fait, plus de problèmes qu'il n'en résout. D'une certaine manière, ce soutien est, en effet, singulier : les intellectuels, souvent portés vers les extrêmes, ont été attirés à cette occasion par un parlementaire radical, président du Conseil d'une République qui, douze années durant, ne trouva guère d'appuis au sein de l'intelligentsia. Leur attitude à cette date brouille donc les typologies et fausse les grandes perspectives de l'histoire intellectuelle. L'analyse du phénomène est d'autant plus délicate qu'à y regarder de plus près surgit un second paradoxe : certes, une part significative du milieu intellectuel se reconnut dans l'action politique du député de l'Eure, mais la plupart des grands intellectuels de l'époque manquèrent à l'appel et la mouvance mendésiste, au moment où elle se structura, draina surtout de jeunes intellectuels dont le capital de notoriété ou la qualité d'experts étaient encore inexistants.

Dépression idéologique

De fait, ces contradictions apparentes sont à analyser, entre autres, en termes de génération. L'éveil d'une nou-

---

1. Nous avons déjà analysé — plus longuement — ces rapports dans *Pierre Mendès France et le mendésisme* (sous la direction de François Bédarida et Jean-Pierre Rioux, Fayard, 1985, pp. 87-100).

velle classe d'âge intellectuelle se fit alors dans une France au-dessus de laquelle s'était installée une dépression idéologique. Les hautes pressions du marxisme avaient en effet commencé, à cette date, à refluer. Ou plus précisément, leur reflux s'était amorcé dans une partie de la « haute intelligentsia », pour employer ici la terminologie proposée par Régis Debray. Certes, les phénomènes intellectuels étant, par-delà le problème connexe des modes, des phénomènes lents, à forte rétention idéologique, le marxisme progressa encore au sein d'une autre partie de la « haute intelligentsia » et, plus encore, chez les « simples professionnels de l'intellect », pour conserver le vocabulaire debraysien. Il reste que si elle conserva encore quelque temps sa situation hégémonique, cette idéologie n'eut plus désormais la force attractive qui fut la sienne après la Libération, et ce recul commença à éroder les positions communistes en milieu intellectuel.

Ce qui ne signifie pas, du reste, que les autres formations de gauche aient été alors en mesure d'occuper le terrain idéologique ainsi dégagé. La SFIO, depuis l'échec en 1946 de la tentative de Léon Blum et Daniel Mayer d'insuffler au courant socialiste les thèmes défendus dans *À l'échelle humaine*, s'était enfermée dans des contradictions insurmontables, et donc dans l'impuissance et le déclin, et sa cure d'opposition depuis 1951 n'avait pas permis de combler ce vide doctrinal. Et le parti radical, avant que « PMF » s'en empare momentanément, ne présentait pas non plus une armature intellectuelle très séduisante. Plus largement, en fait, c'est la gauche non communiste tout entière qui se cherche alors à travers des publications — ainsi, *Esprit, Témoignage chrétien, France-Observateur* et, bientôt, *L'Express*— et quelques « clubs ». Sans doute existe-t-il à cette date, çà et là, des tentatives d'éclaircissement idéologique ; par exemple, *Socialisme ou Barbarie,* ou, un peu plus tard, *Arguments.* Bien plus, l'apport des différentes sciences humaines, qui va profondément transformer le champ intellectuel au cours des années suivantes, est alors en gestation, et la notion de dépression idéologique est, entendue dans son sens le plus large, à relativiser. Il n'en demeure pas moins que la nouvelle génération intellectuelle aura à s'ébrouer au sein d'une gauche idéologiquement désorientée et politiquement moins attirante. Comme la droite intellectuelle, de son côté, ne s'est pas encore remise du discrédit qui la frappa à la Libération, cette génération devra chercher ailleurs que dans les modèles existants ses valeurs et la réponse à ses inquiétudes et à ses aspirations.

Le silence de la droite et le trouble idéologique de la gauche étaient d'autant plus graves qu'à la même date la France était à la croisée des chemins, confrontée à une double crise d'identité : « l'Empire » se lézardait et le début des « trente glorieuses » rendait caduques ou, pour le moins, en partie dépassées la plupart des analyses politiques et sociales antérieures. Le mendésisme, dans ce contexte, venait combler un vide. C'est à cette fonction de remblayage idéologique — et aussi, pour certains jeunes gens, de recherche d'une nouvelle forme de sociabilité politique — que sera sensible, notamment, la nouvelle génération intellectuelle.

Certes, ces jeunes gens ne furent pas les seuls touchés par le courant mendésiste et plusieurs classes d'âge se reconnurent en lui, de François Mauriac aux normaliens de vingt ans, de certains contemporains du maire de Louviers hantés depuis l'avant-guerre par le thème de la décadence jusqu'aux élèves de l'École nationale d'administration. Il reste que, dans le milieu intellectuel, le clivage de génération a été alors particulièrement sensible, les plus jeunes ayant été plus nombreux à répondre à l'appel.

Pyramide des âges

Examinons, en effet, la pyramide des âges du milieu intellectuel vers 1955. Parmi les grands aînés, le cas Mauriac ne doit pas induire en erreur. Sa tribune libre, intitulée « Les Prétendants », dans *L'Express* du 14 novembre 1953, puis surtout son « Bloc-notes », créé en avril 1954, ne signifieront jamais le ralliement massif, ou même seulement significatif, d'écrivains déjà âgés et au talent consacré — Mauriac a alors soixante-huit ans et il vient de recevoir le prix Nobel de littérature — à la politique menée par Pierre Mendès France. Son attitude est, en l'occurrence, davantage représentative du ralliement de certains intellectuels catholiques à Pierre Mendès France, à l'occasion des guerres coloniales, et de la désaffection parallèle que connaît le MRP — les catholiques « peuvent voter à gauche », proclamera un manifeste publié par *Le Monde* du 23 décembre 1955 —, que de celui d'une génération intellectuelle spécifique, celle qui est née vers 1885 et est parvenue à la consécration et aux honneurs dès avant le second conflit mondial.

La génération née aux premières années du siècle n'a pas été non plus ralliée massivement. Tout au contraire : l'opposition témoignée, à leur créneau respectif, par Jean-Paul Sartre et Raymond Aron est, à cet égard, significative, même si Maurice Merleau-Ponty, de son côté, manifeste un indéniable intérêt. Ce n'est, en fait, que dans la génération intellectuelle suivante, apparue aux environs de 1915, que commence réellement à jouer un effet de groupe autour de Pierre Mendès France. Ainsi en alla-t-il de l'équipe du quotidien *Le Monde* ou de l'écrivain Albert Camus. Mais, d'une façon générale, « un événement n'a pu être générateur de génération que pour ceux qui n'ont pas été exposés à un événement antérieur lui-même générateur de génération » (Pierre Favre). Aussi Albert Camus, qui avait connu la tentation communiste avant la guerre, puis avait été marqué par l'Occupation et les illusions lyriques du *Combat* de la Libération, traversa-t-il le mendésisme sans réellement s'en imprégner ou, *a fortiori*, sans l'enrichir.

Au contraire, avant même la guerre d'Algérie — décisive, on y reviendra —, la double crise d'identité française et le discrédit croissant du régime et de sa classe politique jouèrent le rôle d'événement fondateur pour une partie des jeunes gens nés dans la décennie qui précéda la Seconde Guerre mondiale et parvenus en 1954 à l'âge des années étudiantes ou, pour les moins jeunes, des débuts de la vie professionnelle. La rencontre d'une classe d'âge intellectuelle et d'une crise entraîne ainsi parfois une empreinte commune dans les sensibilités, engendrant une semblable perception de cette crise et des aspirations identiques.

Les repères idéologiques des générations précédentes s'étant brouillés, il fallut aux « 18-25 ans » de 1955, sous peine de tourner le dos à la politique, trouver de nouvelles marques. C'est ainsi que leur éveil se fit souvent à l'ombre du mendésisme, centre de ralliement pour les uns, point de référence, même pour le combattre, pour les autres. Et le nombre de jeunes intellectuels touchés fut suffisant pour que l'effet de génération ait été reconnu comme tel par la mémoire collective. Le phénomène d'identification, à cet égard, n'est pas sans rappeler celui du « gauchisme » de 1968 incarnant au regard de l'histoire — à tort, au moins statistiquement — le milieu étudiant de la fin des années soixante.

Le phénomène ne resta naturellement pas cantonné à la seule génération née vers 1935. Il toucha, par exemple, des universitaires entre trente et quarante ans, qui écriront parfois dans *Les Cahiers de la République* ou dans la rubrique « Forum » de *L'Express,* et qui rejoindront souvent, après mai 1958, le Club Jean-Moulin, où ils retrouveront nombre de hauts fonctionnaires séduits eux aussi vers 1955 par le député de l'Eure. Somme toute, le mendésisme a été, en ce qui concerne les intellectuels, une nébuleuse où sont venus momentanément cristalliser plusieurs classes d'âge et plusieurs courants, avec, semble-t-il, une composante essentielle, la jeunesse universitaire, qui, quelques années plus tôt, aurait été surtout attirée par le parti communiste. Se reconnaître en Pierre Mendès France a donc pu constituer un sas pour l'entrée en politique de ces quelques classes d'âge. Structurellement, le phénomène est peut-être, du reste, à replacer dans le contexte de l'émergence de nouvelles couches diplômées. Il faudra, en tout cas, tenter d'en vérifier la réalité statistique.

Mais, sur le plan conjoncturel, le phénomène est daté : il joue surtout de l'été 1954 à 1956. Et si l'épisode mendésiste a été alors une rampe d'accès à la politique pour quelques cohortes démographiques de jeunes intellectuels, il a été en même temps pour elles un tourniquet qui les redistribuera, une fois « l'effet Mendès » estompé, dans les organisations étudiantes, l'UNEF par exemple, ou dans les petits partis de la « nouvelle gauche », avant que la « diaspora » mendésiste, sous la Ve République, ne se structure autour de pôles parfois politiquement très éloignés.

Sous le signe de l'Algérie

Entre-temps, il est vrai, le contexte politique s'était rapidement modifié, avec l'intensification de la guerre d'Algérie, le regain de l'influence sartrienne, l'apparition d'une « nouvelle gauche », l'installation de la Ve République, et la renaissance d'une extrême gauche sur les flancs du parti communiste. Les jeunes clercs de vingt ans de 1958 ou de 1960 ne connaîtront donc pas exactement le même éveil à la politique que ceux de 1954 et 1956, en ce qui concerne l'ampleur de l'imprégnation mendésiste. En revanche, l'éducation politique des uns et des autres se fera, en raison de la durée du conflit, à l'ombre de la guerre d'Algérie et en référence explicite à elle. Ce phénomène, naturellement, dépassera les seuls jeunes intellectuels pour concerner, directement ou indirectement, l'ensemble — ou la plus grande partie — de la cléricature.

Un drame aux dimensions nationales

Quelques années plus tôt, la guerre d'Indochine n'avait guère secoué la conscience nationale. À l'exception de quelques-uns — les communistes, notamment, qui dénonçaient la « sale guerre » —, les partis et l'opinion publique ne prêtèrent réellement attention au conflit qu'après le coup de tonnerre de Diên Biên Phu, quand tout ou presque était consommé. L'éloignement géographique, l'absence d'une colonisation de peuplement, le fait surtout que seuls les soldats de métier s'enlisaient et tombaient dans le bourbier indochinois, autant de raisons de ce manque d'intérêt. Autant de facteurs, aussi, qui joueront en sens exactement inverse à partir de 1954, en Algérie. L'autre rive de la Méditerranée, que l'avion et le bateau plaçaient à quelques heures de Paris ou de Marseille, abritait plus d'un million d'habitants d'origine européenne ; et l'armée du contingent y fut bientôt envoyée : dès lors, bien des familles auront là-bas un fils, un frère, un mari ou un fiancé.

Dans ce contexte, les intellectuels qui s'engagèrent alors ne furent-ils que la caisse de résonance de ce trouble croissant des esprits ou, au contraire, furent-ils à l'origine des divisions civiques, en dégageant, par leurs polémiques, les enjeux, et en clarifiant ainsi la portée des débats ? Question classique, réactivée à chaque crise en profondeur de la communauté nationale, et qui, souvent, n'est pas sans arrière-pensées. Pour les uns, en effet, les « chers professeurs » — ainsi Maurice Bourgès-Maunoury qualifia-t-il l'historien Henri Marrou, qui avait publié le 5 avril 1956 dans *Le Monde* une « libre opinion » intitulée « France, ma patrie » où il dénonçait l'usage de la torture par l'armée française — ont saboté délibérément l'effort de guerre français et sapé toute possibilité d'une victoire sur le terrain. Pour d'autres, les intellectuels ont sauvé l'honneur du pays, gangrené par huit années de guerres coloniales et entaché par la violence de la répression et par l'usage de la torture. La réponse à une telle alternative est, en fait, affaire de conscience et non de science historique, d'autant que les plaies ne sont pas encore refermées.

Les choix, il est vrai, furent souvent déchirants. Ainsi Albert Camus, originaire d'Algérie, se cantonna-t-il à partir de 1956 dans un silence douloureux. Il avait pourtant publié dans *Combat* en 1945, au moment des événements de Sétif et de Constantine, des éditoriaux appelant à plus de « justice », et il avait soutenu certaines revendications alors formulées par Ferhat Abbas. Et, onze ans plus tard encore, en janvier 1956, il lança un appel pour « une trêve civile » en Algérie. Mais ce sera là son avant-dernière déclaration publique sur l'Algérie. Son aversion pour le terrorisme et pour la violence à l'égard des civils l'empêchera désormais de s'engager entièrement dans l'un ou l'autre des deux camps d'un conflit en train de se radicaliser. Lui qui, pendant plus d'une décennie, avait été la cible des ultras de l'Algérie française, sera dès lors, pendant quatre ans, jusqu'à sa mort dans un accident de la route en janvier 1960, également apostrophé par les intellectuels « progressistes » qui souvent, on l'a vu, avaient déjà mal compris *L'Homme révolté* en 1952 et avaient alors conclu que Sartre, intervenu dans le débat, avait raison contre lui. Et ces intellectuels seront scandalisés, en décembre 1957, quand Camus, venu à Stockholm recevoir son prix Nobel de littérature, déclarera à propos de la guerre d'Algérie : « Je crois à la justice, mais je défen-

drai ma mère avant la justice. » Le propos, souvent
déformé ou mal interprété, ne se voulait que l'aveu, intellectuellement courageux, d'une incertitude et d'un désarroi. Camus, mal compris et attaqué, retourna à son
silence.

Un débat de nature idéologique ?

À cette date, pourtant, le débat s'était fait de plus en
plus tumultueux, et les interventions des intellectuels plus
nombreuses. Ce rôle grandissant n'était pas dû seulement
au fait que la guerre était devenue rapidement un drame
aux dimensions nationales, situation historiquement propice à l'entrée en lice des clercs. Il existait aussi, semble-
t-il, des causes plus profondes et, de plus, propres aux
intellectuels. Deux perceptions de l'onde de choc de la
décolonisation, dont les événements algériens ne repré-
sentaient que le versant français, se sont, en effet, opposées, et ce sont les clercs qui, de part et d'autre, ont été
sommés de fournir l'argumentation.

À gauche, une idéologie anticolonialiste, souvent nourrie de marxisme-léninisme, et convaincue de surcroît
d'être portée par le sens de l'histoire, condamna sans
appel un système jugé incapable d'amendements. Ce
point est important, car il explique notamment l'apparition sur ce plan d'un clivage entre générations : les plus
jeunes dénonçaient dans la colonisation le « colonialisme », par une analyse posée en termes d'exploitation économique, ou, pour les non-marxistes, au nom de la
morale ; les plus âgés — c'est-à-dire ceux qu'avait
formés la République des professeurs de l'entre-deux-
guerres — adhéreront au contraire beaucoup plus rarement à de tels raisonnements. À y regarder de plus près,
en effet, la gauche intellectuelle fut davantage divisée par
le conflit algérien qu'on ne l'a dit ou écrit. Même si l'histoire a surtout retenu le combat, au sein de cette gauche,
des partisans de l'indépendance, il s'y trouva aussi

nombre de personnalités de premier plan pour défendre
les thèses de l'Algérie française. Et, pour cette raison, il
n'y eut pas divorce entre le gouvernement du socialiste
Guy Mollet et une partie de cette gauche intellectuelle.
L'attachement au fonds de culture de la gauche rationaliste la poussait au contraire à croire davantage dans les
vertus de l'émancipation progressive, par l'assimilation et
le rôle de l'instruction, qu'à la lutte du nationalisme algérien, jugée politiquement réactionnaire. Sans compter
qu'à cette génération, fille des grands combats de la laïcité, le ferment islamique n'apparaissait pas non plus particulièrement progressiste. À tout prendre, et pour ces
raisons mêmes, des hommes de gauche comme Paul Rivet
ou Albert Bayet ne furent pas alors très éloignés de la
droite intellectuelle.

Si le clivage droite-gauche reste en partie opératoire
pour rendre compte des prises de position des intellectuels
sur le drame algérien, le paramètre des générations est
donc également à prendre — une fois de plus — en considération. L'on comprend mieux, dès lors, que Pierre
Vidal-Naquet, par exemple, ait écrit, en préface à un
ouvrage sur les « porteurs de valises » : « Pour bien des
hommes de ma génération, la mémoire de Guy Mollet
demeure maudite au même titre, par exemple, que celle
de Franco. »

Le sabre et la plume, à nouveau ?

Si la confrontation prit un tour aussi passionnel, c'est
qu'au débat idéologique sur la colonisation, s'ajoutaient
des considérations morales. Celles-ci ne portèrent pas
seulement sur la nature du « colonialisme », mais aussi,
plus concrètement, sur la conduite de la guerre, les uns
justifiant les moyens utilisés, au nom de la raison d'État,
les autres lui opposant la morale et la liberté. L'affrontement sur les moyens utilisés ne sera donc pas sans rappeler l'affaire Dreyfus, qui cimenta toutefois la gauche

française autant que l'Algérie la divisa. Trois traits communs, au moins, incitent à la comparaison. C'est au nom des grands principes — justice et vérité en 1898, droits de l'homme et droit des peuples à disposer d'eux-mêmes dans la deuxième partie des années cinquante — que la bataille dans les deux cas fut menée. Ce sont les intellectuels qui, à deux reprises, se portèrent à l'avant-garde de cette bataille. Ils s'opposèrent en particulier, comme en 1898, à l'institution militaire, le sabre et la plume s'affrontant au moment des débats sur « la torture dans la République ». En 1958, par exemple, les Éditions de Minuit publièrent *La Question*, ouvrage dans lequel le journaliste communiste Henri Alleg racontait son arrestation et comment il avait été torturé par des parachutistes français. Le livre fut bientôt saisi et l'éditeur Jérôme Lindon inculpé d'atteinte au moral de l'armée.

Dans cette guerre s'engagea aussi la droite intellectuelle. Si sa force de frappe restait alors bien moindre que celle des clercs de gauche, ses arguments ne se limitèrent pas pour autant à la seule raison d'État ou à la préservation de l'intégrité de l'Empire. C'est aussi au nom de la défense de la civilisation occidentale et chrétienne, doublement menacée par le communisme et l'Islam, que se mobilisèrent certains d'entre eux. Et il faudrait pouvoir évaluer le degré d'osmose entre les arguments ainsi forgés et les fondements intellectuels de l'attitude d'un certain nombre d'officiers quand la guerre d'Algérie se radicalisa.

En tout état de cause, pas plus que ceux de gauche, les clercs de droite ne constituèrent un ensemble monolithique. Dans leurs rangs également, il y eut divergence d'attitude face à la rébellion algérienne, et les intellectuels catholiques, notamment, se démarquèrent souvent, à cette occasion, de positions politiques antérieures : ainsi François Mauriac passa-t-il après les troubles du Maroc du *Figaro* à *L'Express* et, par exemple, la semaine même où

Claude Bourdet dans un article de *France-Observateur* intitulé « Votre Gestapo d'Algérie » décrétait : « Ce sont MM. Mendès France et Mitterrand qui sont responsables devant l'opinion et l'histoire », lui-même, dans *L'Express*, dénonçait des actes de torture dans un article intitulé... « La question » (janvier 1955). Pierre-Henri Simon, dans les colonnes du *Monde* et dans son livre *Contre la torture*, mena également un combat sans ambiguïtés. Les intellectuels « libéraux » furent eux aussi divisés. Raymond Aron, par exemple, dans *La Tragédie algérienne*, présenta l'indépendance comme inéluctable pour des raisons démographiques et économiques. L'argument, il est vrai, fut aussi utilisé en sens inverse par les tenants de l'Algérie française, qui se crurent confirmés dans leurs analyses par l'annonce de la découverte des hydrocarbures sahariens.

À droite comme à gauche, en tout cas, et dans les rangs des partisans de l'Algérie française comme dans ceux des tenants d'une solution « progressiste », la guerre en Afrique du Nord fut aussi, de par le rôle joué par les clercs, une « bataille de l'écrit » (Michel Crouzet). Aux côtés de revues qui, tels *Esprit* ou *Les Temps modernes*, connurent alors une seconde jeunesse, les hebdomadaires politiques, notamment, jouèrent leur partition. Après la floraison des quotidiens à la Libération — dont *Combat* fut, à sa manière, le plus brillant surgeon —, la première partie des années cinquante avait vu l'apparition de deux titres hebdomadaires qui pèseront plus que leur seul tirage, en raison même de leur impact dans les milieux intellectuels. La ligne de *L'Observateur*, lancé en avril 1950 par Claude Bourdet, Roger Stéphane et Gilles Martinet, et devenu *France-Observateur* en 1954, s'articulait autour du « non-alignement » et du combat pour la décolonisation. *L'Express*, apparu en mai 1953, devint rapidement, par son soutien à Pierre Mendès France et son attitude durant la guerre d'Algérie, l'hebdomadaire de combat le plus lu au sein de la gauche non communiste. En octobre 1955, il se transforma même en quotidien, dans l'espoir de ramener le député de l'Eure à la présidence du Conseil, avant de retrouver sa périodicité initiale en mars 1956. *Témoignage chrétien*, né dans la clandestinité, joua également un rôle au moment de la guerre d'Algérie. Ces trois hebdomadaires, ainsi que *Le Monde*, furent du reste qualifiés en 1957 par Jacques Soustelle de « quatre grands de la contre-propagande française ».

Si les intellectuels jouèrent dans leurs colonnes un rôle important, c'est, entre autres, en raison de la forte teneur culturelle de ces hebdomadaires politiques. La situation, du reste, n'était pas totalement neuve à cette date. Déjà, dans l'entre-deux-guerres, des journaux aussi différents que *Marianne* ou *Candide* avaient en commun d'ouvrir largement leurs sommaires à la littérature et, notamment, au roman et à la nouvelle, rôle surtout dévolu jusque-là aux revues. Après la guerre, les hebdomadaires resteront largement culturels mais, dans leurs pages spécialisées, peu à peu — et l'on y reviendra — la philosophie et les sciences humaines supplanteront la littérature proprement dite.

Naissance d'une « nouvelle gauche »

La gravité des déchirements entraînés par le conflit algérien et leur amplification par l'« écrit » expliquent que ce conflit ait si profondément ébranlé la conscience nationale et laissé notamment son empreinte sur des jeunes gens dont l'éveil au débat civique se fit en ces années troublées. Il n'est, du reste, pas excessif, nous l'avons déjà souligné, de considérer que la guerre d'Algérie a elle aussi contribué, plus encore que le mendésisme, à l'émergence dans le champ politique d'une nouvelle génération. On peut, en effet, sans trop solliciter les faits, parler d'une génération de la guerre d'Algérie, née dans les années trente. Mobilisés au moment des événements d'Afrique du Nord, ces jeunes gens passèrent plusieurs années de l'autre côté de la Méditerranée, et bien des « appelés », des « rappelés » ou des « maintenus » en ont gardé une marque profonde mais qui, à la différence de celle des combattants de 1914-1918, est restée largement dans le domaine du non-dit.

Pour le rameau « intellectuel » de cette classe d'âge notamment, l'empreinte fut capitale. Certes, le milieu étudiant fut, en raison des sursis, moins immédiatement touché par le départ en Algérie, mais la guerre entraîna en son sein des bouleversements décisifs. En 1956, les « minos » l'emportèrent au sein de l'UNEF et la nouvelle équipe qui présida désormais aux destinées de l'organisation étudiante prit position contre la politique menée en Algérie. Derrière ce changement de direction se profilait une nouvelle strate de militants, constituée notamment de jeunes gens issus de la Jeunesse étudiante chrétienne, qui se considéra dès lors comme la « génération qui a fait une drôle de guerre » (Jacques Julliard). Sans compter que, rétrospectivement, cette strate — en croissance numérique, nous le verrons — apparaît bien comme une génération autonome, cimentée non seulement par les circonstances de son éveil politique mais aussi par la place qu'elle occupa, la trentaine venue, dans les milieux intellectuels — édition, journalisme, Université — des années soixante et soixante-dix, et par son rôle de « pépinière politique » (Alain Monchablon) pour la gauche non communiste renaissante après le Congrès d'Épinay de 1971.

Après l'épisode mendésiste qui, déjà, avait canalisé vers la gauche non communiste nombre de jeunes intellectuels, les événements d'Afrique du Nord constituèrent donc, à leur tour, quelques années plus tard, une nouvelle dérivation qui court-circuita, dans cette génération, l'attrait du pôle communiste. La « nouvelle gauche » de la fin de la décennie, par exemple, qui recruta en particulier en milieu étudiant, est née d'une désaffection envers la SFIO, accusée de prendre en charge les guerres coloniales, mais aussi à l'égard du parti communiste. Sans doute les ébranlements de l'année 1956 ont-ils joué un rôle décisif dans ce dernier phénomène : les chocs conjugués du rapport Khrouchtchev, puis de la Hongrie, ont entraîné, au cours des mois suivants, de nombreux départs, notamment chez les intellectuels, sans compter les départs différés de ceux qui, demeurés au sein du Parti, s'y conduiront désormais en « oppositionnels ». Mais l'accusation de tiédeur dans les luttes contre la guerre d'Algérie, fondée ou non mais perçue comme telle par beaucoup de jeunes gens, porta également un rude coup à l'attrait du PCF, au moment même où il était déjà remis en cause dans sa propre sphère d'influence. Coup d'autant plus rude que la dérivation ne facilita pas seulement la naissance d'une « nouvelle gauche » — greffée elle-même sur le rameau mendésiste et destinée à alimenter quelques années plus tard le PSU, puis à connaître, au cours des années soixante-dix, une résurgence au sein du parti socialiste —, mais aussi la renaissance d'une extrême gauche sur les flancs du parti communiste, qui faisait ainsi perdre définitivement à ce dernier son hégémonie de fait sur les milieux intellectuels de gauche.

L'on peut légitimement considérer le « Manifeste des 121 » comme le symbole de cette renaissance. En septembre 1960, en effet, 121 écrivains, universitaires et artistes proclament « le droit à l'insoumission dans la guerre d'Algérie » et concluent : « Nous respectons et jugeons justifié le refus de prendre les armes contre le peuple algérien. » Or, ce manifeste, qui entraînera les réserves les plus explicites du PCF, trouva à gauche des dizaines — au noyau initial des 121 s'ajoutèrent de nouveaux noms — de signatures souvent célèbres. En fait, c'est bien le courant « gauchiste » dans son acception la plus large, tel qu'il se développera au cours des années soixante et que Mai 1968 révélera en pleine lumière, qui est ainsi indirectement en gestation au cours de ces dernières années de la guerre d'Algérie, même si la plupart des classes d'âge qui y baigneront au moment de son acmé n'ont pas été touchées directement par cette guerre.

« Porteurs de valises » et « nuits bleues »

Cette guerre, en revanche, continua à mobiliser leurs aînés jusqu'en 1962. Certes, en mai 1958, nombre d'entre eux avaient été « frappés de stupeur » (Jean-Paul Aron) : un Comité national universitaire de défense de la République avait beau avoir été mis sur pied, le 25 mai 1958, autour des professeurs Kastler, Schwartz, Jankélévitch, Ricœur, Rodinson et Madaule, les enseignants et, plus largement, les clercs qui défilèrent trois jours plus tard, aux côtés des partis de gauche et des syndicats, de la Nation à la République, n'en assistèrent pas moins ce jour-là aux obsèques anticipées de la IVe République. Bien plus, à cette modification du paysage politique s'ajouta l'année suivante un bouleversement des points de repère idéologiques : c'est un militaire classé à droite, et accusé de surcroît de « coup d'État », qui prend l'initiative de proposer l'autodétermination et devient, dès lors, l'adversaire et bientôt la cible des tenants de l'Algérie française !

Les dernières années du conflit seront pourtant marquées par une radicalisation de la position des intellectuels. Ainsi l'insoumission tente-t-elle progressivement un nombre notable de jeunes gens, et elle s'insinue en 1960 jusque dans les débats du Congrès de l'UNEF. En cette même année, durant l'été, un manifeste qui en approuve le principe recueille les 121 fameuses signatures. Ce texte juge, en outre, « justifiée la conduite des Français qui estiment de leur devoir d'apporter aide et protection aux Algériens opprimés au nom du peuple français ». Le 5 septembre suivant, s'ouvre le procès de six Algériens et dix-huit « porteurs de valises » — souvent des intellectuels —, déférés devant le tribunal militaire pour atteinte à la sûreté extérieure de l'État. Paul Teitgen, ancien secrétaire général de la préfecture de police d'Alger, y fait une déposition remarquée sur la « torture », et une lettre de Jean-Paul Sartre se solidarisant avec les accusés est lue à l'audience. Le chef du réseau, Francis Jeanson, est condamné par contumace, et plusieurs membres sont frappés de lourdes peines de prison.

Si leur procès et les faits qui leur étaient reprochés — une aide directe au FLN — les placèrent sur le devant de la scène et apparemment à l'avant-garde de la résistance intellectuelle à la guerre d'Algérie, ces « porteurs de valises » ne sont guère représentatifs d'un milieu qui, largement hostile à la répression militaire en Afrique du Nord et, de surcroît, peu à peu gagné à la cause de l'indépendance, n'en adopta pas pour autant une telle attitude. Celle-ci est pourtant le symptôme et le symbole de cette radicalisation des clercs à la charnière des deux décennies.

Sur l'autre versant, du reste, les positions se durcirent également. Le 20 juin 1960, par exemple, quand un colloque se tient à Vincennes pour rappeler que « l'Algérie est une terre de souveraineté française et qu'elle doit demeurer partie intégrante de la République », l'Université, par exemple, est représentée — Girardet, Heurgon, Fourquin, Mousnier, Poirier — aux côtés d'hommes politiques comme Bidault, Bourgès-Maunoury, Duchet, Lacoste, Lafay, Morice et Soustelle. Le 7 octobre suivant, un « manifeste des intellectuels français », où l'on retrouve notamment quelques-uns des participants du colloque de Vincennes, mènera, derrière le maréchal Juin, l'attaque contre les « 121 ». La liste de ceux qui dénoncent « les professeurs de trahison » n'est pas mince et nombre d'intellectuels ont répondu à l'appel : entre autres, Antoine Blondin, Roland Dorgelès, Roger Nimier,

Pierre Nord, Jules Romains et Michel de Saint-Pierre. Et quatre jours plus tard, c'est le Mouvement national universitaire d'action civique qui adopte publiquement la même attitude et « condamne comme un acte formel de trahison le scandaleux manifeste dans lequel 121 personnes appartenant à des milieux réputés « intellectuels » ont entrepris de justifier l'insoumission en Algérie ».

L'OAS, pour sa part, emploiera à l'égard des clercs « progressistes » des méthodes qui n'auront plus rien à voir avec les batailles de pétitions. Des « nuits bleues » organisées en métropole visent notamment les milieux intellectuels : ainsi, en janvier et février 1962, des collaborateurs du *Monde* — et, au premier rang, le directeur, Hubert Beuve-Méry — sont victimes d'attentats au plastic à Paris. La librairie Maspero et la revue *Esprit* seront également, entre autres, les victimes des ultras. Preuve par l'absurde que si, en ces années tragiques, l'histoire se fit en partie sans qu'ils aient réellement prise sur elle, les intellectuels en furent cependant alors des acteurs, jusqu'à devenir des cibles.

Même pour ceux qui restèrent spectateurs, l'anticolonialisme fut souvent une « cause historique d'identification » (Michel Winock). La fin de la guerre d'Algérie sonna-t-elle, dès lors, le glas d'une sorte d'âge d'or de l'intellectuel engagé, qui aurait commencé avec l'affaire Dreyfus, se serait amplifié dans l'entre-deux-guerres, et aurait vécu ses quinze Glorieuses après le second conflit mondial ? Certains, au seuil de cette nouvelle décennie, le pensent. Et le retour de beaucoup de clercs à leurs chaires, laboratoires, pupitres et chevalets au cours des années qui suivent semble leur donner raison.

Après 1962 : reflux ou repli passager ?

Certes, les plaies mal refermées de la guerre d'Algérie restent visibles après 1962 dans le milieu intellectuel. Ainsi la pièce de Jean Genet, *Les Paravents*, créée en avril 1966 à l'Odéon par la Compagnie Renaud-Barrault et qui avait pour cadre l'Algérie, fut l'occasion de violentes manifestations du groupe d'extrême droite Occident et des anciens combattants d'Afrique du Nord, autour et parfois à l'intérieur même du théâtre. Il n'empêche ! C'est avant tout l'ampleur du vide brutalement apparu dans le champ de vision des clercs qui frappe l'historien. Les symptômes foisonnent de ce soudain changement de décor : repli dans les clubs, ralentissement de l'activité de pétition, recherche de nouveaux points de repère.

La floraison des clubs

Le Club Jean-Moulin est né au lendemain du 13 mai 1958 à l'initiative d'anciens résistants tels Daniel Cordier, Stéphane Hessel ou Philippe Viannay. À cette date, l'objectif proclamé était clair : résister au « fascisme ». Les événements qui suivirent n'ayant guère rendu la menace plus réelle, le réseau de résistance projeté devint une sorte de laboratoire d'expérimentation des « voies nouvelles d'une vie politique et sociale au service des libertés fondamentales du citoyen ». Stimulé par le succès de *L'État et le citoyen*, publié par les Éditions du Seuil à la fin de l'année 1961, le Club est une pièce non négligeable du paysage intellectuel au début des années soixante et ses colloques annuels à Royaumont sont autant d'événements marquants. Hauts fonctionnaires, professeurs de droit et journalistes en constituent la clientèle, autour d'un noyau central animé, entre autres, par Georges Suffert, Georges Vedel et Olivier Chevrillon.

Certes, il convient de ne pas exagérer l'importance d'un club qui ne réunit jamais qu'un demi-millier de membres. Bien plus, l'organisation ne se situera pas toujours au-dessus des affrontements électoraux et suscitera notamment en 1963 la candidature de Gaston Defferre en vue de l'échéance présidentielle suivante. Il reste que pour la plupart des adhérents — fréquemment des intellectuels —, le Club apparaît comme une structure extrapartisane, et c'est souvent à ce titre qu'ils le rejoignirent, à la recherche d'une nouvelle forme de sociabilité politique. Avec ses anciens résistants antifascistes, ses mendésistes — même si le club est devenu rapidement autre chose que la « chapelle néomendésiste » (Jean Lacouture) des débuts —, ses « catholiques de gauche », cette organisation apparaît comme une serre où plusieurs strates d'intellectuels vinrent s'agréger en une époque où, la guerre d'Algérie se terminant, c'est le problème des institutions et celui de l'après-gaullisme qui retiennent l'attention de certains des clercs. Elle fut notamment l'un des canaux d'une acculturation des nouvelles institutions et du principe de l'élection du président de la République au suffrage universel.

Encéphalogramme plat ?

D'une certaine manière, le Club Jean-Moulin et plus d'une centaine d'autres clubs apparus à cette époque — parfois en province, comme le Cercle Tocqueville à Lyon — furent aussi des structures de repli pour des clercs démobilisés, mais non déconnectés du débat civique. Car il y eut bien un repli des intellectuels après 1962. Et ce repli est quantifiable. Au cours des deux mandats présidentiels du général de Gaulle (1958-1969), 488 manifestes ont été, par exemple, recensés dans *Le Monde*. Or, si ces manifestes ont été nombreux entre 1958 et 1962 — 67 rien que sur l'Algérie ! —, il faut observer ensuite une « période creuse jusqu'en février 1965 où apparaissent les premiers manifestes sur le Viêtnam » (Dominique-Pierre Larger). Cette période est, il est vrai, assez largement consensuelle et contraste avec la précédente. Le « gaullisme de gestion » gère une croissance conquérante, et la politique étrangère du général de Gaulle commence à rassembler, à l'intérieur, beaucoup plus qu'elle ne divise. Se trouve donc à nouveau vérifiée l'observation selon laquelle le rythme de l'engagement des intellectuels dans le débat civique semble directement proportionnel à l'intensité des pulsations de la communauté nationale, les oscillations de l'encéphalogramme de l'intelligentsia française épousant celles de l'électrocardiogramme du corps civique tout entier. Est-ce à dire que l'encéphalogramme devient plat en ce début des années soixante ? Non, assurément, et, nous le verrons, des phénomènes de transferts géographiques et de relais idéologiques joueront immédiatement. Mais la baisse d'intensité, répétons-le, est manifeste.

Un milieu intellectuel en mutation

Cette baisse d'intensité de leur engagement n'est pas le seul trait caractéristique des clercs après la fin du conflit algérien. La morphologie du milieu intellectuel se modifie aussi à cette époque ou, plus précisément, des modifications dans les rapports de forces s'opèrent ou se confirment en son sein. L'Alma Mater, en effet, semble être devenue une instance dominante, et les universitaires paraissent avoir supplanté les écrivains. Sur les 160 principaux signataires des 488 manifestes recensés dans Le Monde au temps de la République gaullienne, les premiers sont au nombre de 63 et les seconds sont seulement 42. Et si c'est un écrivain — ancien professeur, au demeurant —, Jean-Paul Sartre, qui reste en tête (91 signatures), le mathématicien Laurent Schwartz, avec 77 signatures, le talonne, devant Simone de Beauvoir (72) et Jean-Marie Domenach (69). Deux autres universitaires,

Vladimir Jankélévitch et Alfred Kastler, suivent, avec respectivement 63 et 61 prises de position, tandis que le géographe Jean Dresch et l'historien Pierre Vidal-Naquet sont également présents parmi les quinze premiers signataires.

L'évolution, on l'a vu, était déjà perceptible dans les rubriques culturelles des revues et des hebdomadaires. La philosophie, puis les sciences humaines y ont peu à peu supplanté la littérature proprement dite. Cette évolution, en fait, est à l'unisson d'une société intellectuelle où les écrivains ont cédé le devant de la scène aux philosophes, dont l'après-guerre a été la grande époque — non pas tant, du reste, en ce qui concerne leur réflexion proprement philosophique que pour leur insertion dans le débat de la cité —, puis, plus largement, aux chercheurs des sciences humaines. A cette date, les grands systèmes de pensée de l'après-guerre, et notamment le marxisme et l'« existentialisme », vont céder la place au « structuralisme ». Par-delà les problèmes d'appellation contrôlée posés par cette dernière notion — le mot s'installe vers 1960 et imprègne le débat intellectuel au milieu de la décennie —, et tout en tenant compte des phénomènes d'amplification médiatique qui brouilleront encore davantage les questions de définition et de filiation [1], constatons qu'une partie de la haute intelligentsia entre alors dans les « années » Lévi-Strauss, Barthes, Lacan, Althusser et Foucault. Cet intérêt porté à l'œuvre des auteurs éponymes est significatif : les jeunes générations intellectuelles entendent apparemment partir sur d'autres bases que leurs aînés ; la philosophie, dans ses différentes composantes, n'est plus la clé de voûte de toute construction idéologique ; les « sciences humaines » — anthropo-

---

1. Claude Lévi-Strauss, qui n'utilisera le mot dans un titre d'article qu'en 1972, définira ainsi en 1985 le « structuralisme » : « Comme on l'entend, une mode parisienne comme il en surgit tous les cinq ans, et qui a eu sa tranche quinquennale. »

logie, ethnologie et linguistique notamment — imposent leur hégémonie. Rejet par une génération des idées maîtresses de la précédente, ce chassé-croisé va pourtant plus loin qu'un simple contraste de classes d'âge. C'est, en fait, à un véritable décapage que sont conviés les jeunes clercs. Certains des ouvrages phares de la décennie constituent, en effet, autant de faire-part annonçant la mort du Sujet, de l'Humanisme et de l'Histoire. Le langage lui-même est alors sommé de révéler ses niveaux et ses non-dits.

Même si le phénomène resta, en fait, limité dans ses tirages, il n'en est donc pas moins révélateur. D'autant plus qu'il sera rapidement diffusé hors de son étroite matrice initiale. La vulgarisation des grands courants de pensée fécondés par les sciences humaines touchera, en effet, indirectement un public de plus en plus large, au fur et à mesure qu'augmenteront les tirages des grands hebdomadaires et que se développeront les nouvelles classes diplômées, les deux phénomènes étant, du reste, liés. Pour *L'Express,* ces tirages passent de 60 000 exemplaires en 1953 à 500 000 en 1967. Ce lectorat de plus en plus nombreux s'est, il est vrai, modifié peu à peu : lu plutôt, au début, par les intellectuels « classiques » — enseignants, étudiants, certaines professions libérales —, l'hebdomadaire devient bientôt, semble-t-il, surtout après sa transformation en « news magazine » inspiré de *Time* et du *Spiegel,* le journal des « cadres », qui y puisent à la fois l'art du *management* et les derniers acquis du « structuralisme ». Celui-ci, il est vrai, aura un autre relais. Le 19 novembre 1964, en effet, avait paru le premier numéro du *Nouvel Observateur,* né de la fusion d'une partie de l'ancienne rédaction de *France-Observateur* et de journalistes venus de *L'Express,* et ce journal dès la fin de l'année 1965 frôlera les 100 000 exemplaires, tirage qu'il doublera en trois ans. En 1950, son ancêtre, *L'Observateur,* tirait, en ses débuts, à 20 000 ! La date de la mutation et de l'expansion des deux hebdomadaires n'est pas indifférente. En trois ans, la France s'est peu à peu débarrassée, tout au moins en ce qui concerne la plus grande partie de la communauté nationale, de ses démons de la guerre d'Algérie — durant laquelle *L'Express* première manière avait connu son heure de gloire — et elle touche, de surcroît, au cœur des « trente glorieuses », les dividendes d'une croissance conquérante, que *L'Express* rénové va incarner. Mais ce milieu des années soixante voit aussi apparaître les germes de la contestation des valeurs de cette société de consommation. Et quand se développera l'effervescence intellectuelle de la fin de la décennie et des années suivantes, c'est *Le Nouvel Observateur* qui, d'une certaine façon, personnifiera la face « contestataire » de la grande presse politique hebdomadaire ou, plus précisément, qui assurera la propagation statistiquement significative de certains des thèmes de l'après-Mai 1968.

Doit-on en conclure que *Le Nouvel Observateur* avait entre-temps capté l'audience de ces intellectuels « classiques » — notamment enseignants et étudiants — qui se seraient détournés peu à peu de *L'Express* ? Seule une étude précise fondée sur les archives des deux hebdomadaires permettrait de connaître leur lectorat et d'étayer ou d'infirmer ainsi l'hypothèse. L'essentiel, de toute façon, est ailleurs. L'un et l'autre sont fils de l'explosion universitaire et de la montée en nombre des nouvelles couches diplômées. Le milieu étudiant va enfler dans les années soixante, sous l'effet de l'arrivée des premières cohortes issues du baby-boom. Mais déjà auparavant, l'inversion de la tendance démographique au cœur de la Seconde Guerre mondiale et les progrès de la scolarisation secondaire dans les années cinquante entraînaient à la fin de cette même décennie une hausse notable du nombre des étudiants : la Sorbonne, par exemple, voyait ses effectifs passer de 18 000 à 30 000 étudiants de 1957 à 1963. Et la croissance de l'enseignement supérieur sera encore plus forte après cette dernière date. Le résultat est connu : les étudiants ont vu leur volume quadrupler en moins de vingt ans, passant de moins de 140 000 en 1950 à 570 000 en 1967. Trois décennies plus tôt, à la veille de la Seconde Guerre mondiale, la France ne comptait que 75 000 étudiants ! L'essor du « structuralisme » en une décennie où l'Université, dont certaines disciplines sont alors influencées par lui, connaît une telle expansion, devient, somme toute, plus intelligible et, aux côtés des grands hebdomadaires qui n'en étaient que les vulgarisateurs, l'Alma Mater — ou, plus précisément, quelques-unes de ses institutions — jouera un rôle de premier plan dans cette percée conquérante des sciences humaines.

Les retombées dans la population active de cette évolution des effectifs ne se firent pas longtemps attendre, et avant même l'envolée statistique des années soixante. La comparaison des résultats des recensements de 1954 et 1962 est, à cet égard, éclairante. Le poste « professeurs, professions littéraires et scientifiques » passe, en effet, de 80 000 à 125 000, en chiffres arrondis. Son taux annuel de variation de 5,7 % s'accélère encore par la suite, dépassant 9 % entre 1962 et 1968, date à laquelle ces catégories atteignent 215 000 membres. En quatorze ans, ce poste a donc augmenté de plus de 250 %. Dans le même temps, le nombre des « ingénieurs » et « cadres administratifs supérieurs » double pratiquement, passant de 350 000 à 650 000. Si l'on ajoute à ces rubriques, en conférant au terme « intellectuel » sa signification sociologique la plus large, les « services médicaux et sociaux », le clergé, les instituteurs et les « artistes », ces « intellectuels » passent du nombre d'un million en 1954, soit 5,5 % environ de la population active, à un peu plus de deux millions et demi en 1975, soit 12 % environ. Le poids des intellectuels a donc doublé en vingt ans. Et, pour s'en tenir à la seule rubrique « professeurs, profes-

sions littéraires et scientifiques », celle-ci a presque quin-
tuplé pendant la même période, passant de 80 000 à près
de 400 000, pour une population active totale restée à peu
près étale.

La génération de « Salut les Copains »

Le milieu étudiant en augmentation rapide des
années 1960 doit-il être jugé à la lumière de la fin de la
décennie, placée sous le signe de Mai 1968 et de ses sui-
tes ? Il y aurait sans doute là erreur d'éclairage, par pro-
jection rétrospective. Après 1962 la jeunesse semble, au
contraire, comme le milieu intellectuel, échapper à l'engagement fortement « idéologisé » qui avait été celui de
ses aînés de la génération de la guerre d'Algérie. Tel est
l'enseignement, en tout cas, d'un sondage de l'IFOP et
d'un débat de *France-Forum* qui dévoilent chez les « 16-
24 ans », en 1961 et 1963, une « indifférence à l'égard de
la politique » telle que l'un des commentateurs du sondage pouvait affirmer : « Notre époque est celle du dépé-
rissement des idéologies. » Encore faut-il savoir, il est
vrai, si la jeunesse intellectuelle est à l'image de l'ensemble de la jeunesse française, dont ce sondage souligne
le peu d'intérêt pour la chose publique.

En ce qui concerne cette jeunesse française, l'historien
Raoul Girardet a écrit qu'il ne lui semblait « en aucune
façon illégitime » d'évoquer « une génération de Salut les
Copains ». Il peut paraître surprenant, en première analyse, de prendre ainsi comme point de repère un phénomène musical somme toute culturellement limité.
Pourtant, bien des éléments autorisent effectivement à
souscrire à une telle remarque et à conclure à l'existence
d'une telle génération. Celle qui précédait immédiatement
était plutôt, on l'a vu, une génération « politique », en ce
sens qu'elle avait trouvé son ciment constitutif dans la
rencontre avec un événement fondateur. Cette génération
de la guerre d'Algérie, née entre la crise des années trente

et la défaite de juin 1940, amalgame des classes creuses de la IIIᵉ République finissante, eut une enfance placée sous le signe des privations et des angoisses de l'Occupation et son adolescence, dans les années cinquante, profita peu d'une croissance aux fruits encore verts. À l'automne 1957, une enquête de *L'Express* sur la « nouvelle vague » dévoilait une jeunesse française qui n'était pas encore entrée dans l'ère de la consommation et des loisirs de masse. En réponse à la question : « Sur le plan matériel, y a-t-il des choses dont vous vous sentez privés ? », ces jeunes gens plaçaient en effet en tête de leurs frustrations les vacances, les moyens personnels de transport et les distractions.

Au début des années soixante, une nouvelle génération s'éveille au cœur des trente glorieuses, près de vingt ans après la Libération et dans une France débarrassée du drame algérien. À peine plus jeunes de quelques années que les « appelés » de la guerre d'Algérie, leurs cadets entreront dans l'adolescence au moment où la croissance conquérante commencera à produire ses effets et constitueront, à peine une demi-décennie après celle, démunie, de leurs aînés, la génération du Teppaz et du Solex. Génération « sociale », donc, née davantage de l'air du temps et de la contemporanéité que des soubresauts de l'histoire, plus que génération « politique ».

Les jeunes intellectuels qui en sont issus seraient-ils, pour cette raison, et en l'absence d'événements fondateurs, moins « politisés » que leurs aînés et n'ont-ils pas constitué, de ce fait, une « génération intellectuelle » ? La réponse, assurément, est à nuancer. Même par temps calme, ces générations intellectuelles naissent et croissent. D'une part, parce que la notion de calme historique n'a guère de signification à ce niveau. Certes, on l'a dit, ce sont généralement les périodes troublées qui voient les clercs monter en première ligne du débat civique et de nouvelles générations bien « typées » naître en leur sein.

Mais, comme le notait justement Raymond Aron dans *Les Étapes de la pensée sociologique,* « il y a peu de générations qui n'aient eu l'impression de vivre une "crise" ou même d'être à un "tournant". Depuis le XVIe siècle, ce que l'on trouverait le plus difficilement, c'est une génération qui ait cru vivre dans une période stabilisée ». D'autre part, l'air du temps intellectuel et la circulation des grands flux idéologiques imprègnent souvent une cohorte démographique de jeunes clercs au moment de son éveil, la façonne ainsi indirectement et la distingue, de ce fait, de la précédente.

Ainsi, avant même que le rameau « intellectuel » de la génération du baby-boom, qui eut vingt ans à l'époque apaisée de l'après-1962, trouve son rendez-vous avec l'histoire dans l'effervescence de la fin de la décennie, il avait puisé une relative unité dans le climat politique du temps : maintien global de la sphère des clercs à gauche, mais renaissance d'une extrême gauche au flanc du parti communiste et transfert géographique en ce qui concerne les pôles de l'attraction révolutionnaire.

Regain

Car si à l'horizon de la même décennie étaient apparus de nouveaux astres — la nébuleuse « structuraliste » — et si le marxisme cesse peu à peu d'éclairer la plus grande partie du paysage intellectuel, est-il possible au milieu de cette décennie de parler d'un « déclin du marxisme » (Lucio Colletti) ? Question d'autant plus importante qu'à cette date ce paysage va se trouver réoccupé par la politique.

À l'ombre du Viêtnam

La guerre du Viêtnam est l'un des domaines que les intellectuels réinvestissent dès 1965. Le 24 février, un manifeste d'intellectuels demande l'ouverture d'une conférence « sur le Viêtnam » et à l'automne se déroulent les premières grandes manifestations contre « l'impérialisme américain ». Un an plus tard, en octobre 1966, est créé un Comité Viêtnam national. Nombre de jeunes étudiants et lycéens feront leur apprentissage politique à l'ombre de cette guerre et à l'intérieur, notamment, de « comités Viêtnam de base », ces derniers constituant autant de structures d'effervescence dans les établissements scolaires et universitaires avant et pendant les événements de mai-juin 1968. C'est donc une nouvelle génération — ou plus précisément l'un de ses rameaux — qui s'éveillera à la vie de la cité sous le signe du Viêtnam.

Et, d'une certaine manière, Jean-Paul Sartre, en qui, depuis la Libération, plusieurs générations de jeunes intellectuels de gauche s'étaient reconnues, se retrouvera en résonance avec une nouvelle classe d'âge. Lui-même, en effet, a rejoint dès l'été 1966 le « tribunal Russell ». Ce ralliement n'est pas mince, puisque le philosophe français est à cette date auréolé par son prix Nobel de littérature — refusé, il est vrai — de 1964. Il est, de surcroît, sans ambiguïté puisque ce tribunal créé pour juger les « crimes de guerre » venait précisément, au début du mois d'août 1966, de conclure que les dirigeants américains étaient effectivement des « criminels de guerre » et devaient, de ce fait, être jugés. Sartre se mit rapidement au diapason dénonçant, en mai 1967, les bombardements « terroristes » et écrivant en novembre de la même année que les États-Unis étaient coupables de « génocide ». Dès lors, « la victoire du Viêtnam prouvera que l'homme est possible » contre la « *chose,* c'est-à-dire le profit et ses serviteurs », les « Vietnamiens » se battant « pour tous les hommes et les forces américaines contre tous ». L'analyse, il est vrai, est à replacer dans le contexte plus large du tiers-mondisme, lui-même porté en avant à cette époque par une sorte de transfert idéologique qui s'est opéré au sein du milieu intellectuel.

Regel idéologique ?

En 1961, une revue comme *Arguments*, constituée, pour partie, d'anciens communistes ou compagnons de route, arguait, sous la plume d'Edgar Morin, d'un « regel idéologique » pour se saborder. Constatation à première vue surprenante quelques années après que le XXᵉ Congrès et les événements de Hongrie eurent indirectement ébranlé les positions du marxisme et au seuil d'une décennie où se développent, on l'a vu, de nouveaux courants de pensée. Mais plusieurs facteurs, il est vrai, jouent en sens inverse et viennent ralentir un tel processus de recul. Une cause structurelle, d'abord, peut être avancée : un décalage classique — déjà observé, par exemple, pour le radicalisme au moment du Cartel des gauches — fait qu'une idéologie imprègne encore largement les « simples professionnels de l'intellect » au moment où la haute cléricature a commencé de s'en détacher.

Un élément conjoncturel, ensuite, va différer le décrochage du marxisme. Le tiers-mondisme va, à cette époque, remplacer progressivement l'Union soviétique dans les cœurs de l'intelligentsia française et, pour cette dernière, les jeunes nations décolonisées incarneront désormais l'espoir révolutionnaire longtemps identifié à la classe ouvrière des nations industrialisées. Or, cet espoir conserve le même soubassement idéologique : le tiers-monde est révolutionnaire car il est composé de nations « prolétaires », et le prolétariat conserve son rôle rédempteur. À l'antagonisme prolétariat-bourgeoisie se substitue, en effet, peu à peu, l'opposition entre « l'impérialisme » et un tiers-monde « prolétaire », reprenant le flambeau de la révolution abandonné par les démocraties populaires : « L'Europe est foutue », écrit alors Jean-Paul Sartre, mais l'Algérie indépendante doit être « socialiste » et La Havane pourrait être l'épicentre d'une bourrasque révolutionnaire sur l'Amérique latine. Les déclarations du philosophe français sur l'une et l'autre attestent l'ampleur de cet espoir au début de la décennie, et les textes de Régis Debray sur le continent sud-américain, un peu plus tard, confirmeront le transfert géographique et affectif des intellectuels français. La Chine, surtout, va cristalliser une partie de leurs aspirations. Par une curieuse translation, elle n'incarnera pas seulement un modèle de « communisme des pauvres » et de décollage économique pour des pays comme elle essentiellement agricoles et devant lutter contre le déficit alimentaire en préservant leur indépendance politique et économique, mais aussi un type de construction socialiste adaptable aux réalités occidentales. Un an avant Mai 1968, *La Chinoise* de Jean-Luc Godard décrira, d'ailleurs, cet attrait du modèle chinois au sein de l'extrême gauche française. Signe des temps, à l'École normale supérieure, certains disciples du philosophe Louis Althusser deviennent maoïstes. Vingt ans plus tôt, bien des élèves de la rue d'Ulm étaient, au contraire, attirés par l'engagement aux côtés du Parti communiste français, ainsi qu'en témoigne, par exemple, l'historien Emmanuel Le Roy Ladurie dans *Paris-Montpellier*, son autobiographie politique. Glissement politique, donc, mais sans abandon du marxisme-léninisme. Tout au contraire : les deux petits partis prochinois qui existent en 1968 ont des noms révélateurs, l'Union des jeunesses communistes marxistes-léninistes et le Parti communiste marxiste-léniniste de France.

Si l'on ajoute que, de leur côté, certains des jeunes gens qui rompent avec l'Union des étudiants communistes au milieu des années soixante, tel Alain Krivine, évoluent alors vers le trotskysme — en 1966 est créée la Jeunesse communiste révolutionnaire —, il devient évident que bien des futurs acteurs de Mai 1968 seront encore à cette date d'obédience marxiste. D'où cette question essentielle pour la compréhension de la décennie suivante : dans les rapports complexes entretenus par les intellectuels français avec le marxisme, le printemps 1968 a-t-il constitué un tremplin, où cette idéologie a rebondi après ses déceptions venues de l'est de l'Europe, ou un butoir, sur lequel elle est venue mourir ?

Le tournant de 1965

On fausserait toutefois la perspective à ramener ces années soixante au seul problème de la place du marxisme au sein de l'intelligentsia. Le milieu de la décennie marque, en effet, une césure notable dans l'histoire socioculturelle française, césure qui dépasse du reste le seul domaine intellectuel, mais dans laquelle les clercs seront impliqués.

Avec le recul, 1965 apparaît bien comme l'année des premières lézardes, elles-mêmes annonciatrices du grand ébranlement de la fin de la décennie. Deux symptômes sont à cet égard significatifs : dans une société qui avait longtemps pratiqué la frugalité et la prévoyance comme des vertus cardinales, émergent progressivement des valeurs et un comportement hédonistes ; de surcroît, dans un univers mental où l'aspiration à l'assimilation par la ressemblance et, donc, un incontestable conformisme social cimentaient en partie le corps social, vont bientôt apparaître le thème et la revendication du droit à la différence. On ne peut encore parler de contestation généralisée mais, déjà, d'une attitude nouvelle face à l'autorité — et donc aux normes — et aux tabous — et donc aux valeurs. Par-delà la diversité des symptômes, une chose est donc sûre : Mai 1968, plus qu'un événement fondateur, apparaît davantage comme un révélateur et un catalyseur, dévoilant brusquement, dans une société enrichie et apparemment cimentée par un consensus sur les valeurs de la civilisation industrielle et urbaine, une mutation en cours, jusque-là demeurée invisible.

Dans le paysage idéologique, également, l'empreinte laissée par les événements de 1968 est largement fille de l'ensemble des années soixante. Il reste que si cette marque est profonde, elle est en même temps difficile à déchiffrer, en raison de son ambivalence, à la fois libertaire et, on l'a vu, marxiste. Avant même le mois de Mai des intellectuels, en fait, la cléricature se trouve déjà à la croisée des chemins idéologiques.

Pour quelques-unes des organisations gauchistes, tel le Mouvement du 22 mars de Daniel Cohn-Bendit, la critique du régime capitaliste, on le verra, se doublera d'une critique non seulement de l'URSS et du PCF, mais aussi du socle doctrinal sous-jacent. Et bien des thèmes de Mai 1968 lui donneront une connotation libertaire, qui irriguera l'évolution des mœurs qui suivra. Se dessine donc en filigrane toute une généalogie « gauchiste », dont nous avons localisé les premiers signes durant la guerre d'Algérie et dans le Manifeste des 121 et qui prendra en écharpe les vingt années suivantes avec une acmé entre 1968 et 1972.

Si donc, selon toute apparence, dans l'immédiat après-Mai, le marxisme continue à imprégner le vocabulaire et semble avoir parfaitement utilisé le tremplin, la décennie suivante montrera qu'il n'en était rien. D'une part, dans l'évolution du comportement et des consciences que connaîtra alors la société française, c'est la composante « libertaire » de Mai 1968, beaucoup plus que son autre versant, qui tracera un sillon. Surtout, ce second versant d'abord marxiste engendrera en fait, on le verra, une génération de « nouveaux philosophes » parricides : c'est dans le vivier des anciens maoïstes que se recruteront en effet, à partir de 1975, les plus actifs détracteurs du marxisme. Directement ou indirectement, la crise de Mai 1968 est donc aussi une date importante de l'histoire intellectuelle française.

Chapitre X

LE GRAND PRINTEMPS

1968-1975

Aucune des époques précédemment étudiées n'aura connu comme celle-ci un si rapide bouleversement dans la tonalité générale tout à la fois du discours intellectuel et du discours de la société sur ses intellectuels. Cette rupture est d'autant plus remarquable qu'elle s'est produite sans l'entremise d'une guerre mondiale, ni même d'une crise politique intérieure à grande échelle. Non que ce pays n'ait connu depuis 1968 à la fois une crise économique de première grandeur, et plus mondiale encore que celle de 1929, et un ou deux « événements » politiques nationaux significatifs (Mai 1968 seul pour quelques-uns, mai 1981 seul pour quelques autres, pour la plupart). Mais tout laisse à penser que nous retrouvons ici le cas de figure de 1898 : un type de cristallisation et d'évolution typiquement français, même s'il n'est pas interdit de lui rechercher, là aussi, des tenants et aboutissants extérieurs.

Anti-thèses et anti-maîtres

L'originalité de Mai 1968 par rapport à toutes les autres crises de notre histoire, et ce en quoi, en effet, elle ne peut être rapprochée dans une certaine mesure que de l'affaire Dreyfus, est, on le sait, qu'elle a eu pour origine, et pour première et dernière forme, une crise propre au monde intellectuel, et plus précisément au monde universitaire.

On est souvent revenu depuis sur le « malaise » universitaire qu'il a bien fallu diagnostiquer *a posteriori* pour comprendre, sinon expliquer, l'explosion. Nous n'en retiendrons pour notre propos que trois données ressortissant au champ social des intelligentsias, qui comportent aussi trois ambiguïtés, voire trois paradoxes, dont il est d'ailleurs vraisemblable que le mouvement de Mai s'est nourri plus qu'il n'en a pâti. Ce fut une surrection de la jeunesse intellectuelle contre ses pères les plus officiels, mais qui, portée par l'exemple de quelques maîtres bien précis, reçut le ralliement fasciné de plusieurs grands noms de la haute intelligentsia établie ; ce fut la modalité, strictement française et intransposable, d'une conjoncture intellectuelle pourtant sans doute plus internationale qu'aucune de celles que l'on a évoquées jusqu'ici, y compris l'antifascisme et la guerre froide ; ce fut enfin, dans son contenu idéologique, une fragile synthèse entre deux logiques dogmatiques, l'une d'inspiration marxiste, l'autre d'aspiration libertaire, d'ordinaire irréconciliables.

État des maîtrises

La situation de l'Université française non pas « à la veille de Mai 68 » mais à la fin des années soixante, dans ce qui en unifie les traits par-delà même la grande secousse, confirme cette image d'une zone en quelque sorte de partage des eaux. Passé d'un effectif de 230 000 étudiants en 1961 à plus du double sept ans plus tard, sans que les structures (matérielles, administratives, intellectuelles) qui le gouvernent aient en profondeur changé depuis la fin du siècle précédent, ce lieu privilégié de formation des intelligentsias ne pouvait manquer de connaître des tensions violentes, que d'aucuns, aux deux extrêmes de l'éventail politique, eurent tôt fait de juger mortelles, ce que la suite des événements n'a pas confirmé. Peu importe, à ce stade : l'essentiel est que le fondement de la critique radicale développée par les « groupuscules » de Mai — à commencer par le prototype que fut le Mouvement du 22 mars, né sur le campus « modèle » (mais pour lors inachevé) de Nanterre — ait été le refus du rôle de « chien de garde » de la bourgeoisie capitaliste à quoi celle-ci était supposée préparer ses enfants par le moyen du système scolaire et universitaire.

Car les jeunes militants de Mai et de ses lendemains gauchistes ne sont pas seulement le produit du croisement déjà exposé de deux courbes aisément quantifiables : celle du baby-boom des années 1945-1950, qui arrive à l'âge étudiant, et celle du mouvement de prolongation de la scolarité, qui franchit désormais en masse la frontière du baccalauréat (l'explosion du secondaire s'est située, elle, entre 1930 et 1960). Il ne suffit pas, non plus, bien que ce soit plus important encore, qu'ils aient été marqués par une quarantaine d'années de discours sur la jeunesse, débouchant depuis une décennie environ, sur une véritable *Planète des jeunes* (Jean Duvignaud, 1975) que les observateurs adultes découvrent avec perplexité. Ces militants puisent aussi leur énergie à des sources proprement intellectuelles, qui en font alors autant de « fidèles disciples » que de « tueurs du Père ». Les dernières années soixante voient en effet l'apogée de plusieurs lectures de la société humaine qui, par-delà d'évidentes différences, voire de contradictions, ont en commun de se vouloir une démystification de l'humanisme.

L'homme de la pensée, édifié au XVIIIe siècle entre Bayle et Kant, autour duquel s'était, par exemple, organisé le mouvement dreyfusiste, est décrété mort ou moribond par les cellules dominantes de la création intellectuelle. Ici s'installe la référence à Marx, et l'influence personnelle la plus forte est celle de Louis Althusser (1918-1990), directeur d'études à l'École normale supérieure de la rue d'Ulm ; elle enseigne tout à la fois une nouvelle manière de *Lire « Le Capital »* (1971) et de rester dans l'orthodoxie communiste, tout en critiquant certains dogmes jugés adventices et dépassés (*Réponse à John Lewis*, 1973). Là s'est imposée la critique freudienne, qui colore désormais de larges secteurs des sciences sociales et dont Jacques Lacan (1901-1981), qui tient depuis 1964 séminaire dans la même école, donne une interprétation très discutée mais très commentée depuis la publication de ses *Écrits* (1966). Concilier Marx et Freud passe pour définir l'horizon scientifique de la génération. Ailleurs, c'est le qualificatif de structuralisme, déjà mis en avant pour Lacan, qui sert, on l'a vu, d'étiquette un peu abusive à l'œuvre d'un Claude Lévi-Strauss, dont les disciples, volontiers plus métaphysiques ou plus politiques que leur maître, déduisent une mort de l'Homme par atomisation.

Le rayonnement tout particulier d'un Roland Barthes (1915-1980) ou d'un Michel Foucault (1926-1984) va peut-être tenir précisément à leur situation au carrefour : deux œuvres « structuralistes », sans doute, dans l'état où Mai 1968 les trouve, mais fort évolutives l'une et l'autre : les contemporains en retiennent surtout la démolition du système occidental moins d'ailleurs de pensée que de savoir. À la grande béance du référent répondent donc ici le prolétariat, là le désir, ailleurs la structure : peut-être faut-il attribuer à cette coïncidence la fortune, chez nombre d'intellectuels de Mai, de ces « masses » qui ne sont pas sans présenter quelque air de synthèse entre les trois termes.

Se situant une fois de plus au centre des tendances intellectuelles du temps, Jean-Paul Sartre est l'un de ceux qui insistent le plus sur une mise à l'écoute desdites masses, qui prend alors souvent chez lui les traits d'une mise au service. Extrémisant la théorie historique de l'intellectuel qu'il avait développée en 1965 au Japon dans une série de trois conférences (publiées en 1972 sous le titre *Plaidoyer pour les intellectuels*), il accorde en septembre 1970 à *L'Idiot international* un entretien où le vieux maître se proclame disciple de ces étudiants qui ont senti immédiatement le vrai problème : on allait faire d'eux des travailleurs salariés au service du Capital ou des flics qui permettraient de mieux tenir une boîte. Aussi bien puisque « l'intellectuel [...], dans notre société, ne peut avoir de sens qu'en étant en contradiction perpétuelle, en faisant le contraire de ce qu'il veut, qu'il se supprime en tant qu'intellectuel », au prix d'une véritable « rééducation », terme à évidente connotation maoïste (la directive du Président sur cette question est diffusée, en Chine et au-dehors, en septembre 1968). Ainsi se clorait une longue histoire qui pour son auteur, a vu les intellectuels passer par les trois stades du « technicien du savoir », de la « conscience malheureuse » et du « compagnon radicalisé des forces populaires », hélas toujours « objectivement ennemi des masses ». Pour les étudiants de Mai comme pour le grand public, Sartre ajoute un épisode à sa geste exemplaire avec les deux prises de parole symboliques que furent, dans cette logique, celle du 20 mai 1968 dans le grand amphithéâtre de la Sorbonne occupée par les étudiants et celle du 21 octobre 1970 devant l'entrée de l'usine Renault de Billancourt, à l'occasion du procès du dirigeant gauchiste Alain Geismar. « On a raison de se révolter » (entretien avec Philippe Gavi et Pierre Victor, 1974) restera, jusqu'à la fin, son cogito.

Mais un tel raisonnement, partagé dans les premières années qui suivirent Mai par un Maurice Clavel (1920-1979), un Michel Foucault ou un Jean Genet (1910-1986), pour ne citer que trois personnalités assez représentatives de trois différentes légitimités intellectuelles — un « journaliste », un « philosophe » et un « poète » —, n'était pas sans influer à son tour sur l'œuvre même de ces personnalités. « Sans Mai 1968 et la difficulté d'interpréter le cri » (des étudiants de Mai), dira un observateur privilégié de la période, le journaliste Jean Daniel, « nous n'aurions eu ni certains aspects du *Flaubert* de Sartre, ni le *Qui est aliéné ?* de Clavel, ni *L'Anti-Œdipe* de Deleuze et Guattari, ni les textes de Foucault, Michel de Certeau, etc. » (*Le Temps qui reste*, 1973).

Dans le même temps, et à la base, c'était à des prises de position beaucoup plus violentes que la logique de Mai poussait les intellectuels des plus jeunes générations, déjà en train de fourbir les armes de *La Guerre civile en France* (Alain Geismar, Serge July, Erlyne Morane, 1969), pendant que d'autres, ou les mêmes, entreprenant sans plus tarder leur rééducation, tentaient de s'immerger dans le prolétariat en « s'établissant » dans les usines. Si la démarche a eu dès 1978 son témoin privilégié en la personne de Robert Linhart (*L'Établi*), notons que ce fut aussi celle d'un Serge July, passé de l'aventure de la Gauche prolétarienne à celle du journal *Libération via* un stage militant dans les mines.

L'Internationale des références

De même que le mouvement étudiant proprement dit, organisé d'abord au sein de la lutte contre la guerre du Viêtnam, était sinon « issu de », du moins influencé par la contestation des campus américains, de même toute cette production/action intellectuelle serait incompréhensible sans la prise en considération de ses enjeux internationaux. Quand, en 1969, Jean-Édern Hallier lance un journal gauchiste, il l'orne d'un titre provocateur, *L'Idiot*, mais n'oublie pas de lui adjoindre le qualificatif d'*international*, et de lui donner en effet une édition en langue anglaise. La période qui précède et suit immédiatement le Mai français est sans doute, dans cette histoire séculaire, celle où la référence à des solutions politiques étrangères a été la plus dispersée : la cubaine et la chinoise principalement, mais aussi leurs variantes albanaise ou vietnamienne, les voies algérienne ou palestinienne, voire yougoslave ou chilienne, pour ne citer que les plus connues. *Le Fond de l'air est rouge* (1977), selon la formule du cinéaste-militant Chris Marker.

À toutes ces aires se rattachent clairement des figures d'engagement intellectuel, personnel ou collectif. Pour ne s'arrêter qu'aux deux plus rayonnantes, il est significatif que leurs mythes les plus populaires à l'époque aient été ici celui d'Ernesto Guevara, médecin devenu révolutionnaire professionnel, Argentin devenu ministre cubain avant de passer à la guérilla de Bolivie, théoricien tué les armes à la main, là celui de la « Grande Révolution prolétarienne », qui, aux yeux de ses admirateurs occidentaux, donnait le pouvoir à cette sorte d'intellectuel d'un type nouveau qui avait nom garde rouge. Le destin du « Che » fascine suffisamment un jeune intellectuel français, Régis Debray (1941), pour qu'il l'accompagne dans son aventure bolivienne, au risque d'y perdre la vie ou — ce fut le cas, provisoirement — la liberté. La Chine, quant à elle, continue à séduire bien au-delà des frontières idéologiques du marxisme. L'un des succès de librairie de l'année 1973 est un *Quand la Chine s'éveillera* de l'ancien ministre Alain Peyrefitte, qui commence là une œuvre d'essayiste remarqué au sein de la famille libérale (au sens français du terme), et un dominicain comme le R.P. Cardonnel n'est pas le dernier à chanter les louanges du régime maoïste. Vivant symbole, comme Debray, de la circulation intellectuelle internationale, Maria-Antonietta Macciocchi rapporte de cette nouvelle Terre promise un *De la Chine* (1971) qui détermine à son tour une série de pèlerinages dont le plus bel exemple est celui qui y conduit, au printemps 1974, l'équipe dirigeante de la revue *Tel quel*, Philippe Sollers en tête.

À l'idéalité de la Révolution culturelle, mal connue et

dogmatique, s'oppose, symétrique mais complémentaire, l'utopie extrême-occidentale, telle qu'Edgar Morin ou Jean-François Revel s'en instituent les annonciateurs (*Journal de Californie*, 1970, *Ni Marx ni Jésus*, 1970). Plus que de la pensée d'un Hubert Marcuse, dont *L'Homme unidimensionnel* a rencontré un grand écho, mais qui, par sa généalogie philosophique, appartient à la vieille Europe, il s'agit bien là de cette culture *underground* dont tout un réseau intellectuel, marqué au sceau de la juvénilité, se fait le propagandiste. Plus diffus, par définition, que ceux de la réforme ultra-marxiste, les effets du modèle californien sur les structures, matérielles et mentales, de l'intelligentsia gauchiste sont peut-être plus profonds. Ils acculturent en particulier en son sein un ensemble de valeurs hédonistes et spiritualistes, une stratégie centrée sur des microsociétés qui ne pouvaient manquer d'entrer un jour en nette contradiction avec l'ascétisme, le matérialisme et le collectivisme des exemples venus du tiers-monde.

Situations actuelles

C'est en partie de cette distorsion croissante que rendra compte la décision exceptionnelle de l'équipe du mensuel *Actuel*, en octobre 1975, de se saborder en pleine ascension. Destin emblématique, en effet, que celui de ce titre, ébauché en 1970 sous la forme d'une feuille gauchiste à l'existence chaotique, repris en 1971 par une équipe qui n'eut bientôt plus rien à apprendre des « pros », du journalisme comme de la propagande, et dont le tableau a été donné par sa principale personnalité, Jean-François Bizot, dans *Les Déclassés* (1976), *Scènes de la vie de bohème* en même temps que *Vingt ans après des Mandarins*.

Ce divorce latent illustrait bien la double nature de l'idéologie de Mai, qui reflète non seulement le contenu de son discours mais le comportement de ses porte-parole. L'importance historique du Mouvement du

22 mars avait précisément tenu à ce qu'il avait été le lieu, tout provisoire mais très activiste, d'une synthèse entre les deux familles d'esprits sans doute les plus étrangères l'une à l'autre : l'anarchisme (dont se réclamait Daniel Cohn-Bendit) et le marxisme. Le principal laboratoire culturel de Mai, l'Internationale situationniste (I.S.), dont les thèses étaient déjà constituées depuis plusieurs années et dont les partisans avaient symboliquement pris le pouvoir, pour le détruire, dès 1967, au sein de l'association étudiante de Strasbourg, resta de même toujours soigneusement distinct de tout compagnonnage de route avec le léninisme ; peut-être, en fait, est-ce de cette autonomie farouche que l'« I.S. » mourut, au début des années 70. Mais ses analyses culturalistes, sa volonté affichée de renverser les postulats gauchistes « pour mettre la révolution au service de la poésie » allaient du même coup préserver la solidité de cette critique de *La Société du spectacle* (Guy Debord, 1967) pour le jour où la référence marxiste n'occuperait plus le devant de la scène. *De la misère en milieu étudiant*, œuvre collective de l'I.S. jaillie de l'équipée strasbourgeoise (« vivre sans temps mort et jouir sans entrave »), pouvait accréditer, sur le coup, une acception étroitement contemporaine de la critique situationniste.

Mais les origines du mouvement, qui l'intègrent à l'histoire des avant-gardes culturelles de l'après-guerre, verbales (lettrisme) et plastiques (groupe Cobra), tout comme son évolution après 68, où il s'identifie pour finir au destin singulier de Debord (1931-1994), le font largement échapper aux cadres d'une chronologie intellectuelle étroite. *A posteriori*, une fois retombées les anecdotes liées à divers avatars propres aux pratiques groupusculaires, la critique debordienne, étayée par la contribution spécifique de Raoul Vaneigem (*Traité de savoir-vivre à l'usage des jeunes générations*, 1967), apparaîtra à beaucoup d'observateurs comme tout particulièrement adéquate aux structures d'une société occidentale désormais vécue comme « post-industrielle », soit qu'on diagnostique dans ce terme, au début de la décennie 1970, le passage au primat des logiques de consommation sur celles de production, soit qu'on dresse, à partir de la fin de la même décennie, le constat de l'effondrement de l'appareil productif ancien, sous les coups redoublés d'une crise économique et de la « restructuration » industrielle à laquelle elle conduit. Cette adéquation se fera parfois au prix de ce que Debord, de plus en plus solitaire dans sa démarche, jugera comme autant de contresens ou de récupérations, où il verra la main de ses pires adversaires, à savoir les universitaires et les publicitaires.

D'emblée un spiritualiste d'extrême gauche comme Maurice Clavel avait su cultiver une irréductible originalité. Dès 1970, certains jeunes intellectuels gauchistes entendirent faire sa place à la logique libertaire contenue dans les plus remarqués des slogans de Mai, de « Je suis marxiste, tendance Groucho » à « Sous les pavés, la plage ». Ainsi en fut-il du groupuscule Vive la révolution (VLR) (Roland Castro, Philippe Gavi...), dont l'organe, *Tout !* (1970-1971), fut le premier à l'extrême gauche à traiter du féminisme ou de la question homosexuelle. Et c'est leur situation au carrefour de ces lignes qui fit alors l'audience de personnalités, soit issues du marxisme mais parties vers le questionnement de la culture, une *Critique de la vie quotidienne*, pour reprendre la formule de l'un des plus connus d'entre ceux-là, Henri Lefebvre (1901-1991), soit marquées plutôt par la psychanalyse qu'elles réinterprétaient dans un sens révolutionnaire.

Ce second groupe est plus neuf aux yeux des jeunes soixante-huitards, et il traîne après lui un héritage politique moins lourd. Ses vedettes s'appellent Gilles Deleuze et Félix Guattari, dont *L'Anti-Œdipe* est significativement surtitré *Capitalisme et schizophrénie* (1970) ou encore Ivan Illich. L'œuvre de ce dernier, à la popularité météorique, récapitule la plupart des données précédentes à un haut degré d'incandescence. Son *Libérer l'avenir* (1970) pose les prémisses ; l'école (*Une société sans école*, 1971), la communication sociale (*La Convivialité*, 1973), la consommation économique (*Énergie et équité*, 1975), la médecine (*Némésis médicale*, 1975) feront ensuite l'objet de son interpellation passionnée.

Pierres de touche

La génération gauchiste souhaitait en découdre. Le passage à l'acte fut fatal à son projet révolutionnaire. Pas à sa visibilité intellectuelle.

Techniques intellectuelles : l'ancien et le nouveau

Ce que Mai 1968 a d'une fin et d'un commencement se retrouve nettement sur le terrain des moyens d'action de l'intellectuel soixante-huitard. Ceux-ci peuvent être d'un grand classicisme. Des directeurs de publication comme Jean Daniel, dont *Le Nouvel Observateur* (308 000 exemplaires diffusés en 1974) atteint sans doute l'apogée de son influence intellectuelle, des éditeurs et *editors* comme François Maspero, Claude Durand ou Jacques Julliard (pour ces derniers les importantes collections « Combats » et « Politique », au Seuil), jouent dans les années gauchistes le même rôle décisif que jadis ou naguère un Emmanuel Mounier, un Pierre-Victor Stock. Décrivant dans un hommage posthume (*La Cérémonie des adieux,* 1981) les dernières années de la vie de son compagnon, Simone de Beauvoir résume ainsi son activité pétitionnaire pendant le premier semestre 1977, tableau qui serait aisément applicable à plusieurs autres noms connus de l'intelligentsia française, à commencer par le sien : « Le 9 janvier, un appel en faveur de *Politique hebdo* qui était en difficulté ; le 23 janvier, un appel contre la répression au Maroc ; le 22 mars, une lettre au président du tribunal de Laval pour soutenir Yvan Pineau, inculpé pour avoir renvoyé son livret militaire ; le 26 mars, une protestation contre l'arrestation d'un chanteur au Nigeria ; le 27 mars, un appel pour les libertés en Argentine ; le 29 juin une pétition adressée à la conférence de Belgrade contre la répression en Italie ; le 1er juillet, une protestation contre l'aggravation de la situation politique au Brésil. » Par-delà l'évidente continuité de ce type de démarche, on aura cependant reconnu l'évolution de ses objets, où l'étranger tend à primer sur le national. De même, c'est plutôt la thématique des manifestations de rue, conférences de presse ou articles de journaux qui distingue l'exercice tribunicien de l'intellectuel français pendant ces années-là ; quand Foucault, Genet et Sartre défilent dans le quartier de la Goutte-d'Or, en novembre 1971, c'est pour protester contre le meurtre d'un Algérien ; quand le troisième d'entre eux prend la parole à Lens le 12 décembre 1970, c'est au nom d'un tribunal populaire constitué par l'extrême gauche à la suite d'un accident de la mine qui a fait en début d'année seize morts et qui met en cause, d'après eux, la responsabilité des Houillères ; quand le même Sartre écrit dans le journal *J'accuse*, c'est sous la forme de reportages gauchistes, etc.

Le trait le plus spécifique de la période réside dans la radicalisation des méthodes, parallèle à celle des objectifs. Sartre cautionne en juin 1970 la fondation du Secours rouge, organisation d'entraide et d'intervention rapide, parfois illégale, en milieu ouvrier. Michel Foucault, que son œuvre a sensibilisé aux procédures sociales de l'enfermement et qui à cette époque travaille sur le système pénitentiaire (*Surveiller et punir*, 1975), est conduit de même à prôner « l'attaque du pouvoir oppressif là où il se cache sous un autre nom — celui de la justice, de la technique, de la science, de l'objectivité » (contribution anonyme à *Intolérable. Enquête dans 20 prisons*, 1971) — , à patronner en février 1971, avec Sartre et l'historien Pierre Vidal-Naquet, le Groupe d'information sur les prisons (GIP), à justifier en ce sens les actions dites extra-institutionnelles. Clavel, Genet et Michel Leiris figurent en 1970, parmi les occupants du siège du CNPF qui entendent protester là aussi contre la mort de travailleurs immigrés.

Quand un nom relativement connu ne le protège pas, en tout ou partie, la répression peut tomber dru sur l'intellectuel activiste : à l'issue de cette occupation le seul inculpé sera le jeune architecte militant Roland Castro. Universitaire mis en avant à l'époque de Mai par sa présence intérimaire à la tête du plus important syndicat d'enseignants du supérieur, Alain Geismar sera l'un des dirigeants du principal mouvement gauchiste de l'après-Mai, la Gauche prolétarienne (GP) : en octobre 1970, il sera condamné à dix-huit mois de prison. Les deux premiers directeurs de l'organe de la GP, *La Cause du peuple*, Jean-Pierre Le Dantec et Michel Le Bris, ont été eux aussi incarcérés en mars et avril 1970. Constatant cette différence de traitement, lumineuse démonstration des statuts variés dont se compose l'intelligentsia, Jean-Paul Sartre usera de son immunité pour devenir la caution de périodiques gauchistes : *La Cause du peuple*, précisément, après Le Bris, mais aussi, dès 1968, le bulletin *Interluttes* et, par la suite, *Les Cahiers prolétariens, J'accuse, Tout !* ou *La Parole du peuple*. Simone de Beauvoir et Michel Leiris acceptent, dans le même esprit, d'assumer la présidence de l'Association des amis de *La Cause du peuple*.

Au-delà de ces initiatives ponctuelles, c'est tout un projet intellectuel qui s'esquisse et parvient parfois à dépasser le stade des intentions, celui de construire un système de contre-information capable d'établir ce lien avec les masses dont la ténuité s'était vérifiée au long de Mai. *L'Idiot international* (1969-1972) en restera comme la tentative la plus ambitieuse, la plus brillante aussi sans doute. L'écrivain Jean-Édern Hallier en est l'âme, et l'on retrouve Simone de Beauvoir cogérante pour la caution ou Sartre parmi les rédacteurs de ce journal qui proclame fièrement n'être « pas un journal de journalistes ». C'est du reste peut-être la raison pour laquelle il échouera, après de beaux débuts, à ouvrir ce front culturel tant recherché.

En revanche l'Agence Presse-Libération, qui naîtra en juin 1971 sous le patronage de Clavel et Sartre, épisode éphémère en soi, allait servir de laboratoire à la plus durable entreprise de l'intelligentsia soixante-huitarde, le quotidien du même nom. Porté sur les fonts baptismaux, en mai 1973, par ses plus grands noms, il réussirait, moyennant un renforcement du pouvoir directorial de Serge July, à franchir les deux étapes restées inaccessibles aux autres tentatives gauchistes en ce domaine : la périodicité régulière et l'équilibre financier. Entre-temps, il est vrai, la composition, comme les enjeux, de ladite intelligentsia, auraient aussi singulièrement changé que les structures et le contenu du journal.

Du gauchisme généralisé aux gauchismes spécialisés

Car à cette cohérence du propos répond la division croissante des idéologies gauchistes, qui met prématurément fin à beaucoup de projets, de journaux, d'organismes. La lassitude à l'égard des résultats durables du gauchisme généraliste se combine là à une connaissance plus fine de ce « concret » si souvent revendiqué. Elles conduisent, à partir de 1971 environ (une date symbolique souvent citée est celle de la mort et des obsèques du militant Pierre Overney, en février 1972), un certain nombre d'intellectuels soixante-huitards, appartenant souvent au gros des troupes, jusque-là indistinct, à investir leur dynamisme dans ce que l'on pourrait appeler le gauchisme spécialisé : consumérisme, écologisme, défense des catégories minoritaires et/ou minorisées (régionalisme, féminisme, minorités sexuelles...). Certaines personnalités du gauchisme généraliste s'y convertissent totalement, tel Michel Le Bris, qui milite désormais sur le thème « Nous voulons vivre au pays. » De nouveaux leaders d'opinion s'affirment, parfois éphémèrement, comme Pierre Fournier qui fonde en novembre 1972 avec *La Gueule ouverte* (« le journal qui annonce la fin du monde ») le premier organe écologiste-radical français, mais disparaît prématurément l'année suivante.

Les objectifs visés, comme les méthodes utilisées, volontiers violentes et illégales, continuent d'appartenir au style gauchiste. Les terrains d'action eux-mêmes ne sont pas sans lien entre eux. Ainsi s'explique sans doute le caractère exemplaire d'un épisode comme celui du Larzac, cause disputée entre l'armée et des militants paysans, politiques et intellectuels, vers lequel pouvaient converger l'antimilitarisme et le pacifisme, l'écologisme et le régionalisme.

Ces mouvements canalisèrent d'autant plus la volonté de témoignage des intellectuels qu'ils parurent déboucher sur des victoires, limitées sans doute, mais souvent saisissantes, à considérer la rapidité avec laquelle elles étaient obtenues. L'exemple le plus probant est certainement celui du mouvement féministe. Dominé par l'exemple de Simone de Beauvoir, plus que jamais perçue comme l'auteur du *Deuxième Sexe*, il trouve une énergie renouvelée dans les thèses et l'action des militantes américaines, dont les ouvrages commencent à être traduits en français (Kate Millet, *La Politique du mâle*, 1971). En l'espace d'un lustre, l'essentiel de la thèse féministe radicale, avec ses diverses tonalités, est exposé dans une série d'ouvrages et de manifestations très remarqués, les uns (Marie Cardinal, *Les Mots pour le dire*, 1974, 380 000 exemplaires vendus, Annie Leclerc, *Parole de femme*, 1974, 154 000, Benoîte Groult, *Ainsi soit-elle*, 1975, 340 000) comme les autres (apparition du Mouvement de libération des femmes en 1970, Journées de dénonciation des crimes contre la femme en 1972, Foire des femmes en 1973...).

L'historique de la libéralisation légale de l'avortement est à cet égard des plus représentatif. Il débute avec un Manifeste dit des 343 qui en 1971 revendique — parfois symboliquement, comme le révélera plus tard Simone de Beauvoir pour elle-même — un avortement « illégal » passé pour contraindre les pouvoirs publics à abolir la législation qui le réprime. Il culmine en 1972 avec le procès de Bobigny, où une large mobilisation obtient la dépénalisation de fait de l'avortement. Les mois qui suivent voient la diffusion, d'abord illégale, du film *Histoire d'A* (avortement), parfois par le biais de la nouvelle association Choisir, créée par l'avocate Gisèle Halimi (coprésidente : Simone de Beauvoir). Il ne fait pas de doute que ce combat multiforme ait été pour beaucoup dans le vote, en 1975, de la loi Veil.

De tels succès avaient cependant leurs revers. Pris, à tort ou à raison, pour autant de signes d'un vaste mouvement de « permissivité » désormais irrésistible, ils pouvaient entraîner la démobilisation de certains porte-parole. Mais surtout ils appartenaient, sur le fond, à une logique de conquêtes ponctuelles bien éloignée des projets totalisateurs et subversifs du gauchisme orthodoxe. La suite des événements, et en particulier le cheminement idéologique de la plupart des personnalités marquantes de ces groupes, allait montrer qu'en effet l'évolution réformiste était bien engagée, quand il ne s'agissait pas d'une véritable révision des prémisses intellectuelles du combat soixante-huitard.

Entrée dans l'ère des incertitudes

Avant de s'intérioriser dans l'idéologie elle-même, l'ébranlement des certitudes initiales est visiblement passé, au sein de l'intelligentsia dominante des années soixante-dix, par un double détour dans le temps et dans l'espace : une relecture démystificatrice (ou se présentant comme telle) du passé national récent, et particulièrement de l'histoire intellectuelle française des trente dernières années, accompagnée d'un brutal déclin des modèles politiques contemporains.

Deux mouvements rétrospectifs d'une grande ampleur colorent en effet profondément la production intellectuelle de cette décennie. Le premier, inclus par les observateurs dans l'ensemble plus vaste de la « mode rétro », mit en lumière, avec un luxe de détails qui s'explique en partie par l'étendue de l'amnésie nationale en ce domaine, l'ambiguïté de quantité d'itinéraires intellectuels dont le pays, depuis 1944, ne retenait plus qu'une rectitude manichéenne, dans l'« honneur » ou dans l'« erreur ». D'un côté se trouvait revisitée la généalogie du fascisme et de l'antisémitisme, moins uniformément rattachable à la seule logique de droite qu'on y avait généralement seule perçue jusque-là. De l'autre se retrouvaient respectabilisées des œuvres, sinon des pensées encore diabolisées peu auparavant, comme celles de Pierre Drieu La Rochelle, sanctionnées par une tragédie, et de Louis-Ferdinand Céline, au nom d'une révolution langagière extrapolée.

Autant de pierres dans le jardin de l'extrême gauche, qui avait d'autre part à tenir compte, au même moment, de l'amplification du mouvement — presque un genre littéraire — de mémoires autocritiques d'anciens communistes dont le prototype avait été publié dès 1959 sous la plume d'Edgar Morin (*Autocritique*). Mais c'est bien à partir de 1974 (Dominique Desanti, *Les Staliniens*) que se situe le gros de cette production, dont l'effet antidogmatique, même quand il n'était pas recherché, ne se limita pas à la sphère communiste orthodoxe mais se propagea, par ondes concentriques, jusqu'au léninisme, au marxisme, au socialisme, au progressisme en général.

Restait pour la plus récente génération intellectuelle à connaître elle-même ses révisions déchirantes. Ce fut chose faite, en l'espace des quelques mois qui séparèrent, ou unirent, le voyage en Chine maoïste de Roland Barthes et Philippe Sollers de la participation des mêmes écrivains, en décembre 1976, à un grand « dîner d'intellectuels » à l'Élysée, à l'invitation du président Giscard d'Estaing.

Chapitre XI

LE GRAND TOURNANT

1975-1989

Vers la fin des années soixante-dix, la société française — entendons par là, comme toujours, son « opinion », autrement dit ses médiateurs — commença de tenir un discours pessimiste sur l'intelligentsia. « Crise », « déclin » ou « silence » des intellectuels français furent les nouveaux leitmotive des périodiques de référence, des chroniqueurs écoutés et des essayistes à la mode. Dix ans plus tard la chute des régimes communistes d'Europe orientale, en vertu d'une application renversée de la théorie des dominos, posait la clé de voûte de la lecture idéologique de la période : celle-ci avait en effet superposé à une crise de l'image, voire de la fonction de l'intellectuel français, une remise en cause du substrat idéologique de l'intelligentsia de ce pays. La crise idéologique participait du grand renversement culturel auquel on peut, sans exagération, donner le nom de « révolution de 1975 », date tout à la fois de la chute de Saïgon et de la diffusion mondiale de *L'Archipel du Goulag,* mais la mise en cause, plus diffuse, du modèle français de l'intellectuel laissait entendre à certains observateurs que c'était aussi le cycle séculaire, né avec l'affaire Dreyfus, qui était en train de se clore.

Crise de parole

Les données les plus simples de ce discours ressortissent à la nécrologie. Soit que la mort fût venue abattre prématurément quelques grands chênes, soit que la disparition physique de quelques autres, plus anciennement enracinés dans la culture nationale, fût l'occasion d'un bilan désabusé sur le sens de leur démarche.

L'effacement

Ce n'est assurément pas la première fois que l'efface ment simultané de grandes personnalités du monde culturel alimentait un discours nostalgique sur « la fin d'une génération ». Mais c'est qu'ici deux générations successives parurent frappées en même temps, dans leurs plus grands noms. Celle de la Seconde Guerre mondiale, avec Jean-Paul Sartre (1980) et Raymond Aron (1983), deux hommes dont la disparition entraîna d'abondants commentaires et d'exceptionnels hommages aussi bien à l'étranger qu'en France, où les obsèques du premier déplacèrent environ cinquante mille personnes. Celle des années soixante, avec la mort de Jacques Lacan (1981), mais aussi les disparitions précoces de Roland Barthes (1980) et de Michel Foucault (1984), le suicide du politologue Nikos Poulantzas (1980) et le suicide intellectuel de Louis Althusser (1980).

À ces coups frappés par le sort répondaient significativement ceux des commentateurs. Car si la plupart soulignaient, sur le ton de la déploration, l'irremplaçable, quelques mauvais esprits avaient précédé ou accompagné le travail du deuil de mises au point moins respectueuses. Le philosophe François George n'avait pas attendu la mort de Lacan pour moquer, le premier dans les jeunes générations, *L'Effet 'yau d'poêle* (1979), Michel-Antoine Burnier, coauteur en 1966 d'une étude sur *Les Existentia-*

listes et la politique, livrait au public un *Testament de Sartre* (1982) globalement négatif. Les gloses qui accompagnèrent les disparitions des deux frères ennemis Aron-Sartre insistèrent généralement sur l'étendue des variations, silences ou erreurs du second, confrontés à la relative rectitude des choix libéraux du premier, pour conclure cependant à l'échec politique du *Spectateur engagé* (entretiens d'Aron avec Jean-Louis Missika et Dominique Wolton, 1981), beaucoup moins audible que l'acteur de la militance, sauf peut-être dans ses toutes dernières années, dominées par la publication de ses *Mémoires* (1983).

Invité à méditer sur le parallèle entre un échec à convaincre et une séduction ambiguë, le public était d'autre part confronté aux incertitudes finales des intéressés eux-mêmes : Sartre se rendant avec Aron à l'Élysée pour plaider la cause des *boat people* vietnamiens (26 juin 1979), la fragmentation sensualiste des derniers textes de Barthes, l'inachèvement de l'interrogation foucaldienne, mal accueillie par la critique, sur l'*Histoire de la sexualité,* etc. Après avoir prononcé *in extremis* la dissolution de l'École freudienne, Jacques Lacan pouvait énoncer, non sans satisfaction : « Je n'ai plus d'école, j'ai un tas. »

L'important ne résidait évidemment pas dans ces informations anecdotiques, fussent-elles convergentes, mais dans le renfort qu'elles parurent apporter à une théorie d'ensemble postulant un état nouveau de la question : un trouble général des consciences intellectuelles, marqué par un repli de leurs ambitions civiques. Dressant le bilan de « l'année philosophico-politique 1979 » la revue *Critique,* d'ordinaire plus réservée, titrait sur « Le comble du vide ». Trois ans plus tard, un essai de Gilles Lipovetsky sur « l'individualisme contemporain » était intitulé *L'Ère du vide,* « deuxième phase de la société de consommation, cool et non plus hot » pour son auteur, qui diagnosti-

quait, entre autres, la fin de la notion d'avant-garde. La
même année, l'une des revues de la Nouvelle Droite, *Éléments,* concluait au « vide intellectuel » du débat français,
à l'exception, bien entendu, de ses propositions.

La crise de parole, succédant à la prise de parole, touchait en effet principalement la gauche, en position d'intelligentsia dominante. Au cours de l'été 1979, une
campagne de presse, partie du *Monde* et du *Nouvel
Observateur* et reprise par l'ensemble de la presse politique, mettait en pleine lumière l'existence non d'une
intelligentsia de droite, réalité évidemment constante,
mais de la susdite Nouvelle Droite, personnifiée d'emblée
dans une œuvre — celle d'Alain de Benoist (1943), dont
Vu de droite était paru en 1977 — , et une action — celle
de Louis Pauwels, directeur à partir de l'année suivante
du nouveau *Figaro magazine.* Le premier venait de proposer un regard sinon neuf du moins renouvelé sur les
questions débattues depuis la guerre par référence à deux
grandes idéologies solidaires dans leurs présupposés universalistes et progressistes, le libéralisme et le marxisme.
Le second paraissait fournir aux idées du premier un
média de large audience (plus de 500 000 exemplaires en
1984), promptement enraciné dans un lectorat aisé.

Les voix du silence

Encore ne s'agissait-il là que de l'affirmation d'une
contre-argumentation, après plusieurs décennies d'hégémonie marxiste. Quatre ans plus tard le débat estival des
intelligentsias françaises portait cette fois délibérément
sur le supposé « silence » observé par les intellectuels,
sous-entendu « de gauche », depuis l'arrivée au pouvoir
politique des socialistes, alliés aux communistes. Le
thème, à y regarder de près, n'était pas inédit. Prenant
le relais des analyses antérieures à la victoire électorale
diagnostiquant déjà ce malaise (par exemple dans *Politique aujourd'hui,* printemps 1981), un observateur privi-

légié, qui commençait alors une histoire de l'affaire Dreyfus, discernait déjà en décembre 1981 un large consensus autour de la constatation « d'une véritable atonie de la pensée de la gauche », traduite par la réserve de ses intellectuels à s'engager aux côtés de la nouvelle majorité (Jean-Denis Bredin, *Le Monde*). La particularité de la discussion de 1983 fut d'avoir été lancée par un ministre, Max Gallo (« Les intellectuels, la politique, la modernité », *Le Monde*, 26 juillet 1983) et relayée par le quotidien de référence des intelligentsias (dès le lendemain, le journaliste Philippe Boggio enquêtait sur « Le silence des intellectuels de gauche »). Quotidienne ou périodique, la presse, jusqu'aux premiers mois de l'année suivante, se mit à bruire de ce silence, reconnu, proclamé ou récusé, justifié ou dénoncé.

Deux des principaux paradoxes de l'épisode tenaient en effet en ce que l'initiateur du débat, historien, romancier et essayiste devenu député socialiste en 1981 et, fonction significative, porte-parole du gouvernement quelques mois plus tard, pouvait être considéré comme un exemple achevé d'intellectuel organique et que, d'autre part, ce qui, chez lui, voulait être un appel au réveil de la conscience, ou plutôt du témoignage de gauche — « Il faut inventer, et comment le faire sans les intellectuels ? » — suscitait une avalanche de commentaires (environ deux cents textes reçus par le journal, dont une trentaine fut publiée), justifiant dans leur majorité le désengagement à gauche, ou l'engagement à droite.

Le mot de la fin dans la polémique parut être donné par le journal qui l'avait lancée au philosophe Jean Baudrillard qui, en deux articles parus les 21 et 22 septembre, reprenait l'argumentation de son ouvrage publié l'année précédente, *À l'ombre des majorités silencieuses*, et soustitré *La Fin du social*. Des progrès, selon lui, de l'indétermination, il fallait conclure à la mort du type humain qui, jusque-là, avait prétendu parler au nom des collectivités

muettes, mais attentives : plus de social et, au vrai, plus
de société, donc plus d'histoire ; partant, plus d'intellectuel.

Au-delà, en effet, de telle ou telle interprétation s'ap-
puyant sur la conjoncture immédiate, la période considérée vit fleurir une littérature analytique exprimant,
explicitement ou non, un profond scepticisme sur l'amont
des intelligentsias — leurs origines et leurs procédures de
légitimation —, aussi bien que sur leur aval — cohérence
idéologique et influence sociale —, sans oublier leur
structuration centrale, perçue désormais sous les dehors
des complicités corporatives et des réseaux de pouvoir
Encore faut-il distinguer ici deux démarches, d'inégale
importance. La poursuite d'une tradition anti-intellectualiste de caractère technocratique, libéral ou droitiste, est
secondaire et sans doute ces voix déclinent-elles au long
de la période. La crise économique remet en cause les
certitudes d'une nouvelle intelligence technique, malgré
le gros renfort de l'information généralisée de la vie quotidienne. La critique droitiste, qui faisait encore s'insurger
Alain de Benoist en 1974 (*Le Spectacle du monde*,
numéro de novembre), dans la ligne directe de 1899,
contre « le parti intellectuel » (une Église, un parti, une
mafia), s'effaça dès lors que lui parut s'esquisser un renversement d'hégémonie intellectuelle à son profit. Enfin
l'arrivée au pouvoir de la gauche socialiste redonnait au
combat intellectuel toutes ses vertus aux yeux de l'opposition politique, libérale ou non.

Socio et médio

En fait, les coups les plus durs, et redoublés, furent
portés à l'image classique de l'intellectuel par ce que l'on
pourrait réunir sous le vocable de critique sociologique
des intelligentsias. Pour la première fois, des analystes,
doublés ou non de polémistes, entreprenaient d'appliquer
à ce groupe ambigu les instruments descriptifs, parfois

quantifiés, utilisés jusque-là pour l'étude des employés ou des Bororos. L'enquête prototypique du *Monde de l'éducation* de février 1977, « L'intelligentsia. Visite aux artisans de la culture », gardait une respectueuse réserve. Il n'en était plus rien à l'automne 1981, quand deux enquêteurs publièrent leur « expédition » sans complaisance « en haute intelligentsia », intitulée *Les Intellocrates*. Itinéraires biographiques, cartographie des lieux de pouvoir et des sphères d'influence semblaient donner, à grand renfort de « petits faits vrais », une image peu idéaliste d'un monde confiné. Trois ans plus tard, l'un des lieux en question faisait l'objet d'une étude plus serrée, moins anecdotique mais, dans son propos, tout aussi démystifiante : *L'Intelligence en action : « Le Nouvel Observateur »* (Louis Pinto). En mettant à plat « les mensonges, erreurs et reniements » politiques chez les intellectuels aînés (*Les Infortunes de la vérité*, 1981), Serge Quadruppani allait dans le même sens.

Deux auteurs, qui furent en même temps des maîtres d'école, ce qui leur donne une importance historique redoublée, commencèrent significativement à cette époque à consacrer une part importante de leur travail d'analyse sociale à une lecture critique de l'intellectuel et de ses pouvoirs. Ancien ethno-sociologue contraint par la décolonisation de réorienter son enquête vers les sociétés occidentales, Pierre Bourdieu (1930-2001) avait d'abord interrogé les pratiques et les transmissions culturelles et sa lecture de la « reproduction », en attendant celle de la « distinction », avait fortement marqué les Idées de Mai. À partir des années 1980, l'interrogation de celui qui est désormais tout à la fois l'animateur de la revue *Actes de la recherche en sciences sociales* et professeur au Collège de France (1981) va se porter de plus en plus souvent sur le fonctionnement de la société intellectuelle (*Homo academicus*, 1984, *Les Règles de l'art : genèse et structure du champ littéraire*, 1992), tout en commençant à

intervenir plus explicitement sur le terrain du politique
(*Choses dites*, 1987). Marginalisé par le système universitaire établi pour d'autres raisons (ses engagements politiques des années 60 puis ceux des années 80 et sa
tentation de la littérature), Régis Debray, nouvel Auguste
Comte, lancera à la fin des années 70 (*Le Pouvoir intellectuel en France*, 1979, *Le Scribe*, 1980) la formule de
la « médiologie », à laquelle, après un passage par une
forme de pouvoir politique, il donnera consistance dix ans
plus tard (*Cours de médiologie générale*, 1991). Avec des
projets très différents, Bourdieu et Debray contribuaient
à relativiser la figure, le premier en mettant l'emphase sur
les rapports de domination et les stratégies de pouvoir en
jeu dans la société proclamée du savoir, le second en ne
faisant de l'intellectuel qu'un acteur parmi d'autres d'une
société culturelle, déterminé essentiellement par la technologie.

L'un des principaux objets de la discussion suscitée par
ces analyses portait en effet sur l'ambiguïté de la position
de leurs promoteurs, le premier comme *homo academicus*
par excellence, le second comme vivante preuve de
l'existence d'intellectuels non « corrompus » par les
médias. Par-delà leur appartenance à deux types de raisonnements fort éloignés l'un de l'autre, les deux critiques avaient en effet en commun de conclure à la
prédominance des stratégies de carrière et, plus largement, des intérêts extra-éthiques sur les logiques scientifiques et morales, au sein d'un univers de conflits aplanis
par de multiples échanges de services et cascades de
domination. Régis Debray ajoutait à ce tableau celui d'un
temps où la technologie de la communication engluerait
le « scribe » dans une universelle « stratégie du calme ».
« Le pouvoir culturel, comme l'autre », n'étant à tout
prendre que « le pouvoir d'occuper le temps d'autrui »,
la HI (haute intelligentsia) serait désormais soumise corps
et âme à la « médiocratie », au sens de pouvoir, pour ne

pas dire de dictature, des médias, pour y mieux soumettre la basse intelligentsia des enseignants, chercheurs, animateurs. Une variante de cette thèse fut exposée en 1985 par François de Negroni, dans *Le Savoir-vivre intellectuel* ; il voyait dans le passage, selon lui, de l'intellectuel au statut de « vedette » l'aboutissement d'un processus de domestication, l'avilissant au rang de simple « décideur des usages du progrès », fort loin de sa fonction créatrice originelle située, bien entendu, à l'époque de l'affaire Dreyfus. Quand il reprit, de manière plus systématique, sa lecture médiologique, Debray nuancera sa critique de l'intellectuel français, l'« IF », quoiqu'il en soit réduit à la portion congrue par le passage de la « graphosphère » à la « vidéosphère ». Tel était, vers le milieu des années quatre-vingt, le procès intenté — ou le miroir présenté — à l'intellectuel français. Par lui-même.

Une crise dans l'histoire

Autant dire que, dans cette affaire où le juge est souvent partie, les termes de l'acte d'accusation ne peuvent être acceptés que sous bénéfice d'inventaire.

D'abord parce qu'une partie de l'argumentation serait applicable à des époques antérieures, si ce n'est à toutes. On ne reviendra pas sur tous les cas, souvent cités au long de cet ouvrage, qui soulignent le lien initial qui unit la notion d'intellectuel, dans son acceptation moderne, aux moyens de diffusion de la presse écrite, et nous avons postulé en commençant que cette configuration ne faisait sans doute que prendre le relais de formes de relation organique avec un état préindustriel de la communication. Mais il suffirait de s'attarder au cas, souvent cité, en particulier par Régis Debray, des émissions littéraires de la télévision. En quoi leurs procédures de sélection, les formes d'excellence qu'elles déterminent sont-elles structurellement, et surtout socialement, différentes de celles d'un salon ? Le saut quantitatif du public touché en une seule soirée (un « vendredi » de Bernard Pivot par exemple, comme on parlait des « jeudis » de la marquise Arconati-Visconti) induirait-il un changement de principe ? On peut en douter et se garder de toute idéalisation des lointains.

On le peut d'autant plus qu'une partie de l'argumentation est d'emblée ambiguë, dans la mesure où ce travail de mise en question, voire de mise en accusation de l'intellectuel se situe, implicitement, dans l'exacte ligne des critiques antérieures, celle d'un Julien Benda, par exemple. Il n'y a rien de surprenant à ce que Max Gallo fasse suivre son appel d'offres — « où sont les Gide, les Malraux, les Alain, les Langevin d'aujourd'hui ? » — de la rédaction d'un essai de synthèse politique, *La Troisième Alliance. Pour un nouvel individualisme* (1984) ; mais que Jean-François Lyotard réunisse la même année ses réflexions sous le titre *Tombeau de l'intellectuel et autres papiers*, s'apparente au jeu de mots. Bien des intellectuels évoqués changeront plutôt d'idéologie que de statut, voire de comportement. Jusque dans le *mea culpa* ou la réserve, leur attitude se devra d'être exemplaire.

Enfin, une partie de l'argumentation est, par définition, invérifiable. Évaluer la solidité conceptuelle d'un intellectuel appartient, sur le moyen et, *a fortiori*, le long terme, au domaine du jugement de valeur. La thématique de la crise interne est un discours récurrent, principalement chez ceux qui vivent leur propre expérience comme celle d'un intellectuel dominé — soit par la communauté intellectuelle, soit par la tendance politique établie : quand, par exemple, l'historien Michel Mourre, intellectuel de droite solitaire, diagnostique le déclin des intellectuels, c'est en 1955, quand le journaliste Georges Suffert annonce celui des intellectuels de gauche (« Les hérauts sont fatigués », *Preuves*), c'est en 1962.

On peut se demander si la part de vérification du phénomène ne se situerait pas à un autre niveau, dans une redistribution de l'hégémonie intellectuelle, ce qu'illustreraient les deux vogues, et les deux mouvements à cet égard convergents, des Nouveaux Philosophes et de la Nouvelle Droite.

La fortune de la première formule remonte à 1977, mais la réalité intellectuelle qu'elle qualifie est d'environ trois années plus ancienne. Si en effet c'est, là aussi, à plusieurs campagnes du *Nouvel Observateur*, en 1976 et 1977, qu'on doit l'entrée en intelligentsia du groupe éphémèrement composé de Bernard-Henri Lévy (1948) (*La Barbarie à visage humain*, 1977), André Glucksmann (*La Cuisinière et le mangeur d'hommes*, 1975), Christian Jambet et Guy Lardreau (*L'Ange*, 1976), Jean-Paul Dollé (1939), et sur les marges, d'un Jean-Marie Benoist (1942) (*Pavane pour une Europe défunte*, 1976) ou d'un Philippe Nemo (1949) (*L'Homme structural*, 1975), le choc initial avait bien été la publication, en 1974, de *L'Archipel du Goulag*, d'Alexandre Soljenitsyne, comme le certifia un virulent article de Glucksmann, dans *Le Nouvel Observateur* du 4 mars de cette année-là : « Le marxisme rend sourd. »

L'important ici était moins dans le contenu du témoignage de l'écrivain russe, « ce Dante de notre époque » (Jambet), que dans l'accueil qui lui était fait. Accueil médiatique, sans doute, par l'ampleur des comptes rendus dans la presse écrite, le succès de l'émission d'*Apostrophes* à laquelle (30 juin 1975) participaient l'ancien communiste Pierre Daix, Jean Daniel, Glucksmann et Soljenitsyne, mais surtout accueil idéologique, qui suffirait à montrer qu'il est nécessaire de nuancer toute théorie de l'universelle médiocratie : alors qu'en 1949 le procès Kravchenko ne réussissait pas à ébranler en profondeur la société intellectuelle française, la métaphore du goulag ralliait en peu de temps quelques-uns des principaux maîtres à penser des jeunes générations. Un observateur alla jusqu'à écrire qu'en 1977 « la Rive gauche tout

entière changea de cap comme un banc de daurades »
(Jean-Claude Guillebaud, *Les Années orphelines*, 1978).
L'importance du rôle spécifique de Bernard-Henri Lévy
par rapport à tous ses compagnons de route de l'époque
tient à ce que, producteur d'idéologie au premier chef (ce
que confirmèrent *Le Testament de Dieu*, 1979, et *L'Idéologie française*, 1981), il fut aussi, en tant qu'éditeur et
journaliste, le meilleur médiateur des idées du groupe.
Les années 80 verront le médiateur l'emporter nettement
sur l'inventeur (*Questions de principe*, 1983, 1986, 1990,
*Les Aventures de la liberté, une histoire subjective des
intellectuels*, 1991), alors que Glucksmann continuera à
tracer son sillon, obstiné pourfendeur de tous ceux qu'il
jugera complaisants au totalitarisme (*La Bêtise*, 1985), sa
polémique récurrente contre une certaine généalogie allemande de l'intellectuel conduisant l'ancien membre de la
Gauche prolétarienne à faire l'éloge du doute cartésien
sous le titre volontairement provocateur de *Descartes,
c'est la France* (1987).

Cette nouvelle conjoncture recouvrait en tant que tendance le passage, décisif, à considérer l'histoire intellectuelle de la France au moins depuis la Libération, d'un
mouvement de critique antisoviétique à un mouvement de
critique antimarxiste. Elle conduisait à une dévalorisation
brutale de quelques-unes des certitudes admises au sein
de la majorité intellectuelle, tel le progressisme, soupçon-
nait de totalitarisme toute initiative totalisante, et réhabili-
tait des formes d'action politique précédemment récusées
par les avant-gardes comme humanistes. Sur ces deux
derniers points, elle prenait le contre-pied du gauchisme
d'essence marxiste mais, par sa critique de la modernité
(Jean-Paul Dollé, *L'Odeur de la France*, 1979 ; Jean-
François Lyotard, *La Condition postmoderne*, 1979),
exprimait toute la logique du versant libertaire de 1968.

Droites, nouvelles ou non

En termes proprement historiques, l'ébranlement de la Nouvelle Philosophie renvoyait non pas précisément à une généralisation, par ailleurs incontestable, de l'image négative de l'Union soviétique, mais à la péjoration brutale des modèles marxistes de substitution : Cuba, la Chine populaire à partir de la liquidation de Lin Biao (1971) et, plus encore, après la mort de Mao (1976), l'extrême gauche portugaise (1974) et, surtout, les régimes de l'espace indochinois (dictature des Khmers rouges de 1975 à 1979, affaire des *boat people* à partir de 1976). Les analyses de Simon Leys y trouvaient un effet retardé, et la littérature autocritique l'un de ses types achevés avec l'ouvrage de trois maoïstes désabusés, *Deuxième Retour de Chine* (Claudie et Jacques Broyelle, Évelyne Tschirhart, 1977). Tous ces régimes présentaient désormais un point commun : de forteresse assiégée, de victime immolée, ils venaient de verser dans le camp des puissances établies et reconnues comme dominatrices. Le retournement de statut s'étendait peu à peu à la totalité du tiers-monde, reconsidéré désormais sans indulgence ni messianisme (Pascal Bruckner, *Le Sanglot de l'homme blanc*, 1983).

La violence de l'ébranlement se trouvait amplifiée non par l'émergence mais par la respectabilisation de la Nouvelle Droite. Elle aussi remettait en cause certaines des notions de la vulgate intellectuelle de l'après-guerre. Mais si elle pouvait se retrouver sur le même terrain que la Nouvelle Philosophie dans la récusation du progressisme et la mise en jugement d'un certain rationalisme universalisant, elle y parvenait par des chemins profondément différents et tirait par ailleurs de ces prémisses des conclusions radicalement opposées. L'univers de référence du Groupe de recherches et d'études sur la civilisation européenne (GRECE) était en effet aux antipodes du judaïsme et du christianisme, considérés par lui comme cellules intellectuelles initiales de l'égalitarisme. Exaltant l'irréductibilité des ethnies comme l'évidence, à la fois biologique et culturelle, des hiérarchies, la Nouvelle Droite tira son importance de la radicalité de positions peu écoutées depuis la défaite politique du fascisme et du traditionalisme — le renvoi dos à dos du communisme et du libéralisme — et, ce qui importe surtout ici, de son intense activité au sein des réseaux de légitimité intellectuelle. Alain de Benoist, qui avait fondé une maison d'édition diffusant tout à la fois les cadets, les anciens réhabilités et les étrangers en symbiose, de Julius Evola à Hans Jurgen Eysenck, doubla l'organe officiel du GRECE, *Éléments*, d'une revue aux frontières plus vagues, *Nouvelle École*. Enfin, à un niveau plus élevé de l'influence, le mouvement allait alimenter la réflexion de plusieurs hommes politiques de droite, parfois jusqu'à en écrire les livres. A cet égard, l'entreprise « métapolitique » de Benoist produisit tous ses effets directs.

Passé un premier temps de découverte abondamment commentée, la Nouvelle Droite, abandonnée par quelques-uns de ses compagnons de route et contrainte d'autre part à de complexes opérations de clarification pour répondre aux accusations de racisme et de fascisme, finira par se confiner à un canton assez exigu de la société intellectuelle française. Elle avait, du moins, réussi à redonner pignon sur rue à une pensée clairement ancrée à droite par son élitisme et son bioethnisme ; elle ne parviendra pas à renverser l'hégémonie intellectuelle établie. Celle-ci semble avoir plutôt glissé, au tournant des années 80, sur une aire déblayée par la Nouvelle Philosophie, vers la relance des postulats libéraux, et d'abord des grandes synthèses libérales contemporaines (Raymond Aron) ou passées (Alexis de Tocqueville) analysées par Pierre Manent, actualisées à partir de 1978 par la revue *Commentaire* (directeur : Jean-Claude Casanova). Des médiateurs de large audience comme Jean-François Revel

(1924), à *L'Express* jusqu'en 1981, ou Georges Suffert (1927), au *Point* de sa fondation, en 1972, jusqu'en 1985, réservèrent désormais leurs principaux coups au marxisme et à ceux qui leur parurent ses alliés. C'est tout le sens, presque exclusif désormais, de l'œuvre de Revel à partir de *La Tentation totalitaire* (1976). En proportions variées, les politiques libérales anglo-saxonnes et la pensée libertarienne américaine allaient influencer l'œuvre d'un Guy Sorman, révélé par sa vulgarisation de *La Révolution conservatrice américaine* (1983). Dans une société où ce type d'association et de comportement ne semblait plus avoir cours, l'un des rares groupements se référant explicitement à l'intelligentsia, le Comité des intellectuels pour l'Europe des libertés (CIEL), fondé en 1978, se situa sur cette ligne. N'ayant jamais eu, ni cherché à avoir, d'unité idéologique positive, au-delà d'une commune dénonciation des postulats marxistes, la Nouvelle Philosophie se partagea, sur ces entrefaites, entre des chemins divergents, conduisant à des formes diversement radicales de libéralisme ses membres venus de la droite politique (Jean-Marie Benoist) et à des formes proches de la social-démocratie certains anciens soixante-huitards.

On voit qu'il y a sans doute à corriger la symptomatique commune : plutôt que silencieux les intellectuels français vers le milieu des années quatre-vingt paraissent avoir été moins écoutés. Peut-être parce qu'ils présentaient à la société une figure qui ne leur était pas habituelle : celle du trouble, et que la précipitation du rythme de leurs certitudes successives avait tous les traits d'une incertitude fondamentale, désormais incamouflable. Mais diagnostiquer ainsi sous l'apparence du déclin l'enracinement d'une grave crise d'identité ne dispense pas d'en rechercher quelques interprétations, d'autant plus que l'identité en question est tout à la fois celle de la gauche et celle des intellectuels en tant que tels.

Une lecture

L'explication par une série, éventuellement convergente, de facteurs extérieurs s'impose d'emblée. À condition cependant d'éliminer l'hypothèse, parfois avancée mais qui ne pouvait se soutenir longtemps, de l'absence de grands enjeux mobilisateurs. Il ressort clairement de tout ce qui précède que l'intellectuel crée ses enjeux plus qu'ils ne s'imposent à lui, qu'il décide, à tout le moins, de leur hiérarchie, et qu'il n'est pas moins évident que son environnement propose en permanence à l'exercice de ses talents un ensemble d'affaires Dreyfus, d'échéances politiques et de guerres sacrées tout à fait suffisant, à supposer qu'il soit nécessaire.

Conjoncture politique

L'argument de la conjoncture, en revanche, mérite qu'on s'y attarde un peu plus, même si, le plus souvent cité, celui de la conjoncture politique est aussi le plus fragile. Il se fonde d'ailleurs sur un phénomène spécifiquement français : la venue au pouvoir de la gauche, en 1981. Le lien se perçoit aisément dans un certain nombre de cas, ceux des intellectuels les plus organiquement liés au Parti socialiste français, qui se trouvèrent absorbés par l'appareil d'État et, pouvait-on croire, provisoirement canalisés vers l'action institutionnelle plus que vers le débat de principes. Quelques itinéraires individuels répondent en effet à ce schéma. Mais on ne peut pas, non plus, s'abstenir de remarquer que les noms les plus connus de cette catégorie ont précisément continué après 1981 à produire de ces objets intellectuels qui sont destinés à soutenir le débat de société : Jacques Attali, Catherine Clément, Régis Debray, Max Gallo...

La position prise par rapport au pouvoir, estimée en termes strictement stratégiques, a été, en revanche, un facteur incontestable de la reprise de parole à droite. La seule considération de la bibliographie politique française entre 1981 et 1986 montre, à l'œil nu, la prédominance quantitative des thèses de l'opposition sur celles de la majorité ; l'accueil qui leur fut fait dans les médias confirme qualitativement ce renversement d'hégémonie (*cf.* Émile Malet, *Socrate et la rose*, 1983). Rien de plus explicable, qu'on mette en avant les loisirs d'un penseur de l'opposition ou le défi idéologique permanent que constitue pour lui la présence au pouvoir de ses adversaires, mais rien de plus nouveau, pour le lecteur français, habitué à un rapport de forces inverse.

Ces considérations purement factuelles n'ont jamais satisfait les intellectuels eux-mêmes, qui ont toujours tenu à faire entrer en ligne de compte une thèse beaucoup plus fondamentale, car elle touche, on l'a vu au début de cet ouvrage, à leur autodéfinition. Un intellectuel de l'opposition, revenu au libéralisme de ses origines après une grande parabole maoïste, l'exprimera avec on ne peut plus de netteté : « Les intellectuels sont dans l'opposition. Par définition. Par principe. Par nécessité physique. Par jeu » (Philippe Sollers, présentant la revue *L'Infini*, 1983). Avec moins de brutalité, voire de provocation, une volonté moins affichée de rallier le combat politique de la droite, c'est ce point de vue que développe dès 1981 l'œuvre d'un Jean Baudrillard, qui pose comme inconciliable la logique de l'institution et l'activité de la pensée. Ne se refusant pas à tout dialogue avec le pouvoir, certains intellectuels issus de la gauche n'utilisent cependant guère leurs moyens traditionnels d'expression que pour faire part de leur désabusement ou de leurs critiques (Jean-Paul Dollé).

Une dimension particulière de la double victoire électorale de 1981 a sans doute joué dans cette prise de distance : le respect du principe de l'union de la gauche, et la présence de ministres communistes au gouvernement

jusqu'en 1984. L'anticommunisme était devenu à cette
date le principal ciment de l'intelligentsia, renforcé
encore par l'enlisement de la guerre afghane et l'aggravation de la crise polonaise, les actes de la nouvelle majorité
furent en permanence examinés par ce jury dans une disposition d'esprit hantée par le soupçon du totalitarisme.

Mais c'est sans doute à ce stade que se situent les
limites de cette interprétation par le politique : l'histoire
de ce siècle montre à l'envi que les intelligentsias ne sont
pas synonymes d'opposition et que celles de gauche ont
su, même parfois dans le déchirement, manifester hautement leur soutien à une majorité électorale. En 1937 et
1938, c'est bien plutôt cette majorité qui mourut que
« ses » intellectuels qui lui firent défaut. En revanche, il
est patent que la nouvelle conjoncture surprit une société
intellectuelle en pleine évolution à contre-courant de
celle-ci : à la fois parce que depuis la crise PC-PS de
1977 et l'échec corollaire aux législatives de 1978, la crédibilité d'une victoire de la gauche paraissait plus faible
que jamais, et parce qu'en son sein l'image du communisme n'avait cessé de se dégrader. Ainsi l'intelligentsia
prédominante en 1981, structurée autour de la génération
des gauchistes déçus, se trouva-t-elle, d'une part, prise à
contre-pied, d'autre part, confrontée à une victoire électorale de la gauche qui ne lui devait rien, comme si un
esprit malin s'acharnait à ne jamais l'associer, quoi qu'il
en fût, au camp des vainqueurs. Pour l'heure, et pour
longtemps, elle entendit se situer ailleurs. La revue intellectuelle de référence s'appelait à la Libération *Les Temps
modernes*, non sans ironie. Trente-cinq ans plus tard, elle
commençait à paraître, à l'initiative de Pierre Nora, sous
le signe du *Débat*.

Conjoncture économique et culturelle

On peut donc postuler qu'il n'y eut guère de « déception » de l'intelligentsia devant la politique menée après

1981, mais un scepticisme *a priori* devant une majorité politique dont les choix fondamentaux lui étaient désormais étrangers. On se trouve donc amenés à remonter plus haut : à la crise économique qui déferla sur l'Occident et, par contrecoup, sur l'ensemble du monde, à partir de 1973, et à la crise culturelle qui, avec quelques années d'avance sur celle-ci, ébranla les valeurs consensuelles de l'ère précédente, cette ère ascensionnelle et optimiste à laquelle Jean Fourastié a donné, à travers le prisme français, le dénominateur commun des « trente glorieuses ».

Or il y a quelque paradoxe à prétendre que la crise économique des années soixante-dix a pu contribuer à affaiblir l'image de l'intellectuel, telle qu'elle s'était forgée trente années durant. Tout cela n'annonçait-il pas la fin du système établi, qu'on le qualifiât de « capitalisme », « barbarie » ou « société du spectacle » ? C'était ne pas tenir compte de la profonde unité intellectuelle des protagonistes de Mai : leur commune conviction de la poursuite exponentielle des courbes quantitatives antérieures, les uns pour s'en féliciter, les autres pour d'autant mieux dénoncer les archaïsmes, les contradictions, les injustices que cette croissance générait.

La crise économique frappa donc de plein fouet les deux optimismes symétriques des deux idéologies dominantes, marxiste-gauchiste et libérale-keynésienne. Comme elle correspondait au moment où, en France comme aux États-Unis, le gauchisme généraliste montrait d'évidents signes d'essoufflement, elle eut pour principal effet d'accroître l'incertitude intellectuelle ambiante, par un saisissant contraste avec celle de 1929, qui avait plutôt eu pour résultat d'accélérer la bipolarisation. De ce trouble croissant témoignent certaines pensées de référence, comme celle d'Herbert Marcuse, dont *Actuels*, traduit en français à la fin des années 70, offre un net contraste avec l'optimisme de *Vers la liberté*, paru en 1969. Maître à penser du *Nouvel Observateur*, Michel

Bosquet (*alias* Horst, ou André Gorz) posait en postulat :
« À la différence des précédentes, la crise présente n'annonce rien. »

Peut-être, cependant, n'annonçait-elle plus rien que
dans la mesure où la crise culturelle qui, elle, l'avait
annoncée, laissait en mauvais état les cadres généraux
dans lesquels elle s'était éployée à son aise. Trois cercles
concentriques parurent en effet directement touchés par
l'évolution générale de la société au long des années
soixante-dix, en même temps que par les coups du mouvement gauchiste qui pourtant — à moins que ce ne fût
à cause de cela — en était issu : les sciences sociales,
l'Université dans son ensemble, enfin une certaine
conception de la culture, à base littéraire. Or, qu'était-ce
qu'un intellectuel de référence vers 1968, si ce n'est un
produit, combiné en proportions variées, de ces trois
composantes ?

Le plus vieux procès était celui de la culture classique,
dite souvent « livresque ». Dangereuse pour le prestige
d'un Sartre ou d'un Camus, dont il paraît bien aujourd'hui
qu'ils éclipsaient un Aron ou un Merleau-Ponty autant
par leur capacité d'intervention artistique que par la
rigueur de leurs argumentations, une telle remise en cause
ne touche pas le statut, la fonction même de l'intellectuel ; tout au plus sa figure de référence. Car ni Jean Lurçat ni Frédéric Joliot-Curie n'étaient des « hommes de
lettres », et il ne fait pas de doute que, pour la génération
de 1898, ni un Clemenceau, ni un Drumont, ni sans doute
pour les plus exigeants un Bernard Lazare, voire un Émile
Zola, auteur populaire marqué au sceau de la trivialité,
n'étaient dignes d'entrer dans la catégorie littéraire. Du
moins étaient-ils des « hommes de plume » ? Sans doute,
mais c'est assez reconnaître que ce qui les définissait
d'abord en tant qu'intellectuels était bien leur capacité —
au double sens de moyen et de volonté — d'expression,
plus que la nature de cette dernière. Dans de telles condi-

tions, un chanteur rock ou un fantaisiste de music-hall ne tranchent pas sur le lot, et il n'y a aucune raison convaincante à ne pas qualifier d'intellectuel un Guy Bedos ou un Léo Ferré.

Il y en a d'autant moins que l'Université, grand vivier d'intellectuels depuis les origines, est restée, elle, en état de choc pendant, pour le moins, toute la décennie qui suivit 1968. À la contestation radicale du début succéda en effet la découverte progressive des impasses et difficultés des rénovations pédagogiques proposées en guise de substitut aux anciennes règles. La crise économique aidant, avec la perspective accentuée du chômage des diplômés, le champ universitaire prit les formes d'un champ de bataille après la bataille, fort éloignées de celles de l'agora ou du scriptorium entre lesquelles il avait jusque-là oscillé. Ajoutons qu'un déclin spécifique a pu jouer son rôle pour le court terme : celui des Écoles normales supérieures, désormais surclassées dans la hiérarchie implicite des grandes écoles par l'autre établissement de synthèse ouvrant, par-delà sa justification technique, à des fonctions éminentes : l'École nationale d'administration.

Peut-être, en fin de compte, la crise la plus perturbante fut-elle celle qui toucha le noyau scientifique d'où, à tort ou à raison, avait paru naître la réflexion des intellectuels contestataires : la sociologie principalement, flanquée de l'anthropologie, des sciences politiques, de la psychologie sociale, de tout ou partie de l'économie et de la linguistique. Crise qui se manifesta, au long de la décennie soixante-dix, par une atomisation croissante des systèmes de référence, doublée de profonds affrontements interpersonnels, le tout débouchant souvent sur un repli tactique vers les micro-analyses.

Mais que, sur les marges de ces disciplines, deux bastions résistent assez bien, la philosophie et l'histoire, donne, *a contrario*, l'élément explicatif essentiel de cette

crise : l'entrée de la société intellectuelle française dans
une période de désaffection pour les interprétations totali-
santes.

La tendance ?

Avec le recul d'un quart de siècle, Mai 68 n'apparaît
plus comme le début ni même tout à fait la fin d'une
époque ; simplement comme l'apogée d'une tendance de
moyenne durée qui ne mettra pas dix ans pour se renverser. Après avoir tant parlé des intellectuels, considérons
en effet quelque peu, pour finir, l'histoire intellectuelle,
autrement dit cette succession d'hégémonies dont on peut
penser qu'elle a rythmé leur pratique sociale. À cette
lumière, il est possible de distinguer depuis le milieu des
années 60 au moins trois époques, c'est-à-dire, par là
même, deux ruptures.

Dans un premier temps, dont le point de départ est
antérieur de quelques années à l'année 1968 proprement
dite, qui n'en serait que la cristallisation, prédominent
visiblement les valeurs du radicalisme. Marxisme, structuralisme, psychanalyse soumettent les principes de la
société capitaliste, humaniste et rationaliste au feu roulant
de leur questionnement. Mais — et c'est tout l'intérêt des
années 70, qui, à l'instar des années 10 ou 40 mais avec
moins de violence qu'elles, offrent un contraste saisissant
entre leur début et leur fin — tout se passe ensuite comme
si le principe de relativité était insensiblement remonté
aux systèmes critiques eux-mêmes.

L'époque qui impose ses vues entre le milieu des
années 70 et celui des années 80 — ou si l'on préfère des
dates plus précises mais nécessairement trop brutales
entre le printemps de la Nouvelle philosophie, en 1976,
et l'automne étudiant de 1986 — prend en effet le contre-
pied de la précédente. Dans les interprétations dominantes
le nouveau sujet/sens de l'histoire n'est plus le prolétaire
du tiers-monde mais l'Individu à l'occidentale. Vers 1979

un dernier avatar de la chaîne gauchiste, la révolution islamique en Iran, verra, éphémèrement, quelques intellectuels français, Michel Foucault en tête, s'enthousiasmer pour ce qu'ils interprètent comme une revanche du spirituel et du dominé sur la marchandise occidentale : c'est, en fait, déjà assez dire combien cette avant-garde est désormais loin des positions maoïstes du début de la décennie.

Le sommet de la nouvelle courbe se situe certainement entre 1981 et 1984, sous un gouvernement associant PS et PCF. Mais ceux qui de l'ampleur du basculement peuvent conclure à l'instauration définitive des nouvelles tendances auront été déçus. À l'automne 1986, un « 68 à l'envers » jetait en effet derechef des milliers d'étudiants dans la rue, contre le pouvoir en place, et le faisait reculer. Il s'agissait cependant bel et bien d'une inversion en ce sens que les valeurs proclamées des manifestants et d'abord de SOS Racisme retournaient dialectiquement celles de leurs aînés : au slogan « élections, piège à cons » s'opposait désormais la prise en considération de la représentation nationale, à la subversion le réformisme. Ainsi était donné le ton d'une nouvelle époque qui, sans aucunement revenir à 68, revenait du moins visiblement sur 76. Un observateur parla, sans tarder, d'*Une génération morale* (Laurent Joffrin, 1987).

Sans doute l'écho du « Printemps en hiver » de 86 se perdra-t-il assez vite dans les brouhahas plus sonores venus de l'est de l'Europe. La tendance n'en était pas moins renversée, d'autant plus que les grands événements des années 89 à 91 ne remirent nullement en question, au fond, la signification de la courte durée. Tout juste matérialisèrent-ils aux yeux d'une société intellectuelle renvoyée brutalement à une position d'observatrice, la clôture solennelle d'un siècle de soixante-quinze ans, ouvert par la Première Guerre mondiale et la révolution d'Octobre.

La revanche du national

La chute du mur de Berlin, au soir du 9 novembre 1989, signait dans un premier temps la fin de la guerre froide au sens élargi, celle qui s'était ouverte non pas, comme la restreinte, vers 1947, mais qui était née de cette révolution d'Octobre elle-même et des stratégies de réaction qu'elle avait suscitées. Mais le fait qu'elle signifiât aussi la réunification allemande était déjà un indice de ce que les commentateurs mirent parfois un peu de temps à découvrir, c'est-à-dire à reconnaître, à savoir que *Le Regain démocratique* (Jean-François Revel, 1991), voire *L'Ivresse démocratique* (Alain Minc, 1994), s'accompagnaient souvent, chez les mêmes acteurs ou chez d'autres, de manière contradictoire ou, au contraire, homologique, d'un regain, d'une ivresse nationalistes, ce que le même Alain Minc (1949), devenu à cette époque un analyste de référence pour une large part du public et jusque-là plus sensible aux aventures d'une certaine modernité technique, économique et sociale, diagnostiquera dès 1990 comme *La Revanche des nations*. Si l'on considère cette évolution à l'échelle de notre périodisation, l'onde de choc planétaire du 9 novembre ne contredisait aucunement les signes avant-cou

reurs vécus à l'échelle française entre 1985 et 1988 : là où l'époque précédente, qu'on put qualifier rapidement mais pas inexactement de post-moderne, avait été volontiers cynique, libérale et cosmopolite, la nouvelle décennie serait civique, démocratique et nationale. Elle serait dominée par une réhabilitation de l'histoire de la philosophie politique (François Furet et René Rémond, Luc Ferry et Alain Renaut), réfléchissant sur le droit et la justice (diffusion de l'œuvre de John Rawls), par une interrogation bioéthique, mettant en question les effets des progrès et des lacunes des sciences de la vie (Jacques Ruffié...), enfin par une profonde inquiétude identitaire. Celle-ci est perceptible jusque dans la problématique inédite du vieux maître des *Annales* (Fernand Braudel, *L'Identité de la France*, 1986), mais elle s'épanouit dans les recherches d'un Hervé Le Bras ou d'un Emmanuel Todd, les études d'un Gérard Noiriel, les essais d'un Michel Henry (*La Barbarie*, années 80), d'un Alain Finkielkraut (*La Défaite de la pensée*, 1987) ou d'un Marc Fumaroli sur la décadence de la culture établie. Les polémiques autour de l'immigration, du peuple corse, de la réunification allemande ou de l'islamisme ne sont, évidemment, que des déclinaisons de cette grande préoccupation-là. Quant à la nette internationalisation du débat intellectuel français depuis quelques années, si elle a été accélérée par le volontarisme de périodiques comme *Lettre internationale* ou de grands quotidiens mieux ouverts sur l'étranger, elle est à la fois indice, effet et cause de cette inquiétude.

Fort portée, depuis 1789, à la commémoration polémique, la France ne manquera pas de saisir l'occasion du bicentenaire de la Révolution pour s'interroger sur ses racines à la fois monarchiques et révolutionnaires, religieuses et laïques. Au contraire de ceux qui aspiraient à une lecture dépassionnée, à un bilan critique (François Furet, Mona Ozouf dir., *Dictionnaire critique de la Révolution française*, 1988), on vit rejouer avec netteté les failles traditionnelles des « deux France », assez bien personnalisées par la démarche de deux historiens comme Pierre Chaunu (1923), virulent dénonciateur du *Grand Déclassement* (1989) et du *Génocide franco-français* de la guerre de Vendée (préface au livre de Reynald Secher, 1992) et Michel Vovelle (1933), organisateur des grandes manifestations scientifiques officielles (*Les Aventures de la raison*, 1989). Le public, en faisant fête à la plupart des réjouissances organisées sous l'égide des pouvoirs publics, parut sanctionner favorablement une lecture désormais très « droits-de-l'homme » du message révolutionnaire, là où 1889 avait mis en avant la République et en 1939 la Nation : c'était un choix de synthèse qui montrait, une fois de plus, un certain décalage entre ses aspirations et l'état du débat intellectuel, ce que confirmait, de son côté, l'enracinement, à partir du milieu des années 80, autour du Front national, d'une culture politique d'extrême droite sans aucune aura intellectuelle ou médiatique et, cependant, jamais éradiquée.

Périodisation générale

Comme on le voit, le changement des années 85 n'est pas de même nature que celui des années 75 : le premier n'est qu'un glissement, qui confirme le rythme grossièrement décennal qui semble scander l'histoire intellectuelle française depuis, pour le moins, la fin de la Seconde Guerre mondiale ; le second marque un véritable basculement d'un système à l'autre, et, par là, la fin d'une tendance trentenaire, partie de cette même fin de guerre. À cette lumière, la périodisation globale de ces cinquante dernières années permettrait de distinguer un *trend* progressiste, en termes à la fois idéologiques et esthétiques, porté par les courbes des grands indices économiques, et au sein duquel se détacheraient une « décennie de la guerre » (la guerre mondiale, passée mais récurrente, une guerre mondiale future, fantasmée, enfin la « guerre froide », très présente), une « décennie de la modernité » où, sur le terrain français, la croissance quotidienne se trouve dialectiquement confrontée à la modernisation politique, éminemment perturbatrice, de la décolonisation et de la Ve République, enfin une « décennie radicale », la décennie de Mai.

La tentation est donc forte d'expliquer la vraie rupture des années 75 à partir de la conjoncture économique, la fin des « trente glorieuses » entraînant dans sa foulée la remise en cause, massive (dans les deux sens du mot), des valeurs progressistes établies. Il y aurait cependant quelque inconséquence à prétendre que les variations de l'ordre intellectuel seraient totalement étrangères au mouvement des idées. Il faudrait alors faire entrer en ligne de compte le système idéologique de Mai lui-même, et la part de signification libertaire qu'il recelait, conjointe à sa dimension marxiste.

Mais alors pourquoi cette prédominance sur la tendance marxiste ? L'épuisement des modèles exotiques n'est pas la seule explication. Elle aurait même, à vrai dire, tous les traits de la tautologie : il n'y aurait plus de nouvelles terres promises parce qu'on n'y croirait plus, mais, justement, pourquoi n'y croit-on plus ? Il faut sans doute tenir compte de la privatisation accélérée, quoi qu'on en dise, de la vie quotidienne en Occident, qui engendre des comportements plus volontiers hédonistes qu'ascétiques, le tout relayé par une logique propre au scepticisme d'anciens dogmatiques désabusés, type désormais largement répandu. Cette logique s'articule sans doute autour de deux mouvements, largement compensatoires. L'un tend à substituer un système de référence fondé sur le concret technique, à celui, tout abstrait, qui régnait précédemment, et c'est toute la différence entre les *Cahiers du cinéma* de 1970 et ceux de 1990 ; l'autre pourrait être rapporté à un comportement d'échaudement : se jugeant mystifié par un ou plusieurs engagements antérieurs, l'intellectuel se refuserait à toute nouvelle mobilisation, fût-ce sur un terrain mineur ou relatif.

Une telle évolution confère une image positive de précurseurs à deux catégories idéologiques jusque-là marginalisées : les intellectuels libéraux, façon Raymond Aron, et les intellectuels qu'on peut qualifier de post-marxistes, en ce sens qu'ils sont parvenus à une critique radicale du système communiste à partir de prémisses marxistes, tels Cornélius Castoriadis ou Claude Lefort. Les uns et les autres n'ont qu'une fragilité, mais elle est de taille : ils ont toujours été en France peu nombreux.

Ainsi s'ouvrirait une nouvelle époque, de longueur

encore indéfinie, dominée par le retour sur (les valeurs progressistes), sinon par le retour à (la Tradition). Ici aussi, à une échelle plus modeste, il est possible d'avancer quelques hypothèses.

Les unes appartiennent clairement à l'ordre du politique : tel changement de majorité aux élections législatives de 1986 fait derechef de la droite le lieu du pouvoir ; d'autres, à l'ordre du culturel : ainsi en est-il des tendances révisionnistes de la fin du siècle, dont, au reste, le négationnisme appliqué au génocide nazi n'est qu'un aspect parmi d'autres ; d'autres, enfin, appartiennent à l'un et à l'autre, depuis la montée du national populisme du Front national jusqu'au débat autour des frontières de la laïcité, à partir des affaires de la *Dernière Tentation du Christ*, de Martin Scorsese (1988), des *Versets sataniques*, de Salman Rushdie (1989) et du foulard islamique à l'école (1989). Il n'est pas nécessaire d'être grand clerc pour voir que toutes ces occurrences vont dans le même sens : autant de bornes posées par l'intelligentsia et les médias dominants face à toute vision du monde remettant en cause les consensus antérieurs en matière d'égalité raciale, de tolérance religieuse et de libéralisme intellectuel.

La fin des fins

Il faut donc nuancer le diagnostic, au reste récurrent, sur « la crise des idéologies », aggravé ici et là de celui de « défaite de la pensée » — et sans aller jusqu'à la *fin de l'histoire* abondamment glosée au début des années 1990 à partir d'un article de l'Américain Francis Fukuyama. Tout au plus faut-il constater que l'époque ouverte vers 1975, qui voyait l'accession progressive au pouvoir (intellectuel) des porteurs de la critique ancienne convertis à des thèses révisées, voire inversées, ne pouvait manquer d'être celle où de nouvelles générations, doublement alertées et par ces positions de maîtrise et par cette révision, manifesteraient une certaine distance à l'égard des grands systèmes totalisants.

Mais d'autre part, et bien entendu, une telle distance, *a fortiori* la thèse des progrès du consensus dans la société française ou de l'instauration d'une *République du centre* (François Furet, Jacques Julliard, Pierre Rosanvallon, 1988), ne signifiait nullement que le débat intellectuel dans ce pays n'aurait plus lieu d'être, qu'il n'y aurait plus d'idéologie — simplement que la tendance dominante serait désormais à la modération, et que les intellectuels pourraient, à la rigueur, s'opposer vivement sur la nature dudit consensus. Au reste, la conjoncture nouvelle ne manquerait pas d'imposer désormais, aux côtés de la figure classique de franc-tireur des absolus (la Tradition, la Raison, la Révolution, etc.), celle, plus rare, de terroriste du relatif (dénonciateur des maîtres-penseurs, des totalitarismes du quotidien, etc.). Le destin de l'institution qui avait élaboré cette réflexion sur *La fin de l'exception française* (sous-titre de l'ouvrage) est, à cet égard, significatif à la fois de la pertinence historique et des limites de cette grille de lecture. La fondation Saint-Simon, fondée en 1983, s'est en effet voulu un agent intellectuel, directement en phase sur les enjeux d'actualité, de la politique industrielle à la réforme scolaire, de la fiscalité à l'immigration. Après avoir joué un rôle perceptible de conseiller du Prince, elle verra son audience décliner au long des années 90, sa recherche d'un juste milieu critique paraissant de plus en plus décalée par rapport aux nouvelles questions posées par la société à ses élites.

La figure de l'intellectuel s'en trouvait éclairée, peut-on penser. Il est possible, cependant, qu'elle s'en fût trouvée sur un autre plan obscurcie, car ces changements à vue ou ces retournements singuliers et, parfois, dramatisés suscitent à leur tour un autre scepticisme : celui de la société à l'égard de ses intellectuels.

Une telle réaction trouverait à s'alimenter à deux

constatations qui, si elles étaient confirmées par l'évolution de la fin du siècle, pourraient bien en effet sonner le
glas de l'intellectuel, à tout le moins dans son type classique, si peu modifié sur ce siècle d'existence. La première postule que ce type est étroitement, ou plutôt
intimement, lié au terrain qui l'a vu naître : la culture
française. D'où la question, rarement posée : dans la
mesure où il y aurait crise ou déclin de l'intellectuel, ne
serait-ce pas d'abord parce qu'il y aurait crise ou déclin
de l'identité française ? Partagée entre la provincialisation
et la mondialisation de ses réseaux et de ses enjeux, la
France n'aurait plus le prestige culturel suffisant pour
imposer aux autres nations les émois ou les diktats de sa
Rive gauche. La seconde constatation, tout aussi provisoire, transporte le diagnostic de la fin d'un temps à l'ensemble de l'Occident. L'intellectuel ne serait-il pas à
terme condamné, dès lors que les sociétés contemporaines, qu'on les qualifie de postmodernes ou autrement,
choisiraient le couple agnosticisme/individualisme ? Car
ce clerc a besoin d'un sacré et d'une communauté, ce
porte-parole doit bien avoir une parole à porter.

Mais il est tout aussi vrai que, dès lors que ces lignes
rouges n'étaient pas franchies, et de façon irréversible,
bien des évolutions étaient encore possibles ; que le rejet
de tout franco-centrisme conduit justement à se méfier
de toute extrapolation aventurée : de ce que l'intellectuel
parisien fût mal en point, fallait-il en inférer que toutes
les intelligentsias du monde étaient à l'agonie ? Et d'ailleurs était-il si mal en point que cela ? À tout le moins
son prétendu silence faisait du bruit dans la société, dont
il restait symptomatique jusque par ses maux de tête.

Chapitre XII

LES ANNÉES 1990 :
RENAISSANCE OU MÉTAMORPHOSE ?

L'implosion des régimes communistes survint, pour ce qui concerne les intellectuels français, au terme d'une décennie de troubles et d'interrogations et au cœur d'une réelle crise d'identité. Nombre de clercs se sentaient, en cette fin des années 1980, dépossédés du rôle qui avait été le leur, des décennies durant, dans les grands débats nationaux. À tel point que, dans son *Éloge des intellectuels* publié au printemps 1987, Bernard-Henri Lévy émettait une crainte. Les dictionnaires de l'an 2000 ne risquaient-ils pas d'écrire : « Intellectuel, nom masculin, catégorie sociale et culturelle morte à Paris à la fin du XXᵉ siècle ; n'a apparemment pas survécu au déclin de l'universel » ?

Retour à l'engagement ?

En fait, à défaut de connaître un tel désastre écologique, il fallut à partir de cette date à peu près une décennie pour que les intellectuels redeviennent en partie visibles dans les débats de la Cité. Comme dans les années 1930, ce sont notamment des problèmes extérieurs qui redevinrent autant de thèmes de mobilisation. Dès la guerre du Golfe, en

1990-1991, un certain nombre de clercs français revinrent à l'engagement. À cette occasion, du reste, les comptes des décennies précédentes sont indirectement apurés. Un chassé-croisé géopolitique semble s'amorcer, en effet, au profit des États-Unis. Une inversion de symboles est, à cet égard, révélatrice : l'aviation américaine, pour une partie de la génération de 1968, était restée une sorte d'instrument de mort — le B 52 — et de terreur aveugle — le napalm. Ce sont pourtant parfois les mêmes anciens tenants de l'extrême gauche, devenus entre-temps de fervents partisans de la défense des droits de l'homme, qui soutiendront l'intervention occidentale qui avait pour bras séculier l'aviation des États-Unis : les ailes américaines étaient redevenues les ailes de la liberté. Et ce chassé-croisé est d'autant plus perceptible que l'entrée dans la dernière ligne droite avant le changement de siècle active les bilans qui, forcément, butent sur la question encore palpitante du communisme : le succès, dès le milieu de la décennie, du livre de François Furet puis, trois ans plus tard, le fort écho public du *Livre noir du communisme* contribueront à rythmer le débat intellectuel.

Mais ce furent surtout, au cours des années suivantes, les contrecoups de l'éclatement de la Yougoslavie titiste qui marquèrent le véritable retour des intellectuels. À tel point, du reste, qu'une liste pour Sarajevo, animée par certains d'entre eux, sera présente aux élections européennes de 1994. En dépit de son faible score, une telle liste marquait bien le retour de ces intellectuels au cœur des débats. Bien plus, il s'est bientôt agi non plus de controverses sur des problèmes extérieurs mais de participations à des débats franco-français. Ce retour à la France fut ainsi perceptible à l'occasion de la flambée sociale de novembre-décembre 1995. Deux pétitions d'intellectuels s'opposèrent alors sur le « plan Juppé » concernant la sécurité sociale et, si elles n'eurent pas d'effets directs sur les mouvements sociaux qui se déroulèrent alors, elles n'en contribuèrent pas moins à attiser un débat entre clercs — surtout de gauche, dans ce cas précis — sur les questions de modernisation économique et sociale dans la France contemporaine.

Ce retour des intellectuels français sur la scène intérieure en 1995 est important pour notre propos. Les deux pétitions qui s'opposèrent alors provenaient, on l'a dit, de la gauche du paysage intellectuel. Quinze ans après le cœur des « années orphelines », douze ans après le « silence » présumé des intellectuels de gauche, le travail de deuil avait donc été fait, et les intellectuels de gauche français avaient repris du poids et de la voix, au point de rythmer parfois de leurs discussions endogènes le débat de la Cité. En même temps que ce retour au premier plan de la scène politique, c'est, du reste, cette diversité qui doit être soulignée. L'implosion des régimes communistes après 1989 avait pu laisser penser que l'indéniable reviviscence de la gauche intellectuelle allait s'opérer selon une ligne dominante, globalement sociale-démocrate. Les deux pétitions de 1995 montrèrent qu'il n'en était rien. Par-delà les réductions hâtives — Touraine contre Bourdieu, *Esprit* ou la Fondation Saint-Simon contre les cheminots de la CGT —, l'analyse de la teneur de ces deux textes révèle bien deux sensibilités de gauche opposées. Non seulement le débat sur le « plan Juppé » de réforme de la Sécurité sociale faisait rejouer les failles récentes à propos du ralliement de la gauche socialiste à l'économie de marché ou à propos du traité de Maastricht, mais il allait structurer durablement, à gauche, deux camps pour lesquels les notions de modernisation ne revêtent pas la même signification.

Désormais, la faille va souvent réapparaître, notamment sur des interrogations touchant aux questions économiques et sociales, à l'Europe ou à la politique d'immigration. La campagne électorale du printemps 1997 et la nécessité d'une façade de cohésion des différentes composantes du gouvernement Jospin ont pu, depuis, contribuer momentanément à mettre en sourdine les désaccords. Il n'empêche. Les débats d'intellectuels, sans avoir réellement retrouvé leurs capacités d'amplification d'antan, sont redevenus un bon sismographe des grandes secousses qui parcourent la communauté nationale et un indicateur précieux des différentes colorations politiques. Or, depuis 1995, le diagnostic est à chaque fois le même : la gauche « plurielle » est constituée, chez ses intellectuels, de cultures politiques diverses et difficilement compatibles sur les grands problèmes du moment.

Du *logos* au *pathos*

Cela étant, le retour des intellectuels français sur la scène civique fut surtout souligné par les observateurs en février 1997, quand de jeunes cinéastes partirent en guerre contre les « certificats d'hébergement » prévus par le ministre de l'Intérieur Jean-Louis Debré et que la presse conclut alors à la résurrection des intellectuels pétitionnaires.

Sur une telle intervention, si l'historien manque assurément de recul, trois observations peuvent tout de même être formulées. La première concerne l'indéniable effet d'entraînement qu'eut cette pétition. Il s'agit même là d'un cas somme toute très rare, où la posture classique de dénonciation ou d'énonciation d'un problème débouche sur des résultats tangibles immédiats. Mais — et ce deuxième point est essentiel dans l'appréciation d'un tel effet d'entraînement — est-ce le seul relais de l'imprimé qui a produit de tels effets ? La répercussion par la radio et la télévision, la présence sur les plateaux des plus connus des réalisateurs ainsi que de certains acteurs à forte notoriété, montrent pour le moins que la comparaison qui fut faite à chaud avec d'autres pétitions du XXe siècle manquait quelque peu de pertinence. La raison sociale des signataires invite, du reste, à s'interroger sur les lentes mais profondes mutations socioculturelles que les mécanismes du débat de février 1997 révèlent. D'une certaine façon, à l'époque même où la République venait de transférer les cendres de Malraux au Panthéon et où se trouvaient ainsi honorés mais aussi embaumés les héros d'un cycle commencé avec l'affaire Dreyfus, les premiers intervenants de la crise des « certificats d'hébergement » étaient des intellectuels du troisième type, après les grands ancêtres dreyfusards et ceux des ruptures révolutionnaires : fils et filles trentenaires de la « génération morale » (Laurent Joffrin) qui manifestait onze ans plus tôt dans les lycées et les universités contre la loi Devaquet, ils en avaient gardé un comportement d'interpellation directe, et non plus de déclinaison des attendus de leurs prises de position. Purs produits des générations de l'image et du son, ils n'avaient plus grand-chose à voir, sur bien des points, avec les intellectuels du cycle dreyfusien dont la raison sociale comme les formes d'expression étaient avant tout sous-tendues par l'imprimé.

En fait, c'est bien la sphère de la communication qui baptisa intellectuels des intervenants eux-mêmes issus de l'image et du son. La question n'est pas ici, bien sûr, d'approuver un tel passage sur les fonts baptismaux ou de dénier au contraire un tel nom de baptême aux nouveaux élus. L'historien, en effet, n'est en aucun cas habilité à décerner des brevets d'intellectualité. Le constat qui précède le conduit pourtant à conclure à un véritable changement de dynastie : la « vidéosphère » (Régis Debray), par l'intermédiaire d'intellectuels du troisième type, et dans un véritable effet d'abyme, fait parfois désormais passer ses critères civiques, ses émotions et ses passions dans des domaines dont les acteurs de prédilection ont longtemps été plutôt des intellectuels « classiques » dont les racines plongeaient dès l'origine dans le terreau du verbe écrit et qui se trouvent ainsi, d'une certaine façon, détrônés. Si ces intellectuels ont parfois été dans le passé, à leur manière, des leaders d'opinion contribuant à nourrir les croyances et les aspirations de leurs concitoyens, force est de constater que ce temps est révolu.

On le voit, l'histoire des intellectuels engagés s'inscrit dans un segment spécifique de la culture de masse [1], à peu près séculaire. À la date de l'affaire Dreyfus, la France était en train d'entrer dans le temps des « masses ». Celles-ci prenaient à partir de ce moment une importance comme « opinion publique », structurée en amont par la diffusion massive de la presse écrite et par l'influence des partis alors en gestation et s'exprimant en aval par le bulletin de vote. Le rôle naissant des intellectuels s'inscrivait donc à la croisée d'une mue politique — l'enracinement d'une démocratie libérale et la gestion, à travers le débat public, de dissensus inhérents à toutes les sociétés humaines — et d'une mutation socioculturelle dont l'école et la presse écrite étaient alors les facteurs décisifs. Dans une telle configuration historique, les intellectuels disposaient d'une réelle influence : placés, par essence, au cœur de la production et de la circulation des idées, et dotés d'un pouvoir d'influence que semblait leur reconnaître le miroir social, ils figuraient parmi les acteurs contribuant à mettre en forme, en les déclinant, les attendus des débats civiques, et ils pouvaient donc éprouver le sentiment d'avoir prise sur le cours des choses. C'est précisément l'affaire Dreyfus qui joua le rôle de catalyseur dans un tel processus. Presse, intellectuels, opinion publique : plusieurs des acteurs de nos passions françaises étaient alors réunis à la confluence de deux *trends* de notre histoire nationale qui s'amorçaient

---

1. *Cf.* Jean-Pierre Rioux et Jean-François Sirinelli, *La Culture de masse en France de la Belle Époque à aujourd'hui,* Paris, Fayard, 2002.

alors : le cycle culturel de l'imprimé et l'avènement politique des « masses ».

Puis, dans l'entre-deux-guerres, le temps des masses
devint progressivement celui des idéologies conquérantes
et antagonistes. Vecteur d'opinion en même temps que
relayeur — et éventuellement producteur — d'idéologie,
l'intellectuel connut donc une montée en puissance dans
les années 1930 et une sorte d'âge d'or au temps de la
guerre froide et des guerres coloniales puis au sein des
fièvres contestatrices des *sixties*. Il y eut bien alors
« trente glorieuses » de l'intelligentsia française, qui cou-
rent de la Libération au milieu des années 1970. Mais,
entre-temps, la culture de masse, progressivement, avait
changé de supports. Indépendamment même des effets
directs du changement de dynastie qui a vu l'audiovisuel
détrôner l'imprimé, toute une série de symptômes déce-
lables dans les annales récentes de notre histoire intellectuelle marquent le changement de règne.

Ce qui, du reste, ne signifie pas la disparition du rôle
et de l'influence des hommes de science ou de pensée sur
l'agora. Mais, en tout cas, c'est bien de la mutation de
cette agora qu'il s'agit. Si les grandes idéologies structu-
rantes et les partis qui les relayaient contribuaient à ani-
mer la scène civique, depuis les années 1970 il y a eu, on
l'a vu, fonte au moins partielle de ces idéologies, à
laquelle s'est ajoutée plus récemment une crise de la
représentation politique et donc du rôle de ces partis.
Parallèlement, les émotions médiatiques ont vu leur
emprise grandir dans la société française. D'une certaine
façon, le *pathos* l'a emporté sur le *logos*, c'est-à-dire sur
l'analyse raisonnée des problèmes qu'induisent la représentation politique et ses conflits. Aux *leaders* d'opinion,
qui dessinaient des horizons d'attente, se sont souvent
substitués des *dealers* d'émotion, sécrétés par la scène
médiatique. Et cette scène est devenue, au bout du
compte, par certains aspects, la nouvelle agora.

CONCLUSION

Un objet historiographiquement fondé

On partira de ce constat d'évidence : il y a réellement une tradition de l'engagement des intellectuels dans la France du XXᵉ siècle. Entendons par là qu'il ne s'agit pas d'une reconstruction *a posteriori* d'un objet par l'historien. Non seulement les traces de cet engagement peuvent être dûment relevées mais, de surcroît, un tel engagement a été le plus souvent revendiqué comme tel par les intéressés. Ou encore il a fait l'objet de débats entre eux quant à son opportunité, ce qui revient ici au même. De surcroît, cet engagement des intellectuels n'a pas laissé indifférents les contemporains, à tel point, du reste, qu'il a pu nourrir, variable selon les lieux, les milieux et les moments, un anti-intellectualisme récurrent.

Il apparaît, de ce fait, historiographiquement fondé de se consacrer à un objet qui non seulement existe en lui-même mais qui, de surcroît, et là est probablement l'essentiel, recoupe d'autres aspects essentiels de l'analyse historique : la place des hommes de science ou de création dans les sociétés démocratiques, le poids des idéologies ou des systèmes de pensée construits dans la formulation ou l'expression des débats de la Cité, plus largement les processus de circulation des idées dans un groupe humain donné. Sans compter, en aval, cet autre problème essentiel : quelle est, au bout du compte, l'influence de ces hommes de culture et de leurs idées sur les opinions de leurs concitoyens ?

Cela étant, l'histoire des intellectuels, ou plus précisément les représentations qu'on s'en est fait depuis un siècle, apparaissent singulièrement contrastées. Il existe d'une part une version à la fois équipe et éthique, à certains égards proche de l'imagerie pieuse : les clercs auraient été les paladins des grands combats et des grandes causes de ce siècle. Inversement, une autre lecture, anti-intellectualiste, du xxe siècle français a fait du clerc un agent de perversion sociale et un ferment de dissolution nationale. L'étude des milieux intellectuels reste pour l'instant lourdement hypothéquée par ces visions que déforme le prisme des passions partisanes, et seule une campagne de fouilles identique à celle que l'école historique française lança naguère, par exemple, sur l'histoire régionale du xixe siècle, les relations internationales avant 1914 ou la vie politique dans l'entre-deux-guerres pourra en permettre une meilleure connaissance. Une synthèse exhaustive et scientifiquement irréprochable est peut-être, en l'état actuel des connaissances, difficile à bâtir ; mais la première approche que constitue cet ouvrage aura rempli son objectif si elle contribue à suggérer des pistes et à susciter des investigations.

Des outils pour une histoire en chantier

Dans un domaine qui se situe à la croisée des histoires politique, sociale et culturelle, trois outils, notamment, peuvent se révéler précieux : l'étude d'itinéraires, l'observation de structures de sociabilité et la mise en lumière de générations.

Itinéraires ? Il est probable, en effet, que l'analyse comparée de traversées du siècle permettra de dessiner progressivement des cartes plus précises de l'engagement des clercs, avec leurs lignes de plus grande pente — les idéologies en position dominante à une date donnée —, leurs crues — au moment de l'engagement des clercs —, leurs étiages — quand les intellectuels retournent à leurs travaux —, leurs diffluences et leurs résurgences.

Sociabilité ? Entendons par un tel terme, ainsi que l'a proposé Maurice Agulhon, un « domaine intermédiaire » entre la famille et la communauté d'appartenance civique, domaine variant avec les époques et les objets étudiés mais qui, pour le milieu intellectuel, forme, pour reprendre le mot de Jean-Paul Sartre, « un petit monde étroit », petit monde où les lieux se tissent autour d'un certain nombre de structures de sociabilité, que le langage courant a entérinées sous le nom de « réseaux ». Les salons, au XIXᵉ siècle, furent à coup sûr un élément de sociabilité, tout comme les clubs, en d'autres moments plus récents de notre histoire nationale, ont été une case importante du jeu de l'oie des clercs. La revue, également, structure le champ intellectuel par des mécanismes antagonistes d'adhésion — par les amitiés qui la soustendent, les fidélités qu'elle s'attache et l'influence qu'elle exerce — et d'exclusion — par les positions prises, les débats suscités et les scissions apparues. Et les pétitions, qui permettent de « se compter sur une protestation » (Charles Maurras), dessinent aussi des lignes de faille dans la communauté intellectuelle. Leur recensement et leur étude constituent, de ce fait, un bon sismographe pour déceler et mesurer les secousses, les ondes et les frémissements qui ont parcouru cette communauté [1]. D'où ces questions essentielles pour l'historien : comment se forment les comités de lecture et les rédactions, les associations de soutien et les listes de pétitionnaires ?

---

1. *Cf.* Jean-François Sirinelli, *Intellectuels et passions françaises. Manifestes et pétitions au XXᵉ siècle*, Paris, Fayard, 1990.

Questions complexes, car les « réseaux » sont eux-mêmes souvent fondés sur des éléments plus difficiles à cerner. La sympathie et l'amitié, par exemple, et, *a contrario*, la rivalité et l'hostilité, la rancune et la jalousie, la rupture et la brouille, jouent, comme dans toute microsociété, un rôle parfois décisif. Cet entrelacs de « réseaux » et d'éléments affectifs a souvent des racines, et il faut, pour les localiser, quelquefois remonter aux solidarités d'origine, d'âge ou d'études. Cette démarche rétrospective, vers les sources de l'éveil intellectuel et politique, permet aussi parfois de repérer, sur une carte de l'esprit, les carrefours où se trouvent les maîtres à penser et les coulisses où œuvrent les éveilleurs.

La sociabilité peut toutefois s'entendre d'une autre façon. Ces « réseaux » engendrent en effet des microclimats spécifiques, et le mot revêt, dans cette perspective, un double sens, à la fois « réseaux » qui structurent et « microclimats » qui caractérisent un milieu intellectuel donné. La description d'un tel milieu et l'analyse de ces mécanismes exigent que soient minutieusement démontées les pièces et mis à nu leur agencement. Or, parmi ces pièces constitutives figurent souvent, on l'a vu, les solidarités d'âge. Et, de fait, autant que la sociabilité et l'observation de trajectoires croisées, la génération intellectuelle constitue fréquemment un outil de recherches opératoire.

Mais d'utilisation malaisée. Marc Bloch avait naguère attiré l'attention des chercheurs sur la distinction entre « générations longues » et « générations courtes », et il semble bien que, sous le coup, sans doute, des grandes secousses du siècle, se soit opéré un phénomène de différenciation rapide des vagues démographiques en générations plutôt « courtes », qui rend délicate la mise au point d'une échelle stratigraphique des grandes générations et qui est particulièrement sensible dans cette caisse de résonance qu'est devenu progressivement le milieu intellectuel. D'autant que chacune de ces générations est loin de former une gerbe bien calibrée, comprenant quelques classes d'âge assemblées. Ensembles touffus, aux contours incertains et aux parois poreuses, les générations intellectuelles présentent au contraire une géométrie variable tout au long du XXᵉ siècle. Il reste pourtant que l'étude du terrain nous a permis de localiser et d'identifier certaines d'entre elles et de constater, en outre, qu'à une date donnée, le milieu intellectuel est constitué de générations empilées, avec, entre elles, des phénomènes complexes de pouvoirs, de relais mais aussi d'incommunicabilité.

L'histoire des intellectuels, somme toute, doit être tout à la fois scrupuleuse dans ses méthodes et ambitieuse dans ses fins : sous-tendue notamment par un projet de géodésie devant permettre la mise au point de cartes des grands parcours du siècle, elle est tout à la fois archéologie, géographie et généalogie. Archéologie, par la mise à nu de solidarités d'origine et de phénomènes de stratification générationnelle, éclairant la géographie de l'intelligentsia à une date donnée ; généalogie avec la recherche des influences et, donc, des rapports de filiation. Cette histoire ne peut donc consister seulement en la description du rôle des clercs dans la vie de la cité en tant que groupes de pression — formant, du reste, un ensemble composite. Lui échoit également l'étude de la constitution de ces groupes et de leurs mécanismes internes [1].

Alors pourra-t-on sans doute, par-delà les procès de canonisation ou, au contraire, de sorcellerie, répondre à

---

1. J'évoque plus longuement l'usage possible de ces instruments d'investigation ainsi que le problème de « périodisation » de l'histoire des intellectuels dans Sirinelli (Jean-François), « Le hasard ou la nécessité ? Une histoire en chantier : l'histoire des intellectuels », *Vingtième Siècle. Revue d'histoire*, nº 9, janvier 1986, pp. 97-108, et « Les intellectuels », dans *Pour une histoire politique*, sous la direction de René Rémond, Paris, Le Seuil, 1988.

cette interrogation fondamentale pour une meilleure compréhension du XXe siècle français : existe-t-il un « pouvoir intellectuel » ? Ce qui revient, en fait, pour l'historien des clercs, à tenter de faire la lumière sur deux questions essentielles qui sous-tendaient cet ouvrage : quelles ont été la nature et les modalités de leur intervention ? et quelle fut son efficacité ? En définitive, les intellectuels ont-ils pesé sur l'événement et ont-ils été ainsi des protagonistes décisifs des joutes politiques, ou n'en ont-ils été que les hérauts, encourageant de la plume et du verbe les combattants du haut de tréteaux bien protégés ?

L'engagement des clercs, il est vrai, ne peut pas seulement être évalué, dans ses effets, à l'aune de l'influence, au demeurant fluctuante selon les périodes et différentielle selon les lieux et les milieux, de tel ou tel intellectuel. Ce sont aussi les saisons des clercs, avec leurs degrés d'intensité différents et leurs colorations idéologiques changeantes, qui induisent des champs de forces idéologiques qui, à leur tour, et notamment sur les générations suivantes, déterminent des phénomènes d'aimantation. Un tel constat ne résout pas la question des facteurs personnels qui rendent plus ou moins sensible cette attraction, mais, sans exclure *a priori* ce que la recherche de corrélations sociologiques peut avoir d'intéressant, il montre que l'étude de tels champs idéologiques est probablement une piste aussi féconde que le labour d'autres champs. Sans bâtir pour autant une nouvelle théorie du « champ », retenons que les grands engagements des clercs reflètent et nourrissent tout à la fois des tendances lourdes qui ne vivent pas seulement dans leur sphère propre mais ont des retombées sur la vie des sociétés démocratiques. En même temps, ces tendances ont un métabolisme propre : elles s'auto-entretiennent par les relais de générations et, en même temps, s'altèrent et se modifient au contact de l'Histoire se faisant.

Un trend séculaire ?

De toute façon, acteurs ou spectateurs, les intellectuels ont vécu une histoire rythmée par leurs joutes. Si la courbe de leur intervention a été globalement croissante, les phases d'intensification de leur rôle ont coïncidé avec les crises de la communauté nationale et les phases de ralentissement avec les périodes plus apaisées. Ainsi que nous l'avons noté à plusieurs reprises, les oscillations de l'encéphalogramme de la société intellectuelle épousent le plus souvent celles de l'électrocardiogramme du corps civique tout entier : les clercs montent en ligne, notamment, quand ce corps civique connaît des accès de fièvre et ils vibrent alors à l'unisson des palpitations de l'histoire. Mais, surtout, par-delà cette respiration saccadée, on peut distinguer des phases, raisonner en termes d'histoire cyclique et ébaucher une « périodisation » des grandes fluctuations de l'engagement des intellectuels.

L'affaire Dreyfus, à coup sûr, inaugura en ce qui les concerne un *trend* presque séculaire d'intervention grandissante dans la sphère du politique. Est-ce à dire que cette intervention connut dès lors une croissance régulière ou s'est-elle accompagnée, au contraire, de paliers, voire de retours en arrière ? La réponse dépend, en fait, de l'ampleur que revêtit réellement l'affaire Dreyfus dans le milieu intellectuel. Car s'il n'est point besoin de revenir sur l'importance de cette affaire dans l'apparition des clercs comme acteurs de l'histoire, encore convient-il de ne pas en exagérer rétrospectivement l'amplitude statistique. À trop majorer l'engagement des intellectuels à cette date, le quart du siècle suivant, durant lequel ces derniers restent encore très divisés sur le rôle — de premier plan ou en retrait — qui devrait être le leur dans le débat civique, apparaît alors comme une phase de reflux. Or, la réalité fut tout autre. Certes, à partir de « l'Affaire », des clercs vont jouer leur partition dans les débats civiques. Mais, d'une certaine manière, en cette fin du xixe siècle, le changement était plus d'échelle que de nature : ces clercs engagés, pour le versant « universaliste », menèrent un combat dans la lignée des Lumières ; et leurs adversaires fourbirent les armes idéologiques des différentes droites françaises de l'époque.

L'entre-deux-guerres ouvrit, au contraire, une nouvelle période. Les intellectuels, au cours de cette période, sont intervenus plus massivement, au nom de nouvelles valeurs ou contre de nouveaux adversaires. Le choc du premier conflit mondial, l'apparition du fascisme et du communisme, et le développement, de ce fait, chez les intellectuels, de l'antifascisme et de l'anticommunisme, changèrent les points de repère du débat politique et modifièrent, par là même, les données de l'engagement. Il s'agit donc bien d'une révolution copernicienne, avec un bouleversement de la voûte du ciel intellectuel et politique. Les valeurs héritées des Lumières furent ébranlées, et la nécessité d'en forger de nouvelles, situation historiquement favorable aux intellectuels et qui les élève au rang de maîtres à penser, fut encore activée par la crise des années 30. Dès lors, la phase qui court de la Libération aux grandes remises en cause de la deuxième partie des années 70 devient davantage intelligible. Elle correspond bien à trois décennies d'engagements denses des intellectuels, mais c'est la période 1898-1945 et surtout 1919-1945 qui a préparé ces « trente glorieuses » et en constitue le socle.

Les paradigmes perdus

Si le recul permet ainsi la mise en perspective à l'échelle d'un siècle, il fait défaut en revanche pour répondre à cette autre question, d'histoire immédiate : les remises en cause observées dans la sphère intellectuelle depuis deux décennies marquent-elles la fin du *trend* séculaire ? ou bien l'entrée dans une phase B de reflux ? ou, plus prosaïquement, un cycle interdécennal de repli passager ?

La question ne peut plus se poser seulement en termes d'histoire cyclique mais également, désormais, en termes de possible métamorphose en cours dans le milieu intellectuel. Ou, plus précisément, c'est là une hypothèse à prendre, pour le moins, en considération. Que cherche, en effet, un intellectuel en optant pour une idéologie, et en s'en faisant tout à la fois le dépositaire et le porte-voix ? Souvent des certitudes et des connivences : d'une part, un principe d'intelligibilité du monde, d'autre part un principe d'identité par l'adhésion à un groupe. Or, depuis plus d'une vingtaine d'années, le milieu intellectuel français s'est trouvé confronté à une double crise : crise idéologique profonde remettant en cause une vision du monde jusque-là profondément ancrée ; crise culturelle débouchant sur une crise d'identité des hommes de culture que sont les intellectuels. La crise idéologique fut provoquée par plusieurs ébranlements successifs : « l'effet Soljenitsyne », bien sûr, à partir de 1974, mais aussi dans le second versant de la même décennie, le choc en retour de l'exode des *boat people* au Viêtnam et surtout de la tragédie cambodgienne. Les « années orphelines » (Jean-Claude Guillebaud) commençaient, à la suite desquelles il fallut à la gauche intellectuelle trouver progressivement d'autres marques.

Recul du marxisme, réflexion sur le phénomène totalitaire, corrosion des modèles révolutionnaires de rechange qui avaient pris le relais de l'Union soviétique, ce sont, dans la sphère idéologique comme, plus largement, dans le champ du politique, autant de paradigmes, ces mots types qui, en grammaire, sont donnés comme exemples pour une conjugaison, qui ne prêtent plus, en effet, depuis quelques années, et avant même l'implosion des régimes communistes à l'Est, à la déclinaison révolutionnaire. S'est produit aussi, semble-t-il, ce que la philosophie des sciences appelle un « changement de paradigme », c'est-à-dire une remise en cause des postulats de base. Le vide laissé par ces paradigmes perdus, aux deux sens du terme, est-il à l'origine de ce que l'on baptisa en 1983 « le silence des intellectuels de gauche » et, du reste, doit-on ainsi parler de « silence » ? Inversement, la faveur vespérale dont a joui Raymond Aron, après des décennies de relatif ostracisme, attestait-elle une sorte de chassé-croisé au profit de la pensée libérale ?

Avec le recul d'une vingtaine d'années, on peut conclure qu'il y eut alors, assurément, affaissement de la plupart des modèles dont se réclama longtemps la gauche intellectuelle. Et cet affaissement brouilla des représentations politiques jusque-là apparemment intangibles. D'autant que la concomitance des disparitions, physiques ou intellectuelles, de plusieurs penseurs français — Lacan, Sartre, Barthes, Althusser et, un peu plus tard, Foucault — rendit l'effet de perspective encore plus saisissant. Une partie de la culture française se trouvait brutalement orpheline à la fois de ses espérances déçues et de ses penseurs reconnus. Et le vide ainsi créé entraîna un appel d'air qui permit à des courants de pensée jusque-là en lisière de s'engouffrer dans le champ idéologique français. Si la « nouvelle droite » n'a pas, semble-t-il, réussi sa greffe, sa percée à la charnière des années 70 et 80 fut bien un indice des déchirures faites par les « années orphelines » dans le tissu culturel français. La diffusion de certains des thèmes de cette « nouvelle droite » aurait été impensable quand les clercs de gauche étaient en situation d'hégémonie intellectuelle. Et si cette flambée est apparemment retombée, il en va tout autrement de l'autre courant qui profita lui aussi de l'appel d'air, le courant libéral. Celui-ci s'est assuré en effet, en quelques années, de solides positions.

Du coup, les années 80 furent une phase de recomposition idéologique progressive du milieu intellectuel. Elles furent aussi, et tout autant, placées sous le signe d'une crise d'identité. L'écho rencontré en 1987 par *La Défaite de la pensée* d'Alain Finkielkraut fut révélateur : à travers le débat qui s'amorçait alors sur la nature de la culture, c'était notamment le problème de l'identité des acteurs culturels qui était en jeu et donc, en toile de fond, le problème de la définition et du rôle des hommes de création et de circulation des idées, les intellectuels. Le relativisme culturel ambiant — le spectre des composants de la culture irait désormais du clip vidéo aux arts dits majeurs — et ce constat du rôle croissant des médias audiovisuels ont entraîné un double choc pour les intellectuels : ceux-ci ont souvent eu le sentiment de perdre leur élément d'identité, la culture, victime d'une définition diluante ; et supplantés par plus médiatiques qu'eux, ils ont largement perdu le rôle de hérauts qui fut le leur à plusieurs reprises, lors des grandes crises de la conscience nationale. Pour reprendre la terminologie proposée par Régis Debray dans son *Cours de médiologie générale* (1991), le monde serait entré dans l'ère de la vidéosphère, tandis que seraient supplantés graphosphère et logosphère (l'imprimerie et l'écriture).

Faut-il pour autant sonner le glas des intellectuels ? La réponse, on l'a vu à la fin du chapitre précédent, est complexe. Dans une société marquée par la montée structurelle de la culture de masse, les acteurs du culturel, certes, sont en train de changer : longtemps ceux-ci se sont définis par rapport aux arts dits majeurs ou par rapport à l'écrit, littéraire ou scientifique. Le prestige médiatique est-il pour autant en train de remplacer le prestige intellectuel ? On saisit mieux, en tout cas, l'inquiétude de nombre d'intellectuels. Celle-ci est le reflet du double ébranlement subi, la crise idéologique puis la crise d'identité.

Cette crise d'identité est en cours. Son diagnostic à chaud est complexe et interdit, de ce fait, tout diagnostic. En revanche, une recomposition idéologique est à l'œuvre. Bien des observateurs l'avaient pressentie et explicitée dès les semaines qui avaient suivi en 1989 la chute du mur de Berlin : les cultures politiques des clercs seraient marquées profondément et définitivement par l'événement et par les implosions en chaîne qui eurent lieu à la même époque à l'est de l'Europe.

Au bout du compte, on le voit, la métamorphose est réelle. Ce sont à la fois les champs idéologiques qui ont changé de nature en deux décennies et les vecteurs d'expression qui ont été profondément bouleversés depuis les années 1960. Tout cela est décisif mais ne permet en aucun cas de diagnostiquer qu'est venu le temps des clercs en hiver. Après le long été indien durant lequel les « trente glorieuses » des intellectuels rayonnaient encore de mille feux alors même que de puissantes forces de changement étaient déjà à l'œuvre, ces intellectuels se trouvent dans la clarté incertaine de deux décennies d'automne. Certes, une partie de leur crédit moral et de leur pouvoir d'influence s'est disloquée sur les Champs Catalauniques des grandes idéologies globalisantes et, plus largement, la société française est progressivement entrée, depuis la fin des années 1970, dans ce qu'Edgar Morin a appelé « une période de basses eaux mythologiques », mais, précisément, parce que, depuis, ces intellectuels ont cessé d'être les officiants de religions séculières, le constat que faisait déjà Paul Bénichou à leur propos en 1977 dans *Le Temps des prophètes* reste d'actualité. Assurément, observait-il, les clercs ont parfois été des « missionnaires infidèles », mais, somme toute, « il n'y a personne pour remplacer comme autorité spirituelle ce qu'on appelait au XVIIIe siècle les "hommes de lettres" et qu'on appelle aujourd'hui les intellectuels ».

INDICATIONS BIBLIOGRAPHIQUES

N'ont été retenus pour figurer dans la liste qui suit que les ouvrages se présentant comme des études. On n'y trouvera donc aucun recueil de textes contemporains (exemple : Maurice BARRÈS, *Scènes et doctrines du nationalisme*), ni aucun livre de mémoires (exemple : Julien BENDA, *La Jeunesse d'un clerc*) : deux catégories particulièrement fournies en ce qui concerne ce sujet.

Généralités et introduction

BODIN Louis, *Les intellectuels existent-ils ?*, Bayard, 1997, 209 p.

JULLIARD Jacques, WINOCK Michel (dir.), *Dictionnaire des intellectuels français*, Le Seuil, 1996, 1259 p.

LEYMARIE Michel, *Les Intellectuels et la politique en France*, PUF, coll. « Que sais-je ? », 2001, 128 p.

LEYMARIE Michel, SIRINELLI Jean-François (dir.), *L'Histoire des intellectuels aujourd'hui*, PUF, 2003, 493 p.

ORY Pascal (dir.), *Dernières questions aux intellectuels*, Orban, 1990, 268 p.

WINOCK Michel, *Le Siècle des intellectuels*, Le Seuil, 1997, réed. Le Seuil, coll. « Points », 1999, 885 p.

La mise en perspective historique peut être obtenue dans des ouvrages comme ceux de :

LE GOFF Jacques, *Les Intellectuels au Moyen Age*, Le Seuil, rééd. collection « Points », 1985, 225 p.

MANDROU Robert, *Des Humanistes aux hommes de science (XVIᵉ et XVIIᵉ siècles)*, Le Seuil, collection « Points », série « Histoire de la pensée européenne », nº 3, 1973, 254 p.

DARNTON Robert, *Bohême littéraire et révolution : le monde des livres au XVIIIᵉ siècle*, Gallimard/Le Seuil, 1983, 208 p.

ROCHE Daniel, *Les Républicains des lettres. Gens de culture et Lumières au XVIIIᵉ siècle*, Fayard, 1988.

RITAINE Évelyne, *Les Stratèges de la culture*, Presses de la Fondation nationale des sciences politiques, 1983, 189 p.

Quant à la dimension nationale du phénomène, elle s'éclaire par *la prise en considération d'espaces culturels étrangers* :

VENTURI Franco, *Les Intellectuels, le peuple et la révolution. Histoire du populisme russe au XIXᵉ siècle*, Gallimard, 1972, 2 vol., 1170 p.

KONRAD György, SZELENYI Ivan, *La Marche au pouvoir des intellectuels. Le cas des pays de l'Est*, trad. fr. Le Seuil, 1979, 249 p.

Université de Toulouse-Le Mirail, Groupe de recherches sur l'Amérique latine, *Intellectuels et État au Mexique au XXᵉ siècle*, Éditions du CNRS, 1979, 149 p.

LAROUI Abdallah, *La Crise des intellectuels arabes : traditionalisme ou historicisme ?* François Maspero, 1974, 223 p.

ODA Makoto, *Les Intellectuels japonais*, trad. fr. Publications orientalistes de France, 1979, 182 p.

La démarche synthétique a souvent participé du genre polémique :

ARON Raymond, *L'Opium des intellectuels*, Calmann-Lévy, 1955, rééd. Gallimard, collection « Idées », 1968, 447 p.

BELKHIR Jean, *Les Intellectuels et le pouvoir. Essai sur la domination des manuels par les intellectuels*, Anthropos, 1982, 283 p.

BENDA Julien, *La Trahison des clercs*, Grasset, 1927, rééd. Livre de poche, collection « Pluriel », 1977, 411 p.

BOURRICAUD François, *Le Bricolage idéologique*, PUF, 1980, 271 p.

DEBRAY Régis, *Le Pouvoir intellectuel en France*, Ramsay, 1979, 280 p.

DEBRAY Régis, *Le Scribe. Genèse du politique*, Grasset, 1980, 309 p.

GRAMSCI Antonio, *Cahiers de prison, 10, 11, 12, 13*, trad. fr. Gallimard, 1978, 550 p. (Dans ces volumes se trouve réuni l'essentiel des textes de l'auteur sur le sujet.)

SARTRE Jean-Paul, *Plaidoyer pour les intellectuels*, Gallimard, 1972, 127 p.

SOURAU, R., *Le Lapsus des intellectuels*, Toulouse, Privat, 1981, 293 p.

Dans la mesure où *la presse*, quelle que soit sa périodicité, reste tout au long de l'époque l'un des moyens privilégiés de l'expression intellectuelle, les volumes correspondants (3, 4 et 5) de l'*Histoire générale de la presse française* (PUF, 1972 à 1976) serviront d'ouvrages de référence, au même titre que les manuels d'histoire des idées politiques (exemples : TOUCHARD Jean dir., *Histoire des idées politiques*, t. II, *Du XVIIIᵉ siècle à nos jours*, Paris, PUF, coll. Themis, dernière éd. 1981, pp. 384 à 870 ; ORY Pascal dir., *Nouvelle Histoire des idées politiques*, Hachette, 1987), les histoires de la littérature française et les dictionnaires biographiques (exemple : MAITRON Jean, *Dictionnaire biographique du mouvement ouvrier français*, Paris, Éditions ouvrières).

Pour l'inventaire de quelques instruments de recherche :
SIRINELLI Jean-François, « Le hasard ou la nécessité ?
Une histoire en chantier : l'histoire des intellectuels »,
Vingtième Siècle. Revue d'histoire, janvier-mars 1986,
pp. 97 à 108, et « Les intellectuels » dans *Pour une
histoire politique*, sous la direction de R. REMOND, Le
Seuil, 1988, pp. 199-231.

Chapitre 1

La plupart des communautés intellectuelles que permet
de saisir l'Affaire ont désormais fait l'objet d'une étude,
allant du survol introductif à l'analyse sociologique quan-
tifiée, en passant par la biographie représentative.

Les étudiants et élèves des grandes écoles :
CAHM Éric, « Pour et contre Émile Zola : les étudiants
de Paris en janvier 1898 », *Bulletin de la Société
d'études jaurésiennes*, octobre-décembre 1978, pp. 12
à 15.
SMITH Robert J., « L'atmosphère politique à l'École
normale supérieure à la fin du XIXᵉ siècle », *Revue
d'histoire moderne et contemporaine*, avril-juin 1975,
pp. 248 à 268.

Les historiens :
REBÉRIOUX Madeleine, « Histoire, historiens et dreyfusisme », *Revue historique*, avril-juin 1976, pp. 407 à
432.

Les sociologues, autour d'Émile Durkheim :
« À propos de Durkheim », *Revue française de sociologie*, numéro spécial, avril-juin 1976, et « Les Durkhei-
miens », *Revue française de sociologie*, numéro
spécial, janvier-mars 1979.

Les historiens de la littérature, autour de Gustave Lanson :
COMPAGNON Antoine, *La Troisième République des lettres, de Flaubert à Proust*, Le Seuil, 1983, 381 p.

Les « hommes de lettres » dans leur ensemble :
DELHORBE Cécile, *L'Affaire Dreyfus et les écrivains français*, Neuchâtel/Paris, V. Attinger, 1932, XII, 361 p.
CHARLE Christophe, « Champ littéraire et champ du pouvoir : les écrivains et l'affaire Dreyfus », *Annales ESC*, mars-avril 1977, pp. 240 à 264 et « Naissance des intellectuels contemporains (1860-1898) », pp. 177 à 189 de : *Intellectuels français, intellectuels hongrois, XIII-XXᵉ siècle*, LE GOFF Jacques, KOPECZI Bela dir., Budapest, Akademiai Kiado, Paris, Éditions du CNRS, 1985, 324 p.
Les Écrivains et l'affaire Dreyfus, Actes du colloque organisé par le Centre Charles Péguy et l'université d'Orléans (LEROY Géraldi dir.), PUF, collection « Université d'Orléans », nº 2, 1983, 300 p.

On trouvera au titre du chapitre suivant quelques références touchant aux personnalités de Maurice Barrès, Léon Blum, Lucien Herr, Édouard Herriot, Charles Péguy, Georges Sorel. Citons seulement ici :
REBÉRIOUX Madeleine, « Zola, Jaurès et France : trois intellectuels devant l'Affaire », *Cahiers naturalistes*, nº 54, 1980, pp. 266 à 281.

La presse a été à l'époque le vecteur décisif que l'on sait : PONTY Janine, « La presse quotidienne et l'affaire Dreyfus en 1898-1899. Essai de typologie », *Revue d'histoire moderne et contemporaine*, avril-juin 1974, pp. 193 à 220.
Mais on ne saurait négliger *des lieux de sociabilité* et d'influence intellectuelle plus discrets : BAAL Gérard, « Un salon dreyfusard des lendemains de l'affaire Drey-

fus à la Grande Guerre : la marquise Arconati-Visconti et ses amis », *Revue d'histoire moderne et contemporaine*, juillet-septembre 1981, pp. 433 à 463.

Au chapitre *des groupements volontaires*, si la Ligue des droits de l'homme attend toujours son histoire, on dispose aujourd'hui d'une monographie sur les deux associations spécifiques de la période :

RIOUX Jean-Pierre, *Nationalisme et conservatisme : la Ligue de la patrie française 1899-1904*, Beauchesne, 1977, 117 p.

MAYEUR Jean-Marie, « Les catholiques dreyfusards », *Revue historique*, avril-juillet 1979, pp. 337 à 361.

Pour une étude d'ensemble :

CHARLE Christophe, *Naissance des « intellectuels » 1880-1900*, Minuit, 1990.

Chapitre 2

Quelques articles *sur les jeunes intellectuels* au tournant du siècle :

COHEN Yolande, « Avoir vingt ans en 1900 : à la recherche d'un nouveau socialisme », *Le Mouvement social*, n° 120, juillet-septembre 1982, pp. 11 à 29.

SMITH Robert J., *art. cit.*

SIRINELLI Jean-François, « Action française : main basse sur le Quartier latin », *L'Histoire*, n° 51, décembre 1982, pp. 6 à 15.

Et, pour redonner épaisseur chronologique au sujet :

CARON Jean-Claude, « La jeunesse des écoles à Paris (1815-1848). Approche statistique d'un groupe social », *Sources. Travaux historiques*, n° 1, 1985, pp. 31 à 45.

Sur le nationalisme, on se reportera d'abord aux chapitres VII et VIII des *Droites en France* de REMOND René, Paris, Aubier-Montaigne, 1982 (chapitres VI et VII dans les éditions précédentes). Le cas Barrès a été analysé par

STERNHELL Zeev, *Maurice Barrès et le nationalisme français*, Paris, Armand Colin, Cahiers de la fondation nationale des sciences politiques, 1972, 396 p. Le cas Maurras a fait l'objet du beau livre de NGUYEN Victor, *Aux origines de l'Action française. Intelligence et politique à l'aube du XXᵉ siècle*, Fayard, 1991.

L'ouvrage de WEBER Eugen, *L'Action française*, traduit en 1964, a été réédité récemment (Paris, Fayard, 1985). On consultera également la lecture qu'en avait faite NORA Pierre, « Les deux apogées de l'Action française », *Annales. Économies. Sociétés. Civilisations*, 19ᵉ année, nᵒ 1, janvier-février 1964, pp. 127 à 141.

Les idées politiques et sociales de Charles Péguy ont été étudiées sous ce titre dans la thèse de LEROY Géraldi, soutenue en 1977 (Lille III, 1980 ; une version abrégée a été publiée aux Presses de la Fondation nationale des sciences politiques, Paris, 1981, 294 p.).

Sur l'itinéraire vers la droite d'un autre ancien dreyfusard : GUIRAL Pierre, « Daniel Halévy. Esquisse d'un itinéraire », *Contrepoint*, nᵒ 20, 1976, pp. 79 à 97.

Le socle universitaire de la République radicale apparaît en filigrane de certaines des notices établies par CHARLE Christophe, *Les Professeurs de la faculté des lettres de Paris. Dictionnaire biographique 1809-1908*, Paris, INRP-Éditions du CNRS, 1985, 181 p.

Sur l'un des plus purs produits de cette République, Édouard Herriot, voir BERSTEIN Serge, *Édouard Herriot ou la République en personne*, Paris, Presses de la Fondation nationale des sciences politiques, 1985, 327 p.

Sur un autre boursier conquérant, moins connu, Auguste Burdeau : SIRINELLI Jean-François, « Littérature et politique : le cas Burdeau-Bouteiller », *Revue historique*, t. CCLXXII, 1985, pp. 91 à 111.

Sur quelques intellectuels de *la mouvance socialiste :*

LACOUTURE Jean, *Léon Blum*, Paris, Le Seuil, 1977, 599 p.

LINDENBERG Daniel et MEYER Pierre-André, *Lucien Herr. Le socialisme et son destin*, Paris, Calmann-Lévy, 1977, 318 p.

SAND Shlomo, *L'Illusion du politique. Georges Sorel et le débat intellectuel 1900*, Paris, La Découverte, 1985, 281 p.

Sur l'ensemble de cette mouvance :

PROCHASSON Christophe, *Place et rôle des intellectuels dans le mouvement socialiste français (1900-1920)*, thèse, 2 vol. dact., Paris I, 1989, 565 p.

Chapitre 3

On commencera par les analyses de BECKER Jean-Jacques, notamment *Les Français dans la Grande Guerre*, Paris, Laffont, 1980, 317 p., et « Les écrivains, la guerre de 1914 et l'opinion publique », *Relations internationales*, n° 24, hiver 1980, pp. 425 à 442 (en collaboration avec COLIN Geneviève).

L'« autre front » a été étudié par un *Cahier du Mouvement Social* du même titre (Paris, Les Éditions Ouvrières, 1977, études coordonnées et rassemblées par FRIDENSON Patrick).

Le cas Romain Rolland a été analysé par KEMPF Marcelle, *Romain Rolland et l'Allemagne*, Paris, Nouvelles Éditions Debresse, 1962, 303 p., et CHEVAL René, *Romain Rolland, l'Allemagne et la guerre*, Paris, PUF, 1963, 770 p.

Sur la trace de *la guerre dans la littérature :* RIEUNEAU Maurice, *Guerre et révolution dans le roman français 1919-1939*, Paris, Klincksiek, 1974, 629 p.

Pour une approche plus complète de *l'attitude des intellectuels durant le premier conflit mondial*, on se reportera directement aux sources (notamment les archives — par exemple la sous-série F7 aux Archives nationales — et la « littérature de témoignage »).

Chapitre 4

Sur la « *République des professeurs* », on consultera d'abord le livre du même titre de THIBAUDET Albert, Grasset, 1927, 265 p. L'article de DOGAN Mattei, « Les filières de la carrière politique en France », *Revue française de sociologie*, octobre-décembre 1967, pp. 468 à 492, permet d'analyser la base statistique du phénomène. On lira aussi les pages que lui consacre GERBOD Paul dans *Les Enseignants et la politique*, Paris, PUF, 1976, 162 p. Voir également SIRINELLI Jean-François, « Des boursiers conquérants ? École et promotion républicaine sous la IIIe République », dans S. BERTEIN et O. RUDELLE dir., *Le Modèle républicain*, PUF, 1992.

Sur le second apogée de l'Action française, voir l'ouvrage de WEBER Eugen et l'article de NORA Pierre, déjà signalés ; ARIÈS Philippe a fourni à la fois un témoignage et une analyse dans *Un Historien du dimanche*, Paris, Le Seuil, 1980, 221 p. Sur l'attrait que le mouvement de Charles Maurras a pu exercer sur certains lycéens des années 1920, *cf.*, par exemple, FAURE Edgar, *L'Âme du combat*, Paris, Fayard, 1970, 350 p. Une synthèse des études maurrassiennes avait été ébauchée en 1971 : NGUYEN Victor, « Situation des études maurrassiennes : contribution à l'étude de la presse et des mentalités », *Revue histoire moderne et contemporaine*, octobre-décembre 1971, pp. 503 à 538.

Sur un « éveilleur » dans la mouvance maurrassienne : SIRINELLI Jean-François, « Biographie et histoire des intellectuels : le cas des "éveilleurs" et l'exemple d'André Bellessort », *Sources. Travaux historiques*, nᵒˢ 3-4, 1985 (« Problèmes et méthodes de la biographie »), pp. 61 à 73.

Sur les « dissidents » du mouvement maurrassien, voir l'essai de SERANT Paul, *Les Dissidents de l'Action française*, Paris, Copernic, 1978, 323 p.

Sur *Le Pacifisme en milieu intellectuel*, on se reportera notamment à SIRINELLI Jean-François, *Génération intellectuelle. Khâgneux et normaliens dans l'entre-deux-guerres*, Fayard, 1988.

Sur les intellectuels communistes des années 1920, on citera notamment les travaux de RACINE Nicole, de BERNARD Jean-Pierre A. et de MOREL Jean-Pierre :
Voir, par exemple, les pages consacrées aux intellectuels dans RACINE Nicole et BODIN Louis, *Le Parti communiste français pendant l'entre-deux-guerres*, Paris, Armand Colin, Fondation nationale des sciences politiques, 1972, 310 p.
BERNARD Jean-Pierre A., *Le Parti communiste français et la question littéraire 1921-1939*, Presses universitaires de Grenoble, 1972, 343 p.
MOREL Jean-Pierre, *Le Roman insupportable. L'Internationale littéraire et la France (1920-1932)*, Paris, Gallimard, 1985, 488 p.

Les biographies d'André Malraux (LACOUTURE Jean), Aragon (DAIX Pierre) et Paul Nizan (COHEN-SOLAL Annie, ORY Pascal) éclairent surtout le milieu des intellectuels communistes — et sympathisants — de la décennie suivante, tout comme les études de CAUTE David sur *Le Communisme et les intellectuels français 1914-1966* (Paris, Gallimard, 1967) et sur *Les Compagnons de route 1917-1968* (Paris, Robert Laffont, 1979).

Plus largement, *sur l'ensemble de la gauche intellectuelle*, on se reportera aux notices du *Dictionnaire biographique du mouvement ouvrier français*, quatrième partie : 1914-1939, volumes XVII et suivants, en cours de parution depuis 1982, *réf. cit.*

« *L'esprit des années 1930* » a été exhumé par TOUCHARD Jean, dans une communication pionnière, et autopsié par LOUBET DEL BAYLE Jean-Louis :

TOUCHARD Jean, « L'esprit des années 1930 : une tentative de renouvellement de la pensée française », dans *Tendances politiques de la vie française depuis 1789*, Paris, Hachette, 1960, 143 p., pp. 90 à 120.

LOUBET DEL BAYLE Jean-Louis, *Les Non-conformistes des années 30*, Paris, Le Seuil, 1969, 496 p.

Sur la revue *Esprit* : WINOCK Michel, *Histoire politique de la revue « Esprit », 1930-1950*, Paris, Le Seuil, 1975, 448 p.

Chapitre 5

La plupart des études citées au titre du chapitre 4 concernent encore celui-ci. *Les biographies* suivantes, individuelles ou collectives, trouvent en revanche leur véritable point de départ intellectuel après 1933 :

COUTROT Aline, *Un courant de la pensée catholique, L'hebdomadaire « Sept » (mars 1934-août 1937)*, préface de René RÉMOND, Éditions du Cerf, 1961, 335 p.

TUCKER William R., *The Fascist Ego : a political biography of Robert Brasillach*, Berkeley/London, University of California Press, 1975, X-331 p.

LOTTMAN Herbert R., *Albert Camus*, trad. fr. Le Seuil, 1978, rééd. collection « Points », 1985, 694 p.

GIBAULT François, *Céline*, Mercure de France, trois volumes, 1977, 1981, 1986.

FAURÉ Michel, *Le Groupe octobre*, Christian Bourgois, 1977, 405 p.

DIOUDONNAT Pierre-Marie, *« Je suis partout » 1930-1944. Les maurrassiens devant la tentation fasciste.* La Table Ronde, 1973, 472 p.

VANDROMME Pol, *Rebatel*, Éditions universitaires, 1968, 127 p.

L'ensemble de ces données, et bien d'autres, est brassé dans le panorama de :
LOTTMAN Herbert R., *La Rive gauche, du Front populaire à la guerre froide*, trad. fr. Le Seuil, 1981, rééd. « Points », 1984, 560 p.

Le rôle des intellectuels de gauche dans *la politique culturelle du Front populaire* peut s'appréhender au travers de :
ORY Pascal, *La Politique culturelle du Front populaire français (1935-1938)*, thèse, 5 vol. dact., 1848 p., Paris X, 1990.

Deux associations de gauche en position tout à fait stratégique ont fait l'objet d'une analyse de Nicole RACINE :
« L'AEAR », *Le Mouvement social*, janvier-mars 1966, pp. 29 à 47.

« Le Comité de vigilance des intellectuels antifascistes (1934-1939). Antifascisme et pacifisme », *Le Mouvement social*, octobre-décembre 1977, pp. 87 à 113.

Chapitre 6

L'intelligentsia de la Collaboration, particulièrement à la mode dans les années 70, est maintenant explorée en détail. Citons deux synthèses :
COTTA Michèle, *La Collaboration 1940-1944*, Armand Colin, collection « Kiosque », 1964, 335 p. Nouvelle édition en préparation.

Ory Pascal, *Les Collaborateurs*, Le Seuil, 1977, 4ᵉ éd.
collection « Points », 1986, 338 p.

Et deux recueils de textes d'époque commentés :
Ory Pascal, *La France allemande. Paroles du collabo-
rationnisme français (1933-1945)*.
Gallimard, collection « Archives », 1977, 276 p.
Veillon Dominique, *La Collaboration*, Livre de poche,
1984, 480 p.

La thèse de Loiseaux Gérard, *La Littérature de la
défaite et de la collaboration, d'après « Phönix oder
Asche ? » de Bernhard Payr*, Publications de la Sorbonne,
1984, 570 p., précise le regard allemand sur la république
des lettres françaises au début des années 40.

Au-delà des travaux déjà cités sur Brasillach, Drieu ou
Rebatet, *des médiateurs privilégiés de la société franco-
allemande* ont fait l'objet de monographies :
Lévy Claude, *« Les Nouveaux Temps » et l'idéologie
de la collaboration*, Armand Colin, 1974, IX-260 p.
Brice Catherine, *Le Groupe « Collaboration » (1940-
1944)*, Mémoire de maîtrise, Université de Paris I,
1978, 227 ff.
Dioudonnat Pierre-Marie, *L'Argent nazi à la conquête
de la presse française 1940-1944*, Jean Picollec, 1981,
309 p. (le trust Hibbelen, et autour).

Les premières études parues *sur la résistance intellectuelle* s'apparentent encore au témoignage :
Debu-Bridel Jacques, *Les Éditions de Minuit*, Éditions
de Minuit, 1945, III-100 p.
Seghers Pierre, *La Résistance et ses poètes : France
1940-1945*, Seghers, 1974, 661 p.

On peut les compléter par quelques biographies :
Ferrières Gabrielle, *Jean Cavaillès, un philosophe
dans la guerre 1903-1944*, Le Seuil, 1982, 220 p.

YELNIK Odile, *Jean Prévost : portrait d'un homme*, Paris, Fayard, 1979, 257 p.

Ou monographies :
BÉDARIDA Renée, « *Témoignage chrétien* », *1941-1944*, Éditions ouvrières, 1977, 378 p.

L'intelligentsia vichyste, qui fut pourtant dominante, n'a jusqu'à présent intéressé personne, à l'exception d'Henri Pourrat, abordé par :

FAURE Christian, *Littérature et société* (1940-1944) : *La mystique vichyssoise du « retour à la terre » selon l'œuvre d'Henri Pourrat*, Mémoire de maîtrise, Université de Lyon II, 117 p.

Sur la période de la Seconde Guerre mondiale replacée en perspective chronologique :

LINDENBERG Daniel, *Les Années souterraines 1937-1947*, La Découverte, 1990.

Chapitre 7

Sur l'épuration des intellectuels :

ARON Robert, *Histoire de l'épuration*, tome 3, volume II, Paris, Fayard, 1975, 421 p.
ASSOULINE Pierre, *L'Épuration des intellectuels*, Bruxelles, Éditions Complexe, 1985, 175 p.
NOVICK Peter, *L'Épuration française. 1944-1949*, Paris, Balland, 1985, 365 p.

Jean-Paul Sartre a été le sujet d'une biographie récente : COHEN-SOLAL Annie, *Sartre*, Paris, Gallimard, 1985, 728 p.

Sur les intellectuels communistes, on se reportera à la bibliographie du chapitre suivant. L'ouvrage de base est celui de VERDÈS-LEROUX Jeannine, *Au service du Parti. Le parti communiste, les intellectuels et la culture (1944-*

1956), Paris, Fayard-Éditions de Minuit, 1983, 585 p. La mouvance des « compagnons de route » a été notamment étudiée dans l'ouvrage du même titre de CAUTE David, déjà signalé. La « seconde glaciation stalinienne » a été évoquée par MORIN Edgar dans *Autocritique*, Paris, Julliard, 1959, rééd. Le Seuil, 1975, 255 p.

Chapitre 8

Après celle de l'affaire Dreyfus et de ses lendemains la période considérée est sans doute celle où la réflexion sur le rôle de l'intellectuel a fait l'objet du plus grand nombre de gloses, contemporaines ou rétrospectives. Mais elles appartiennent souvent au genre *des mémoires* ; aussi n'en mentionnerons-nous ici que deux prototypes, qui s'attachent à donner à ce témoignage une valeur exemplaire, collective :

MORIN Edgar, *Autocritique, op. cit.*
DESANTI Dominique, *Les Staliniens*, Fayard, 1974, rééd. Marabout, 1976, 544 p.

En dépit des apparences, les travaux proprement historiques sont encore peu nombreux. Ils portent principalement sur *l'intelligentsia communiste* :

un recueil de textes d'époque : LEGENDRE Bernard, *Le Stalinisme français, Qui a dit quoi ? (1944-1956)*, Le Seuil, 1980, 320 p.
une série de monographies : DIOUJEVA Natacha, GEORGE François, *Staline à Paris*, Jean-Pierre Ramsay, 1982, 327 p.
et une thèse : VERDÈS-LEROUX Jeannine, *op. cit.*

Une figure de proue de cette société a fait l'objet d'une biographie :

DESANTI Dominique, *Les Clés d'Elsa. Aragon-Triolet*, Jean-Pierre Ramsay, 1983, 422 p.

Trois moments de condensation de l'activisme stalinien sont aujourd'hui mieux connus :

GOULEMOT Jean-Marie, *Le Clairon de Staline : de quelques aventures au Parti communiste français*, Le Sycomore, 1981, 161 p.

LAZAR Marc, « Les "Batailles du livre" du Parti communiste français (1950-1952) », *Vingtième Siècle. Revue d'histoire*, avril-juin 1986, pp. 37 à 50.

BUICAN Denis, *Lyssenko et le lyssenkisme*, PUF, 1988, à replacer en perspective grâce à BUICAN Denis, *Histoire de la génétique et de l'évolutionnisme en France*, PUF, 1984.

Le camp atlantiste commence à peine à être exploré :

SOMMER René, « "Paix et liberté" : la IVe République contre le PC », *L'Histoire*, décembre 1981, pp. 26 à 35.

GRÉMION Pierre, « "Preuves" dans le Paris de guerre froide », communication au colloque du CERI (Fondation nationale des sciences politiques) *De l'anti-américanisme à l'américanophilie*, décembre 1984, polygraphié, 36 ff.

Chapitre 9

Sur le contexte intellectuel des années 1950 et 1960, voir, entre autres :

ARON Jean-Paul, *Les Modernes*, Paris, Gallimard, 1984, 318 p.

ARON Raymond, *Mémoires*, Paris, Julliard, 1983, 778 p.

COLLETTI Lucio, *Le Déclin du marxisme*, Paris, PUF, 1984, 176 p.

GRÉMION Pierre, *Paris-Prague. La gauche face au renouveau et à la régression tchécoslovaques (1968-1978)*, Paris, Julliard, 1985, 367 p.

Deux articles de WINOCK Michel consacrent une partie de leur développement aux intellectuels de ces décennies :
« Les affaires Dreyfus », *Vingtième Siècle. Revue d'histoire*, n° 5, janvier-mars 1985, numéro spécial « Les guerres franco-françaises », pp. 19 à 37.
« L'âge d'or des intellectuels », *L'Histoire*, n° 82, novembre 1985, pp. 20 à 34.

Sur les intellectuels et la guerre d'Algérie :
RIOUX Jean-Pierre et SIRINELLI Jean-François dir., *La Guerre d'Algérie et les intellectuels français*, Bruxelles, Complexe, 1991.
HAMON HERVÉ et ROTMAN Patrick, *Les Porteurs de valises*, Paris, Le Seuil, coll. « Points », 2ᵉ édition augmentée, 1982, 440 p.
LIAUZU Claude, « Les intellectuels français au miroir algérien », *Cahiers de la Méditerranée*, 3, 1984, pp. 1 à 179.
CROUZET Michel, « La bataille des intellectuels français », *La Nef*, octobre 1962-janvier 1963, pp. 47 à 65.

Les pétitions publiées à l'époque de la République gaullienne ont été étudiées par :
LARGER Dominique-Pierre, *Les Manifestations et déclarations de personnalités sous la Cinquième République (1958-1969)*, mémoire, faculté de droit et de sciences économiques, Université de Paris, 1971, 128 p.

Sur le milieu étudiant, outre l'étude de MONCHABLON Alain, *Histoire de l'UNEF de 1956 à 1968*, Paris, PUF, 1983, 208 p., on se reportera au livre de WINOCK Michel, *La République se meurt. Chronique 1956-1958*, Paris, Le Seuil, 1978, 255 p. *La IVᵉ République* de JULLIARD Jacques, Paris, Calmann-Lévy, 1968, 377 p. constitue aussi, d'une certaine manière, un témoignage sur la génération de la guerre d'Algérie.

Plus largement, *sur la jeunesse*, outre l'enquête sur la « nouvelle vague », on consultera par exemple, pour le début de la décennie suivante, Duquesne Jacques, *Les 16-24 ans*, Paris, Le Centurion, s.d.

Chapitres 10 et 11

L'évolution culturelle de la période 1968-1981 est synthétisée dans :
Ory Pascal, *L'Entre-deux-Mai. Histoire culturelle de la France, mai 1968-mai 1981*, Le Seuil, 1983, 218 p.

L'idéologie soixante-huitarde est analysée dans :
Ferry Luc, Renaut Alain, *La Pensée 68, essai sur l'antihumanisme contemporain*, Gallimard, 1985, 298 p.

Les figures de l'intellectuel dans l'après-mai 68 (c'est son sous-titre) sont étudiées par :
Hourmant François, *Le désenchantement des clercs*, Rennes, Presses universitaires de Rennes, 1997, 260 p.

Celles, « bien parisiennes », de la *société intellectuelle établie* au début des années 80 sont repérées par :
Hamon Hervé, Rotman Patrick, *Les Intellocrates. Expédition dans la haute intelligentsia*, Jean-Pierre Ramsay, 1981, 331 p.

Les *monographies* sont évidemment assez rares encore. L'une des premières a été celle de :
Pinto Louis, *L'Intelligence en action : « Le nouvel Observateur »*, Anne-Marie Métailié, 1984, 275 p.

Les premières *anthologies de textes* ont commencé à paraître, à l'initiative des auteurs eux-mêmes. Outre celles de Pierre Bourdieu (*Choses dites*) et Bernard-Henri Lévy (*Questions de principe*) mentionnées dans le corps de l'ouvrage, citons :

Mongin Olivier, *Face au scepticisme : les mutations du paysage intellectuel 1976-1998*, Hachette littératures, 1998, 413 p.
Le sommaire de la revue *Le Débat*, fondée en 1980, témoigne avec précision et ouverture de l'actualité des débats propres à la société intellectuelle de son temps.

Chapitre 12 et Conclusion

Le Débat, n°s 110, 111 et 112 (mai à décembre 2000).

Pour l'histoire des intellectuels au fil du siècle, on se reportera aussi à Sirinelli Jean-François, *Intellectuels et passions françaises. Manifestes et pétitions au XXe siècle*, Fayard, 1990.

Sur le phénomène générationnel, on consultera, entre autres :
Sirinelli Jean-François dir., « Générations intellectuelles. Effets d'âge et phénomènes de génération dans le milieu intellectuel français », *Cahiers de l'IHTP*, n° 6, 1987.
Sirinelli Jean-François, « Génération et histoire politique », *Vingtième Siècle. Revue d'histoire*, n° 22, 1989.
Favre Pierre, « Génération : un concept pour les sciences sociales ? », Table ronde sur « Génération et politique », congrès de l'Association française de science politique, Paris, 1981, 19 p. dact.
Girardet Raoul, « Du concept de génération à la notion de contemporanéité », *Revue d'histoire moderne et contemporaine*, avril-juin 1983, pp. 257 à 270.
Kriegel Annie, « Le concept politique de génération : apogée et déclin », *Commentaire*, automne 1979, pp. 390 à 399.

Sur l'évolution récente du milieu intellectuel, voir, entre autres :

SIRINELLI Jean-François, *Intellectuels et passions françaises, op. cit.*, également, « La fin des intellectuels français ? » *Revue européenne des sciences sociales*, XXVIII, 87, 1990, et dans *Beliefs and Identity in Modern France*, CORNICK Martyn (éd.), Loughborough, 1990, ainsi que « Les quatre saisons des clercs », *Vingtième siècle. Revue d'histoire*, octobre-décembre 1998.

INDEX

collection tempus
Perrin

Déjà parus

Impression réalisée en France sur Presse Offset par

BRODARD & TAUPIN

GROUPE CPI

La Flèche (Sarthe), le 11-08-2004
pour le compte des Éditions Perrin
76, rue Bonaparte
Paris 6ᵉ

N° d'édition : 1917 – N° d'impression : 25435
Dépôt légal : août 2004
Imprimé en France